공기업

KB153755

기시험

법학개론

공기업
전공과목 필기시험
법학개론

초판 인쇄 　　2020년 5월 8일
개정 1판 발행 　2022년 3월 11일

편 저 자 | 최준화
발 행 처 | ㈜서원각
등록번호 | 1999-1A-107호
주　　소 | 경기도 고양시 일산서구 덕산로 88-45(가좌동)
교재주문 | 031-923-2051
팩　　스 | 031-923-3815
교재문의 | 카카오톡 플러스 친구[서원각]
영상문의 | 070-4233-2505
홈페이지 | www.goseowon.com
책임편집 | 김수진
디 자 인 | 이규희

이 책은 저작권법에 따라 보호받는 저작물로 무단 전재, 복제, 전송 행위를 금지합니다.
내용의 전부 또는 일부를 사용하려면 저작권자와 (주)서원각의 서면 동의를 반드시 받아야 합니다.
▷ ISBN과 가격은 표지 뒷면에 있습니다.
▷ 파본은 구입하신 곳에서 교환해드립니다.

Preface

청년 실업이 국가적으로 커다란 문제가 되고 있습니다. 정부의 공식 통계를 넘어 실제로 체감되는 청년 실업률은 25% 내외로 최악인 수준이라는 분석도 나옵니다. 이러한 현실 등으로 인해 구직자들에게 '신의 직장'으로 불리는 공기업에는 해를 거듭할수록 많은 지원자들이 몰리고 있습니다.

많은 공기업에서 신입사원 채용 시 필기시험을 실시합니다. 일반 대기업의 필기시험이 인적성만으로 구성된 것과는 다르게 공기업의 필기시험에는 전공시험이 포함되어 있다는 특징이 있습니다.

본서는 공기업 전공시험 과목 중 법학개론에 대비하기 위한 수험서로, 법학개론의 핵심이론을 단기간에 파악하고 효율적으로 채용시험에 대비할 수 있도록 구성되어 있습니다. 또한 주요 핵심이론과 빈출되는 키워드를 중심으로 엄선한 예상문제와 수험생의 시험 후기를 바탕으로 복원한 기출문제를 수록하여 출제경향 파악 및 실전 대비가 가능하도록 하였습니다.

수험생 여러분의 합격을 기원합니다.

Structure

1 핵심이론정리

법학개론의 빈출되는 내용만을 선별하였습니다. 반드시 알아야 할 핵심적인 내용들을 깔끔하게 정리하여 학습의 길을 잡아드립니다. 중요한 내용을 확실히 짚고 넘어가 효율적인 학습이 가능하도록 합니다.

2 학습의 point

핵심이론 중 좀 더 확실한 대비를 위해 꼭 알아두어야 할 내용을 한눈에 파악할 수 있도록 구성하였습니다. 이론학습과 문제풀이에 플러스가 되는 팁을 통해 실력을 향상시켜 드립니다.

Chapter.
01 법학의 이해

01 법의 개념

(1) 개요

법이란 사회규범 중에서 국가가 제정한 강제 규범이다. 법은 사회규범의 일부이므로 법을 이해하기 위해서는 사회규범에 대한 이해가 선행되어야 한다.

(2) 사회규범

① 의의 : 사회규범이란 인간이 사회생활 속에서 지켜야 할 행위기준을 말한다. 사회규범에는 관습, 종교규범, 도덕, 법이 있다.

② 당위의 법칙 : 당위란 "무엇은 마땅히 어떻게 되어야 한다."는 것으로 윤리적 가치판단을 전제로 한 것이다. 사회규범은 선하거나 유익하다고 생각되는 행위를 하도록 하고(명령규범), 악하거나 유해하다고 생각되는 행위를 하지 못하도록 하는(금지규범) 당위의 법칙이다.

③ 사회규범의 상대성·다양성·보편성 : 사회규범은 문화와 환경의 산물이다. 그러므로 문화적 차이에 의해서 같은 상황도 다르게 이해될 수 있다는 의미에서 상대성을 갖게 되고, 마땅히 지켜져야 할 기준이 여러 형태로 존재할 수 있다는 의미에서 다양성이 있으며, 어떤 국가, 어떤 시대를 막론하고 어떤 형태로든 존재한다는 의미에서 보편성이 있다.

④ 사회규범의 종류 : 사회규범에는 법 이외에도 관습, 도덕, 종교 규범이 있다. 관습이란 어떠한 행위가 사회 구성원 사이에 오랜 세월동안 반복됨으로써 사회적 행위의 기준으로 인정된 것으로 대표적으로 관혼상제가 있다. 종교규범이란 종교상의 계율이 사회 구성원의 행위에 대한 기준으로 인정된 것으로 십계명, 중세 사회의 신 중심의 교리를 예로 들 수 있다. 도덕은 선의 구현과 공동체의 안녕을 위해 필요한 가치의 기준 또는 규범을 말하며 인간의 양심에 바탕을 두고 있다. 대표적으로 생명 존중, 어른에 대한 공경 등이 있다. 법은 형식이 적법해야 할 뿐 아니라 내용도 정당성을 가진 사회규범이다. 이러한 법의 특징은 다른 사회규범, 그 중에서도 특히 도덕과의 구별을 통해 특색을 더욱 뚜렷이 인식할 수 있다.

▶ "사회가 있는 곳에 법이 있다."
사회는 법이 없으면 존재할 수 없으며, 법은 사회가 있는 곳에서 존재할 수 있다는 뜻이다. 여기에서 법은 일체의 사회 규범을 의미한다.

▶ 법의 상대성
"피레네 산맥 이쪽에서의 정의는 저쪽에서는 불의이다."
- 파스칼, 『팡세』 -

▶ 법의 강제성
강제력이 없는 법은 타지 않는 불이요, 비치지 않는 등불이다.
- 예링 -

▶ "법은 도덕의 최소한이다"
도덕의 영역 중에서 사회의 유지를 위해서 반드시 지켜야 할 것만을 법으로 규정한 것이라는 의미이다.
"도덕적 비난은 가능하지만 불법은 아니다"라는 말에서와 같이 모든 사회규범을 법으로 제정 할 수는 없다는 사상에 유래하였다.

▶ 사회규범의 변화
㉠ 단순→복잡화
㉡ 사적 제재→공적 제재
㉢ 사회 규범→종교 규범 중심

▶ 합리적 차별
여성의 생리휴가, 출산 휴가, 장애인 복지금과 같은 사회적 약자에 대한 배려에는 합리적 차별이 허용된다.

▶ 정의를 강조한 법언
"세상이 망하더라도 정의를 세우라"
"정의만이 통치의 기초이다"

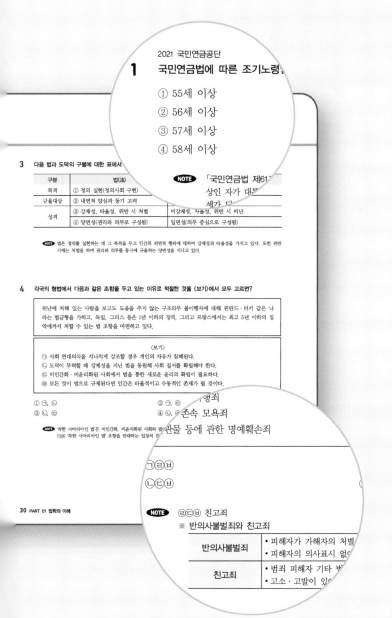

2021 국민연금공단

1 국민연금법에 따른 조기노령

① 55세 이상
② 56세 이상
③ 57세 이상
④ 58세 이상

3 다음 법과 도덕의 구별에 대한 표에서

구분	법(法)	
목적	① 정의 실현(정의사회 구현)	NOTE 「국민연금법 제61」
		상인 자가 대
규율대상	② 내면적 양심과 동기 고려	세가 다
성적	③ 강제성, 타율성, 위반 시 처벌	비강제성, 자율성, 위반 시 비난
	④ 양면성(권리와 의무로 구성됨)	일면성(의무 중심으로 구성됨)

NOTE 법은 정의를 실현하는 데 그 목적을 두고 인간의 외면적 행위에 대하여 강제성과 타율성을 가지고 있다. 또한 위반 시에는 처벌을 하며 권리와 의무를 동시에 규율하는 양면성을 지니고 있다.

4 각국의 형법에서 다음과 같은 조항을 두고 있는 이유로 적절한 것을 〈보기〉에서 모두 고르면?

위난에 처해 있는 사람을 보고도 도움을 주지 않는 구조의무 불이행자에 대해 핀란드·터키 같은 나라는 벌금형을 가하고, 독일, 그리스 등은 1년 이하의 징역, 그리고 프랑스에서는 최고 5년 이하의 징역에까지 처할 수 있는 법 조항을 마련하고 있다.

〈보기〉
㉠ 사회 연대의식을 지나치게 강조할 경우 개인의 자유가 침해된다.
㉡ 도덕이 무력할 때 강제성을 지닌 법을 동원해 사회 질서를 확립해야 한다.
㉢ 비인간화·비윤리화된 사회에서 법을 통한 새로운 윤리의 확립이 필요하다.
㉣ 모든 것이 법으로 규제된다면 인간은 타율적이고 수동적인 존재가 될 것이다.

① ㉠, ㉡   ㉱행죄   ② ㉠, ㉢
③ ㉡, ㉢   ④ ㉢, ㉣존속 모욕죄

NOTE '착한 사마리아인 법'은 비인간화, 비윤리화된 사회와 법 만물 등에 관한 명예훼손죄
㉡㉢ '착한 사마리아인 법' 조항을 반대하는 입장의 견

㉠㉡㉢
㉡㉢㉣

NOTE ㉣㉢㉤ 친고죄
※ 반의사불벌죄와 친고죄

반의사불벌죄	• 피해자가 가해자의 처벌 • 피해자의 의사표시 없이
친고죄	• 범죄 피해자 기타 법 • 고소·고발이 있

핵심예상문제 및 기출복원문제 **3**

그동안 실시된 기출문제의 유형을 파악하고 출제가 예상되는 핵심영역에 대하여 다양한 유형의 문제로 재구성하였습니다. 문제풀이를 통해 이론을 복습하고 출제 유형을 파악할 수 있습니다.

상세한 해설 **4**

정·오답에 대한 이유를 이해하기 쉽도록 상세하게 기술하여 실전에 충분히 대비할 수 있도록 하였습니다. 매 문제 꼼꼼한 해설을 통해 수험생의 문제해결능력을 높이며, 정답을 확인하면서 동시에 이론을 복습하여 학습 효율을 높일 수 있도록 구성하였습니다.

Contents

PART

01

법학의 이해

check

▶ "사회가 있는 곳에 법이 있다."
사회는 법이 없으면 존재할 수 없으며, 법은 사회가 있는 곳에서 존재할 수 있다는 뜻이다. 여기에서 법은 일체의 사회 규범을 의미한다.

▶ 법의 상대성
"피레네 산맥 이쪽에서의 정의는 저쪽에서는 불의이다."
– 파스칼, 「팡세」 –

▶ 법의 강제성
강제력이 없는 법은 타지 않는 불이요, 비치지 않는 등불이다.
– 예링 –

▶ "법은 도덕의 최소한이다"
도덕의 영역 중에서 사회의 유지를 위해서 반드시 지켜야 할 것만을 법으로 규정한 것이라는 의미이다.
"도덕적 비난은 가능하지만 불법은 아니다"라는 말에서와 같이 모든 사회규범을 법률로 제정 할 수는 없다는 사상에서 유래하였다.

▶ 사회규범의 변화
㉠ 단순→복잡화
㉡ 사적 제재→공적 제재
㉢ 관습·도덕·종교 규범 중심
　→법 중심

01 법의 개념

(1) 개요

법이란 사회규범 중에서 국가가 제정한 강제 규범이다. 법은 사회규범의 일부이므로 법을 이해하기 위해서는 사회규범에 대한 이해가 선행되어야 한다.

(2) 사회규범

① 의의 : 사회규범이란 인간이 사회생활 속에서 지켜야 할 행위기준을 말한다. 사회규범에는 관습, 종교규범, 도덕, 법이 있다.

② 당위의 법칙 : 당위란 "무엇은 마땅히 어떻게 되어야 한다."는 것으로 윤리적 가치판단을 전제로 한 것이다. 사회규범은 선하거나 유익하다고 생각되는 행위를 하도록 하고(명령규범), 악하거나 유해하다고 생각되는 행위를 하지 못하도록 하는(금지규범) 당위의 법칙이다.

③ 사회규범의 상대성, 다양성, 보편성 : 사회규범은 문화와 환경의 산물이다. 그러므로 문화적 차이에 의해서 같은 상황도 다르게 이해될 수 있다는 의미에서 상대성을 갖게 되고, 마땅히 지켜져야 할 기준이 여러 형태로 존재할 수 있다는 의미에서 다양성이 있으며, 어떤 국가, 어떤 시대를 막론하고 어떤 형태로든 존재한다는 의미에서 보편성이 있다.

④ 사회규범의 종류 : 사회규범에는 법 이외에도 관습, 도덕, 종교 규범이 있다. 관습이란 어떠한 행위가 사회 구성원 사이에 오랜 세월동안 반복됨으로써 사회적 행위의 기준으로 인정된 것으로 대표적으로 관혼상제가 있다. 종교규범이란 종교상의 계율이 사회 구성원의 행위에 대한 기준으로 인정된 것으로 십계명, 중세 사회의 신 중심의 교리를 예로 들 수 있다. 도덕은 선의 구현과 공동체의 안녕을 위해 필요한 가치의 기준 또는 규범을 말하며 인간의 양심에 바탕을 두고 있다. 대표적으로 생명 존중, 어른에 대한 공경 등이 있다. 법은 형식이 적법해야 할 뿐 아니라 내용도 정당성을 가진 사회규범이다. 이러한 법의 특징은 다른 사회규범, 그 중에서도 특히 도덕과의 구별을 통해 특색을 더욱 뚜렷이 인식할 수 있다.

(3) 법과 도덕의 관계

① 법과 도덕의 구별

구분	법(法)	도덕(道德)
목적	정의(正義)의 실현	선(善)의 실현
특징	강제성 : 위반할 경우 처벌을 받음	비강제성 : 위반할 경우 사회적 비난을 받음
	타율성 : 국가에 의해 강제됨	자율성 : 개인 스스로 지키도록 권장됨
	외면성 : 외부적 행위와 결과 중시	내면성 : 내면적 양심과 동기 중시
	양면성 : 권리와 의무로 구성됨	일면성 : 의무 중심으로 구성됨

② **착한 사마리아인의 법**(=법의 윤리화 현상) : 착한 사마리아인의 법이란 성경에서 유래한 것으로 위험에 처한 사람을 도와주어도 자신은 위험에 빠지지 않음에도 도움을 주지 않을 경우, 단순히 도덕적 비난에 그칠 것이 아니라 법적으로 처벌하겠다는 것이다. 이것은 도덕적 의무 위반에 대하여 법으로 처벌하겠다는 것으로 법의 윤리화 현상을 보여주고 있다. 이 법은 프랑스처럼 단체주의를 강조하는 국가에서는 입법화 되었으며, 우리나라 형법에는 착한 사마리아인의 법에 해당하는 조항은 없다.

(4) 법의 사회적 특징

법은 사회의 구성원 누구나 지켜야 할 행위의 기준이라는 점에서 행위규범으로 존재하며, 재판 과정에서 판결의 기준이 된다는 점에서 재판규범이 되며, 입법부, 사법부, 행정부의 조직과 권한을 정하는 조직규범으로서의 성질을 갖는다.

---

02   법의 이념

(1) 서론

법의 이념이란 "법은 무엇을 위해서 존재하는가?"를 설명한 것으로 법을 통해서 우리가 이루려고 하는 궁극적인 목적을 설명하는 것이다. 일반적으로 라드부르흐가 '법철학 입문'에서 주장한 정의, 합목적성, 법적 안정성이 일반적으로 받아들여지고 있다.

(2) 정의

① **의의** : 정의는 법이 추구하는 궁극적인 이념으로 시대와 상황에 따라 다르게 표현되고 있을 만큼 다양한 개념이 존재한다. 일반적으로 옳은 것, 바른 것, 평등, 인권 존중 등으로 설명되고 있다.

▶ **합리적 차별**
   여성의 생리휴가, 출산 휴가, 노인 복지금과 같은 사회적 약자에 대한 배려에는 합리적 차별이 허용된다.

▶ **정의를 강조한 법언**
   "세상이 망하더라도 정의를 세우라."
   "정의만이 통치의 기초이다."

check

② 학자들의 정의관

　ⓐ 울피아누스 : 고대 로마의 법학자인 울피아누스는 "각자에게 그의 몫을 돌려 주는 항구적인 의지"라고 하여 각자의 몫에 대한 공평한 배분을 정의라고 하였다.

　ⓑ 아리스토텔레스 : 그리스의 철학자 아리스토텔레스에게 있어 정의란 평등이다. 그는 정의를 급부와 반대급부의 균형을 유지하고, 모든 인간을 동등하게 취급하는 "평균적 정의"(절대적 평등)와 능력과 공헌도에 따라 차등 대우하는 "배분적 정의"(상대적 평등)로 구분하여 설명하고 있다는 데 특징이 있다.

구분	평균적 정의(=시정적 정의)	배분적 정의(=분배적 정의)
격언	"같은 것은 같게"	"같은 것은 같게, 다른 것은 다르게"
특징	사법의 영역에서 중시	공법의 영역에서 중시
적용영역	노동과 임금, 손해와 배상간의 평등, 범죄와 형벌, 참정권의 보장	누진세, 가중처벌, 공로에 따른 보상, 빈곤의 정도에 따른 보호 등

③ 실체적 정의와 절차적 정의 : 실체적 정의란 법적 분쟁을 해결하는 과정에서 진실에 따른 바른 결정을 내릴 때 적용되는 정의를 의미하고, 절차적 정의란 이러한 분쟁해결 또는 진실의 발견 과정에서 지켜져야 할 정의를 의미한다.

(3) 합목적성(合目的性)

① 의의 : 법은 그 사회가 추구하는 지배적 가치관이나 이데올로기(=목적)에 일치해야 한다는 것을 의미한다.

② 합목적성의 상대성 : 사회의 지배적 가치관은 시대에 따라 다르기 때문에 합목적성은 상대성이 있다. 예를 들어 근대 자유방임주의 시대에는 개인의 자유를 중시하였으며 전체주의 국가에서는 민족이나 국가와 같은 단체에게 최고의 가치를 부여하고 있다.

③ 현대의 합목적성 : 현대 사회는 실질적 평등의 실현과, 공익 증진, 인간다운 생활의 보장을 강조하고 있다. 따라서 법의 합목적성은 이러한 맥락에서 고려되어야 한다. 곧, 현대의 합목적성이란 법이 사회적 약자를 보호하는 데 기여해야 함을 의미한다.

(4) 법적 안정성

▶ 법적 안정성을 강조한 법언
"국민이 원하는 것이 법이다."
"민중의 행복이 최고의 법이다."
"악법도 법이다."
"정의의 극치는 불의의 극치이다."

① 의의 : 법적 안정성이란 사회생활이 법에 의하여 보호받고 있어서 구성원들이 법을 믿고 안심하고 행동할 수 있는 상태를 의미한다.

② 요건 : 법적 안정성이 높다는 것은 사회 구성원들이 법에 대한 인식이 확고하다는 것을 의미한다. 이와 반대로 법적 안정성이 낮다는 것은 법 제도 운영이 불안정하고 자주 개정되어 국민들에게 명확하게 인식이 되지 않는다는

것으로 그러한 법은 폐지되거나 개정되어야 한다. 법적 안정성을 높이기 위해서는 법의 내용이 명확해야 하고, 실현 가능해야 하며, 국민의 법의식과 합치되어야 하며 잦은 법 개정이 없어야 한다.

(5) 법이념 상호 간의 관계

① 보완 관계 : 정의는 법의 궁극적인 목적이지만 추상적인 개념이다. 이러한 정의를 실현하기 위한 구체적인 기준을 합목적성이 제공한다.

② 모순 관계 : 시효제도나 법률불소급의 원칙은 법적 안정성을 위해 정의를 희생한 경우에 해당하며, 독일의 채권증액판결은 정의를 위해 법적 안정성이 희생된 경우이며, 친일파의 재산환수를 위한 특별법을 제정한 것은 정의를 실현하기 위해서 법적 안정성을 부인한 경우에 해당한다. 이처럼 법이념 상호간에는 모순 · 충돌이 발생할 수 있다. 법의 이념은 충돌할 수 있으며 법이념 상호간에 충돌하는 경우 우리 헌법 제37조 제2항을 통해 다음과 같은 결론을 도출할 수 있다.

    ㉠ 국민의 모든 자유와 권리는 국가안전보장, 질서유지, 공공복리를 위하여 (합목적성)

    ㉡ 필요한 경우에 한하여 법률로써 제한할 수 있으며(법적 안정성)

    ㉢ 제한하는 경우에도 자유와 권리의 본질적인 내용은 침해할 수 없다(정의).

즉, 합목적성과 법적 안정성을 바탕으로 정의를 실현하는 것이 법의 궁극적인 목적이라고 할 수 있다.

---

03   **법의 계통**

(1) 대륙법계 문화

① 특징 : 독일, 프랑스를 중심으로 유럽대륙에서 발달한 법문화이다. 원칙적으로 관습법과 같은 불문법은 인정하지 않고 성문법 중심으로 발달되어 있다. 또한, 논리성이 우수하고 공법과 사법의 구분이 명확하다.

② 대륙법의 유형

구분	내용
로마법계	도시법, 상인법(도시민, 상인 권리 중심)적 요소 강함 성문법주의, 공법과 사법의 구분, 개인주의 사상 강조
게르만법계	지방법(어촌, 농민의 권리 중심)적 요소 강함 관습법 인정, 공법과 사법의 융합, 단체주의 사상 강조

check

▶ 독일의 채권 증액 판결
제1차 세계 대전 직후 독일에서는 극심한 인플레이션으로 전쟁 전의 1마르크가 1조 마르크로 화폐의 가치가 폭락하였다.

그 결과 이익을 본 사람들은 전쟁 전에 돈을 빌린 채무자였다. 전쟁 전에 100만 마르크를 빌려서 공장을 세웠는데, 이제 100만 마르크가 우표 값의 10만분의 1밖에 안 되기 때문이다.

이로 인해 피해를 본 채권자들은 채권액을 증액하여 지급하라는 소송을 제기하였고 당시 독일의 최고 법원은 신의성실의 원칙을 내세워 채권자들의 청구를 인정하는 판결을 내렸다.

그 후 법원에 제소하면 증액을 받을 수 있다고 믿게 된 채권자들이 수없이 소송을 하여, 앞으로 수개월 안에 독일은 수백만의 소송으로 무너지게 될 것이라는 말이 나오는 상황에 이르렀다.

(2) 영 · 미법계 문화

① **특징** : 영국과 미국을 중심으로 하여 발전한 법문화이다. 성문법도 존재하지만 불문법 중심으로 운영되며 그 중에서도 특히 판례법이 주류를 이루고 있는 점이 특징이다. 즉, 사법부가 내린 판례가 자연스럽게 불문법을 이루며 법적 효력을 갖게 된다.

② **영 · 미법의 유형**

구분	내용
영국법	성문법보다는 판례를 통해 성립되는 보통법(common law) 중심의 입법부 우위의 권력 구조
미국법	판례를 중시하는 보통법 문화는 영국과 공통, 사법부 우위의 권력 구조

(3) 이슬람법계 문화

① **특징** : 이슬람법계는 법과 종교가 철저하게 융합되어 있다는 것이 특징이다. 이슬람교는 알라신의 뜻에 법적 효력을 부여하기 때문에 현실 세계는 종교적 계율이 법적 근거가 된다. 또한 이슬람교를 신봉하는 국가마다 약간씩 차이를 보이기 때문에 일부 국가에서는 성문법이 확대되어 가기도 한다.

② **구성**

구분	내용
코란	마호메트의 어록이자 이슬람교의 경전
순나(sunna)	예언자들의 생활에 대한 기록으로 코란을 해석하고 구체화하는 기능
이그마(igma)	이슬람 민족의 합의 사항에 대한 기록
유추해석	코란, 순나, 이그마에서 확립된 법규범을 유사한 사안에 적용

(4) 사회주의법계 문화

① **공산주의 문화** : 마르크스주의를 이념으로 하는 공산주의 국가의 법문화이다. 즉, 자본주의 사회에서 국가는 지배계급이 피지배계급을 착취하기 위하여 만든 권력기관이며 법 역시 이를 규범화한 도구라는 입장이다.

② **성문법중심** : 외형상으로는 대륙법계와 같은 성문법을 중심으로 하지만, 법의 이념은 마르크스의 사상이 깊숙이 자리 잡고 있다는 특징이 있다.

(5) 우리나라의 법문화

① **대륙법적 요소** : 우리나라의 법문화는 일본의 영향을 많이 받았다. 일본은 대륙법계 문화를 기반으로 하기 때문에 우리나라 역시 대륙법 계통의 법문화가 자리를 잡았다. 따라서 성문법의 비중이 상당히 높다.

② **영·미법적 요소** : 광복 후 미군정의 영향에 따라 영·미법 계통의 법문화가 아울러 존재하는 혼합형태의 법문화를 갖게 되었다. 불문법으로 판례의 중요성이 부각되고 관습법을 인정하며, 인권보장을 위한 적법절차에 비중을 두고 있는 점은 영·미법적 요소라 할 수 있다.

04 법의 원천

(1) 서론

법의 원천이란 법의 존재형태를 의미하며 법의 연원(淵源)이라고도 하고, 줄여서 법원(法源)이라고도 한다. 법원이란, 법이 타당성을 찾을 수 있는 근거는 무엇인지를 인식하는 과정으로, 그러한 인식 근거를 크게 성문법과 불문법으로 구분하여 살펴볼 수 있다.

(2) 성문법

① **개념** : 성문법이란 문서의 형식을 갖추고, 일정한 절차와 형식에 따라서 권한 있는 기관이 제정·공포한 법을 말한다. 성문법에는 헌법, 법률, 명령, 규칙, 조례, 조약이 있다.

② **종류**

ㄱ **헌법** : 국민의 기본권과 통치기구의 종류와 권한을 규정한 최상위의 근본규범이다. 헌법의 제정권자는 국민이므로 헌법을 제·개정할 때는 국민투표를 거쳐야 한다.

ㄴ **법률** : 넓은 의미의 법률이란 모든 제정법을 말하며, 좁은 의미의 법률은 국회의 심의와 의결을 거치고, 대통령이 서명·공포하여 효력이 발생하는 규범을 말한다. 민법, 형법, 상법, 소송법 등 수많은 종류가 있다.

ㄷ **명령** : 법률의 내용이 구체적이지 못할 경우 내용을 구체화하기 위해 행정부에 의해 제정된 규범을 말한다. 명령은 법률보다 하위의 효력을 갖는 경우가 보통이나 긴급명령처럼 법률과 동등한 효력이 부여된 명령도 있다. 명령은 제정권자를 기준으로 대통령령·총리령·부령 등이 있으며, 수권의 근거에 따라 위임명령·집행명령 등으로 분류할 수 있다.

ⓔ 조례 : 지방의회가 법령의 범위 안에서 그 권한에 속하는 사무에 관해 의결로 제정하는 규범이다. 조례는 해당 지방자치단체 안에서만 효력이 있다는 점에서 법률과 구별된다.

ⓜ 규칙 : 조례의 시행을 위해서 지방자치단체 장이 제정하는 규범이다. 통상 조례와 규칙을 자치법규라고도 한다.

ⓗ 조약 : 국가 간의 문서에 의한 합의를 말하여, 협정, 약정, 합의서 등으로 불린다. 조약의 체결권자는 대통령이 원칙이며, 국회의 동의를 얻어 대통령이 공포함으로써 효력이 발생한다.(헌법 제6조 제1항)

(3) 불문법

① 개념 : 불문법은 비록 성문화되지 않았지만 관행으로 존재하는 법원을 의미한다. 불문법에는 관습법·판례법·조리 등이 있다.

② 종류

ⓐ 관습법 : 일정한 관행이 반복되어, 대다수의 사람들로부터 법적 확신을 얻은 것을 말한다. 관습법과 사실인 관습은 구별되며, 관습법의 예로는 관습법상의 법정지상권, 명인방법, 분묘기지권, 양도담보, 사실혼 등이 있다. 관습법은 법원의 판결을 통해서 그 존재가 인정되며, 그 성립 시기는 관행이 법적확신을 얻은 때로 소급하게 된다.

ⓑ 판례(판례법) : 판례는 법원의 판결이 집적된 것이며, 판례법은 법원이 동일한 종류의 사건에 대하여 동일한 취지의 판결을 계속할 경우 판례를 법원으로 인정하는 경우에 성립된다. 영미법계에서는 선례구속의 원칙으로 인해 판례법이 제1차적 법원이 되지만, 대륙법계에서는 하급심에 대한 기속력은 법률상으로는 존재하지 않고 사실상으로만 인정된다.

ⓒ 조리(條理) : 사물의 본성 또는 사물의 본질 법칙을 말하여, 사람의 건전한 상식으로 판단할 수 있는 규범이다. 조리를 경험칙, 신의성실, 이성, 합리성 등과 같은 뜻으로 표현하기도 한다. 조리는 실정법과 계약 해석의 표준이 되거나, 성문법이 존재하지 않을 경우 판례의 기준이 된다. 하지만 조리는 인간 이성의 산물이기 때문에 객관적 기준을 만들기 어려우므로 적용에 신중을 기해야 한다.

(4) 성문법과 불문법의 관계

① 성문법과 불문법의 장·단점 : 성문법은 법의 존재와 의미가 명확하여 국가 권력의 남용으로부터 국민의 자유와 권리를 보호하기 쉽다는 장점이 있으나 변화하는 사회생활의 현실적 수요를 따르지 못한다는 단점이 있다. 이에 비해 불문법은 급변하는 사회생활에 탄력적으로 대응할 수 있으나 법의 존재와 의미가 불명확할 수 있으므로 국민의 자유와 권리를 침해할 가능성이 높다는 단점이 있다.

② 우리나라에서 불문법과 성문법의 관계 : 우리나라는 성문법 주의를 채택하고 있지만, 민법(民法) 제1조를 보면 "민사에 관하여 법률에 규정이 없으면 관습법에 의하고, 관습법이 없으면 조리에 의한다."라는 규정을 둠으로써 관습법과 조리의 법률에 대한 보충적 적용을 긍정하고 있다(보충적 효력설이 다수설). 한편 상법 제1조에는 "상사에 관하여 본법에 규정이 없으면 상관습법에 의하고 상관습법이 없으면 민법의 규정에 의한다."라고 규정하여 상관습법의 민법에 대한 변경적 효력을 인정하고 있다.

check

05 법의 효력

(1) 의의

효력이란 특정한 규칙이나 규범, 사실 상태가 작용을 하고 있다는 것을 의미하며, 법의 효력이 있다는 것은 법의 내용대로 실생활에 적용되고 있다는 것을 의미한다. 법의 효력에는 실질적 효력과 형식적 효력으로 구별된다.

(2) 실질적 효력

① 실효성 : 실효성이란 국가의 강제력을 통해서 일상생활에서 법의 내용이 실현되고 있는 것을 말한다.

② 타당성 : 타당성이란 국민이 법규범을 자발적으로 따를 수 있도록 법은 정당한 내용을 담고 있어야 한다는 것을 의미한다.

(3) 형식적 효력

① 시간적 효력 : 법은 시행일부터 폐지일까지 효력이 있으며 법 시행 이전에 발생한 사항에 대해서 적용해서는 안 되는 법률불소급의 원칙을 포함한다.

② 장소적 효력 : 범죄인의 국적을 불문하고 자국 영토에서 벌어진 범죄에 대해서 자국의 법을 적용한다는 속지주의, 장소를 불문하고 자국민의 범죄는 자국의 법을 적용한다는 속인주의, 자국 또는 자국민의 법익을 침해하는 범죄에 대해서는 장소와 국적을 불문하고 자국의 법을 적용한다는 보호주의, 일체의 반인류적 범죄에 대해서는 범죄인과 범죄지를 불문하고 자국의 법을 적용한다는 세계주의, 속지주의의 특수한 형태인 기국주의 등이 있다. 우리나라의 현행법은 속지주의를 기본으로 하면서 속인주의 및 보호주의를 가미하고 있다.

③ 대인적 효력 : 대인적 효력은 법이 어떠한 사람에게 적용되는가의 문제이다. 법은 '시간', '장소'에 관한 효력이 미치는 범위 안에서는 원칙적으로 모든 사람에게 적용된다. 이에 대한 국내법적 예외로는 대통령의 형사상 특권(헌법 제84조), 국회의원의 불체포 특권(헌법 제44조) 등이 있으며 국제법상의 예외로는 외국 원수 외교사절 등 치외법권을 누리는 자들이 있다.

06 법의 체계

(1) 법체계와 법질서

① 의의 : 법은 제각각 제정된 목적이 다르고 내용이 천차만별이지만, 국가의 법질서라는 테두리 내에서 일정한 체계를 이루고 있다. 이를 법체계 또는 법질서라고 한다.

② 법체계 : 법은 크게 자연법과 실정법으로 구분할 수 있고, 실정법은 국내법과 국제법으로 구분할 수 있다. 이것을 구체화시키면 다음과 같다.

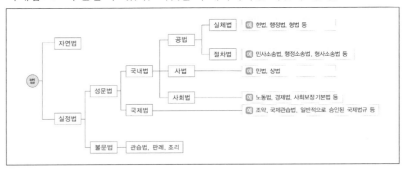

(2) 자연법과 실정법

① 구별의 기준 : 자연법은 현재 시행되고 있는 실정법 이전의 철학적이고 보편적인 규범이 존재한다는 전제 하에 도출된 개념이다. 즉 자연법과 실정법은 법의 보편성 인정여부에 따른 구별이다.

② 자연법 : 모든 시대와 사회에 보편타당하게 적용될 수 있는 객관적인 법질서, 자연의 질서 또는 인간의 이성에 바탕을 둔 보편적이고 항구적인 법을 자연법이라고 하며, 시대와 민족, 국가와 사회를 초월하여 법의 보편성을 인정할 수 있다는 사상을 배경으로 하고 있다. 자연법의 인식 근거에 대해서 고대 그리스에서는 자연의 섭리, 중세에는 신의 섭리, 근대 이후에는 인간의 합리적 이성에서 찾았다.

③ **실정법** : 실정법이란 특정 국가에서 현실적으로 시행되고 있는 법을 말하며, 실정법에는 성문법은 물론이고 불문법까지도 포함한다.

check

④ **실정법과 자연법의 사상 대립**

　　㉠ **법실증주의** : 19세기에 등장한 법실증주의는 실정법 중에서도 성문법만을 법으로 인정하고 있다. 이는 실정법은 완전무결한 것이므로 법의 해석·적용과정에 성문법 외에는 어떤 정치적·사회적·윤리적 요소를 고려할 필요가 없다는 사상을 배경으로 한다. 법실증주의는 법률문제의 해결 기준에서 우리가 쉽게 인식할 수 없는 불문법, 자연법을 제외시키고, 성문화된 법전에서 찾으므로 명확한 해결책을 제시한다는 장점이 있다. 그러나 이 사상은 법률이 가져야 할 내용의 정당성보다는 합법성만을 강조하게 되며, 법을 만능으로 이해하여 법이라는 형식만 갖추면 어떠한 것도 허용될 수 있다는 형식적 법치주의와 법을 이용한 불법을 자초하는 결과를 초래하였다.

　　㉡ **자연법론** : 자연법 사상은 그리스·로마 시대 때부터 법의 정당성과 관련하여 대두된 법학 사상으로서, 사회나 인간의 자연적 성질로부터 유래한 자연법이 존재하며, 자연법은 실정법의 정당성의 근거가 된다는 견해이다. 자연법 사상은 법률의 합법성뿐만 아니라 그 내용의 타당성과 정당성을 중요하게 생각하여 합법성을 가진 법률이라도 내용이 타당하지 못하다면 법률이 될 수 없다고 본다. 이 사상은 실질적 법치주의의 탄생에 영향을 주었으며, 개인의 자유를 천부적 권리로 인정하여 인권보장에 막대한 영향을 끼쳤다. 그러나 자연법 사상은 법의 해석·적용 과정에 실정법 이외에 여러 가지 사회문화적인 요소들을 포함하고 있어서 법실증주의로부터 정치적 법학이라는 비난을 받게 되었으며, 법학의 대상이 무엇인지를 밝히는데 명확한 기준을 제시하지 못했다. 또한 구체적인 법률문제에 대해서 자연법이라고 하는 모호한 일반원칙을 제시하여 직접적인 해결책을 내놓지 못하는 경우가 많다.

⑤ **자연법과 실정법의 관계** : 자연법은 실정법을 제정하는 기준이 되는 동시에 부당한 실정법을 개정하는 기준이 된다. 자연법은 실정법을 통해서 그 이념과 정신이 구체화되며, 실정법의 내용은 자연법에 근거하여 그 타당성을 인정받을 수 있다. 결국 자연법과 실정법은 상호 보완관계에 있다.

(3) 국내법(國內法)과 국제법(國際法)

① **국내법** : 한 나라의 주권이 미치는 범위 내에서만 적용되는 법으로, 국가와 국민 사이 또는 국민 상호간의 법률관계를 규율하고 있다. 국내법에는 법의 단계에 따라서 헌법·법률·명령·조례·규칙이 있다.

▶ 일반적으로 승인된 국제법규
   국제사회에서 보편적으로 승인되고 있는 규범을 말하며 포로에 대한 인도적 대우, 내정 불간섭의 원칙, 집단학살 금지의 원칙 등이 있다.

② **국제법** : 한 국가를 넘어서 국가 상호 간의 관계 또는 국제 조직 등에 대해서 적용되는 법이다. 국제법에는 국가 간의 문서에 의한 합의인 조약과 포로에 대한 인도적 대우 · 내정 불간섭의 원칙 · 집단학살 금지의 원칙과 같은 일반적으로 승인된 국제 법규와 국제사회의 오랜 관행이 법적 확신을 얻게 된 국제 관습법이 있다. 국제 관습법은 성립 당시부터 지속적으로 반대하지 않는 한 모든 국가에 적용된다는 특징이 있다.

(4) 공법(公法), 사법(私法), 사회법(社會法)

① **공법**

　㉠ **개념과 성질** : 국가 또는 공공단체를 법률관계의 주체로 하는 법으로, 공적인 생활관계를 형성하는 법을 의미한다. 공법관계는 공권력을 중심으로 규율되므로 상하의 수직적인 관계가 성립하는 경향이 강하다.

　㉡ **종류** : 헌법, 행정법, 형법, 형사소송법, 민사소송법이 대표적인 공법이다. 헌법은 국민의 기본권과 통치기구의 조직과 작용에 대해서 규정하고 있다. 행정법은 행정부의 구성, 작용, 구제를 포괄적으로 담고 있는 일체의 법을 의미하며, 형법은 범죄와 형벌을 규율하고 있다. 형법에 규정된 범죄자를 처벌하기 위한 절차를 규정한 법이 형사소송법이다. 사적 생활관계에서 발생한 분쟁을 해결하는 절차를 규율한 것이 민사소송법이다.

② **사법**

　㉠ **개념과 성질** : 사인(私人)을 주체로 하여 사적인 생활 관계를 규율하는 법이 사법이다. 사법은 개인 간의 대등한 법률관계를 다루기 때문에 횡적 · 수평적 관계가 성립하는 경향이 강하다.

　㉡ **종류** : 민법은 대표적인 사법으로 총칙, 물권, 채권, 친족, 상속으로 구성되어 있다. 상법은 상업의 주체인 상인, 회사, 어음, 수표, 보험 등을 다루고 있다. 그 외에도 주택임대차 보호법, 제조물 책임법 등이 사법에 속한다.

③ **사회법**

　㉠ **개념과 성질** : 사적인 생활 관계를 국가가 규율하는 법을 사회법이라고 한다. 사회법의 등장으로 인해 사법의 공법화 현상이 나타나게 되었으며, 사회법은 공법도 사법도 아닌 제3의 영역으로 표현하기도 한다.

▶ 사회법의 등장배경
   사회법은 사법의 영역에 공법적 방법을 통해 국가가 적극적으로 개입하려는 법이므로 사법과 공법의 중간적 영역에 속한 법이다. 19세기 후반 자본주의가 고도로 발달하면서 독과점화 현상, 빈부 격차의 심화, 자본가에 의한 노동력 착취, 소비자 피해의 발생 등 여러 가지 문제점이 발생하였다. 이에 따라 20세기 이후 복지 국가에서는 사회법을 통해 국가가 개입하여 인간다운 생활을 보장하려는 노력을 기울이게 되었다. 이러한 현상을 "법의 사회화" 또는 "사법의 공법화 현상"이라고도 한다.

　㉡ **등장 배경** : 국가의 개입을 통해 빈부 격차 등 자본주의의 구조적 모순을 해결하기 위해서 등장하였다. 사회법은 자본주의 자체를 부정하기 위한 법이 아니라 사회적 약자의 인간다운 생활을 보장하기 위해서 사법 중에서 일부를 특별히 분리 발전시킨 것이다.

　㉢ **종류** : 노동법, 경제법, 사회보장법이 대표적인 사회법이다. 노동법은 근로자와 노동조합과 관련된 내용을 규율하는 일체의 법률을 의미하고 경제법이란 국민 경제의 활성화, 건전한 경제 행위, 불공정 거래 행위 규제 등

경제와 관련된 법률의 총체를 의미한다. 사회보장기본법은 인간이 최소한의 건전한 생활을 유지하기 위한 국가의 지원과 관련된 내용을 규정하고 있다.

check

(5) 실체법(實體法)과 절차법(節次法)

① **실체법** : 실체법이란 권리 · 의무의 내용 · 발생 · 변경 · 소멸 등에 관해 규정한 것으로, 헌법 · 형법 · 민법 · 상법 등이 여기에 속한다. 즉 법조문에 규정된 권리나 의무 등의 관계가 어떻게 성립되고 어떻게 소멸하며 어떻게 변경되었는가 등에 대해 규정하고 있는 법을 실체법이라 한다.

② **절차법** : 절차법이란 실체법에 의해 규정된 권리와 의무를 실현하기 위한 수단과 방법을 규율하기 위한 법으로, 대표적으로 민사소송법 · 형사소송법 · 행정소송법 · 비송사건 절차법 등이 있다.

③ **실체법과 절차법의 관계** : 실체법은 목적에 해당하며, 절차법은 수단을 의미한다. 실체법은 절차법이 통해서 일상생활에 적용될 수 있다. 즉 양자는 상호 불가분의 관계에 있다.

(6) 일반법(一般法)과 특별법(特別法)

① **구별의 기준** : 일반법과 특별법은 규율대상과 효력이 미치는 속성을 기준으로 한다.

② **일반법** : 모든 사람 · 장소 · 상황에 대하여 보편적으로 적용되는 법이 일반법이다. 대표적으로 민법, 형법 등이 이에 해당한다.

③ **특별법** : 일반법과는 달리, 특정한 사람 · 장소 · 상황에 대해서 제한적으로 적용되는 법으로, 상법, 국가공무원법, 교육공무원법, 선원법, 군형법 등이 이에 해당한다.

④ **일반법과 특별법의 구별 이유** : 일반법과 특별법의 구별은 상대적이나, 특별법은 일반법에 우선하여 적용된다는 '특별법 우선의 원칙'에 구별의 의의가 있다.

(7) 그 외의 분류들

① **강행법과 임의법** : 강행법과 임의법은 당사자의 의사에 의해서 법의 적용을 배제할 수 있느냐에 따른 분류이다. 강행법은 당사자의 의사를 묻지 않고 그 적용이 강요되는 법을 말하며, 선량한 풍습 기타 사회질서와 관련된 규정과 공법규정은 대부분 강행법에 속한다. 이에 반해 임의법은 당사자의 의사에 의해 그 적용을 배제할 수 있는 법규를 말하며 사법 분야에는 임의법규가 많다.

② **고유법과 계수법** : 고유법은 국가, 민족 고유의 사회적 · 역사적 흐름 속에서 자연적으로 형성된 법이고, 계수법은 다른 나라에서 생성 · 발달한 법률제도와 사상을 받아들여서 이를 기초로 하여 성립한 법이다.

③ **조직법과 행위법** : 사회조직을 규율하는 법을 조직법이라고 하며 헌법, 행정법, 법원조직법, 소송법 등은 대체로 여기에 속한다. 이에 반해 사람의 행위 자체를 규율하는 법으로 민법, 상법, 형법 등은 행위법에 해당된다.

07 법의 해석과 적용

(1) 서론

법의 해석이란 구체적 사실에 법을 적용하기 위해서 법의 의미와 내용을 밝히는 것을 말한다. 법의 해석방법에는 크게 주체에 따라서 유권해석과 무권해석으로, 방법에 따라서 문리해석과 논리해석으로 구분된다.

(2) 해석의 방법

① **유권해석**

　㉠ **개념** : 유권해석이란 국가 기관에 의해 행해지는 해석을 말하며 강제적인 구속력이 부여되는데 특징이 있다. 국가 기관의 종류에 따라 입법해석, 행정해석, 사법해석으로 분류할 수 있다.

　㉡ **유형** : 입법해석이란 국회가 입법의 형식으로 해석하는 경우이다. 법을 제정할 때, 보통은 "~라 함은 ~이다."와 같은 형태로 용어에 대한 정의를 내리는 조문을 두는 것이 전형적인 예에 해당한다. 행정해석이란 행정기관이 법 또는 정책을 집행하는 과정에서 내리는 해석을 의미한다. 행정해석은 주무장관의 명령, 지침, 내규의 형태로 문서화된다. 사법해석이란 문제된 사안에 대하여 법원이 판결의 형식으로 행하는 해석을 의미한다. 사법해석은 최종적인 유권해석에 해당한다.

② **무권해석(=학리해석)** : 학리해석은 대학, 연구소 등 학자에 의한 해석으로 강제적인 구속력은 없으며 법조문의 문언에 대해 그 의미를 밝혀 법 적용의 기준을 제공하는데 의의가 있다.

③ **문리해석** : 문리해석이란 법조문의 언어적 의미나 문맥에 따라 해석하는 것을 말한다. 예를 들어 민법 제108조 '상대방과 통정한 허위의 의사표시는 무효로 한다.'라는 규정에서 '통정'을 '서로 합의하여'로 해석하는 것, 형법의 '사람이 관리하는 건조물 · 저택 · 선박 등에 침입한 자'라는 규정에서 '사람이 관리하는'이 수식하는 말이 '건조물'만을 의미하는지 아니면 저택과 선박도 포함하는지를 밝히는 것이 문리해석에 해당한다.

④ 논리해석
　　㉠ 개념 : 논리해석이란 법 전체에 비추어 보아서 법조문의 입법취지와 상황을 고려하여 논리적으로 추론을 하여 해석하는 것을 말한다. 논리해석은 확장해석, 축소해석, 반대해석, 당연해석, 유추해석으로 나눌 수 있다.
　　㉡ 논리해석의 종류
　　　• 확장해석이란 법조문의 언어적 의미를 일반적인 경우보다 넓게 해석하는 것이다.
　　　• 축소해석이란 법조문의 의미를 일반적인 경우보다 좁게 해석하는 것을 말한다. 축소해석은 법조문의 의미가 막연하여 운용상의 혼란을 초래할 경우에 내리는 해석으로 제한해석이라고도 한다.
　　　• 반대해석이란 법조문이 규정하고 있는 것과 논리적으로 정반대의 의미를 지닌 요건이 존재할 경우에 원래 법조문 규정의 반대의 효과가 발생한다고 해석하는 것을 말한다.
　　　• 당연해석은 어떤 사항에 대해 법 규정이 없을 때 그 입법취지나 사물의 성질로 보아 당연히 그 규정에 포함되는 것으로 해석하는 것을 말한다.
　　　• 유추해석이란 법령에 규정이 없는 사항에 대하여 그와 유사한 사항을 찾아 적용하는 것이다.

(3) 법의 적용

① 개념 : 법의 적용은 법이 일단 존재하고, 법의 테두리 내에서 어떠한 사건이 발생했을 때, 그러한 추상적인 법을 해석하여 해당 사건에 적용시키는 과정이다.

② 법 적용 과정 : 일반적인 법 적용의 과정은 실정법을 대전제로 하고, 구체적인 사건을 소전제로 한 후 판결이라는 결론을 이끌어 내는 3단 논법의 형식을 취하게 된다. 예를 들어, 1단계로 형법에 사람을 살해한 자는 사형에 처한다는 대전제인 실정법이 존재한다. 2단계로 누군가가 사람을 살해하였다는 사실이 생겼다. 3단계로 이러한 사람은 사형에 처하는 판결을 받는다는 결론으로 이어지는 것이다. 이 때 순서는 큰 의미가 없다. 예를 들면, 어떠한 사람이 절도라는 행위를 함으로써 소전제인 절도사실이 발생하였다. 이 사람이 경찰기관에 체포되어 조사를 받게 되던 중 이러한 절도 사실은 형법상에 정해진 절도죄를 충족시키게 되는 것이다. 그 이후 법원의 판결로 이어진다. 즉 법을 적용하기 위해서는 이론적으로 3단 논법을 취하지만 구체적인 법 적용은 사실을 확정하고, 관련법규를 발견하여 재판으로 결론난다.

③ 분쟁이 발생한 경우 사실을 확정하는 방법
　　㉠ 개념 : 사실의 확정이란 사회생활에서 발생하는 구체적 사실들 중에서 법적으로 판단해 볼 때 가치가 있는 사실만을 확정하는 법적 인식 작용을 의미한다. 사실의 확정은 분쟁이 생긴 경우 당사자의 주장 또는 법원의 판단에 의해 진행되며 입증, 추정, 간주로 이루어져 있다.

check

▶ 형법에서의 유추해석금지
　유추해석이란 법관에 의한 입법으로, 입법권은 국회에 속한다고 규정한 헌법상의 권력분립의 원칙에 위반된다. 또한 형벌규정의 확대로 국민의 기본권과 법적 안정성을 침해하게 된다.

▶ 유추해석이라고 본 판례
　• 타인에 의해 이미 생성된 주민등록번호를 단순히 사용한 것을 허위의 주민등록번호를 생성하여 자기 또는 다른 사람의 재물이나 재산상의 이익을 위해 사용한 것으로 보는 경우
　• 주택법의 입주개시일부터 6개월간 전매를 금지하는 규정을 입주개시 전에 전매한 자에게 적용한 경우
　• 군 형법상 군용물을 편취당한 것을 분실로 본 경우
　• 공직선거 및 선거부정방지법의 자수를 범행 발각 전에 자수한 경우로 한정해석 하는 것

▶ 민법상 추정과 간주 규정
• 2인 이상이 동일한 위난으로 사망한 경우에는 동시에 사망한 것으로 추정한다.(민법 제30조)
• 아내가 혼인 중에 임신한 자녀는 남편의 자녀로 추정한다.(민법 제844조 제1항)
• 태아는 손해배상의 청구권에 관하여는 이미 출생한 것으로 본다.(민법 제762조)
• 주소를 알 수 없으면 거소를 주소로 본다.(민법 제19조)

▶ 법 적용의 원칙의 사례

> 상위법 우선의 원칙
> ⇓
> 특별법 우선의 원칙
> ⇓
> 신법 우선의 원칙

ⓛ 입증 : 입증이란 법적 분쟁이 발생한 경우, 관련 사실의 존재나 부존재에 관하여 증거에 의해 명확하게 증명하는 것을 말한다. 증거에는 당사자의 진술, 전문가의 감정, 현장 검증에서의 자료 등이 있다. 사실의 입증이 불가능하거나 곤란한 경우, 법은 일정한 사실의 존재 또는 부존재를 추정하거나 간주한다.

ⓒ 추정 : 추정이란 불확실한 사실에 대하여 반대 증거가 제시될 때까지는 진실한 것으로 인정하여 일정한 법적 효과를 발생시키는 것을 말한다. 예로서 민법 제30조에는 "2인 이상이 동일한 위난으로 사망한 경우에는 동시에 사망한 것으로 추정한다."라는 규정이 있고, 민법 제830조 제2항에서는 "부부의 누구에게 속한 것인지 분명하지 아니한 재산은 부부의 공유로 추정한다."는 규정이 있다. 또한, 민법 제844조 제1항에는 "아내가 혼인 중에 임신한 자녀는 남편의 자녀로 추정한다."는 규정을 두고 있으며 가족관계의 등록 등에 관한 법률 제87조에 따라 수해, 화재나 그 밖의 재난으로 인하여 사망한 사람이 있는 경우에는 이를 조사한 관공서가 사망지의 시·읍·면의 장에게 통보하게 되면 같은 법 제16조에 따라 사망의 기재를 하는 인정사망이라는 제도가 있다. 추정은 반대의 증거가 제시된다면 번복된다는 특징이 있다.

② 간주 : 간주란 불확실한 사실에 대하여 법에 의해 일정한 사실관계를 확정하는 것으로, 다른 말로 의제(擬制)라고도 한다. 법조문을 보면 "~은 ~으로 본다(간주한다)."라는 규정이 있다. 예로서 민법 제20조에 따라 국내에 주소없는 자에 대하여는 국내에 있는 거소가 주소로 간주되며 간주제도는 추정처럼 다른 증거를 통해 번복할 수 없다는 데 그 특징이 있다. 간주되는 사실을 번복하기 위해서는 법원의 취소 절차라는 별도의 절차가 필요하다.

(4) 법 적용의 원칙

① **개념** : 법 적용의 원칙이란 법 상호 간에 효력이 충돌할 때 어떤 법을 적용할 것인지에 대한 일반원칙을 말한다.

② **상위법 우선의 원칙** : 상위의 법규는 하위의 법규에 우월하며, 상위의 법규에 위배되는 하위의 법규는 정상적인 효력이 발생하지 않는다는 원칙을 말한다. 즉 헌법이 법률보다 상위의 법규이기 때문에, 법률이 헌법에 위배되는 조항을 담고 있다면 그 조항은 제대로 효력이 발생하지 않는 것이다. 이 원칙은 하위 효력을 갖는 법이 상위법에 위배될 때 문제가 될 수 있다.

③ **특별법 우선의 원칙** : 특별법 우선의 원칙이란 동일한 사건 또는 분쟁에 적용할 법이 일반법과 특별법에 동시에 규정되어 있다면 특별법을 우선 적용시키는 것이다. 예로서 폭행사건의 경우 형법에도 폭행관련 규정이 있지만, 이를 더욱 구체화시킨 특별법으로서 폭력행위 등 처벌에 관한 법률이 먼저 적용된다. 군부대 내에서 사건이 발생한 경우 형법에도 관련 규정이 있지만 군형법을 먼저 적용한다. 상행위와 관련하여 분쟁이 생길 경우 민법에도 관련 규정이 있지만 상법을 먼저 적용한다.

④ 신법 우선의 원칙 : 법이 새로 제정 또는 개정되어 법령 내용이 개정 전과 개정 후에 충돌될 경우 개정된 신법이 개정 전의 법에 우선적으로 적용되는 원칙을 말한다. 다만, 신법과 구법 간 규정 내용에 모순과 충돌이 없고 서로 동등한 효력을 가진 법률에서만 적용되는 원칙이다.

⑤ 법률 불소급의 원칙 : 법률은 그 법률이 효력을 가지기 이전에 발생한 사실에 대하여 적용할 수 없다는 원칙을 말한다. 이 원칙은 기득권의 존중 또는 법적 안정성을 반영한 것으로 특히 형법 분야에서 강조되고 있다. 그러나 피고인에게 유리한 경우·중대한 공익상의 필요가 있을 때에는 예외적으로 소급효를 인정하고 있다.

08 법률관계와 권리 의무

(1) 법률관계

① **법률관계의 개념** : 인간의 사회생활 중에서 법의 규율대상이 되는 생활관계를 법률관계라고 한다. 예를 들어 부동산의 매매 계약에서 매도인은 부동산을 양도할 의무와 대금을 받을 권리를 갖게 되며, 매수인은 대금을 지불할 의무와 부동산을 양도받을 권리를 가지게 된다. 비록 법률관계와 계약관계가 동의어는 아니지만 법률관계에서 계약관계가 차지하는 비중이 절대적이다. 법률관계는 대부분 사회 구성원 상호 간에 지켜야 할 권리와 의무의 관계로 구성되어 있다. 권리와 의무가 무엇인지를 이해하는 것에서 출발한다.

② **법률관계의 변천** : 종교규범의 지배를 받던 중세는 권리보다 의무를 강조하였으나, 근대 이후 자본주의 형성과 자유민주주의의 발전으로 인해 법률관계에서도 "신분에서 계약으로"라는 법언이 강조하듯 권리가 강조되었다. 현대에서는 복지국가의 이념이 대두되어 개인의 자유와 그에 수반되는 책임도 강조하는 사회가 되었고 이로 인해 권리와 의무 모두 중시되고 있다.

(2) 권리

① **개념** : 권리란 특정인이 일정한 이익을 누릴 수 있도록 법에서 인정한 힘을 말한다. 권리는 근거가 되는 법률관계가 무엇이냐에 따라서 공권, 사권, 사회권으로 나눌 수 있다.

② **구별개념**

　⊙ **권한** : 대표이사가 회사를 대표하는 권한처럼, 타인을 위해 어떠한 행위를 할 수 있는 지위나 자격을 권한이라 한다.

▶ 호의관계

호의관계란 법적으로 구속 받으려는 의사 없이 행하여진 생활관계를 말한다. 이는 순수한 사교적 관계로서 약속을 한 자에게 자신이 법적인 의무를 부담하려는 의사가 존재하지 않는다. 무료 카풀의 경우 호의관계에 해당된다. 호의관계로 인정된다면 그 급부를 이행하지 않는다고 하여 상대방에게 이행 청구권 및 손해배상 청구권이 인정되지 않는다. 하지만 호의 관계라 하여도 불법행위에 의한 손해배상 청구권은 발생할 수 있다.

▶ 권리와 의무의 관계
• 원칙 : 권리와 의무는 보통 서로 대응됨(채권과 채무 등)
• 예외
　⊙ 의무만 있고 권리가 없는 경우 : 법인의 등기 의무 납세의 의무, 국방의 의무 등
　⊙ 권리만 있고 의무가 없는 경우 : 행위무능력자의 법정 대리인의 동의권과 취소권 등

check

    ⓛ **권능** : 소유권을 가진 자는 물건을 사용·수익·처분할 수 있는데 이처럼 권리의 내용을 이루고 있는 개개의 법률상 힘을 권능이라 한다.

    ⓒ **권원** : 건물에 거주하고 있다는 것은 그 사람의 거주를 정당화 할 수 있는 사유가 있을 것이다. 이처럼 어떠한 행위를 정당화시켜 주는 원인 또는 근거를 권원이라 한다.

    ⓔ **반사적 이익** : 자신이 사는 지역에 공원이 조성될 경우 비록 그 공원을 본인이 만든 것은 아니지만 일정한 이익을 누리게 된다. 이처럼 법의 집행 등으로 인해 법률관계의 당사자가 아닌 제3자가 일정한 이익을 얻게 되는 경우 그가 누리는 이익을 반사적 이익이라고 한다. 반사적 이익은 권리가 아니므로 재판상 청구하거나 법률상으로 직접 보호받을 수는 없다.

③ **권리의 유형**

    ㉠ **공권** : 공권이란 공법관계에서 인정되는 권리이다. 공권은 국가적 측면과 개인적 측면에서 나누어 볼 수 있다. 국가에 부여된 공법상의 권리를 국가적 공권이라고 하며, 집행권, 입법권, 사법권, 경찰권, 형벌권 등이 있다. 국가가 아닌 개인에게 부여된 공법상의 권리를 개인적 공권이라고 하며 대표적으로 자유권(국가로부터 자유에 대한 간섭을 받지 않을 권리), 생존권(최소한의 인간다운 생활을 할 수 있는 권리), 참정권(정치에 참여할 수 있는 권리), 청구권(각종의 요구사항을 청구할 수 있는 권리) 등이 있다.

    ㉡ **사권** : 사법관계에서 인정된 개인의 권리를 사권이라고 하며 분류방법에 따라 다양한 권리들이 있다. 먼저, 사권을 내용에 따라 분류할 경우에는 경제적 이익을 내용으로 하는 재산권과 사람의 신분상의 권리를 보호대상으로 하는 비재산권으로 분류할 수 있다. 재산권에는 물건에 대한 권리인 물권, 상대방에 대해 일정한 행위를 청구할 수 있는 권리인 채권, 인간의 정신적 창조물인 발명, 저작물 등의 재산적 이익을 보호하기 위한 지적 재산권이 있다. 비재산권에는 권리 주체자의 성명, 명예, 초상 등 인격적 이익을 향유할 수 있는 권리인 인격권과 친족 사이의 신분관계에 따라 가지는 권리인 가족권이 있다. 둘째로, 사권을 작용에 따라 분류할 경우 물권이나 무체재산권 등과 같이 특정의 객체를 직접 지배할 수 있는 지배권, 특정인에게 일정한 행위를 청구하는 것을 내용으로 하는 청구권, 권리자의 일방적인 의사표시에 의해서 법률관계를 변동시킬 수 있는 권리인 형성권, 청구권의 행사에 대해서 거절의 의사를 통지하는 항변권으로 분류할 수 있다. 그리고 사권을 효력범위에 따라 분류할 경우 누구에게나 주장할 수 있는 절대권과, 특정인에 대해서만 주장할 수 있는 상대권으로 구분되며, 그 외에도 권리를 행사할 수 있는 사람이 특정인으로 제한되는 일신전속권과 그렇지 않은 비전속권으로 분류하거나, 주된 권리나 종된 권리 등으로 분류할 수도 있다.

권리의 분류 1

내용에 따른 분류	인격권 : 생명권, 신체권, 정조권, 신용권 등 재산권 : 물권, 채권, 지적 재산권 비재산권(가족권) : 친족권, 상속권
작용에 따른 분류	지배권 : 물권, 지적재산권 청구권 : 채권 형성권 : 취소권, 추인권, 해제권, 해지권 항변권 : 동시이행의 항변권
효력범위에 따른 분류	절대권 상대권
그 밖의 분류	일신전속권, 비전속권, 주된 권리, 종된 권리, 기성권, 기대권 등

권리의 분류 2 – 재산권의 분류

재산권	물권	소유권 제한물권 점유권	용익 물권	지상권, 지역권, 전세권
			담보 물권	유치권, 질권, 저당권
	채권	전형계약과 비 전형계약		
	지적 재산권	저작권 산업재산권(특허권 실용신안권, 의장권, 상표권)		
비 재산권	가족권 (신분권)	친족권(친권, 후견권, 부양청구권) 상속권		

ⓒ **사회권** : 노동법, 경제법, 사회보장기본법, 장애인고용촉진 및 직업재활법 등의 사회법에서 인정되는 권리이다. 사회권은 장애인, 여성의 고용평등, 노인, 아동, 소비자, 근로자의 권리 등을 의미한다.

▶ 지적재산권의 분류
ⓐ 저작권 : 문학, 학술, 예술 영역 등에서 창작된 저작물에 대한 권리
ⓑ 산업 재산권 : 기술적 창작을 한 자가 일정 기간 가지는 독점적 배타적인 권리, 특허권(발명), 실용신안권(기존의 기술을 개량한 실용적으로 유용한 기술), 의장권(디자인), 상표권 등

(3) 의무

① **개념** : 의무란 본인의 의사와는 관계없이 일정한 행위를 해야 하거나 금지해야 하는 법률상의 구속을 의미하며 권리와는 서로 대응하는 성질을 갖는다. 하지만 행위무능력자의 법정대리인이 갖는 동의권이나 취소권처럼 권리만 있고 의무는 없는 경우도 있으며, 반대로 법인의 등기의무, 납세의 의무, 국방의 의무처럼 권리는 없고 의무만 있는 경우도 있다. 친권은 권리와 의무가 모두 포함되는 경우이다.

② **종류** : 권리에는 공권, 사권, 사회권이 있듯이 의무 역시 공법상의 의무, 사법상의 의무, 사회법상의 의무가 있다.

ⓐ **공법상의 의무** : 공법에 의하여 의사를 구속받는 것이 공법상의 의무이다. 공법상의 의무에는 국가적 의무와 개인적 의무가 있다. 국가적 의무에는 국민의 자유보장, 재외국민의 보호 등이 있으며, 헌법에 규정된 국민의 의무에는 교육의 의무, 근로의 의무, 납세의 의무, 국방의 의무, 환경 보전의 의무, 재산권 행사의 공공복리 적합 의무 등이 있다.

ⓑ **사법상의 의무** : 사법상의 의무는 사적 생활관계에서 발생하는 의무를 의미한다. 이 의무는 금전대차로 인한 채무처럼 당사자 간의 의사표시에 의해서 발생하기도 하며, 부부간의 정조 · 동거 · 부양의무처럼 법률의 규정에 의해서 발생하기도 한다.

ⓒ **사회법상의 의무** : 사회법상의 의무란 노동법, 경제법, 사회보장기본법에 규정된 의무를 말한다. 예를 들면, 사용자는 근로자의 단결권 · 단체교섭권 · 단체행동권을 보장할 의무가 있으며, 단체교섭에 성실히 임할 의무가 있다.

(4) 권리의 주체와 객체

① **권리의 주체** : 권리의 주체란 권리를 보유할 수 있는 당사자를 의미한다. 법률상 권리와 의무의 주체가 될 수 있는 당사자는 원칙적으로 자연인과 법인이다. 자연인은 출생에서부터 사망까지, 법인은 설립등기에서부터 해산등기를 할 때까지 권리의 주체가 되는 것이 원칙이다.

② **법인**

ⓐ **개념** : 법인이란 법에 의해 권리능력이 인정된 단체나 재단을 의미한다. 법인에는 사단법인과 재단법인이 있다.

ⓑ **종류** : 사단법인이란 사람의 단체에 법인격이 부여된 것이다. 대표적으로 변호사협회, 약사협회, 의사협회 등이 있다. 재단 법인이란 재화(금전을 포함)로서의 물적 결합체에 법인격이 부여된 것을 의미한다.

③ **권리 · 의무의 객체**

ⓐ **개념** : 권리 행사나 의무 이행의 대상을 권리 · 의무의 객체라고 한다.

ⓑ **물권의 객체** : 물권이란 물건을 지배할 수 있는 권리를 말하는데, 물권의 객체는 물건, 즉 동산과 부동산이다.

ⓒ **채권의 객체** : 채권이란 채무자에게 일정한 행위를 청구할 수 있는 권리이며, 채권의 객체는 상대방인 채무자의 일정한 행위(급부)가 된다.

ⓓ **가족권의 객체** : 가족권 중에서 인격권의 객체는 권리자 자신의 신체이며, 친족권의 객체는 일정한 친족관계에 있는 사람이다. 상속권의 객체는 상속재산이 된다.

ⓔ **지적재산권의 객체** : 저작권, 특허권, 상표권, 실용신안권 등의 지적재산권의 객체는 지적 창작물이다.

▶ **민법상 물건의 요건**
본법에서 말하는 물건이라 함은 유체물 및 전기 기타 관리할 수 있는 자연력을 말한다.(민법 제98조)
• 유체물일 것 : 유체물은 공간의 일부를 차지하고 있는 것, 즉 액체, 기체, 고체 등을 말한다.
• 관리 가능한 자연력일 것 : 인간이 지배할 수 없는 것은 권리의 객체가 될 수 없다. 관리 가능한 자연력으로는 전기, 열, 빛, 소리, 향기, 에너지 등이 있다.
• 독립한 물건일 것 : 일물일권주의 원칙에 의해 물건은 독립되어야 한다. 독립성 여부는 사회통념에 의해 결정된다.

▶ **사람의 신체에 부착된 의치, 의안, 의족도 물건인가?**
신체에 고착되어 있을 경우 신체일부로 보기 때문에 법률상 물건에 해당하지 않는다. 하지만 신체의 일부였지만 신체로부터 분리된 모발, 치아, 혈액 등은 물건으로 보며, 분리 당한 사람의 소유에 속한다.

1 다음 중 법과 도덕의 관계에 대한 설명으로 옳은 것은?

① 슈몰러는 "법은 도덕의 최소한이다."라고 주장하였다.

② 옐리네크는 "법은 도덕의 최대한이다."라고 주장하였다.

③ 도덕은 선을 실현하고자 하며, 법은 정의를 실현하고자 한다.

④ 착한 사마리아인의 법을 통해 법과 윤리의 분리 현상을 알 수 있다.

> **NOTE** ① 슈몰러는 "법은 도덕의 최대한이다."라고 주장하였다.
> ② 옐리네크는 "법은 도덕의 최소한이다."라고 주장하였다.
> ④ 착한 사마리아인의 사례를 통해 위험에 처해 있는 사람을 구하지 않는 구조불이행을 윤리적으로 비난하는 것은 물론 법적으로도 처벌하는 법의 윤리화 현상을 보여주고 있다.

2 다음을 종합하여 내릴 수 있는 결론으로 가장 타당한 것은?

> • 일반적으로 인도 사람들은 식사를 할 때 오른손으로 식사를 하며 왼손은 사용하지 않는다.
> • 조선시대 사람들은 '신체발부 수지부모 불감훼상 효지시야'라 하여 평생 머리를 짧게 깎지 않았지만 현대인들은 머리를 짧게 깎는 것을 당연하게 여긴다.

① 사회 규범은 그 사회의 문화와 환경의 산물이다.

② 사회 규범은 사회 구성원의 동의에 의해 성립된다.

③ 강제력을 지닌 사회 규범만이 현실에서 의미를 지닌다.

④ 우리의 일상생활은 사회 규범과 밀접한 관련을 맺고 있다.

> **NOTE** 모든 사회 구성원은 그들의 문화적 환경을 토대로 하여 사회 규범을 정하므로 그 규범을 보면 그 사회와 시대의 가치관이나 사회적 상황 등을 이해할 수 있다. 이와 같이 사회 규범은 문화와 환경의 산물이므로 시간과 공간에 따라 다양성과 상대성을 가지게 된다.

Answer. 1.③ 2.①

3 다음 법과 도덕의 구별에 대한 표에서 옳지 않은 것은?

구분	법(法)	도덕(道德)
목적	① 정의 실현(정의사회 구현)	선(착하고 바른 삶)의 실현
규율대상	② 내면적 양심과 동기 고려	인간의 외면적 행위
성격	③ 강제성, 타율성, 위반 시 처벌	비강제성, 자율성, 위반 시 비난
	④ 양면성(권리와 의무로 구성됨)	일면성(의무 중심으로 구성됨)

NOTE 법은 정의를 실현하는 데 그 목적을 두고 인간의 외면적 행위에 대하여 강제성과 타율성을 가지고 있다. 또한 위반 시에는 처벌을 하며 권리와 의무를 동시에 규율하는 양면성을 지니고 있다.

4 각국의 형법에서 다음과 같은 조항을 두고 있는 이유로 적절한 것을 〈보기〉에서 모두 고르면?

> 위난에 처해 있는 사람을 보고도 도움을 주지 않는 구조의무 불이행자에 대해 핀란드·터키 같은 나라는 벌금형을 가하고, 독일, 그리스 등은 1년 이하의 징역, 그리고 프랑스에서는 최고 5년 이하의 징역에까지 처할 수 있는 법 조항을 마련하고 있다.

〈보기〉
㉠ 사회 연대의식을 지나치게 강조할 경우 개인의 자유가 침해된다.
㉡ 도덕이 무력할 때 강제성을 지닌 법을 동원해 사회 질서를 확립해야 한다.
㉢ 비인간화·비윤리화된 사회에서 법을 통한 새로운 윤리의 확립이 필요하다.
㉣ 모든 것이 법으로 규제된다면 인간은 타율적이고 수동적인 존재가 될 것이다.

① ㉠, ㉡

② ㉠, ㉢

③ ㉡, ㉢

④ ㉡, ㉣

NOTE '착한 사마리아인 법'은 비인간화, 비윤리화된 사회와 법에 대한 새로운 윤리의 확립을 의미하는 것이라 할 수 있다. ㉠㉣ '착한 사마리아인 법' 조항을 반대하는 입장의 진술이다.

Answer. 3.② 4.③

5 다음 글에 제목을 붙인다고 할 때, 가장 적절한 법언(法諺)은?

> "인간은 사회적 동물이다."라는 말이 있듯이, 인간에게는 사회를 구성하고 사회 속에서 살아가야 하는 본성이 있다. 그런데 사람들은 사회 속에서 함께 살아가면서 반사회적인 이기심이나 이해관계가 서로 달라 다투기도 한다. 따라서 사회의 질서를 바르게 유지하고 공동생활을 온전하게 영위하기 위해서는 사회 구성원의 동의에 의해 마련된 객관적인 규칙이 있어야 한다.

① 사회가 있는 곳에 법이 있다.
② 민중의 행복이 최고의 법률이다.
③ 강제력이 없는 법은 타지 않는 불이다.
④ 세상이 망하더라도 정의는 세우라.

> **NOTE** 대부분의 인간은 더 많은 재산과 권력을 갖고 싶어 하고, 좀 더 편하고 안락해지기를 원한다. 이러한 인간의 욕망은 무한하기 때문에 거기서 파생되는 분쟁이 있을 수 있으며, 인간의 행동을 규율하기 위해서는 반드시 사회 규범이 필요하다. 지문 마지막의 객관적인 규칙은 사회 규범(법)을 뜻한다.

6 다음과 같은 행동을 하는 사람을 법으로 처벌해야 한다는 주장이 있다. 이 주장에 가장 가까운 것은?

> • 도움을 요청 받고도 불이 난 이웃에 물을 운반하는 것을 거절하는 경우
> • 길에 넘어져 정신을 잃은 노인을 보고도 못 본 척 그냥 지나가는 경우
> • 위험한 도로에서 노는 아이를 보고도 안전한 곳으로 데려다 놓지 않는 경우

① 법은 법이고 도덕은 도덕이다.
② 도덕적 의무를 법으로 강제해야 한다.
③ 계약은 반드시 지켜져야 한다.
④ 모든 일을 법으로 해결하려고 해서는 안 된다.

> **NOTE** 주어진 지문은 '착한 사마리아인의 법'이다.
> 찬성 : 윤리적 행위를 양심에 호소해 보아야 효력이 없으므로 법으로 강제한다.
> 반대 : 도덕적 자율 행위를 법적으로 해결하면 법과 도덕의 구분이 무너진다.

Answer. 5.① 6.②

7 실정법에 대한 설명으로 옳지 않은 것은?

① 자연법과 구별되는 개념이다.

② 불문법은 실정법에 포함되지 않는다.

③ 법을 초월하여 존재하는 영원한 보편적 질서를 부정한다.

④ 법실증주의자들에 의하여 강조되었다.

> **NOTE** 실정법이란 성문법은 물론이고 불문법까지 포함하여 현실적으로 시행되고 있는 모든 법을 의미한다.

8 자연법에 대한 설명으로 바람직하지 않은 것은?

① 법실증주의와 맥락을 함께 한다.

② 인간이 태어나기 이전의 자연 상태를 상정한다.

③ 이성에 바탕을 둔 보편적이고 항구적인 법을 인정한다.

④ 자연법론자들에 의해 체계화되었다.

> **NOTE** 법실증주의는 자연법론자에 대비되는 사상을 전개하였다.

9 다음 중 정의에 대한 설명으로 바른 것을 고르면?

① 정의란 시대의 목적에 적합해야 함을 의미한다.

② 아리스토텔레스는 각자에게 그의 몫을 돌려주는 항구적인 의지라 하였다.

③ 평균적 정의는 곧 상대적 평등을 의미한다.

④ 능력과 공헌도에 따라 차등 대우하는 것은 배분적 정의이다.

> **NOTE** ① 시대의 목적에 적합해야 한다는 것은 합목적성에 대한 설명이다.
> ② 각자에게 그의 몫을 돌려주는 항구적인 의지라고 한 것은 울피아누스이다.
> ③ 평균적 정의는 곧 절대적 평등을 의미한다.

Answer. 7.② 8.① 9.④

10 정의를 다음과 같이 구분할 때 밑줄 친 ⓐ와 ⓑ에 해당하는 것을 〈보기〉에서 바르게 짝지은 것은?

> 정의와 그에 상응하는 옳음 가운데 하나는 ⓐ명예나 금전 등을 공민(公民) 간에 분배할 때 적용되는 것이고, 다른 하나는 ⓑ사람과 사람의 상호 교섭에 있어 부당한 것을 교정하기 위한 것이다.
>
> – 아리스토텔레스, 「니코마코스 윤리학」 –

〈보기〉

㉠ 범죄에 대한 형벌의 부과   ㉡ 임금 지불에 있어서 성과급
㉢ 국가 유공자에 대한 포상   ㉣ 불법행위에 대한 손해배상

	ⓐ	ⓑ
①	㉠, ㉡	㉢, ㉣
②	㉠, ㉢	㉡, ㉣
③	㉡, ㉢	㉠, ㉣
④	㉡, ㉣	㉠, ㉢

NOTE 아리스토텔레스는 정의의 개념을 등가 교환을 원칙으로 하는 평균적 정의와, 인간의 차이를 고려하는 배분적 정의로 분류하였다. 평균적 정의는 인간이기에 "모두 같게"(like for all) 취급하는 원리를 뜻하며, 배분적 정의는 "같은 것을 같게, 같지 않은 것을 같지 않게" 취급하는 원리를 뜻한다. 제시문의 ⓐ는 배분적 정의, ⓑ는 평균적 정의를 의미한다.

11 평균적 정의와 배분적 정의에 대한 설명으로 틀린 것을 고르면?

① 평균적 정의란 같은 것은 같게 처우하는 것이다.
② 배분적 정의란 같은 것은 같게, 다른 것은 다르게 처우하는 것을 의미한다.
③ 평균적 정의는 명예, 관직, 공공재의 분배에 주로 적용된다.
④ 현대의 정의 개념에서는 합리적 차별을 허용하는 상대적 평등이 받아들여진다.

NOTE 평균적 정의는 매매, 불법행위 등 사인 간의 관계에 주로 적용된다면, 배분적 정의는 명예, 관직, 공공재의 분배에 주로 적용된다.

Answer. 10.③ 11.③

12 다음은 법의 이념 중 무엇을 설명하는지 고르시오.

> "법이 추구하는 목적을 달성하는 데 기여해야 한다."

① 정의

② 합목적성

③ 평등

④ 법적 안정성

> **NOTE** 합목적성이란 법이 그 사회가 추구하는 목적을 달성하는 데 합치 또는 기여해야 한다는 것으로 상대성을 갖고 있다.

13 다음 글의 내용 속에 나타나 있는 법의 이념을 〈보기〉에서 모두 고른 것은?

> 법은 단순한 강제 수단이 아니라 일정한 가치를 추구한다. 법은 '같은 것은 같게, 다른 것은 다르게' 취급하는 것을 중요하게 생각한다. 하지만 이런 일반적인 가치가 아무리 중요하다 하더라도 구체적, 개별적인 경우에 무엇이 정당한 것인지를 가르쳐 주지는 못하기 때문에 이것만으로는 하나의 공허한 형식에 지나지 않는다. 법의 세계에서 같은 것과 다른 것을 구별해 주는 구체적인 기준은 국가와 사회가 처해 있는 상황과 이데올로기에 따라 달라진다.

〈보기〉

㉠ 정의   ㉡ 합목적성   ㉢ 법적 안정성

① ㉠

② ㉡

③ ㉠, ㉢

④ ㉠, ㉡

> **NOTE** 법의 3대 이념 중 '같은 것은 같게, 다른 것은 다르게' 취급한다는 것은 정의에 해당하고, 같은 것과 다른 것의 기준은 각 사회의 통념이나 보편 이데올로기가 되며 이것에 부합하는 법의 이념은 합목적성이다. 법적 안정성은 주어진 자료에서 보이지 않는다.

Answer. 12.② 13.④

14 법적 안정성이 지켜지기 위한 요건으로 보기 어려운 것은?

① 법 내용이 실현 가능해야 한다.

② 법의 내용이 명확해야 한다.

③ 국민의 법의식과 합치되어야 한다.

④ 잦은 개정으로 시대적 변화에 대처해야 한다.

> **NOTE** 법이 자주 개정된다면 국민은 법의 존재에 대한 인식을 할 수 없기 때문에, 법적 안정성에 역행하는 결과를 초래할 수 있다.

15 다음 헌법 조항을 통해 알 수 있는 법의 이념은?

> 〈헌법 제37조 제2항〉 국민의 모든 자유와 권리는 국가안전보장, 질서유지 또는 공공복리를 위하여 필요한 경우에 한하여 법률로써 제한할 수 있으며, 제한하는 경우에도 자유와 권리의 본질적 내용을 침해할 수 없다.

① 우리나라는 법의 이념 중에서 법적 안정성을 최고의 이념으로 삼는다.

② 자유와 권리의 본질적 내용을 침해할 수 없다고 규정한 것은 합목적성을 나타낸 것이다.

③ 우리나라는 법의 이념 중 정의를 최고의 가치로 보고 있다.

④ 법 이념 상호 간에 동등함을 강조하고 있다.

> **NOTE** "국가안전보장, 질서유지, 공공복리를 위하여"라는 의미는 합목적성을 강조한 것이고, "필요한 경우에 한하여 법률로써 제한할 수 있다"는 것은 법적 안정성을 강조한 것이다. 또한 "자유와 권리의 본질적 내용을 침해할 수 없다"는 것은 정의를 최고의 이념으로 한다는 것이다.

※ 다음 글을 읽고 물음에 답하시오. [16~17]

1907년 지르벨이란 프랑스의 변호사가 파리의 리옹 역의 하물 예치 사업소에 나타나 이쑤시개 한 개를 내놓으면서 찾으러 올 때까지 맡아 달라고 하였다. 사무원은 '사람을 놀려도 분수가 있지.' 하면서 거절하였다. 변호사는 사업소를 상대로 하여 사무원의 법률 위반을 고소하였다. 소송은 20년이나 계속되었다. 간이 재판소에서 지방 재판, 고등 재판, 최고 재판으로 옮겨졌다. 이 기나긴 법석 끝에 최종 판결에서 승리는 변호사에게 돌아갔고, 4만 달러라는 소송비용은 전부 프랑스 국가에서 부담토록 판결되었다. 4만 달러라는 큰돈이 우리가 늘 사용하는 이쑤시개 한 개 때문에 허비된 것이다.

16 법의 형식적 효력에 포함되지 않는 것을 고르면?

① 시간적 효력   ② 소급효의 원칙적 인정

③ 장소적 효력   ④ 대인적 효력

> **NOTE** 법은 시행일부터 폐지일까지 효력이 있으며 시행 후에 발생한 사항에 관해서만 적용되고 법 시행 이전에 발생한 사항에 대해서 적용해서는 안 되는 법률불소급의 원칙(시간적 효력)을 포함한다.
> ※ 법의 형식적 효력…시간적 효력, 장소적 효력, 인적효력(속지주의, 속인주의)

17 위 사례에서 달성된 법 이념과 희생된 법 이념을 지적하는 진술을 〈보기〉에서 골라 바르게 짝지은 것은?

〈보기〉

㉠ 하늘이 무너져도 정의는 지켜라.   ㉡ 악법도 법이다.
㉢ 로마에서는 로마의 법을 따르라.   ㉣ 강제성 없는 법은 타지 않는 촛불이다.
㉤ 최대 다수의 최대 행복이 곧 법이다.

① ㉠, ㉤   ② ㉡, ㉣

③ ㉠, ㉢   ④ ㉡, ㉤

> **NOTE** 제시된 사례에서 달성된 법 이념은 정의이다. 이쑤시개 하나로 인하여 소송이 20년간 진행되었고, 4만 불이라는 비용을 국가가 지불한 것은 과다한 국력의 낭비이며 자원의 손실이다. 원고의 사익은 보호되었으나, 국가가 추구하는 합목적성(이 경우는 공공의 이익)은 희생된 것이다. ㉠은 정의, ㉡은 법적 안정성, ㉢은 법의 상대성, ㉣은 법의 강제성, ㉤은 합목적성을 강조하는 표현이다.

Answer. 16.② 17.①

18 다음의 괄호 안에 들어갈 말을 바르게 나열한 것은?

> (　)란 국적을 기준으로 자국민에 대해서는 어느 국가에 소재하느냐를 불문하고 자국법을 적용한다는 원칙을 의미한다. (　)란 국가의 영토를 기준으로 영토 내의 사람에게는 국적 여하를 불문하고 자국법을 적용한다는 원칙을 의미한다.

① 상호주의, 평등주의
② 속인주의, 속지주의
③ 기국주의, 상호주의
④ 속지주의, 속인주의

NOTE 국적을 기준으로 자국민에 대해 적용하는 것을 속인주의라 하고, 국가의 영토를 기준으로 영토 내의 사람에게 적용되는 것을 속지주의라 한다.

19 다음 중 관습법에 대한 바른 설명을 고르면?

① 일정한 관행만으로 관습법이 성립된다.
② 사람의 일반적이고 건전한 상식을 의미한다.
③ 일정한 관행이 오래도록 계속되어 대다수의 사람들에게 법적 확신이 생길 때 성립한다.
④ 신의성실, 이성, 합리성 등으로 표현할 수 있다.

NOTE ① 관습법의 성립요건은 '㉠ 오랜 기간동안 반복된 관행이 존재, ㉡ 관행을 법규법으로 인식하는 법적 확신, ㉢ 관행이 전체 버질서 및 선량한 풍속, 기타 사회질서에 반하지 않을 것'이다.
②④ 사람의 일반적이고 건전한 상식을 의미하고 신의성실, 이성, 합리성으로 표현할 수 있는 것은 조리이다.

20 법을 (개)와 (내)로 분류할 때, 바르게 설명하고 있는 것을 〈보기〉에서 모두 고른 것은?

(개)	(내)
특정한 시대 및 사회에서 효력을 가지고 각종 사회 생활 관계를 규율하고 있는 법 규범	인간과 사물의 본성에 근거하여 시대, 민족, 사회 등을 초월하여 보편타당하게 적용될 수 있는 객관적 질서로서의 법

〈보기〉

㉠ (개)의 구체적인 내용은 나라마다 동일하다.

㉡ (개)를 통해 (내)의 정신이 현실에서 구체적으로 실현된다.

㉢ (내)의 관점에서 보면, 악법은 법이 될 수 없다.

㉣ (내)를 중세 봉건 사회에서는 자연의 섭리로 인식하였다.

① ㉠   ② ㉠㉢

③ ㉡㉢   ④ ㉡㉣

NOTE 일반적으로 우리가 법이라고 할 때에는 대개 실정법을 의미한다. 그러나 세상의 모든 실정법이 정당하다고 말할 수는 없으며, 그 정당성 여부에 대한 평가가 있어야 한다. 이 때, 그 평가의 기준은 그 법을 초월하여 존재하는 영원한 보편적 질서에 의하여 행해져야 한다. 이렇게 실정법이 지향하는 보편적 기준이 되는 것을 자연법이라 한다.

㉠ 실정법의 구체적인 내용은 나라에 따라 다르고 시대에 따라 변한다.

㉢ 자연법의 관점에서 보면, 인권이나 자유, 평등 등과 같은 보편적 이념을 부정하는 법은 정의롭지 못한 것으로 법이 될 수 없다.

㉣ 중세 봉건 사회에서는 자연법을 신의 섭리로 인식하였다.

Answer. 20.③

21 다음 내용을 바탕으로 불문법의 성격을 바르게 설명한 것은?

> 성문법은 일정한 입법 절차에 따라 조문의 형식으로 제정된 법인데, 헌법, 법률, 명령, 조례, 규칙 등이 있다. 이에 비해 불문법은 성문화하지 않은 법인데, 여기에는 관습법(慣習法), 조리(條理)가 있다. 우리 민법 제1조는 「민사(民事)에 관하여 법률에 규정이 없으면 관습법에 의하고 관습법이 없으면 조리에 의한다.」라고 규정하고 있다.

① 성문법을 보완한다.
② 성문법의 내용을 변경하고 조정한다.
③ 모든 법에 우선하여 적용된다.
④ 성문법보다 넓은 범위에 적용된다.

> **NOTE** 민법은 성문법의 하나인데, 우리 민법에서는 민사(民事)에 관하여 법률 규정을 우선시하고, 법률 규정이 없을 경우에 한하여 보충적으로 관습법과 조리를 적용하게 된다. 그 이유는 성문법이 아무리 잘 만들어져 있다 하더라도 끊임없이 변화, 발전하는 사회생활을 모두 규제하기가 어렵기 때문이다.
> ② 불문법은 성문법과 마찬가지로 법적 효력을 갖는다.
> ③ 불문법이 성문법보다 우위에 있거나 성문법의 내용을 변경할 수 있는 것은 아니다.
> ④ 불문법이 성문법보다 반드시 적용 범위가 더 넓다고 할 수는 없다. 왜냐하면 오늘날에는 법률이 관습이 미치지 못하는 부분까지 규율하는 경우도 있기 때문이다.

22 다음은 어떤 유형의 법계에 대한 설명인가?

> "원칙적으로 관습법과 불문법은 인정하지 않고 성문법 중심으로 발달되어 있다."

① 대륙법계
② 영미법계
③ 이슬람법계
④ 사회주의법계

> **NOTE** 제시문은 대륙법계 문화에 대한 설명으로 대륙법계는 논리성이 우수하고 공법과 사법의 구분이 명확하다는 특징을 아울러 갖는다.

23 우리나라의 법계에 대하여 바른 설명을 고르면?

① 우리나라는 대륙법적 요소만을 갖고 있다.

② 우리나라는 영미법적 요소만을 갖고 있다.

③ 우리나라는 불문법의 비중이 높은 편이다.

④ 우리나라는 대륙법적 요소와 영미법적 요소를 아울러 갖고 있다.

> **NOTE** 우리나라는 일본의 영향에 따라 대륙법계 문화를 기반으로 하고 있으며 광복 후 미군정의 영향에 따라 영미법계의 요소도 아울러 갖고 있다.

24 다음 설명 중 틀리게 서술된 것을 고르면?

① 사법(私法)이란 사인을 주체로 하여 사적인 생활관계를 규율한다.

② 민법, 상법은 대표적인 사법(私法)이다.

③ 민사소송법은 개인 간의 사적 생활관계에서 발생한 분쟁을 해결하기 때문에 사법(私法)에 속한다.

④ 사법(私法)은 대체적으로 대등한 관계를 규율하며 공법(公法)은 비교적 상하 간의 수직적 관계를 규율한다.

> **NOTE** ③ 민사소송법은 사법권(司法權)이라는 공권력을 바탕으로 강제적으로 국가가 사인 간의 분쟁을 해결하기 때문에 공법에 속한다.

25 다음 괄호 안에 들어갈 말이 차례대로 나열된 것은?

> ( )(이)란 권리와 의무의 발생, 변경, 소멸 등에 관해 규정한 것으로 민법, 상법, 형법 등이 해당한다. ( )(이)란 권리와 의무를 실현하기 위한 수단과 방법을 규율하기 위한 법으로 민사소송법과 형사소송법이 대표적이다.

① 절차법, 실체법

② 실체법, 절차법

③ 실체법, 공법(公法)

④ 사법(私法), 절차법

> **NOTE** 실체법이란 권리와 의무의 발생, 변경, 소멸에 관해 규정한 법을 의미하고, 절차법은 이러한 실체법의 내용을 실현하는 절차를 규율하고 있다.

Answer. 23.④ 24.③ 25.②

26 다음의 사례에서 ㉠을이 갑에게 손해 배상을 청구할 수 있도록 손해 배상 청구권의 발생을 규정한 법과 ㉡갑의 음주 운전으로 인한 상해 행위를 처벌할 수 있도록 규정한 법, ㉢갑의 상해 행위에 대하여 수사를 하여 갑을 처벌할 수 있는 절차를 규정한 법을 차례대로 바르게 연결한 것은?

> 회사원인 갑은 동료 직원들과 술자리에서 어울리다가 차를 몰고 귀가하던 도중에 과실로 인하여 초등학생인 을에게 신체적 상해를 입혔다.

	㉠	㉡	㉢
①	헌법	민법	민사소송법
②	민법	형법	형사소송법
③	형법	헌법	행정소송법
④	사회법	행정법	도로교통법

NOTE 을이 갑에게 불법 행위로 인한 손해 배상 청구권을 행사하는 것은 민법 규정에 기초한 것이다. 상해 행위를 처벌할 수 있도록 규정하고 있는 것은 형법이다. 국가 기관이 상해죄를 저지른 범인을 처벌하는 것은 형사소송법에 정한 절차에 따른다.

27 법은 크게 공법, 사법, 사회법으로 분류할 수 있다. 〈보기〉의 내용에서 사법(私法) 분야에 해당되는 것을 바르게 고른 것은?

> 〈보기〉
> ㉠ 물건에 대한 소유권
> ㉡ 징병 기피자에 대한 처벌
> ㉢ 호주 상속과 재산 상속
> ㉣ 강도와 절도에 대한 처벌
> ㉤ 노동조합의 결성
> ㉥ 홈쇼핑에서 대금 지급 후의 물건 청구권
> ㉦ 생계 보호 대상자에 대한 국가의 생활비 보조

① ㉠, ㉡, ㉤   ② ㉠, ㉢, ㉥

③ ㉡, ㉣, ㉦   ④ ㉢, ㉤, ㉥

NOTE 공법에는 헌법, 형법, 행정법, 민사소송법, 형사소송법 등이 해당되고, 사법에는 민법 및 상법이, 사회법에는 노동법, 경제법, 사회보장법 등이 해당된다.
㉡㉣은 공법 분야, ㉤㉦은 사회법 분야에 해당된다.

Answer. 26.② 27.②

28 다음 내용을 배경으로 등장한 법에 대해 바르게 설명한 것을 〈보기〉에서 모두 고른 것은?

자본주의가 발전함에 따라 기술의 진보와 자본의 독점으로 인해 노동 수요가 줄어들고, 근로 조건이 열악해졌다. 또한 독과점 기업들은 독점 이윤을 얻으면서, 부를 편중시키고 국민 경제의 자율적인 흐름을 방해하였다. 이에 국가가 개인 또는 집단 간의 생활 관계에도 적극적으로 개입하여 국민의 경제 생활과 노사 관계를 규제, 조정할 필요성이 제기되었다.

〈보기〉
㉠ 절차법에 해당한다.
㉡ 공적인 국가 생활 관계를 규율한다.
㉢ 인간다운 생활을 누릴 권리와 관계 깊다.
㉣ 사법이 공법화되어 가는 과정에서 발전되었다.

① ㉠, ㉡
② ㉠, ㉢
③ ㉡, ㉢
④ ㉢, ㉣

NOTE 자본주의가 독점 자본주의 단계에 접어들면서 나타난 여러 가지 문제점을 해결하기 위해 국가가 국민의 경제생활에 개입하게 되자 사법의 영역이 공법화되는 경향을 보이게 되었고, 이 과정에서 중간적인 법의 영역이 발전하는데 이 것이 바로 사회법이다.
㉠ 절차법은 실체법상의 권리와 의무를 실현하는 절차를 규정하는 법이다. 민사소송법, 형사소송법, 행정소송법 등이 이에 해당된다.
㉡ 공법에 대한 설명이다.

29 유권해석에 대한 바른 설명은?

① 학술단체에서 하는 해석을 의미한다.
② 해석은 강제력이 없는 것이 보통이다.
③ 행정해석, 입법해석, 사법해석으로 구분할 수 있다.
④ 법조문의 형태로 제정하는 경우 사법해석이라 한다.

NOTE 유권해석은 국가기관에 의한 해석을 의미하며 강제적인 구속력이 부여된다는 특징이 있다. 국가 기관에 따라 입법해석, 행정해석, 사법해석으로 분류할 수 있다.

Answer. 28.④ 29.③

30 다음과 같은 '법 해석'에 해당하는 것은?

> • 본법에서 물건이라 함은 유체물 및 전기 기타 관리할 수 있는 자연력을 말한다. (민법 제98조)
> • 이 법에서 노동조합이라 함은 근로자가 주체가 되어 자주적으로 단결하여 근로조건의 유지 · 개선 기타 근로자의 경제적 · 사회적 지위의 향상을 도모함을 목적으로 조직하는 단체 또는 그 연합 단체를 말한다. (노동조합법 제2조 제4호)

① 입법해석　　　　　　　　　　　② 유추해석

③ 당연해석　　　　　　　　　　　④ 사법해석

NOTE 입법해석이란 국민의 대표 기관인 입법 기관(국회)에 의한 해석을 말한다. 즉, 입법 기관이 입법권에 근거하여 일정한 법 개념 또는 법 규범의 해석을 다시 법 규정으로 정해 놓은 것을 말한다. 이는 실질적으로는 법의 해석이 아니라 법규인 것이며, 새로운 법의 정립이라 할 수 있다. 입법해석은 그 자체가 독립한 법규이기 때문에 절대적인 권위를 가지고 있으며, 가장 공적 구속력이 강한 해석이다.

31 다음 사건에 대한 판결과 직접 관련되는 것은?

> [사건 요지]
> 갑은 결혼식장에서 신부 측의 접수인인 것처럼 행세하는 을에게 축의금을 주었는데, 을이 이를 받아 가로챘다. 그래서 갑은 을을 경찰에 고소하였다.
> [판결 요지]
> 갑이 축의금을 을에게 준 이유는 신부 측에게 전달해 달라는 것일 뿐, 을이 그 돈을 마음대로 처분하라는 의미가 아니다. 따라서 을의 행위는 신부 측 접수처의 점유를 침탈하여 범한 절취 행위라고 보는 것이 정당하다. － 대법원 판례 인용

① 법의 제정 기관　　　　　　　　② 법의 해석과 적용

③ 법이념 사이의 갈등　　　　　　④ 실질적 법치주의의 의미

NOTE 을의 행위가 절도죄에 해당하는가의 여부를 묻고 있다. 법이 현실에 적용되려면 구체적인 사건에 대한 구체적인 법적 의미를 명백히 밝히는 법적 해석이 필요하다. 이를 통해 법은 구체적 사건에 올바르게 적용되고 실현되는 것이다.

32 다음 내용에 공통적으로 나타난 법 해석의 방법은?

> • 살인죄에서 '살인'은 일정한 행위를 함으로써 살인하는 것 외에도 일정한 행위를 하지 않음으로써 살인하는 것까지 포함하는 것으로 해석한다.
> • 상해죄에서 '상해'는 신체의 생리적 기능에 장애를 일으키는 것 외에도 여성의 두발(頭髮)을 절단함으로써 외관상 손상을 초래하는 것도 포함한다고 해석한다.

① 문리해석　　　　　　　　　　　② 입법해석
③ 축소해석　　　　　　　　　　　④ 확장해석

> **NOTE** 제시문은 법 조항의 의미를 보통의 뜻보다 넓게 해석하는 확장해석을 다루고 있다.
> ④ 확장해석은 법조문의 단순한 해석만으로는 법의 작용 범위가 너무 좁아서 법규의 진정한 의도를 실현할 수 없는 경우에 취하는 태도이다.

33 다음은 법 해석의 사례를 나타낸 것이다. 이에 대해 바르게 설명하고 있는 것은?

> (가) 본 법에서 물건이라 함은 유체물 및 전기 기타 관리할 수 있는 자연력을 말한다. (민법 제98조)
> (나) 형법 제366조에서 규정하고 있는 재물 손괴죄는, 물건의 형태를 파괴한 것뿐만 아니라, 밥그릇에 방뇨(放尿)하는 것도 해당한다.
> (다) 다리 위에 '자동차 운행 금지'라는 푯말이 있으면, 당연히 중장비 차량의 통행이 금지되어야 한다.

① (가)는 법의 집행 과정에서 이루어진다.
② (가)는 (나)에 비해 공적 구속력이 약하다.
③ (나)는 언어적 표현의 의미를 보다 좁게 해석한다.
④ (다)는 입법 취지를 중시한다.

> **NOTE** 제시문에서 (가)는 입법해석, (나)는 확장해석, (다)는 당연해석에 해당한다.
> ① 입법해석은 법을 만드는 과정에서 이루어진다.
> ② (가)는 입법해석이므로 다른 어떠한 해석보다 공적 구속력이 강하다.
> ③ 확장해석은 법조문의 언어적 표현의 의미를 보다 넓게 해석한다.
> ④ 당연해석에 따르면, 어떤 사항에 대해 법 규정이 없을 때, 그 입법 취지로 보아 직접적으로 명문 규정이 없지만 유사한 사항에 대하여 당연히 같은 취지의 법적 판단을 내린다.

Answer. 32.④　33.④

34 밑줄 친 부분에 대한 설명으로 옳은 것을 〈보기〉에서 고른 것은?

> ㉠공법(公法)과 ㉡사법(私法)의 구분은 가장 보편적인 법의 분류 방식이다. 공법상의 권리는 ㉢공권(公權)이라 하며, 사법상의 권리를 ㉣사권(私權)이라 한다. 그런데, 근대 자본주의 국가에서는 개인주의와 경제우선주의로 말미암아 부익부(富益富) 빈익빈(貧益貧) 현상 등 여러 가지 모순과 부조리가 나타났다. 이러한 문제점을 해결하기 위하여 현대 국가에서는 ㉤사법과 공법의 중간적인 법 영역이 발전하게 되었다.

> 〈보기〉
> ⓐ ㉠은 권리와 의무의 내용·종류·주체·발생·변경·소멸 등을 규정한 법이다.
> ⓑ ㉡은 사인(私人) 간의 대등한 법률관계를 다루는 법으로서, 민법과 민사소송법 등이 이에 속한다.
> ⓒ 소급 입법에 의하여 재산권을 박탈당하지 아니할 권리는 ㉢에 해당한다.
> ⓓ 합리적인 소비 생활을 영위하기 위하여 필요한 교육을 받을 권리는 ㉣에 속하는 소비자 권리이다.
> ⓔ 독점 규제 및 공정 거래에 관한 법률은 ㉤에 해당하는 법이다.

① ⓐ, ⓑ
② ⓐ, ⓓ
③ ⓑ, ⓒ
④ ⓒ, ⓔ

NOTE 권리와 의무의 내용·종류·주체·발생·변경·소멸 등을 규정한 법은 실체법이며, 민사소송법은 공법이며, 합리적인 소비 생활을 영위하기 위하여 필요한 교육을 받을 권리는 경제법이므로 사회법에 속한다.

Answer. 34.④

35 다음 자료에 나타난 법적용의 원칙을 바르게 짝지은 것은?

> (개) 교육을 통하여 국민 전체에 봉사하는 교사의 직무와 책임의 성격에 비추어 볼 때, 국·공립학교 교사의 자격·임용·보수·연수 및 신분보장 등에 관하여서는 국가공무원법에 우선하여 교육공무원법이 적용된다.
>
> (내) A광역시의 ○○구의회는 국립공원 입장료 일부 면제를 위한 조례안을 제정하였으나 시장의 재의 요구에 따라 이를 백지화하였다. 왜냐하면 시가 관리하는 국립공원 안에서 체험 학습이나 자연 보호 활동을 하는 초·중·고생들의 입장료를 면제하는 조치는 자연공원법 관련 조항의 면제 대상자 범위에서 벗어나기 때문이었다.

	(개)	(내)
①	특별법 우선의 원칙	신법 우선의 원칙
②	특별법 우선의 원칙	상위법 우선의 원칙
③	상위법 우선의 원칙	신법 우선의 원칙
④	상위법 우선의 원칙	특별법 우선의 원칙

> **NOTE** 교육공무원법과 국가공무원법의 관계는 특별법과 일반법의 관계이며, 조례와 자연공원법은 하위법과 상위법의 관계이다.

36 다음 중 입증과 추정에 대한 설명으로 틀린 것을 고르면?

① 입증이란 어떠한 분쟁이나 재판에 있어서, 관련 사실의 존재나 부존재에 관하여 자료나 증거에 의해 명확하게 증명하는 것을 의미한다.

② 추정이란 반대 증거가 제시될 때까지는 진실한 것으로 인정하여 법적 효과를 발생시키는 것을 의미한다.

③ 간주되는 사실을 번복하기 위해서는 다른 증거의 제출이 있으면 가능하다.

④ 추정의 대표적인 예로 동시사망, 인정사망이 있다.

> **NOTE** 간주란 사실 여하를 불문하고 법에 의해 일정한 사실관계를 확정하는 것으로 의제라고도 하며, 간주되는 사실을 번복하기 위해서는 법원의 취소 절차를 필요로 한다.

Answer. 35.② 36.③

37 법률 불소급의 원칙에 대한 설명으로 바른 것을 고르면?

① 법이 새로 제정 또는 개정되어 법령 내용이 개정 전과 개정 후에 충돌될 경우 개정된 신법이 구법에 우선적으로 적용된다는 원칙이다.
② 법적 안정성을 반영한 원칙으로 예외적으로 피고인에게 유리한 소급효는 인정된다.
③ 민법과 상법의 관계는 법률 불소급의 원칙과 관련이 있다.
④ 실정법상 상위의 법규는 하위 법규보다 우월한 효력을 갖는다.

> **NOTE** ① 신법 우선의 원칙
> ③ 민법과 상법의 관계는 일반법과 특별법의 관계로 특별법 우선의 원칙과 관련 있다.
> ④ 상위법 우선의 원칙

38 권리와 의무에 대한 설명으로 바른 것은?

① 우리 법은 권리의 주체로 자연인과 법인을 규정한다.
② 사단법인이란 재화로서 물적 결합체에 법인격이 부여된 것을 의미한다.
③ 물권의 객체는 채무자의 행위이다.
④ 현대에는 권리보다 의무를 강조하는 경향이 강하다.

> **NOTE** ② 사단법인이란 인적 결합체에 법인격이 부여된 것을 의미한다.
> ③ 물권의 객체는 물건이며, 채권의 객체는 채무자의 행위이다.
> ④ 중세에는 의무의 비중이 높았고, 근대에는 권리에 비중이 있었다면 현대에는 권리와 의무 모두 강조되고 있다.

Answer. 37.② 38.①

PART

02

헌법

01 서설

(1) 헌법의 의의

① **헌법의 개념** : 헌법이란 국가의 통치 체계, 국민의 기본적 권리 · 의무를 규정한 최고의 기본법이다. 헌법은 헌법제정권자의 근본적인 결단이며 국가 운영에 관한 국민의 기본적 합의의 결과이다.

② **헌법 개념의 이중성** : 헌법은 규범으로서의 성격과 정치적 사실로서의 성격을 함께 갖고 있는데 이를 헌법개념의 이중성이라고 한다.

　　㉠ **법 규범으로서의 헌법** : 헌법은 정치적 공동체의 바람직한 형태를 제시하는 규범으로서의 역할을 하기 때문에 당위(sollen)로서의 법규범이라는 것이며, 법실증주의자들이 강조하는 태도이다.

　　㉡ **정치적 사실로서의 헌법** : 헌법을 국가의 정치적 통일 및 사회질서의 구체적 상태로 파악하는 입장으로 결단주의와 통합주의에서 주장하는 견해이다.

③ **역사적 발전과정에서의 헌법 개념** : 헌법을 고유한 의미의 헌법, 근대 입헌주의적 의미의 헌법, 현대 복지주의적 의미의 헌법으로 분류하는 것이다.

　　㉠ **고유한 의미의 헌법** : 헌법이란 국가의 통치체제에 관한 기본적인 내용을 규정한 기본법으로 보는 것이다. 어떤 국가든지, 성문의 형식이건 불문의 형식이건 고유한 의미의 헌법을 갖고 있으므로 국가가 존재하는 곳에서는 반드시 존재하는 헌법을 말한다.

　　㉡ **근대 입헌주의적 의미의 헌법** : 개인주의와 자유주의를 기초로 하여, 개인의 자유와 권리의 보장, 법치주의와 권력분립에 의해서 국가권력의 남용을 억제하는 것을 내용으로 하는 헌법이다. 프랑스 인권선언 제16조의 "모든 권리의 보장이 확보되지 아니하고 권력분립이 정해져 있지 않은 사회는 헌법을 가졌다고 할 수 없다."는 규정은 근대 입헌주의 헌법의 대표규정이다.

　　㉢ **현대 복지주의적 의미의 헌법** : 모든 국민의 인간다운 생활을 보장하는 것이 국가의 책무인 동시에 그에 대한 요구가 국민의 권리로서 인정되는 복지국가의 이념을 바탕으로 하는 헌법이다.

check

▶ **헌법의 법적 성격**
　㉠ **근본 규범** : 국가 운영에 관한 헌법 제정권자의 근본적인 결단
　㉡ **최고 규범** : 헌법은 하위법의 존재나 효력의 근거
　㉢ **기본권 보장 규범** : 헌법에는 국민의 기본권을 규정하여 이를 보장
　㉣ **조직 규범** : 헌법에는 국가 기관의 조직과 작용을 규정
　㉤ **권력 제한 규범** : 국가 기관은 헌법이 위임한 권한만을 행사

근대 입헌주의 헌법과 현대 복지국가 헌법의 기본원리 비교

근대 입헌주의 헌법	현대 복지국가 헌법
• 국민주권의 원리 • 기본권 보장의 원리 • 법치주의 • 대의제의 원리 • 권력분립의 원리 • 성문헌법주의 • 경성헌법의 원칙	• 국민주권의 실질화 • 기본권 보장과 사회정의 실현 • 실질적 법치주의 • 권력분립의 변형으로서의 권력융화주의 • 기능적 권력분립 • 사회적 시장경제질서의 보장 • 헌법재판제도 • 국제평화주의 • 적극국가 · 복지국가 · 행정국가 • 사회권의 등장

④ **헌법의 특질** : 헌법은 사실적 특질과 규범적 특질 그리고 구조적 특질을 갖고 있다.

　㉠ **사실적 특질** : 헌법은 정치적 투쟁이나 타협을 통해서 성립되므로 다른 법률보다 정치성이 강하며(정치성), 일정한 이념이나 가치를 구현하려는 법규범이며(이념성), 역사 · 정치 · 경제적인 상황과 밀접한 관련성을 가진다(역사성).

　㉡ **규범적 특질** : 헌법은 국가의 최고규범으로서 하위법의 존재나 효력의 근거가 되고(최고규범성), 국민의 기본권보장을 규정하여 국민의 자유와 권리 확보를 선언하고 있으며(기본권보장규범성), 또한 국가기관의 조직과 작용이 헌법이 규정한 통치에 관한 기본구조에 의해 결정되고(조직규범성), 국가권력은 헌법이 위임한 권한만을 행사할 수 있으며(수권규범성), 국가권력을 입법권, 집행권, 사법권으로 분립하여 이를 각 국가기관에 분담시켜 견제와 균형을 유지하도록 함으로써 국가권력의 자의적 행사를 미연에 방지하는 특성이 있으며(권력제한규범성), 헌법은 다른 하위규범과 달리 규범적 효력을 담보해줄 장치가 없으므로, 스스로 그 효력을 보장해야 하는 특성이 있다(자기보장규범성).

　㉢ **구조적 특질** : 헌법은 국가생활의 전반을 규정하는 규범이기 때문에 규범구조의 간결성과 미완결성, 규범내용의 추상성 · 불확정성 · 개방성을 특질로 한다.

(2) 헌법의 분류

① 제정주체에 따른 분류

　㉠ **흠정헌법** : 군주주권론을 기초로, 군주의 일방적 의사에 의해서 제정된 헌법을 말한다. 1814년 프랑스 헌법과 1889년 일본의 명치헌법을 들 수 있다.

　㉡ **민정헌법** : 국민이나 국민의 대표기관에 의해서 제정된 헌법을 말하며, 오늘날 대부분의 민주국가는 민정헌법에 해당된다.

관습헌법이란 헌법적 사항에 대한 관습법을 의미하며, 일반적으로 관습헌법은 성문헌법의 보충적 효력을 갖는다. 관습헌법의 성립요건에는 헌법사항에 대한 관행의 존재, 반복, 계속성, 항상성, 명료성, 국민적 합의가 있다. 이러한 요건을 갖춘 관습헌법은 헌법적 효력을 갖기 때문에 헌법개정을 통해서만 변경될 수 있다. 우리나라에서 수도가 서울인 것은 관습헌법이다.(헌재 2004.10.21. 2004헌마554)

ⓒ **협약헌법** : 군주와 국민의 대표 간의 협의에 의해서 제정된 헌법을 말한다. 1809년 스웨덴 헌법과 1830년 프랑스 헌법을 들 수 있다.

ⓔ **국약헌법** : 국가와 국가 간의 조약에 의해서 제정된 헌법을 말하며, 1867년 오스트리아 헌법과 1949년 서독의 기본법을 들 수 있다.

② **존재 형식에 의한 분류**

ⓐ **형식적 의미의 헌법** : 법의 존재형식이라는 외형에 따라 정의된 헌법 개념으로 헌법전이라는 형식으로 성문화된 법규범들을 의미한다. 형식적 의미의 헌법은 성문헌법과 동일한 의미이며, '영국에는 헌법이 없다'는 것은 형식적 의미의 헌법이 없다는 것이다. **예** 캐나다, 뉴질랜드

ⓑ **실질적 의미의 헌법** : 그 형식과 상관없이 국민의 기본권, 통치기구의 조직과 작용 등 헌법 사항을 담고 있는 모든 법 규범을 의미한다. 따라서 헌법전을 비롯하여 법률·명령·규칙은 물론 헌법 관행 및 헌법 판례 등으로 구성된 불문헌법도 포함된다.

③ **개정절차의 난이도에 의한 분류**

ⓐ **경성헌법** : 경성헌법이란 헌법의 개정이 통상의 법률개정절차보다 어려운 헌법을 의미한다. 대부분의 성문헌법 국가에서는 최고법규범으로서 헌법의 안정적인 운영을 위해 경성헌법을 채택하고 있다.

ⓑ **연성헌법** : 연성헌법이란 통상의 법률과 같은 절차와 방법으로 개정할 수 있는 헌법을 의미한다.

④ **뢰벤슈타인(Loevenstein)의 분류** : 뢰벤슈타인은 헌법규범과 헌법현실이 일치하는지에 따라 규범적 헌법, 명목적 헌법, 장식적 헌법으로 분류하였다.

ⓐ **규범적 헌법** : 헌법 규범과 헌법 현실이 일치하는 헌법을 의미한다.

ⓑ **명목적 헌법** : 헌법 규범과 헌법 현실이 일치하지 않는 헌법을 의미한다. 헌법은 제정되었지만, 헌법내용을 실현하기 위해 필요한 사회적·경제적 조건들이 갖춰지지 않았기 때문에 헌법이 제 기능을 하지 못하는 경우이다.

ⓒ **장식적 헌법** : 권위주의 국가 또는 독재국가에서 볼 수 있는 유형으로 권력을 장악하고 있는 독재자 또는 집단이 자신들의 지배를 정당화하기 위한 수단으로 헌법을 이용하는 경우이다.

⑤ **국가형태에 따른 분류**

ⓐ **단일국가 헌법** : 국가형태에 따라 단일국가가 채택한 헌법

ⓑ **연합국가 헌법** : 연방국가에서 채택한 헌법(독일, 구소련, 스위스 등)

(3) 헌법의 해석

① **헌법해석의 의의** : 헌법의 해석이란 일반적·추상적으로 규정되어 있는 헌법 조문의 내용을 구체화하여 법적인 의미를 밝히는 과정이다. 헌법은 개방성·미완성성을 특징으로 하기 때문에 법률의 해석보다 법 보충과 법 형성의 폭이 크다.

② **헌법해석의 원칙** : 헌법해석의 원칙 중에서 통일성의 원칙이란 '헌법의 해석은 헌법 전체의 이념이나 본질이 통일성을 확보할 수 있도록 행해져야 한다'는 원칙, 기능존중의 원칙이란 '국민의 기본권 보장과 권력통제 기능을 바탕으로 헌법을 해석해야 한다'는 원칙, 조화성의 원칙이란 '규범 상호 간의 대립이나 갈등을 조화롭게 해결할 수 있도록 해석해야 한다는 원칙, 정치성의 원칙이란 '헌법은 추상성·미완성성·개방성을 갖고 있으므로 헌법을 해석할 때는 예외적으로 정치적 관점이 고려되어야 한다'는 원칙을 말한다.

③ **사비니(savigny)의 헌법 해석방법** : 사비니는 헌법의 해석이 법률의 해석방법과 동일하다는 전제에서 4단계 해석방법(문리·논리·체계·역사적 해석)을 제시하였다. 문리적 해석이란 헌법 조문의 용어 및 문언적 의미에 따라서 충실하게 해석하는 것이며, 논리적 해석은 신의성실의 원칙과 같은 조리를 토대로 헌법조문을 헌법의 체계 내에서 논리적인 사고원칙에 따라 해석하는 것이며, 체계적 해석은 법체계를 구성하는 통일적인 원리에 따라서 헌법을 해석하는 것이고, 역사적 해석이란 헌법의 제도 등에 대한 유래·발전과 같은 역사적 과정을 중심으로 헌법을 해석하는 것이다.

④ **합헌적 법률해석의 원칙** : 합헌적 법률해석이란 법률문언의 뜻이 분명하지 아니하여 다의적(多義的)으로 해석될 여지가 있을 때 합헌적으로 해석이 가능하다면 이를 위헌으로 판단하지 말고 합헌으로 해석해야 한다는 법률해석의 지침을 말한다. 이 원칙은 1827년 미국의 Ogden V. Saunder 사건을 통해서 확립되었으며, 우리나라 헌법재판소는 합헌적 법률해석의 원칙을 수용하여 '한정합헌', '한정위헌', '헌법불합치', '조건부 위헌결정' 등의 선고를 하고 있다. 한편 대법원도 이 원칙에 근거하여 판시하고 있다. 합헌적 법률해석의 원칙은 의회가 제정한 법률을 헌법에 조화되도록 해석하여 법률의 효력을 지속하려는 것이라는 점에서 헌법에 위반되는 법률을 무효로 하는 규범통제와 구별된다.

(4) 헌법의 제정·개정

① **헌법의 제정**

   ⓐ **헌법제정과 제정권자** : 헌법의 제정이란 실질적으로는 정치적 통일체의 종류와 형태에 관하여 헌법제정권자가 행하는 시원적(始原的) 법 창조행위이며, 형식적으로는 헌법사항을 성문헌법화 시키는 것을 말한다. 오늘날에는 국민주권 사상의 확립에 따라 국민에게 헌법 제정 권력이 귀속된다. (헌법 제1조 제2항 : "대한민국의 주권은 국민에게 있고~")

   ⓑ **헌법제정권력의 특성** : 헌법제정권력은 헌법을 시원적으로 창조하는 힘으로서 사실성과 규범성을 갖게 된다. 또한 누구에게도 양도할 수 없는 불가양성, 분할할 수 없다는 불가분성, 한번 행사한다고 하여도 소멸되지 않는 항구성을 갖고 있다.

ⓒ 헌법제정권력의 행사 : 헌법제정권력을 행사하는 방법에는 헌법제정의회에서 의결하는 방법, 국민투표에 의한 방법, 양자를 절충하는 방법이 있다. 헌법제정권력의 한계와 관련하여 시이예스, 슈미트, 법실증주의는 한계를 부정하고 있다. 그러나 마운쯔는 초국가적 인권과 같은 자연법상의 원리에 의해서, 케기는 불변의 근본규범을 근거로 한계를 긍정하고 있다. 우리나라의 통설도 헌법제정권력의 한계를 긍정한다.

② 헌법의 개정

ⓖ 개념 : 헌법의 개정이란 헌법에 규정된 개정 절차에 따라 헌법의 기본적 동일성을 유지하면서 의식적으로 수정·삭제·증보함으로써 헌법에 변경을 가하는 작용이다.

ⓛ 헌법 개정의 특징 : 헌법 개정이란 성문헌법과 형식적 의미의 헌법을 전제로 하는 개념이며, 헌법 개정은 시대의 변화에 능동적으로 대응하여 헌법의 규범력을 높이기 위해서 필요하다. 헌법 개정의 방법에는 기존의 조항을 유지한 채 개정조항을 추가하는 Amendment방식과 헌법조항을 수정·삭제·신설하는 형태의 Revision방식이 있다.

▶ 헌법개정의 특징
헌법개정은 성문헌법과 형식적 의미의 헌법을 전제로 하기 때문에 불문헌법 국가인 영국의 경우에는 헌법개정의 실익이 없다. 헌법개정은 헌법의 동일성을 유지하는 범위 내에서의 변경이라는 점에서 헌법제정과 구별된다.

대한민국 헌법의 개정 절차

구분	헌법 조항	내용
제안	제128조 제1항	국회 재적 의원 과반수 또는 대통령의 발의로 제안된다.
공고	제129조	제안된 헌법 개정안은 대통령이 20일 이상의 기간 동안 이를 공고하여야 한다.
의결	제130조 제1항	국회는 헌법 개정안이 공고된 날로부터 60일 이내에 의결하여야 하며, 국회의 의결은 재적의원 3분의 2 이상의 찬성을 얻어야 한다.
국민투표	제130조 제2항	국회가 의결한 후 30일 이내에 국민투표에 붙여 국회의원 선거권자 과반수의 투표와 투표자 과반수의 찬성을 얻어야 한다.
공포	제130조 제3항	국민투표에 의하여 찬성을 얻은 때에는 헌법 개정은 확정되며, 대통령은 즉시 공포하여야 한다.

(5) 헌법의 변천

① 개념 : 헌법의 변천이란 외형상 헌법의 조문은 그대로 유지하면서 조문의 의미와 내용이 시대 상황과 역사 발전에 맞추어 헌법 제정 당시와는 실질적으로 다르게 변하는 것을 말한다. 헌법의 변천은 헌법의 개방성과 같은 특성 때문에 상당한 정도 불가피하며, 헌법변천이 성립되어 관습화되면 헌법관습법이 된다.

② 헌법 변천의 요건

ⓖ 헌법의 유권해석기관에 의해 상당 시간 반복된 헌법적 관례가 있어야 한다.

ⓛ 이러한 관례에 대한 국민의 승인이 있어야 한다.

③ 헌법 변천의 구체적 사례
- ㉠ 입법부가 헌법에 위반되는 법률을 제정하고 상당 시간 문제없이 집행이 된 경우
- ㉡ 정부가 헌법으로부터 위임받지 아니한 사항에 관하여 동일한 권한행사를 반복한 경우
- ㉢ 사법부가 헌법의 내용과 상이한 판결을 반복하는 경우
- ㉣ 성문헌법 규정과 상이한 관행 또는 선례가 누적되어 자연스럽게 받아들여진 경우
- ㉤ 일본이 평화헌법조항이 존재함에도 불구하고 자위대 전력증강을 계속 도모하는 행위

(6) 헌법의 수호

① **헌법 수호의 의의** : 헌법의 수호 내지 보장이라 함은 헌법에 대한 위협이나 침해를 사전에 예방하거나 사후에 배제하는 것을 말한다. 헌법수호의 범위는 실질적 의미의 헌법에 대하여도 미친다.

② **헌법수호의 유형** : 헌법 수호에 대한 분류에는 다양한 유형이 있으나, 크게 평상시적 헌법수호제도와 비상시적 헌법수호 제도가 있다.
- ㉠ **평상시적 헌법수호제도** : 평상시적 헌법수호제도에는 헌법의 최고규범성의 선언, 헌법수호의무의 선언, 국가권력의 분립, 방어적 민주주의의 채택과 같은 사전 예방적 헌법수호제도가 있다. 또한 위헌 법률 심사제도, 탄핵제도, 긴급명령 등의 승인제도, 해임건의 제도 등과 같은 사후 교정적 헌법수호제도가 있다.
- ㉡ **비상시적 헌법수호제도** : 비상시적 헌법수호제도에는 국가긴급권과 국민의 저항권 등이 있다.

③ **방어적 민주주의** : 방어적 민주주의란 민주주의의 이름으로 민주주의 그 자체를 파괴하려는 헌법질서의 적으로부터 민주주의를 방어하고 그와 투쟁하기 위한 자기방어적 민주주의를 말한다. 이는 가치구속적 민주주의관을 전제로 하며, 헌법상 최초로 성문화된 것은 독일기본법이다. 우리나라의 경우 1972년 이후 헌법에 규정되어 있다. 현행 헌법의 방어적 민주주의와 관련된 규정은 헌법 전문의 "자유민주적 기본질서를 더욱 확고히 하여"라는 규정과, 헌법 제8조의 위헌정당 해산제도와, 헌법 제37조의 기본권 제한 사유 등이 있다.

④ **국가 긴급권** : 국가 긴급권이란 전쟁·내란 등과 같이 국가의 존립과 안전이 위태로운 비상사태가 발생한 경우 국가원수가 국가의 존립과 안전을 확보하기 위하여 필요한 조치를 할 수 있는 비상적 권한을 말한다. 국가 긴급권에는 통상적인 입법절차로는 대처할 수 없는 국가의 안위에 관계되는 비상사태가 발생한 경우에 발동하는 긴급명령권(헌법 제76조), 정상적인 재정처분이나 경제처분으로는 대처하기 곤란한 비상사태가 발생하여 긴급한 조치를

할 필요가 있을 때 행하는 긴급재정경제처분권·명령권(헌법 제76조), 전시·사변 또는 이에 준하는 국가비상사태에 있어서 병력으로써 군사상의 필요에 응하거나 공공의 안녕질서를 유지할 필요가 있을 때 선포하는 계엄선포권(헌법 제77조) 등이 있다.

⑤ **저항권** : 저항권이란 헌법 질서를 침해하는 정치권력에 대해 주권자인 국민이 복종을 거부하거나 저항할 수 있는 비상적 권리인 동시에 헌법수호제도이다. 이는 로크에 의해 체계화됐으며, 개별 법령이나 정책에 대해 행사하는 시민불복종권과 구별되며, 헌법질서의 수호를 목적으로 한다는 점에서 혁명권과 구별되고, 국민이 행사한다는 점에서 국가긴급권과 구별된다. 저항권을 행사하기 위해서는 헌법질서를 전면적으로 부인하는 경우이어야 하며, 정치권력의 불법이 객관적으로 명백해야 하고, 더 이상의 합법적인 대항 수단이 없는 최후의 수단이어야 한다. 우리 헌법은 저항권을 기본권으로 규정하고 있지는 않지만, 전문에서 3·1운동과 4·19 정신을 계승하고 있음을 명백히 하고 있으므로 저항권을 간접적으로 긍정하고 있다.

02 대한민국의 구성요소

(1) 국민

① **개념** : 국민(Nation)은 한 국가의 인적 요소로서 국적을 가진 모든 사람을 말한다. 헌법은 '대한민국의 국민이 되는 요건은 법률로 정한다'(제2조 1항)라고 규정하여 국적 단행법주의를 취하고 있다. 국적의 취득, 상실, 회복 등은 국적법으로 규정하고 있다.

② **국적의 취득요인** : 국적은 출생에 의한 선천적 취득과 인지[1], 귀화[2], 수반취득[3] 등 출생 이외의 일정한 사유에 의해 국적을 취득하는 후천적 취득이 있다. 선천적 취득 중 출생자의 국적을 부모의 국적에 따라 결정하는 것을 속인주의(혈통주의)라고 하고, 부모의 국적과 상관없이 출생지역에 따라 결정하는 것을 속지주의(출생지주의)라고 한다. 우리나라는 부모양계혈통주의에 기초한 속인주의를 원칙으로 하면서 속지주의를 일부 결합하고 있다.

※ 1) 인지 : 혼인 외의 출생자를 본인의 출생자라고 인정하는 의사표시를 말한다.

2) 귀화 : 국적을 취득한 사실이 없는 외국인이 법률상 일정한 요건을 갖추어 국가의 허가를 얻어 국적을 취득하는 것을 말하며, 일반귀화와 특별귀화가 있다.

3) 수반취득 : 외국인의 자가 대한민국 민법상 미성년인 사람은 부 또는 모가 귀화허가를 신청할 때 함께 국적 취득을 신청하여 부모의 국적취득에 수반하여 국적을 취득하는 것을 말한다(국적법 제8조).

(2) 국가권력

국가권력은 국가의 권력적 요소로서 주권과 통치권을 포함하는 개념이다. 주권 (Sovereignty)은 일반적으로 국가의사를 일반적, 최종적으로 결정하는 국가최고의 권위이며, 대내적으로 최고의 권력이고, 대외적으로 독립된 권력이다. 주권은 최고성, 시원성, 독립성, 자율성, 단일불가분성, 불가양성, 항구성을 그 본질적 속성으로 가진다. 역사적으로 주권의 귀속주체에 따라 국가주권론, 군주주권론, 국민주권론 등으로 분류되나, 오늘날 민주국가는 국민주권론에 입각해 있다.

통치권은 국가목적을 달성하기 위하여 헌법에 근거하여 조직된 권력이며, 그 발동형태에 따라 입법권, 사법권, 집행권으로 나뉜다. 통치권은 주권에서 유래하고 주권에 의하여 조직되어 국가목적을 수행하기 위해 주권이 위임한 권력으로, 분할과 양도가 가능하다는 점에서 주권의 단일불가분성, 불가양성과 차이가 있다.

대한민국헌법 제1조 제2항에는 '대한민국의 주권은 국민에게 있고, 모든 권력은 국민으로부터 나온다'라고 규정하고 있으며, 여기에서 '주권'은 본래적 의미의 주권을 의미하고, '모든 권력'은 통치권을 의미한다.

(3) 영역

영역(Territory)은 한 국가의 법이 적용되는 물적, 공간적 범위를 말하며, 영토, 영해, 영공으로 구성된다. 국가의 그 영역에 대한 배타적인 지배권력을 영역권 또는 영토고권(領土高權)이라고 한다. 우리 헌법 제3조는 영토에 대하여 '대한민국의 영토는 한반도와 그 부속도서로 한다'라고 규정하고 있다. 영해는 영토에 인접하여 주권이 미치는 해역으로서 대한해협을 제외하고 연안으로부터 12해리까지의 수역을 말한다. 영공은 영해와 영토의 수직상공을 말한다.

---

03 대한민국 헌법의 기본질서

(1) 대한민국 헌법 전문

① 헌법 전문의 의의 : 헌법전문은 본문 앞에 위치한 것으로서 헌법의 제정 목적, 제정 과정, 이념 등의 지도 원리를 규정한 것이다.

② 법적 성격 : 헌법 전문은 국가의 최고원리를 규정한 것으로, 헌법 제정권자의 근본 결단이며 최고규범이다. 이는 '헌법 중의 헌법'으로서의 의미를 가지며, 법령의 해석과 구체적 사건에 적용되는 재판규범이 되며(다수설, 헌재), 공권력 행사의 기준이 된다. 또한 헌법 전문은 헌법의 개별 조문과 유기적 관계를 가진 것으로서 하나의 통일된 가치체계를 형성한다.

▶ 헌법전문의 내용이 아닌 것
 • 대한민국의 영토
 • 재외국민보호
 • 권력분립
 • 모든 헌법개정 일자

③ 헌법 전문의 내용 : 유구한 역사와 전통에 빛나는 우리 대한국민은 3·1운동으로 건립된 대한민국임시정부의 법통과 불의에 항거한 4·19민주이념을 계승하고, 조국의 민주개혁과 평화적 통일의 사명에 입각하여 정의·인도와 동포애로써 민족의 단결을 공고히 하고, 모든 사회적 폐습과 불의를 타파하며, 자율과 조화를 바탕으로 자유민주적 기본질서를 더욱 확고히 하여 정치·경제·사회·문화의 모든 영역에 있어서 각인의 기회를 균등히 하고, 능력을 최고도로 발휘하게 하며, 자유와 권리에 따르는 책임과 의무를 완수하게 하여, 안으로는 국민생활의 균등한 향상을 기하고 밖으로는 항구적인 세계평화와 인류공영에 이바지함으로써 우리들과 우리들의 자손의 안전과 자유와 행복을 영원히 확보할 것을 다짐하면서 1948년 7월 12일에 제정되고 8차에 걸쳐 개정된 헌법을 이제 국회의 의결을 거쳐 국민투표에 의하여 개정한다.

(2) 대한민국 헌정사

공화국	개헌 (공포일자)	주요내용	비고
제1공화국 (자유당)	제헌 헌법 (1948.7.17)	• 정·부통령 간접선거(국회에서 실시) • 국회의 단원제	대한민국 최초 헌법
	제1차 개헌 (1952.7.4)	• 정·부통령의 국민 직선제 실시 • 국회의 양원제 • 국회의 국무원 불신임제 • 국무위원 임명에 있어 국무총리의 제청권 문제점 : 일사부재의 원칙에 위배, 공고 절차 위반	• 발췌개헌(국회측과 정부측 안을 절충) • 부산 정치파동 • 개정이유 : 이승만 재집권
	제2차 개헌 (1954.11.27)	• 초대 대통령에 대한 3선 제한 철폐 • 주권의 제약, 영토변경의 개헌은 국민투표제 채택 • 자유 시장 경제 체제로 전환 문제점 : 의결정족수 미달, 평등원칙 위반	4사 5입 개헌(재적의원 203명 중, 찬성 135표, 반대 60표, 기권 7표) ※ 203의 3분의 2는 136

제2공화국 (민주당)	제3차 개헌 (1960.6.15)	4·19 혁명(1960) → 과도정부(허정)	
		• 대통령제→의원내각제 채택 • 기본권의 확대·강화 • 양원제(민의원, 참의원) 실시 • 지방 자치제 실시 • 중앙 선거 관리 위원회의 신설 • 헌법 재판소의 신설 • 사법권의 독립과 민주화의 강화	의원내각제 개헌 본문 55개 조항과 부칙 15개 항목에 걸친 전면 개정

	제4차 개헌 (1960.11.29)	• 3 · 15 부정 선거 처벌을 위한 형벌 불소급 원칙의 예외 규정 마련 • 소급특별법 제정	• 형벌 불소급의 원칙에 대한 예외 인정 • 헌법 부칙만 개정
제3공화국 (공화당)	5 · 16 군사정변(1961년) → 헌정이 중단되고 군정 실시 (1961.5.16~1962.12.26)		
	제5차 개헌 최고회의 (1962.12.26)	• 의원내각제 → 대통령제의 채택 • 헌법 개정에 대한 국민 투표제 채택 • 대통령의 3선 금지 • 위헌 법률 심사권을 법원에 부여 • 단원제 채택	처음으로 국민투표 실시
	제6차 개헌 (1969.19.21)	• 대통령 3기 재임 가능(3선 금지 철폐) • 국회의원의 각료 겸직 허용 • 대통령에 대한 탄핵 절차의 엄격화	3선 개헌
	10 · 17 비상조치(1972)로 전국에 비상 계엄령 선포, 헌법 일부 효력 정지, 국회 해산, 정당의 정치활동 중지 (1972.10.17~1972.12.27)		
제4공화국 (공화당)	제7차 개헌 (1972.12.27)	• 통일 주체 국민회의 신설 • 대통령의 간선제(통일 주체 국민회의)와 지위 강화(신 대통령제) 임기 6년, 중임이나 연임제한 규정을 두지 않음. 1인 장기 집권 가능 • 기본권 제한(헌법의 '자유와 권리의 본질적 내용을 침해할 수 없다'는 내용 삭제) • 국회의 권한축소(회기의 단축, 국정감사권의 부인) • 법원의 지위 약화(법관을 대통령이 임명, 파면함)	유신헌법 신 대통령제 (긴급조치권, 국회해산권, 국회의원 정수 3분의1 추천권 등 보유)

	10 · 26사태(1979년)로 박정희 독재는 무너지고 최규하 대통령이 취임. 실제 권력은 12 · 12 군사 쿠데타에 성공한 신군부(전두환, 노태우 등)가 장악, 전두환이 대통령이 됨.		
제5공화국 (민정당)	제8차 개헌 (1980.10.27)	• 기본권의 불가침성 강조 • 행복추구권, 환경권 신설 • 대통령 간선제(대통령 선거인단), 임기 7년의 단임제 • 연좌제 금지	
제6공화국 (민정당 · 민자당)		시민들의 개헌 요구(1987년 6월 항쟁)	
	제9차 개헌 (1987.10.29)	• 대통령 직선제, 임기 5년의 단임제 • 대통령의 국회 해산권 삭제, 비상조치권 삭제 • 국회의 국정 감사권 부활 • 국민의 기본권 강화	• 여 · 야 합의 • 국민들의 요구에 의해 아래로부터 추진된 개헌

(3) 대한민국의 국가 형태

① 헌법 제1조 제1항의 의미 : "대한민국은 민주공화국이다."라는 의미에 대해 국호는 대한민국임을, 국가형태는 민주공화국임을 선언하고 있다.

② 민주공화국의 의미에 관한 학설

　㉠ 제1설 : 민주는 정체를 의미하고, 공화국은 국체를 의미한다고 본다.

　㉡ 제2설 : 민주는 민주정체를 의미하고, 공화국은 공화정체를 의미한다고 본다.

　㉢ 제3설(다수설) : 국체와 정체의 구별을 부인하면서 민주공화국이란, 국가 형태를 공화국으로 규정한 것이고, 민주라는 말은 공화국의 정치적 내용이 민주적으로 운영됨을 규정했다고 본다.

(4) 대한민국의 기본 질서(기본원리)

① 국민주권 원리 : 국가의 최고의사를 결정할 수 있는 주권이 국민에게 있다는 것으로, 국민주권의 원리에 의해 정치권력의 정당성은 항상 국민이 부여하게 되며, 통치 기구의 구성과 국가 권력의 행사는 국민주권의 원리에 부합해야 한다. 국민주권의 원리로부터 국민 자치의 원리가 나오며, 국민 자치를 실현하는 방법은 직접 민주정치와 간접 민주정치가 있다.

② 자유 민주주의 원리 : 자유민주주의는 자유주의와 민주주의가 결합된 정치원리이다. 자유주의란 개인의 자유를 존중할 것을 요구하는 사상이며, 민주주의는 국민의 의사에 따른 국가 운영으로, 국가권력이 국민에게 귀속되는 것을 특징으로 한다.

▶ 군주주권과 국민주권의 비교

구분	군주 주권설	국민 주권설
배경	왕권 신수설	사회 계약설
영향	절대 왕정의 형성에 기여	시민 혁명의 사상적 기반
주권 행사	군주	국민
사상가	보댕	로크, 루소

③ **법치주의 원리** : 법치주의는 폭력적이고 자의적인 '사람의 지배'를 배제한, '법에 의한 지배'를 의미한다. 이는 국가권력의 발동근거로서의 기능과 권력 통제의 기능을 수행하고 있다. 법치주의에는 통치의 합법성에만 중점을 두는 형식적 법치주의와 법의 제정절차뿐만 아니라 내용과 목적까지도 고려하는 즉, 통치의 정당성까지 고려하는 실질적 법치주의로 구분할 수 있다. 오늘날 법치주의라 함은 실질적 법치주의를 의미한다.

④ **사회국가 원리** : 사회국가란 모든 국민이 최소한의 인간다운 생활 보장을 보장받고, 생활의 기본적인 수요를 충족할 수 있도록 하는 것이 국가의 책임이면서 그것에 대한 국민의 요구가 권리로서 인정되는 국가를 말한다. 사회국가의 원리는 실질적인 자유와 평등의 보장을 목적으로 한다.

⑤ **문화국가 원리** : 국가로부터 문화 활동의 자유가 보장되고, 국가가 문화의 발전을 도모해야 한다는 원리를 의미한다. 문화에 대한 국가의 개입은 조성적이다.

⑥ **국제평화주의** : 국제 사회에 있어서의 평화공존을 도모하고, 국제분쟁을 평화적으로 해결하며, 세계평화와 인류 공영에 이바지하기 위한 국가의 노력을 의미한다. 또한 침략적 전쟁을 부인하며, 국제법 질서를 존중하는 것을 말한다.

(5) 헌법의 기본 제도

① **정당 제도**

　㉠ **정당의 개념** : 정당이란 국민의 이익을 위하여 책임 있는 정치적 주장이나 정책을 추진하고, 공직 선거에 후보자를 추천 또는 지지함으로써 국민의 정치적 의사 형성에 참여함을 목적으로 하는 자발적 조직을 의미한다.

　㉡ **정당의 지위** : 정당의 헌법상 지위에 대하여 통상의 조직과 유사하다는 일반 결사설, 국가 기관과 유사하다는 국가기관설, 국민의 의사와 여론을 중개하는 중개적 기관설이 있으나 통설과 판례는 중개적 기관으로 본다. 또한, 정당의 법적지위는 법인격 없는 사단이라는 것이 통설과 판례의 견해이다.

　㉢ **정당의 권리와 의무** : 정당은 통상의 결사체에 비하여 설립과 활동에 있어서 특권을 갖게 되며, 법률이 정하는 바에 따라 정당 운영에 필요한 자금을 국가로부터 보조받을 수 있다. 이러한 권리에 대응하여 정당은 국가 긍정의 의무와, 자유민주적 기본질서의 존중 의무, 목적의 민주화 의무, 재원 공개 의무, 정강 또는 강령의 공개 의무를 부담한다.

② **선거제도**

　㉠ **개념** : 국민의 의사를 반영하는 대의민주정치를 실현하기 위해 주권자인 국민이 대표자를 선출하는 제도이다.

▶ 형식적 법치주의와 실질적 법치주의의 비교

	형식적 법치주의	실질적 법치주의
의미	통치의 합법성 중시	통치의 정당성 중시
적용	행정권과 사법권 구속	모든 국가기관 구속.
사상적 배경	법실증주의	자연법 사상

check

▶ **보통선거와 합리적 제한**

선거권을 제한할 수 있는 정당한 사유에는 나이와 법원의 판결이 있다. 재력이나 납세액, 사회적 신분, 인종, 신앙, 성별, 교육 등을 선거권의 제한 사유로 할 경우 합리적 제한이라고 보기 어렵다.

▶ **평등선거 원칙 위반 판례**

유권자 10만명 (A 선거구)	유권자 50만명 (B 선거구)

만약 위의 두 선거구에서 각각 1명씩을 대표로 뽑는다면 A선거구 유권자의 1표의 가치는 10만분의 1, B선거구 유권자의 1표의 가치는 50만분의 1이 된다. 이 경우 B선거구 유권자의 표의 가치는 A선거구 유권자의 1/5이 되어 평등선거의 원칙(=표의 등가성)을 위반하게 된다.

헌법 재판소는 선거구의 인구비례를 최종적으로는 1:2까지 줄이는 것이 바람직하지만, 1:3의 비율이면 합헌이라고 판시하였다.

▶ **봉쇄조항과 평등선거**

비례대표제는 일정 비율 이상의 득표율을 얻은 정당에게 정당의 득표율에 비례하여 의석을 배분하는 제도이다. 우리나라는 선거에서 일정한 기준 이하의 득표율을 얻은 정당에 대해서는 비례대표 의석을 배분하지 않고 있는데 이를 봉쇄 조항이라 한다. 봉쇄조항에 대해 헌법재판소는 합리적 이유가 있는 차별로 평등선거원칙을 위반하지 않는다고 판시하였다.

▶ **기탁금 제도와 선거의 원칙**

기탁금이 지나치게 높을 경우 가난한 사람들의 피선거권이 제한되므로 보통선거의 원칙을 위반하게 되며, 정당 소속 후보자와 무소속 후보자의 기탁금을 다르게 정할 경우 평등선거 원칙을 위반하게 된다.

ⓛ 기능: 선거는 민의에 의한 정치를 가능하게 하며, 주권을 행사하는 기본적인 수단이며, 정부 구성의 합법성과 공권력 행사의 정당성을 부여하는 기능을 갖고 있으며, 선거를 통해 대표자를 선출하며, 국정 담당자의 정치적 행위를 평가함으로써 권력을 통제하고 책임 정치를 실현하는 기능을 한다.

ⓒ 민주 선거의 원칙

구분	내용	반대개념
보통선거	사회적 지위, 신분, 재산, 성별에 관계없이 일정 연령에 달한 모든 국민에게 선거권 및 피선거권을 부여하는 원칙이다. 우리나라는 19세 이상의 모든 국민에게 선거권을 인정하고 있다.	제한선거
평등선거	투표의 등가성을 확보하기 위한 원칙으로, 모든 사람에게 동등한 투표권을 부여해야 한다는 것을 내용으로 하고 있다.	차등선거
직접선거	유권자가 후보자를 선택할 때에는 투표 외에는 어떠한 변수도 개입되어서는 안 된다는 원칙이다.	간접선거
비밀선거	선거인이 누구에게 투표했는지 제3자가 알지 못하게 해야 한다는 선거의 원칙이다. 현행 선거법은 비밀선거의 원칙을 실현하기 위해서 무기명 투표와 투표 내용에 대한 진술 거부제를 인정하고 있다.	공개선거
자유선거	헌법에 명문규정은 없지만, 해석상 당연히 인정되는 선거의 원칙으로 선거를 강제하지 않는 것을 의미한다. 자유선거의 원칙에 의해 선거에 참여하지 않더라도 과태료나 벌금 등의 제재를 할 수 없다.	강제선거

ⓔ 선거구와 대표제도: 선거구란 선거가 이루어지는 지역적 단위를 말하며, 크게 전국구와 지역구로 구분되며, 지역구에는 당선자의 수에 따라 소선거구, 중선거구, 대선거구가 있다. 대표제는 대표를 결정하는 방식에 의한 분류로, 다수의 지지를 얻은 자를 당선시키는 다수대표제와 소수의 지지를 얻어도 당선될 수 있는 소수대표제가 있다. 일반적으로 소선거구제는 다수대표제와 연결되며, 중·대선거구는 소수대표제와 결합하고 있다.

	소선거구 다수대표제	중·대선거구 소수대표제
장점	• 군소정당의 난립 가능성이 적어 정국이 안정 • 선거 관리가 쉽고 선거비용이 절약 • 유권자가 후보자를 파악하기 용이 • 유권자의 선거에 대한 관심이 커서 투표율 상승	• 사표가 적고 국민의 다양한 의사가 반영 • 전국적 인물의 당선 가능성이 증가 • 관권 개입과 부정선거 가능성이 감소 • 인물 선택 범위가 넓음
단점	• 사표가 많고 Bias 현상이 발생 • 국민의 다양한 의견 반영이 어려움 • 지역적 인물의 당선 가능성이 높음 • 관권 개입과 부정 선거 가능성이 높음	• 군소 정당의 난립, 정국 불안의 가능성이 증가 • 선거 비용이 많이 들고 재·보궐선거 실시 어려움 • 후보자의 난립과 유권자의 무관심이 증가 • 같은 지역구에서 투표 가치의 차등 문제가 발생

③ 지방자치제도

　㉠ 의의 : 지역의 고유 사무를 지역주민의 의사에 따라 스스로 처리하는 원칙으로, 민주주의 이념과 권력분립의 원리를 실현하며, 풀뿌리 민주주의를 도모하기 위한 원칙을 의미한다.

　㉡ 지방 자치 제도의 유형

	단체자치	주민자치
개념	중앙정부로부터 독립된 지방정부가 중앙정부의 간섭을 받지 않는 상태에서 자치를 실현하는 것. 독일·프랑스에서 유래한 제도.	지방자치 기관은 중앙정부로부터 독립된 기관이 아니라 국가의 지방행정사무를 국가 행정 기관의 입장에서 담당함. 영국·미국에서 유래한 제도.
의미	지방자치단체와　중앙정부로부터의 독립에 중점을 두고 발달한 제도 → 권력 분립제를 지향하는 제도	지방행정에 대한 주민의 참여에 중점을 두고 발달한 제도 → 자치의 원리를 지향하는 제도
특징	• 의결기관과 집행기관의 분리 • 고유사무와 위임사무의 구별이 명확 • 중앙 행정기관의 감독이 강함	• 의결기관과 집행기관의 결합 • 고유사무와 위임사무의 구별이 불분명 • 국회에서 지방자치 단체를 감독함

　㉢ 지방자치단체의 권한 : 지방자치단체는 자치 입법권으로 조례와 규칙을 제정할 수 있는 권한이 있고, 자치행정권으로 주민의 복리에 관한 사무를 처리하며, 자치재정권으로 지방세 징수권과 비상 재해의 복구, 기타 특별한 필요가 있을 때는 부역과 현품 징수권을 보유한다.

▶ 지방 자치 단체장의 권한
　㉠ 고유 사무 : 지방적 이해관계만 있는 사무
　　예 상하수도 사업
　㉡ 단체 위임 사무 : 국가나 상급 지방자치 단체로부터 위임받은 사무
　　예 예방 접종, 시·군의 국세 징수 사무
　㉢ 기관 위임 사무 : 전국적으로 이해관계가 있는 사무
　　예 호적·주민등록 사무

▶ 지방자치제에서의 직접 민주정
치 요소
  ㉠ 주민 감사 청구제 : 지방 자치
    단체의 사무 처리가 법령을
    위반하거나 공익에 위배된다
    고 인정될 경우, 일정 수 이
    상의 주민들이 상급 기관에
    감사를 요구하는 제도
  ㉡ 주민 소환제 : 위법·부당 행
    위를 저지르거나 직무에 태
    만한 지방자치 단체장과 지
    방의회 의원을 지역 투표권
    자 1/3 이상의 투표와 유효
    투표 중 과반수의 찬성으로
    해임하는 제도
  ㉢ 행정정보 공개 청구제도 : 국
    민이 공공 기관에 필요한 정
    보의 공개를 청구할 수 있는
    제도
  ㉣ 주민 발안 : 지역 주민들이 해
    당 지방 자치 단체장에게 주
    요 정책에 관한 조례의 제정
    이나 개정 및 폐지를 요구할
    수 있는 제도
  ㉤ 주민 소송 : 지방 자치 단체의
    위법한 재무 회계 행위에 대
    해 주민이 자신의 권리·이익
    과 관계 없이 그 시정을 법원
    에 청구할 수 있는 제도

㉣ 지방자치단체의 종류

일반 지방자치단체	광역 지방자치단체	특별시, 광역시, 도, 특별자치시(세종시)·도 (제주도)
	기초 지방자치단체	시, 군, 구
특별 지방자치단체	지방자치단체조합	

④ 공무원 제도
  ㉠ 의의 : 공무원이란 국가 또는 공공단체와 공법상의 근무관계를 맺고 있는
    자로, 국민에 대한 봉사자로서의 역할을 다하기 위해 공무원의 신분 보장
    과 정치적 중립을 보장하는 데 중점이 있다.
  ㉡ 직업공무원 제도 : 공무원이 정치적 상황에 따라 좌우되는 것을 방지하기 위해
    정치적 중립과 신분을 보장하고 국가의 계속적·안정적인 정책집행을 보장하
    기 위해 도입한 제도이다. 직업공무원제도에서 말하는 공무원은 협의의 공무
    원을 말하며, 정무직과 임시직 공무원은 포함되지 않는다.

⑤ 사회적 시장경제제도
  ㉠ 의의 : 사회적 시장경제제도는 사유재산제의 보장과 자유경쟁을 기본원리로
    하는 시장경제질서를 근간으로 하면서, 사회복지·경제민주화 등을 실현
    하기 위하여 부분적으로 사회주의적 통제경제를 가미한 경제 질서를 의미
    한다. 헌법 제119조 제2항에는 이러한 사회적 시장경제질서에 입각한 수
    정자본주의를 담고 있다.
  ㉡ 헌법의 내용 : 광물 기타 중요 지하자원의 국유화, 농지의 소작제도 금지와 예
    외적인 농지 임대차·위탁경영의 인정, 국토의 이용과 개발에 대한 제한
    가능성, 국가의 지역경제 육성의무 및 중소기업 보호의무 규정, 국가의 소비
    자 보호 운동의 보장, 무역에 대한 규제와 조정, 사영기업의 국·공유 가
    능성 인정

04 기본권 일반이론

(1) 기본권 보장의 역사적 변천

① 기본권의 의의 : 국민으로서 당연히 누릴 있는 헌법상의 권리를 기본권이라
    한다. 엄격한 의미에서 인간의 권리인 인권과 기본권은 구별되는 개념이지
    만, 오늘날 인권과 기본권을 동일시하는 것이 일반적인 견해이다.

② **기본권의 법적 성격** : 기본권은 본질적으로 인간이 가지는 권리라는 점에서 자연권성을 가진다(다수설). 또한 주관적으로는 개인을 위한 대국가적 공권을 의미하면서, 동시에 객관적으로는 국가의 기본적 법질서를 구성하는 요소라는 점에서 이중적 성격을 가진다(다수설, 헌재).

③ **기본권 보장의 역사**

    ㉠ **의의** : 기본권을 보장하기 시작한 것은 영국이라고 할 수 있으나 영국의 기본권 보장은 기존의 권리를 재확인하거나 적법 절차에 중점을 둔 것으로 천부적 인권을 규정했다고 볼 수 없기 때문에 불완전하다고 할 수 있다.

    ㉡ **영국의 기본권 보장 내용**

대헌장 (마그나카르타, 1215)	• 군주와 귀족 간의 약정서 형태로 귀족의 자유와 권리를 보호하는 데 중점 • 신체의 자유보장과 적법절차, 죄형법정주의를 최초로 명시함
권리청원(1628)	인신의 자유를 비롯한 의회의 승인 없는 과세를 금지
인신보호법(1679)	재판청구권, 구속 적부 심사제를 규정
권리장전(1689)	• 청원권 규정을 최초로 명시함. 의회의 동의 없는 '국왕의 법률효력 정지 및 과세 금지'를 규정 • 의회주권 성립의 계기

④ **기본권 보장의 변천 과정**

    ㉠ **의의** : 국민의 불완전한 기본권이 본격적으로 개인적인 권리로 인정된 것은 18세기 후반이다. 1776년 미국의 버지니아 주 권리장전 및 미국의 독립선언, 1789년에 프랑스의 인간과 시민의 권리선언 등이 해당한다.

    ㉡ **기본권 보장 내용** : 인간은 태어날 때부터 하늘에서 부여한 생명, 자유, 재산 등에 대한 권리를 가지고 있으며 국가는 이러한 인간으로서 조건 없이 누릴 수 있는 권리를 보장해야 한다는 천부인권 사상에 토대를 두고 있는 것이 가장 큰 특징이다. 이러한 생명, 자유, 재산 등에 대한 권리는 오늘날에도 중요시되는 기본권이다.

    ㉢ **미국과 프랑스의 기본권 보장**

미국	버지니아 권리장전 (1776.6)	• 행복추구권, 평등권, 성문헌법을 최초로 규정함 • 생명권, 자유권, 재산권, 저항권을 규정
	독립선언(1776.7)	생명, 자유, 행복추구권을 천부적 권리로 선언
프랑스	인간과 시민의 권리선언(1789)	• 유럽 최초의 근대적 인권 선언 • 인민의 자유·평등, 언론의 자유, 압제에 대한 저항권, 소유권의 신성불가침을 규정

    ㉣ **기본권 보장의 현대적 전개** : 과거에는 국가로부터의 자유를 강조하는 자유권적 기본권에 중점이 있었다면, 현대에는 인간의 존엄성에 상응하는 인간다운 생활을 할 수 있는 생활권적(생존권적) 기본권을 강조하는 추세이다.

▶ 현대 헌법의 기본권의 특징
- 기본권의 사회화 경향
- 기본권의 자연권성 강조
- 기본권 보장의 국제화

check

④ 헌법의 기본권 보장 성격 : 헌법의 기본권 규정은 주관적 공권으로, 국가와 국민 간의 관계를 직접적으로 규정하고 있다. 개인과 개인의 문제는 헌법이 간접적으로만 규정하고 민법 등 다른 법률이 직접적으로 규정하고 있다. 그러나 근로3권과 같은 사회법의 영역은 헌법이 직접 집단 또는 개인 간의 관계를 규율하고 있다.

(2) 기본권의 주체

① 개설 : 기본권의 주체에는 국민·법인·외국인이 있으며, 기본권의 주체성은 기본권 보유능력과 기본권 행사능력으로 나누어진다. 전자는 헌법상 보장된 기본권을 향유할 수 있는 능력을 말하고, 후자는 기본권을 구체적으로 행사할 수 있는 능력을 말하며, 이는 민법상의 권리능력·행위능력과 일치하는 개념은 아니다.

② 국민 : 헌법 제10조는 "모든 국민은 인간으로서의 존엄과 가치를 가지며, 행복을 추구할 권리를 가진다."고 규정하여 헌법상 기본권 주체는 국민임을 명시하고 있다. 국민이란 국가의 구성원으로서 계속적 지위를 가지는 자이며, 국민은 누구나 기본권의 주체가 될 수 있다.

③ 법인 : 우리 헌법은 독일기본법 제19조처럼 법인의 기본권 주체성을 인정하는 규정을 두고 있지 않지만, 헌재는 법인과 법인 아닌 사단·재단의 기본권 주체성을 긍정하고 있다. 기본권 주체로서의 법인에는 영리법인, 비영리법인을 불문한 모든 사법인을 의미하며, 국가, 지방자치단체, 공공조합 등과 같은 공법인은 제외된다. 단, 공법인 중에서 국·공립대학의 경우 기본권 주체성을 긍정한 헌재의 판례가 있다.

④ 외국인 : 외국인의 기본권 주체성 인정에 대해 학설의 대립이 있으나 통설과 판례인 긍정설에 의할 때 외국인의 기본권 주체성은 인정된다. 단, 외국인은 국민에 비해 제한을 받게 된다.

(3) 기본권의 효력

① 의의 : 기본권은 일정한 효력을 갖는다. 국가 권력을 직접 구속하는가 하면, 개인 간의 사적관계도 구속할 수 있는 효력이 있다.

② 유형
 ㉠ 대국가적 효력 : 기본권의 대국가적 효력이란 국가권력을 직접 구속하는 힘을 의미한다. 헌법 제10조의 "국가는 개인이 가지는 불가침의 기본적 인권을 확인하고 이를 보장할 의무를 진다"라는 규정을 통해 국가권력이 기본권에 구속되고 있음을 보여주고 있다.
 ㉡ 대사인적 효력 : 기본권의 효력이 사적 생활 영역까지도 구속함에 따라 개인에게 적용되는 것을 기본권의 대사인적 효력이라 한다.

▶ 외국인의 기본권 주체성
 • 평등권 : 외국인에게도 인정된다. 단, 정치적 평등, 재산권 보장은 국민보다 제한된다.
 • 자유권 : 외국인에게도 인정된다. 단, 거주 이전의 자유 중 입국의 자유는 인정되지 않는다.
 • 참정권 : 외국인에게는 인정되지 않는다. 단 영주권을 가진 외국인은 지방선거에서 선거권이 인정된다.
 • 청구권 : 청원권, 재판 청구권, 형사 보상 청구권은 인정되지만, 범죄 피해자 구조 청구권과 국가배상 청구권은 상호주의 하에서 인정된다.
 • 사회권 : 외국인에게는 인정되지 않는다. 단 노동3권, 환경권, 보건권은 제한적으로 인정된다.

▶ 기본권의 이중적 효력
 기본권은 주관적으로는 개인을 위한 공권을 의미하면서, 동시에 객관적으로는 국가의 기본적 법질서를 구성하는 요소로서의 성격을 지닌다는 것을 의미한다.
 헌법재판소는 「헌법 제15조에 의한 직업선택의 자유는 각자의 생활의 기본적 수요를 충족시키는 방편이 되고 개성신장의 바탕이 된다는 점에서 주관적 공권의 성격을 가지면서도 국민 개개인이 선택한 직업의 수행에 의하여 국가의 사회질서와 경제 질서가 형성된다는 점에서 사회적 시장경제질서라고 하는 객관적 법질서의 구성요소이기도 하다.」고 판시하여 기본권의 이중적 효력을 인정하고 있다. (94 헌마 125)

(4) 기본권의 경합

① 개념 : 동일한 기본권 주체가 국가에 대하여 동시에 여러 개의 기본권 침해를 주장하는 경우이다. 예를 들어, 종교단체의 간행물 발간에 대해 국가가 검열의 형태로 방해하는 경우, 헌법 제20조의 종교의 자유와, 헌법 제21조의 출판의 자유를 동시에 주장하는 경우를 볼 수 있다.

② 기본권 경합 시 해결방안
- ㉠ 특별법 우선 적용 : 침해되는 기본권이 일반법과 특별법에 동시에 규정되어 있는 경우 특별법 규정을 우선 적용하여 해결한다.
- ㉡ 직접 관련되는 기본권 우선 적용 : 침해된 사건과 가장 밀접한 관계에 있는 기본권을 우선 적용하여 해결을 도모한다.

(5) 기본권의 충돌

① 개념 : 복수의 기본권 주체가 각각 자신의 기본권의 효력을 주장하는 것을 말한다. 즉 어떠한 기본권이 법에서 보호하는 범위 안에서 행사됨에도 불구하고 타인의 기본권을 침해하는 형태이다.

② 구체적 양상
- ㉠ 방송보도가 개인의 사생활을 침해하는 경우 : 방송보도는 표현의 자유에 따라 보장되지만 개인의 사생활의 비밀 또한 보장된다.
- ㉡ 집회나 시위로 인근 상점에서 피해를 입은 경우 : 집회의 자유도 보장되지만 직업의 자유 또한 보장된다.

③ 기본권 충돌 시 해결방안
- ㉠ 의의 : 가능하면 충돌하는 기본권 모두를 보장해야 하지만 여의치 않을 경우 보다 우월한 기본권을 우선시하게 된다. 따라서 명확히 떨어지는 방법이 있지 않으면 문제가 된 사건을 개별적으로 검토하여 해결하게 된다.
- ㉡ 이익형량(비교형량) : 이익형량은 비교적 가치의 서열을 정할 수 있을 때 활용되며 종합적으로 비교하여 더욱 중요한 기본권을 먼저 보장하는 방법이다. 두 가지 이상의 기본권이 충돌할 경우 기본권의 보호법익을 비교하여 법익이 더 큰 기본권을 우선시하는 원칙이다. 이 원칙은 충돌하는 기본권 모두가 제한이 가능하며, 기본권 상호 간에 일정한 위계질서가 존재한다는 것을 전제조건으로 하고, 상위 기본권과 하위 기본권이 충돌한 경우 상위 기본권이 우선한다. 예를 들어 태아의 생명권과 임산부의 자기결정권이 충돌한 경우에는 태아의 생명권이 우선한다. 동위의 기본권 간에 충돌이 일어난 경우에는 인격적 가치의 기본권이 재산적 가치의 기본권보다 우선하며, 자유와 평등이 충돌할 경우 자유가 우선하며, 사익과 공익이 충돌할 경우 공익을 우선한다. 이 원칙은 충돌하는 기본권 중에서 한쪽은 전혀 보호받지 못한다는 단점이 있다. 이러한 모순을 해결하기 위해 어느 하나의 기본권을 우선하지 아니하고 두 기본권을 조화시키는 규범 조화적 해석의 방법이 나타나게 되었다.

    ⓒ 규범 조화적 해석 : 2개 이상의 기본권이 충돌할 경우 충돌하는 기본권 모두가 최대한으로 기능과 효력을 나타낼 수 있도록 규범 조화적으로 해석하여 헌법규범의 통일성을 유지하려는 원칙을 말한다. 우리 헌법재판소도 이 원칙에 따라 판시한 바 있다. 규범 조화적 해석의 원칙에는 공평 제한의 원칙(필요성의 원칙, 비례성의 원칙, 최소 침해의 원칙), 대안식 해결 방법, 최후수단억제의 원칙이 있다.

(6) 기본권의 제한

① 의의 : 헌법에 보장된 기본권이라고 하더라도 일정한 경우 제한이 따를 수 있다. 예로서 신체의 자유권이 있다고 하더라도 병역의 의무는 이행해야 한다. 기본권의 제한이란 헌법상 규정된 기본권 실현을 불가능하게 하거나 어렵게 하는 모든 행위를 의미한다.

② 기본권 제한의 목적과 방법

    ㉠ 헌법규정 : 우리나라 헌법 제37조 제2항에서 "국민의 모든 자유와 권리는 국가안전보장, 질서유지 또는 공공복리를 위하여 필요한 경우에 한하여 법률로써 제한할 수 있으며 제한하는 경우에도 자유와 권리의 본질적인 내용을 침해할 수 없다."라고 규정하고 있다.

    ㉡ 기본권 제한의 목적 : 기본권의 제한은 국가안전보장(전쟁 등), 질서유지(폭동진압 등), 공공복리(공공의 이익)를 위해서만 가능하다.

    ㉢ 기본권 제한의 방법 : 법률로써만 가능하다는 법률유보의 원칙이 적용된다. 이때의 법률은 형식적 의미의 법률을 말하는 것으로, 관습법, 조리 같은 불문법으로는 불가능하다. 또한 기본권을 제한하는 경우에도 과잉금지 원칙이 준수되어야 한다. 과잉금지 원칙이란 침해가 적절한 수준에서 이루어져야 한다는 것으로 침해하는 목적의 정당성, 수단의 적합성, 피해의 최소성, 법익의 균형성을 심사하여 결정하게 된다.

    ㉣ 기본권 제한의 한계 : 기본권을 제한하는 경우에도 자유와 권리의 본질적인 내용을 침해할 수는 없다. 본질적 내용이란 기본권의 침해로 인해 법 규정 자체가 유명무실해지는 경우를 의미한다.

(7) 기본권의 보호

① 의의 : 기본권이 침해될 경우 구제받을 수 있는 절차가 필요하다. 기본권 침해의 대부분은 정부의 법 집행 과정에서 국민에 대한 피해로 나타날 확률이 높기 때문에, 기본권 구제는 정부에 대한 통제에 초점이 맞춰져 있으며 국회, 법원 또는 헌법재판소가 중대한 영향력을 행사하게 된다.

▶ 과잉 금지의 원칙
① 개념 : 국가가 국민의 기본권을 제한하는 입법, 행정 활동을 함에 있어서 준수해야 할 기본 원칙
② 내용
  ㉠ 목적의 정당성 : 국민의 기본권을 제한하려는 입법의 목적이 헌법 및 법률의 체제상 그 정당성이 인정되어야 한다.
  ㉡ 방법의 적절성 : 입법의 목적을 달성하기 위한 방법이 효과적이고 적절해야 한다.
  ㉢ 피해의 최소성 : 입법권자가 선택한 기본권 제한의 조치가 입법목적의 달성을 위하여 적절하다 할지라도 보다 완화된 형태나 방법을 모색함으로써 기본권의 제한이 최소한에 그치도록 해야 한다.
  ㉣ 법익의 균형성 : 입법에 의하여 보호하려는 공익과 침해되는 사익을 비교형량했을 때 보호되는 공익이 더 커야 한다.

② 위헌법률심판

　㉠ 개념 : 입법부에 의해 제정된 법률로 기본권이 침해되고 해당 법률이 재판의 전제가 된 경우 위헌법률심판을 제기할 수 있다.

　㉡ 헌법규정 : 헌법 제107조 제1항에 따라 "법률이 헌법에 위반되는 여부가 재판의 전제가 된 경우에는 법원은 헌법재판소에 제청하여 그 심판에 의하여 재판한다."는 규정을 두고 있다.

　㉢ 요건과 효과

요건	개념요소	
심판의 대상	법률이 헌법에 위반되는 여부	
제청권자	국민이 아닌 법원이 헌법재판소에 제청함	
재판의 전제성	침해하고 있는 법률이 재판 중에 적용되는 법률이어야 하고, 그러한 법률 때문에 다른 내용의 재판을 하게 될 수 있는 경우	
결정유형	각하결정	청구의 요건을 갖추지 못하여 심사를 하지 않는 경우
	합헌결정	헌법재판소 재판관의 위헌의견이 6인을 넘지 못하는 경우
	위헌결정	헌법재판소 재판관 6인 이상이 위헌이라고 판단한 경우
	헌법 불합치결정	국회의 입법권을 존중하고 법적 공백상태를 방지하기 위해 특정 시기까지만 효력이 있고 이후에 새로운 법을 제정 또는 개정하라는 입법촉구결정을 함께 함
위헌결정 효력	헌법재판소법 제47조 제2항에 따라 위헌으로 결정된 법률 또는 법률의 조항은 그 결정이 있는 날부터 효력을 상실함	

③ 헌법소원 심판

　㉠ 개념 : 공권력의 행사 또는 불행사로 헌법상 보장된 기본권이 침해된 경우 헌법재판소에 기본권 침해 여부에 대한 심사를 청구하여 구제받는 제도이다.

　㉡ 헌법소원 심판의 종류

구분	개념(헌법재판소법 제68조)	특징
권리구제형 헌법소원	공권력의 행사 또는 불행사로 헌법상 보장된 기본권을 침해당한 자가 청구하는 헌법소원	전형적인 경우
위헌심사형 헌법소원	위헌법률심판의 제청신청이 법원에 기각된 경우 제청신청을 한 당사자가 청구하는 헌법소원	위헌법률 심판과 밀접

　㉢ 심판 청구의 요건 : 자신의 기본권이 침해당한 경우이어야 하고(침해의 직접성), 현재 침해되고 있어야 하며(침해의 현재성), 다른 법률에 정한 절차가 있다면 그 절차를 모두 거친 후에만 가능하다(보충성). 또한 변호사를 반드시 선임해야 하는 변호사 강제주의가 적용된다.

▶ check

▶ 재판의 전제성
문제된 법률 또는 법률조항이 당해 소송사건에 적용될 법률이어야 하고 그 위헌 여부에 따라 재판의 주문이 달라지거나 재판의 내용과 효력에 관한 법률적 의미가 달라지는 경우에만 청구할 수 있다.

▶ 헌법 불합치 판결의 의의
헌법에 위반되는 내용을 가진 법률에 대하여 위헌 판결만을 내릴 경우 그 법률은 즉시 효력이 상실되어 법적 공백 상태가 발생하게 된다(법적 안정성 문제). 또한 법률의 위헌여부를 헌법 재판소와 같은 외부 기관의 결정에 의해 강제적으로 수정하는 것보다는 법률 제정 주체인 국회에게 맡겨 스스로 합헌적인 상태로 바꾸는 것이 권력분립의 원칙상 바람직하다(입법권의 존중). 그러므로 헌법 재판소는 헌법 불합치 결정을 통해 법률의 효력을 일정 기간 동안 유지시켜준 후 상실시켜 법적 공백을 방지하며 국회가 법 개정을 하도록 하고 있다.

ⓔ 결정유형

구분	내용
각하결정	헌법소원의 형식적, 절차적 요건에 위배된 경우 내용 심사 거부
심판절차 종료선언	청구인이 사망하였거나, 청구를 취하하는 경우 종료를 선언
기각결정	내용을 심사했지만 청구인의 주장이 받아들여지지 않은 경우
인용결정	청구인의 기본권이 침해되었음을 인정하는 경우

ⓜ 인용결정의 효력 : 공권력의 행사로 인한 침해에 대해 인용결정이 있는 경우 공권력 행사를 중지하여야 하고, 공권력의 불행사로 인한 침해에 대해 인용결정이 있는 경우 새로운 처분을 해야 한다.

④ 국가인권위원회의 시정 권고 : 국가인권위원회는 인권침해행위, 차별행위에 대한 조사와 구제의 업무를 수행하는 기관으로 기본권을 침해하는 국회의 입법에 대해서도 시정 권고가 가능하다.

05 개별 기본권

(1) 기본권의 체계

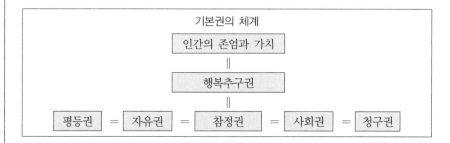

(2) 인간의 존엄과 가치 및 행복추구권

① 헌법규정 : 헌법 제10조에서는 인간의 존엄과 가치 및 행복추구권에 대해 규정하고 있다. 헌법 제10조는 헌법의 근본적 규정이며, 다른 모든 기본권의 전제이고 모든 국가권력을 기속한다. 헌법에 규정된 다른 기본권은 인간의 존엄과 가치를 실현하기 위한 수단이다. 또한 불가침의 기본적 인권이라고 표현한 것은 천부인권적 성격을 규정한 것이라 해석할 수 있다.

▶ 헌법재판소 판례
• 경찰서 유치장에서의 신체과잉 수색은 청구인의 인격권 및 신체의 자유를 침해한 것이다. (2000헌마 327)
• 미결수용자에게 교도소 밖에서도 재소자용 의류를 입게 하는 것은 무죄추정의 원칙에 반하고 인간으로서의 존엄과 가치에서 유래하는 인격권과 행복추구권, 공정한 재판을 받을 권리를 침해하는 것이다.(97헌마137 등)
• 동성동본의 혼인을 금지하는 민법 제809조 제1항은 인간으로서의 존엄과 가치 및 행복추구권, 헌법상의 평등원칙에도 반한다.(95헌가6 등)

② 인간의 존엄과 가치

　ㄱ 인간 : 이때의 인간은 모든 생물학적 존재를 의미하며, 외국인을 포함한 모든 자연인이다(정신병자, 기형아에게도 적용됨). 헌법이 규정한 인간은 고립된 인간이 아니라 공동체의 구성원으로서 고유한 인격주체성을 가지며, 자기 운명을 스스로 결정하는 자주적 인간이다.

　ㄴ 존엄과 가치의 보장 : 이성적 존재로서 존엄한 인격권이 보장되어야 한다는 것으로 인간으로 태어난 이상 그 자체로서 존중되어야 한다는 것을 의미한다.

③ 행복추구권

　ㄱ 개념 : 모든 국민의 안락하고 만족스러운 행복한 삶을 추구할 수 있는 권리를 보장하는 것이다.

　ㄴ 행복추구권의 내용

　　• 자기결정권 : 국가로부터 간섭을 받지 않고 사적 영역을 스스로 결정할 수 있는 권리를 의미한다.

　　• 일반적 행동 자유권 : 자신이 선택한 모든 행위를 할 자유와 하지 않을 자유를 의미한다.

　　• 개성의 자유 발현권, 평화적 생존권, 휴식권, 수면권, 일조권 등이 있다.

(3) 평등권

① 평등권의 법적 성질

　ㄱ 대국가적 기본권 : 평등권은 대국가적 기본권이므로, 입법부는 법률로 불평등한 법을 제정하면 안 되고, 행정부나 사법부 역시 평등권에 위배되는 집행을 하거나 재판을 하여서는 안 되는 구속이 따른다.

　ㄴ 자연권적 기본권 : 국민은 물론 외국인과 법인에게도 인정되는 기본권이다.

② **법 앞에 평등의 의미**

　ㄱ 개념 : 법 앞에 평등은 법 내용의 평등을 의미하므로 행정부나 사법부는 물론 입법권자도 정의와 형평의 원칙에 합당하게 헌법의 기본권 보호정신에 합치하도록 법률을 제정하도록 구속하는 기능을 한다.

　ㄴ 평등의 의미

　　• 상대적 평등 : 일체의 차별적 대우를 부정하는 절대적 평등이 아닌, 합리적 이유가 있는 차별은 허용하는 상대적 평등을 의미한다.

　　• 상향적 평등 : 단순히 불균등의 제거만을 목적으로 하는 하향적 평등이 아닌, 개인의 기본권 신장이나 제도의 개혁까지도 도모하는 상향적 평등을 의미한다.

　　• 차별금지 사유 : 헌법에 규정된 성별·종교·사회적 신분과 정치·경제·사회·문화의 차별영역은 예시적이다(통설). 따라서 평등의 원칙은 모든 영역에서 적용된다.

check

▶ 헌법재판소 판례

• 4층 이상의 모든 건물을 화재보험에 강제 가입하도록 한 것은 행복추구권(계약자유의 원칙)을 침해한 것이다.(89헌마204)

• 18세 미만자를 당구장에 출입 금지하는 것은 청소년의 행복추구권 및 당구장 영업자의 평등권, 직업선택의 자유를 침해한 것이다.(92헌마80)

• 결혼식 등의 하객들에게 주류 및 음식물의 접대를 원칙적으로 금지하는 가정 의례에 관한 법률은 행복추구권을 침해하는 것이다.(98헌마168)

• 간통죄를 처벌하는 형법 제241조는 행복추구권을 침해하지 않는다.(89헌마82)

▶ 평등권의 합리적 이유 없는 차별
  • 제대 군인에 대한 가산점 부과
  • 국공립 사범대 졸업자의 우선 채용
  • 혼인 시 퇴직을 전제로 고용하는 것
  • 주택 융자에 있어 남녀차별
  • 재외 국민에 대해서 부재자 투표를 허용하지 않는 것

③ 평등권 위반 심사 기준

ⓐ 의의 : 평등권이 침해됐다는 주장에 대한 심사 기준으로 자의금지 원칙과 비례의 원칙이 있다.

ⓑ 자의금지 원칙 : 평등권 위반에 대한 1차적인 심사기준이 된다. 자의금지의 원칙은 차별적인 취급이 있었는지를 심사하는 것으로, 차별취급이 있는 경우 합리적 근거가 없는 자의적 처리였다면 평등권 침해로 보게 되고, 합리적 근거가 있다면 평등권 침해가 아닌 것으로 평가된다.

ⓒ 비례의 원칙

• 적용범위 : 평등권 위반을 심사하는 2차적인 기준으로, 강한 통제가 필요한 성별, 종교, 사회적 신분, 근로영역에서의 성별, 혼인과 가족생활에서의 성별, 병역의무의 이행으로 인한 차별은 엄격한 비례의 원칙을 적용한다.

• 비례원칙에 의한 심사요건 : 차별의 목적이 정당해야 하고, 차별취급이 적합해야 하며, 차별취급이 불가피해야 하고, 목적과 차별취급 간 균형관계가 이루어져야 한다. 비례의 원칙을 위반할 경우 평등권을 침해한 것으로 평가된다.

④ 적극적 평등 실현 조치

ⓐ 개념 : 잠정적 우대조치 또는 우선적 처우라고도 한다. 미국에서 발달한 제도로 과거 사회로부터 차별받아 온 일정 집단(예로서 흑인)의 불이익을 보상해 주기 위하여 취업이나 학교 입학 등에 있어서 일정한 혜택을 부여하는 제도를 의미한다.

ⓑ 우리나라의 적극적 평등실현 조치 : 그동안 소외됐었던 여성의 활발한 사회 진출을 위해 여성과 장애인에 대한 고용할당제를 규정한 것이 대표적인 사례라 할 수 있다.

ⓒ 쟁점 : 적극적 평등실현 조치가 과도할 경우 역차별 논란을 불러올 수 있는 만큼 사회에서 받아들일 수 있는 분위기를 고려하여 점진적으로 실시해야 한다.

(4) 자유권적 기본권(자유권)

① 자유권의 개념 : 개인이 국가의 간섭이나 침해를 받지 않고 자유로운 생활을 영위할 수 있는 소극적이고 방어적인 공권을 의미한다.

② 자유권의 성격 : 자유권의 법적 성격에 관해서는 자연권설이 다수설이다. 자유권은 천부적 · 초국가적 권리이므로 실정법상의 근거 여부를 불문하고 포괄적 권리성을 가진다. 또한 모든 국가기관과 헌법제정 · 개정 권력을 직접 구속하는 구체적 · 현실적인 권리이다.

③ **자유권의 종류** : 헌법에서는 여러 가지 자유권에 대해 규정하고 있는데 헌법 제37조 제1항에서는 "국민의 자유와 권리는 헌법에 열거되지 아니한 이유로 경시되지 아니한다."라는 규정을 둠으로써 자유권의 다양성과 포괄성을 규정하고 있다.

check

자유권체계		유형	세부 사항
신체의 자유		생명권	헌법에 규정은 없으나 당연히 인정
		신체의 자유	죄형법정주의, 이중처벌금지 원칙, 연좌제 금지, 적법절차의 원칙, 영장주의, 체포·구속 적부 심사제도, 구속이유 고지제도, 무죄추정의 원칙, 진술거부권, 변호인의 조력을 받을 권리, 자백의 증거능력 및 증명력 제한, 고문을 당하지 않을 권리, 형벌불소급과 일사부재리 원칙
정신적 자유		양심의 자유	양심형성의 자유, 양심실현의 자유
		종교의 자유	신앙의 자유, 종교행사의 자유, 종교교육의 자유, 선교의 자유, 종교적 집회·결사의 자유
		언론·출판의 자유	의사표현의 자유, 알 권리, 언론기관의 자유, 액세스권
		집회·결사의 자유	집회의 자유, 결사의 자유
		학문과 예술의 자유	• 학문의 자유 : 연구의 자유, 교수의 자유, 대학의 자치 • 예술의 자유 : 예술창작의 자유, 예술표현의 자유, 예술 집회·결사의 자유, 지적 재산권의 보호
사회·경제적 자유	사생활의 자유	사생활의 비밀과 자유	사생활의 비밀과 자유의 불가침, 개인정보자기결정권
		주거의 자유	주거의 불가침, 영장주의
		거주·이전의 자유	국내 거주 이전의 자유, 국외 거주 이전의 자유, 국적변경의 자유
		통신의 비밀과 자유	통신 비밀의 불가침, 통신비밀보호법에 의한 보호
	경제적 자유	재산권	재산권의 보장
		직업의 자유	직업선택의 자유, 직업행사의 자유, 직업이탈의 자유

㉠ 신체적 자유
- 의의 : 신체의 자유란 신체의 보전과 활동의 자유로운 상태를 의미하며, 자유권 중에서 가장 핵심이 된다. 신체의 자유는 특히 수사 또는 형사절차에서 침해될 가능성이 높기 때문에 헌법 제12조와 제13조에 신체의 자유 보장에 관한 규정을 명시하고 있다.

▶ 사형제도에 대한 헌법재판소의 결정

사형이 비례의 원칙에 따라서 최소한 동등한 가치가 있는 다른 생명 또는 그에 못지아니한 공공의 이익을 보호하기 위한 불가피성이 충족되는 예외적인 경우에만 적용되는 한 그것이 비록 생명을 빼앗는 형벌이라 하더라도 헌법을 위반한 것으로 볼 수 없다. [헌재 판결]

생명권은 헌법에 명문의 규정이 없지만 인간의 생존 본능과 존재 목적에 바탕을 둔 자연법상의 권리로, 기본권 중의 기본권이다. 헌법 재판소는 생명권에 대한 제한을 정당화시킬 수 있을 정도의 공익적 필요가 인정되는 경우에는 생명권의 제한도 가능하다는 입장을 취하고 있다.

▶ 적법절차의 내용에 대한 헌법재판소 판례

헌법재판소는 '적법절차의 원칙은 독자적인 헌법원리의 하나로 수용되어 있고, 형식적인 절차뿐만 아니라 실체적 법률내용이 합리성과 정당성을 갖춘 것이어야 한다는 실질적 의미로 확대 해석된다'라고 판시하여(1992. 12. 24. 92헌가8) 적법절차의 내용을 실체적, 절차적 적법절차로 확장해석 한다.

- **생명권**
  - 개념 : 생명이라는 인간 최고의 가치를 보장하는 권리로 모든 인권보장의 전제가 된다. 비록 헌법에 생명권에 관한 규정은 없지만 학설과 판례는 생명권을 기본권으로 인정하고 있다.
  - 쟁점 : 생명이라는 절대적, 보편적 가치를 내용으로 하기 때문에 자살도 권리인지, 또한 타인의 생명을 앗아가는 형벌인 사형에 대한 찬반론, 인공 임신 중절 수술에 대한 찬반론, 안락사 논쟁, 인간복제 등이 쟁점으로 부각된다.
- **신체를 훼손당하지 않을 권리** : 신체의 안정성이 외부로부터의 물리적인 힘이나 정신적인 위험으로부터 침해당하지 않을 자유를 의미한다.
- **신체의 자유에 대한 헌법 제12조, 제13조의 구성**

구분	내용
헌법 제12조	죄형법정주의와 적법절차의 원리(제1항), 고문의 금지와 묵비권(제2항), 영장제도(제3항), 변호인의 조력을 받을 권리(제4항), 체포·구속의 이유와 변호인의 조력을 받을 권리를 통지받을 권리(제5항), 체포·구속 적부 심사제(제6항), 자백의 증거 능력과 증명력의 제한(제7항)
헌법 제13조	형벌 불소급의 원칙(제13조 제2항)과 일사부재리의 원칙(제1항), 연좌제 금지(제3항)

- **죄형법정주의(罪刑法定主義)** : 법률이 없으면 범죄도 없고 형벌도 없다는 것으로, 어떤 행위가 범죄가 되고, 어떤 형벌이 가해지는지 누구나 예견할 수 있도록 명확히 법에 규정되어 있어야 하는 것을 의미한다. 죄형법정주의의 파생원칙에는 절대적 부정기형의 금지, 형벌법규의 소급효 금지, 유추해석의 금지, 관습형법의 금지, 적정성의 원칙, 명확성의 원칙이 있다.
- **적법절차(適法節次)의 원리**
  - 개념 : 국가의 작용은 절차상의 적법성을 갖추어야 할 뿐만 아니라, 공권력 행사의 근거가 되는 법률의 실체적 내용도 정당성과 합리성을 갖추어야 한다는 것을 의미한다.
  - 적용범위 : 헌법 제12조 제1항에는 처벌, 보안처분만 예시를 했지만, 적법절차의 원리는 형사절차뿐만 아니라, 행정절차, 입법절차 등 모든 국가 작용에 적용된다.
- **고문금지와 진술거부권(묵비권)**
- **영장제도**
  - 개념 : 범죄 수사로 인한 인권 침해를 방지하기 위하여 헌법 제12조 제3항이 규정하고 있는 것으로 체포, 구속, 압수, 수색에는 적법한 절차에 따라 검사가 신청하고 법관이 발부한 영장을 제시해야 한다.
  - 영장의 종류 : 영장에는 체포 영장, 구속 영장, 압수·수색 영장이 있다.

－영장실질심사제도 : 형사소송법에 규정된 피의자의 권리로 구속영장의 청구가 있으면 판사는 지체 없이 피의자를 심문하여 적부를 결정해야 한다.

－영장주의의 예외

구분	내용	특징
현행범	범죄의 실행 중이거나 실행 직후인 자	사후영장 가능, 누구든지 체포 가능
준현행범	실행 후 시간이 얼마 지나지 않은 것이 명백히 인정되는 자로서 범죄로 인한 흉기 등을 몸에 숨기고 있거나, 신체 또는 의류에 피 등의 범죄의 흔적이 묻어있거나, 누구냐는 물음에 대하여 도망하려는 등의 자	
긴급체포	사형, 무기 또는 장기 3년 이상의 징역이나 금고에 해당하는 죄를 범하였다고 의심할 만한 사유 또는 증거인멸, 도주의 우려가 있는 경우	체포한 때부터 48시간 이내 영장 청구해야 함

• 변호인의 조력을 받을 권리와 국선변호인 제도
－개념 : 체포 또는 구속을 당한 당사자는 변호인의 조력을 받음으로써 부당한 형사절차로부터 보호받을 수 있도록 하고 있다.
－내용

구분	내용
변호인 선임권	변호인의 조력을 받을 권리의 가장 기초적인 구성부분으로 법률로도 제한할 수 없음
변호인 접견 교통권	구속된 자와 변호인 간의 접견권은 국가안전보장, 질서유지 또는 공공복리를 위해 필요한 경우에는 법률로써 제한할 수 있고, 다만 부당한 간섭 없는 자유로운 대화를 할 수 있는 접견은 어떠한 명분으로도 제한할 수 없음(2011. 5. 26. 2009헌마341)
국선 변호인 제도	형사 피고인뿐만 아니라 형사 피의자도 국선변호인을 선임할 수 있음. 다만 형사 피의자의 국선변호인 선임은 헌법상의 권리가 아닌 형사소송법(법률)상의 권리임

• 체포 · 구속의 이유와 변호인의 조력을 통지받을 권리(미란다 원칙)
－체포와 구속 : 체포란 피의자의 신체와 행동의 자유를 박탈하는 권력기관의 처분행위이며, 구인과 구금을 합쳐서 구속이라 한다. 구인이란 피의자를 법원이나 일정한 기관에 인치시키는 것이고, 구금이란 교도소, 구치소 등에 감금하는 것을 의미한다.
－미란다 원칙 : 체포나 구속을 당하는 자는 체포나 구속의 이유와 변호인의 조력을 받을 권리가 있음을 고지 받아야 하며 이러한 절차상의 원칙을 미란다 원칙이라고 한다.

• 체포 · 구속적부심사제
－개념 : 체포 또는 구속의 이유가 부당하거나 적법하지 못할 경우 법관이 심사하여 체포 또는 구속된 자를 석방하는 제도이다.

▶ 미란다 원칙(Miranda Rule)
미란다 원칙이란 1966년에 선고된 미국 미란다 판결에서 유래된 것으로서 수사기관(경찰이나 검찰)이 피의자를 구속하거나 피의자로부터 자백을 받기 전에 반드시 변호인 선임권과 진술거부권 등 피의자의 권리를 알려야 한다는 원칙을 의미한다. 우리나라도 헌법 제12조, 형사소송법 제72조, 제200조의5에 근거규정이 있다.

- 주체 : 체포 또는 구속된 피의자에게 인정되며 공소가 제기된 피고인에게는 인정되지 않는다.
- **자백의 증거능력과 증명력의 제한**
- 자백의 증거능력 제한 : 헌법 제12조 제7항이 규정하는 바와 같이 피고인의 자백이 고문, 폭행, 협박, 구속의 부당한 장기화, 기망, 그 밖의 방법에 의하여 자의로 진술된 것이 아니라고 인정되는 경우 이를 유죄의 증거로 삼거나 이것을 이유로 처벌할 수 없다.
- 자백의 증명력 제한 : 정식 재판에서 피고인의 자백이 그에게 불리한 유일한 증거일 때에는 유죄의 증거로 할 수 없거나 이를 이유로 처벌할 수 없다고 규정되어 있다.
- **형벌불소급의 원칙과 이중처벌금지(일사부재리)의 원칙**
- 형벌불소급의 원칙 : 사후에 법을 만들어 처벌하는 폐단으로 법적 안정성이 침해될 수 있다. 이에 행위 당시에 법이 없다면 사후에 법을 만들어 처벌하는 것을 금지하고 있다.
- 이중처벌금지(일사부재리)의 원칙 : 이중처벌금지란 동일한 범죄로 인하여 거듭 처벌할 수 없다는 것으로 일사부재리의 원칙을 헌법에서 선언한 것이다.
- **연좌제의 금지** : 자기의 행위가 아닌 친족 등 타인의 행위로 불이익한 처우를 받는 것을 금지한다.
- **무죄추정의 원칙** : 헌법 제27조 제4항에 따라 형사피고인은 유죄의 판결이 확정될 때까지는 무죄로 추정된다. 따라서 검사가 유죄를 입증해야 한다.

ⓒ 정신적 자유
- **의의** : 헌법은 정신적 자유권으로서 양심의 자유, 종교의 자유, 언론·출판·집회·결사의 자유, 학문과 예술의 자유를 규정하고 있다.
- **양심의 자유**
- 개념 : 양심의 자유란, 자신이 형성한 양심이나 사상을 외부에 공표하도록 강제당하지 않거나(침묵), 자신의 양심에 반하는 행위를 강제당하지 아니할 자유를 의미한다.
- 양심의 자유의 내용

구분	내용	특징
양심 형성의 자유	외부로부터의 부당한 간섭이나 강제를 받지 않고 개인의 내심영역에서의 양심을 형성하고 양심상의 결정을 내리는 자유(절대적 기본권)	내심의 자유
양심 실현의 자유	타인의 기본권이 다른 헌법적 질서에 저촉되는 경우 법률에 의하여 제한될 수 있는 상대적 자유	외부표현 행위

▶ 양심의 자유에 대한 헌법재판소 판례
- 사죄광고의 강제는 양심의 자유를 침해하며 민법 746조에서 규정한 명예 회복의 적당한 처분에 사죄광고를 포함시키는 것은 위헌이다. (89헌마160)
- 음주운전 혐의자가 음주측정에 거부하는 경우 처벌하는 것은 양심의 자유를 침해하는 것이 아니다. (96헌가11)
- 현역병으로 입대한 자를 전투경찰 순경으로 전임시켜 시위진압에 나서게 하는 것은 행복추구권과 양심의 자유를 침해하지 않는다. (91헌마80)
- 병역의무를 이행하지 않을 경우 처벌하는 병역법이 청구인의 양심의 자유를 침해하는 것은 아니다. (2002헌가1)

• 종교의 자유
-개념 : 인간을 초월한 절대자(신)를 믿고 종교단체에 가입하며 종교 행위를 할 수 있는 자유를 의미한다.
-종교적 자유의 내용

구분	내용	특징
신앙의 자유	특정 종교를 믿을 자유, 종교를 믿지 않을 무교의 자유	내심의 영역
종교 행위의 자유	예배, 의식 등을 임의로 할 수 있는 종교행사의 자유, 종교교육의 자유, 선교의 자유, 종교적 집회·결사의 자유(상대적 자유)	외부표현 행위
국교부인, 정교분리	국가의 특정 종교 지정, 특혜 부여 금지, 종교단체의 정치적 중립	

• 언론·출판의 자유
-개념 : 언론이란 자신의 사상이나 의견을 언어로 표현하는 것을, 출판이란 문자나 이를 형상화한 매체로 표현한 것을 의미한다. 따라서 언론·출판의 자유란 지식이나 사상, 경험을 말 또는 문서, 도서, 영상매체 등의 형태로 표현할 수 있는 자유이다.
-언론·출판의 자유의 내용

구분	내용
의사표현의 자유	불특정 다수인에게 의사와 사상을 표현하고 전달할 자유
알 권리	정보원으로부터 정보를 수집하고, 국가나 기업, 언론 등에 정보를 공개해줄 것을 요구할 수 있는 권리 (타인의 순수한 사생활, 기밀문서 등은 제외)
액세스권 (Access)	언론매체에 접근하여 이용할 수 있는 권리는 물론 자신과 관계되는 보도에 대하여 반론, 해명을 하고, 정정보도를 요구할 수 있는 권리

• 집회·결사의 자유
-개념 : 집회란 다수인이 공동의 목적을 갖고 일정한 장소에서 평화적으로 화합하는 행위를 의미하고, 결사란 다수인이 공동의 목적을 갖고 자발적으로 계속적인 조직체를 결성하는 것을 의미한다.
-집회·결사의 자유의 내용

구분	내용
집회의 자유	집회를 개최 및 진행할 자유, 집회에 참가할 자유, 집회를 개최하지 않고, 참가하지 않을 자유
결사의 자유	단체결성의 자유, 단체 활동의 자유, 결사의 가입 자유, 결사로부터 탈퇴할 자유, 가입하지 않을 자유

check

▶ 헌법이 금지하는 사전허가제에 해당하지 않는다고 본 사례
• 옥외광고물에 대한 허가제
• 정기간행물의 등록제도
• 종합유선방송사업의 허가제

▶ 검열금지에 위반된다고 본 사례
• 공연윤리위원회에 의한 영화에 대한 사전심의 제도
• 공연윤리위원회의 심의를 받지 아니하고 음반의 제작과 판매를 금지하는 것
• 공연윤리위원회의 심의를 받지 아니한 음반을 판매 또는 대여할 목적으로 보관하는 것을 금지하는 것
• 영상물등급위원회의 등급분류보류제도

▶ 검열금지에 해당하지 않는다고 본 사례
• 법원의 방송프로그램의 방영금지 가처분
• 정기간행물의 납본제도
• 교과서 검인정제도
• 게임물 유통관련업자의 등록제

• 언론 · 출판 · 집회 · 결사의 자유에 대한 제한

−의의 : 언론 · 출판의 자유는 외부로 표명됨으로써 타인의 명예를 훼손할 우려를 내포하고 있고, 집회 · 결사의 자유는 폭력으로 변질될 수 있다. 헌법규정에서 보듯, 타인의 명예나 권리, 공중도덕이나 사회 윤리를 침해하면서까지 보호받을 수는 없다.

−제한 : 국가 안전보장, 사회질서, 공공복리를 위해서 언론 · 출판 · 집회 · 결사의 자유는 본질적인 부분을 제외하고 법률로써 제한이 가능하다. 현행법상 옥외집회나 시위에 대하여는 사전에 신고를 해야 하며, 교통에 방해가 되는 집회, 타인의 주거지역에서의 집회는 국가에서 금지할 수 있다.

• 학문과 예술의 자유

−개념 : 학문의 자유란 학문적 활동에 대하여 국가의 간섭이나 방해를 받지 않을 자유를 의미하고, 예술의 자유란 예술가의 창작 및 일체의 자유로운 활동을 보장하는 것을 말한다.

−학문과 예술의 자유의 내용

구분	내용
학문의 자유	연구의 자유, 교수의 자유(강학의 자유), 학문적 집회 · 결사의 자유, 대학의 자치
예술의 자유	예술 창작의 자유, 예술 표현의 자유, 예술가의 집회 · 결사의 자유

ⓒ 사회(社會) · 경제적(經濟的) 자유

• 의의 : 사회 · 경제적 자유는 사생활영역과 경제적인 생활영역에서의 자유를 의미한다. 사생활영역의 자유로는 거주 · 이전의 자유, 주거의 자유, 사생활의 비밀과 자유, 통신의 자유가 있고 경제적 생활영역에서의 자유로 직업 선택의 자유, 재산권의 보장이 있다.

• 거주 · 이전의 자유

−개념 : 공권력의 간섭을 받지 않고 자신이 원하는 곳에 주소 또는 일시 거처를 설정하거나 이전하며 자신의 의사에 반하여 주거지를 옮기지 아니할 자유를 의미한다.

−사회 · 경제적 자유의 내용

구분	내용
국내 거주 · 이전의 자유	대한민국 내에서 체류지와 거주지를 자유롭게 설정하고 변경할 수 있는 자유로 북한지역은 포함되지 않음.
국외 거주 · 이전의 자유	출국의 자유, 해외여행의 자유, 국외이주의 자유(신고사항), 입국의 자유
국적선택권, 국적변경의 자유	이중 국적자가 국적을 선택할 수 있는 권리는 있지만, 국적을 마음대로 변경할 수 있는 국적변경의 자유에 대해 판례는 헌법상 당연히 인정되지 않는다고 판시함

▶ 학문의 자유와 교사의 수업의 자유(89헌마88)
학문의 자유는 진리탐구의 자유와 탐구결과발표의 자유(교수의 자유)를 포함하는 것이다. 초중고 교사의 수업의 자유 역시 두텁게 보호되어야 하지만 국민의 수학권의 보장을 위하여 수업의 자유는 제약이 있을 수가 있다.

- 제한 : 국가안전보장, 질서유지, 공공복리를 위하여 제한될 수 있으며 본질적 내용은 제한할 수 없으므로 국가에서 거주·이전에 대한 허가제를 도입한다고 하는 것은 명백한 위헌이라 할 수 있다.
- **직업의 자유**
- 헌법상 직업의 개념 : 생활의 기본적 수요를 충족시키기 위한 계속적인 소득활동을 의미하며 그 종류나 성질은 불문한다.
- 직업의 자유의 내용

구분	내용
직업결정 (선택)의 자유	원하는 직업 또는 직종을 자유롭게 선택할 수 있는 자유와 자신이 하기 싫은 일을 선택하지 않을 자유
직업수행 (행사)의 자유	선택한 직업을 영위하면서 경제생활을 형성하는 자유로운 영업의 자유, 경쟁의 자유, 직장선택의 자유를 포함함
직업이탈의 자유	현재 수행하고 있는 직업을 자유롭게 포기하고 이직할 수 있는 자유

- **주거의 자유**
- 개념 : 자신의 주거를 공권력이나 제삼자로부터 침해당하지 않을 권리이다.
- 주거의 자유의 내용

구분	내용
주거의 불가침	주거란 거주와 활동을 위한 장소로 만들어져 누구에게나 출입할 수 있도록 개방되지 않은 모든 사적 공간을 의미함. 따라서 살림집만을 의미하는 것이 아니라 사무실, 연구실, 회사 등의 일정한 생활공간 전체를 의미함
영장주의	주거에 대한 압수나 수색을 하기 위해서는 정당한 이유가 있어야 하며 적법절차에 의해 발부된 영장이 필요함

- **사생활의 자유(프라이버시)**
- 배경 : 오늘날 각종 통신매체와 도청장치로부터 사생활이 침해될 가능성이 증가하였다. 이에, 국민의 사생활에 대한 헌법적 보호가 더욱 중요하다고 할 수 있다.
- 개념 : 사생활의 자유란 일반인에게 알려지지 않은 사적 생활을 공개당하지 않음은 물론, 사생활을 자유롭게 형성하고 전개할 수 있는 권리이다.

▶ 사생활의 비밀과 자유 vs 언론의 자유의 충돌을 해결하기 위한 이론
ⓐ 권리 포기의 이론 : 자살과 같은 경우에 사생활의 비밀과 자유를 포기한 것으로 간주하여, 언론이 이를 공개하더라도 위법이 되지 않는다.
ⓑ 공적 인물의 이론 : 공적 인물은 일반인에 비해 사생활 공개 시 수인해야 할 범위가 넓다는 이론
ⓒ 공익의 이론 : 국민에게 알리는 것이 공공의 이익이 되는 교육적, 보도적 가치가 있는 사실을 국민에게 알리는 것은 사생활의 비밀과 자유에 우선한다(범인의 체포와 구금, 공중의 보건과 안전).

check

－사생활의 자유의 내용

구분	내용
사생활의 비밀에 관한 불가침	자신의 의사에 반하여 도청, 감시, 비밀 녹음을 당하지 않으며, 초상, 성명 등을 강제로 공개당하지 않을 권리
사생활의 불가침	성생활, 의복, 자녀 양육, 교육 등의 사생활의 자율을 침해받지 않을 권리
개인(자기)정보 관리 통제권	자신에 관한 정보의 공개와 유통을 본인이 결정하고 통제할 수 있는 권리로 본인에 관한 정보를 열람, 정정, 사용 중지, 삭제 등을 요구할 수 있음(청구권적 성격)

• 통신의 비밀과 자유
－개념 : 공간적으로 이격된 당사자 사이에 우편 등의 통신매체를 이용하여 의사와 정보를 자유롭게 전달하고 교환하며 그 내용이 본인의 의사에 반하여 공개되지 않을 권리를 의미한다.
－통신의 비밀과 자유의 내용

구분	내용
통신비밀의 불가침	통신공무원도 예외 없이 열람금지, 공개금지, 도청금지, 누설금지
통신비밀보호법	통신 및 대화비밀의 보호, 불법검열에 의한 우편물의 내용과 불법감청에 의한 전기통신내용의 증거사용 금지, 타인의 대화비밀 침해금지

－제한 : 특정한 경우 통신제한 조치가 취해질 수 있다. 즉, 범죄수사, 국가안보를 위해 통신비밀보호법에 정한 절차에 따라 일정한 기간 동안 우편물의 검열 또는 전기통신의 감청을 허용하고 있다.

• 재산권의 보장
－헌법상 재산권의 개념 : 헌법 재판소 판례에 따르면 재산권이란 사적 유용성 및 그에 대한 원칙적 처분권을 포함하는 모든 재산가치 있는 구체적 권리를 의미한다.
－개념 요소 : 사적 유용성이란 재산적 이익이 재산권을 보유한 사람에게 귀속되고 개인적 이익이 되는 것을 의미한다. 처분권이란 재산권의 대상이 되는 객체를 변경하고, 양도하며, 포기하는 일체의 권능을 의미한다. 재산가치 있는 구체적 권리란 이익이 되는 모든 공법상, 사법상의 권리를 의미한다. 이러한 개념에 따라 금전은 물론, 주식, 어업권, 영업권, 공무원의 퇴직급여 청구권 등 포괄적으로 귀속대상이 인정된다.
－재산권의 제한 : 헌법 제23조 제2항 "재산권의 행사는 공공복리에 적합하도록 하여야 한다"는 규정을 둠으로써, 공공복리를 위해 개인의 재산권이 제한될 수 있음을 규정하고 있다.

－재산권의 공용침해와 보상 : 헌법 제23조 제3항에서는 "공공필요에 의한 재산권의 수용·사용 또는 제한 및 그에 대한 보상은 법률로써 하되, 정당한 보상을 지급해야 한다"는 규정을 둠으로써 공용침해와 보상의무를 명시하고 있다.

(5) 사회적(생활권적 = 생존권적) 기본권

① 의의

㉠ 사회적 기본권의 특징

- **사회권의 일반적인 특징** : 사회권은 국가의 적극적인 개입(입법, 정책)과 배려를 통해 실현되며, 외국인이 주체가 될 수 없음이 원칙이다. 또한 사회권은 헌법에 의해 규정된 것만이 기본권으로 인정되며, 법률에 의해 구체화 될 경우 비로소 실현되는 법적 권리이다.
- **국가의 예산능력 고려** : 국가의 적극적인 배려나 정책을 통해 실현되는 권리이기 때문에 국가의 경제적 요건이나 재정능력에 따라 실현여부와 정도가 결정되게 된다.

㉡ 등장 배경 : 사회적 기본권은 자본주의의 모순을 해결하는 과정에서 사회 구성원의 최소한의 인간다운 생활을 보장하고 실질적 평등을 실현하기 위하여 등장하였다. 사회적 기본권은 현대 복지 국가에서 강조되고 있는 권리로 1919년 독일의 바이마르 헌법에서 최초로 명문화 되었다.

㉢ 사회적 기본권의 종류 : 사회적 기본권에는 인간다운 생활을 할 권리, 교육을 받을 권리, 근로의 권리와 근로3권, 환경권, 혼인과 가족생활의 보장, 모성의 보호와 보건권이 있다.

자유권과 사회권의 비교

	자유권적 기본권	사회적 기본권
이념	개인주의적, 자유주의적 시민 국가	단체주의적 현대 복지국가
주체	인간의 권리	국민의 권리
성질	소극적·방어적 권리	적극적 권리
	전국가적 권리	실정법상의 권리
	예시적 권리	열거적 권리
	구체적 권리	추상적 권리
권리의 내용	국가의 개입, 간섭의 배제 (국가로부터의 자유)	국가에 대한 적극적인 급부의 요구(국가에 의한 자유)

② 인간다운 생활을 할 권리

㉠ 개념 : 인간의 존엄성에 상응하는 건강하고 문화적인 생활을 영위하도록 국가에 요구할 수 있는 권리이다.

check

▶ 공용침해의 의미

공용침해(광의의 공용수용)란 특정한 공적과제의 수행을 위해 구체적 재산권을 제한하는 고권적 행위를 말한다.

▶ 바이마르공화국 헌법의 생활권 규정

경제생활의 질서는 개개인의 인간다운 생활의 보장을 목적으로 하는 정의 원칙에 합치해야 한다(151조)→사회적 기본권의 효시

▶ 능력에 따라 균등하게 교육 받을 권리

헌법 제31조 제1항의 "능력에 따라 균등하게 교육을 받을 권리"란 법률이 정하는 일정한 조건을 갖춘 경우 차별 없이 교육을 받을 기회가 보장된다는 것이지 지능이나 수학능력이 뛰어나다고 하여 다른 사람과 차별하여 영재교육을 받을 권리가 보장된다는 것은 아니다. 따라서 의무 취학 시기를 만 6세로 규정하고 있는 교육법 제96조 제1항이 지능이나 수학능력이 뛰어난 아동들에 대하여 만 6세가 되기 전에 입학을 허용하지 않는다고 해서 헌법 제31조 제1항의 능력에 따라 균등하게 교육을 받을 권리를 침해한 것으로 볼 수 없다. [93헌마192]

ⓛ 내용

- 사회보장권(사회보장 수급권) : 인간의 존엄에 상응하는 최소한의 인간다운 생활을 영위하기 위해 장애, 질병, 노령 등 사회적 위험으로부터 국가에 적극적 구제를 요구할 수 있는 권리를 의미한다. 이러한 사회보장권에는 사회보험, 공적부조, 사회복지가 포함된다.
- 사회보장권의 유형

구분	내용
사회보험 (공적보험)	질병, 실직, 장애 등 일정한 사고가 발생한 경우 국가의 개입을 통한 금전적 위험분산을 통해 안정을 도모하기 위한 제도로 국민건강보험, 연금보험, 산업재해보상보험, 고용보험이 있음
공적부조	노령, 질병 등으로 생활이 불가능하거나 생계유지가 곤란한 사람에게 국가가 최저생활에 필요한 급여를 제공하는 제도로 대표적 법률은 국민기초생활 보장법이 있음
사회복지	정신적, 물질적 자립이 곤란한 보호대상자에게 현금이나 현물이 아닌 국가의 공적 서비스(시설 이용 등)를 제공하여 보호대상자를 지원하는 제도로 대표적인 법률은 노인복지법, 장애인복지법이 있음

③ 근로의 권리와 노동3권
　㉠ 근로의 권리 : 근로의 권리란 자신의 의사와 능력에 따라 자유롭게 일할 수 있는 권리와, 국가에 대하여 근로의 기회를 제공하여 줄 것을 요구할 수 있는 권리를 말한다.
　ⓛ 노동3권 : 노동3권에는 근로자가 근로조건의 유지 개선을 위해서 자주적으로 노동조합을 조직할 수 있는 단결권, 단체의 이름으로 사용자와 교섭할 수 있는 단체 교섭권, 그리고 집단적으로 행동을 할 수 있는 단체행동권이 있다.

④ 교육을 받을 권리
　㉠ 개념 : 교육을 받는 데 있어서 국가로부터 방해받지 않을 뿐만 아니라 교육을 받을 수 있도록 국가에 적극적으로 요구할 수 있는 권리이다.
　ⓛ 내용

구분	내용
능력에 따른 균등한 교육을 받을 권리	차별 없이 균등하게 교육을 받을 기회 보장
국가의 평생교육 진흥 의무	정규교육 이외의 성인교육, 직업교육, 청소년 교육 등의 진흥 의무
무상 의무교육	교육기본법은 6년의 초등교육과 3년의 중등교육을 합하여 9년의 의무교육을 명시하고 있음

교육제도 보장	• 교육의 자주성 : 교육내용과 교육기구에 대한 국가의 최소한의 간섭 • 교육의 전문성 : 교육정책과 집행은 최대한 교육 전문가가 담당 • 교육의 정치적 중립성 : 국가권력이나 정치권에 대한 교육의 중립 • 대학의 자율성 : 대학의 자치 • 교육 법정주의 : 교육제도, 교육재정, 교원지위에 대한 법적 보장

⑤ 혼인과 가족생활의 보장

　㉠ 개념 : 혼인에 있어서의 양성평등과 민주적 가족제도를 국가가 보장하는 것을 의미한다.

　㉡ 헌법규정 : 헌법 제36조 제1항에서 "혼인과 가족생활은 개인의 존엄과 양성의 평등을 기초로 성립되고 유지되어야 하며, 국가는 이를 보장한다"는 규정을 두고 있다.

　㉢ 내용

　　• 자유로운 혼인관계 형성 : 헌법의 이념을 구현하기 위해 민법에서 더욱 세부적으로 규정하고 있다. 또한, 결혼퇴직제, 혼인자 퇴교처분, 동성동본금혼제는 헌법에 위반되는 제도라 할 수 있다.

　　• 가족생활에서의 자유 : 국가의 간섭이나 방해를 받지 않고 스스로 가족생활을 형성하고 유지할 수 있는 자유가 있다.

　　• 혼인과 가족제도 보장 : 일부일처제를 원칙으로 하며, 개인의 존엄과 양성의 평등을 기초로 하는 가족제도를 보장한다. 한편, 간통죄는 2015년 2월 26일 헌법재판소의 위헌결정을 받았다.

⑥ 보건권

　㉠ 개념 : 인간다운 생활을 위해 필수적인 건강한 삶을 위하여 국가에 적극적인 배려를 요구할 수 있는 권리를 의미한다.

　㉡ 헌법규정 : 헌법 제36조 제3항에 "모든 국민은 보건에 관하여 국가의 보호를 받는다"는 규정을 두고 있다.

▶ **국민발안권**
　국민이 헌법개정안이나 법률안을 제안할 수 있는 권리를 말한다. 제2차 헌법개정 시 중요정책에 대한 국민발안제와 헌법개정안에 대한 국민발안제가 처음 도입되었다가 전자는 제5차 헌법 개정 시 폐지되었고, 후자는 제7차 헌법 개정 시 폐지되었다.

▶ **국민소환권**
　국민이 공직자를 임기 중 해직시킬 수 있는 권리를 말한다. 우리 헌정사에서는 도입된 바 없다.

▶ **헌법 제72조**
　대통령은 필요하다고 인정할 때에는 외교·국방·통일 기타 국가안위에 관한 중요정책을 국민투표에 붙일 수 있다.

▶ **헌법 제130조**
　② 헌법개정안은 국회가 의결한 후 30일 이내에 국민투표에 붙여 국회의원선거권자 과반수의 투표와 투표자 과반수의 찬성을 얻어야 한다.

▶ **헌법 제24조**
　모든 국민은 법률이 정하는 바에 의하여 선거권을 가진다.

▶ **외국인과 지방선거**
　외국인은 원칙적으로 참정권을 갖지 못한다. 단 영주권 취득 후 3년이 경과한 19세 이상의 외국인은 지방자치단체 선거권이 있다.

(6) 정치적 기본권

기본권 체계	기본권 유형		세부사항
정치적 기본권	정치적 자유권		자발적인 정당가입의 자유, 선거운동 자유
	참정권	직접 참정권	국민발안권, 국민투표권, 국민소환권
		간접 참정권	선거권, 공무담임권
	정치적 활동권		정당의 자유(정당설립의 자유, 정당활동의 자유)

① **정치적 기본권과 참정권**

　㉠ **정치적 기본권** : 정치적 기본권이란 국민이 직접 또는 간접적으로 정치에 참여하고, 국가 기관을 구성하는 권리는 물론, 정당을 설립하고 활동하며, 정치를 위한 언론, 출판, 집회, 결사 활동을 하는 포괄적인 권리이다.

　㉡ **참정권** : 좁은 의미의 정치적 기본권으로 국민이 정치적 의사형성이나 정책결정에 참여하는 자유, 공무원을 선출할 수 있는 권리와 자신이 선임될 수 있는 권리를 의미한다.

　　• 참정권의 종류 : 헌법 제24조의 선거권, 제25조의 공무담임권, 제72조와 제130조 제2항의 국민투표권이 있다.

② **국민투표권**

　㉠ **개념** : 외교, 국방 통일, 국가안위에 관한 중요정책 등 특정한 국정사안에 대하여 국민이 직접 주권을 행사할 수 있는 권리를 말한다(헌법 제72조).

　㉡ **헌법규정** : 헌법 제72조, 제130조 제2항

　㉢ **국민투표의 유형** : 국민투표는 헌법 제72조에 규정되어 있는 국가 중요 정책에 대한 국민투표와 헌법 제130조 제2항에 규정되어 있는 헌법 개정안에 대한 국민투표가 있다.

　㉣ **국민투표의 절차**(국민투표법)

　　• 국민투표일의 공고 : 대통령은 늦어도 국민투표일 전 18일까지 국민투표일과 국민투표안을 동시에 공고하여야 한다.(국민투표법 제49조)

　　• 국민투표안의 게시(국민투표법 제22조)

　　• 국민투표에 관한 운동 : 국민투표에 관하여 찬성하게 하거나, 반대하게 하는 행동으로 투표일 전일까지 가능하다.(국민투표법 제25조, 제26조)

　　• 중앙 선거관리위원회의 집계·공표·통보 : 집계결과를 공표하고 대통령과 국회의장에게 통보한다.(국민투표법 제89조)

　　• 대통령의 확정공포(국민투표법 제91조)

③ **선거권의 종류** : 대통령 선거권, 국회의원 선거권, 지방의회의원 선거권, 지방자치단체장의 선거권이 있다. 선거권은 선거일 현재 만 18세 이상의 국민이면 행사할 수 있다.

④ 공무담임권

    ㉠ 개념 : 각종 선거직 공무원을 포함한 모든 국가기관의 공직에 취임할 수 있는 권리를 의미한다. 공무담임권은 피선거권과 공직취임권이 있으며, 피선거권은 선거직 공무원, 공직취임권은 비선거직 공무원이 될 수 있는 권리를 의미한다.

    ㉡ 피선거권(공직선거법)

      • 개념 : 선거에 출마하여 당선되는 선거직 공무원이 될 수 있는 권리이다.

      • 내용 : 대통령 피선거권, 국회의원 피선거권, 지방의회의원 피선거권, 지방자치단체장 피선거권이 있다.

      • 피선거권 허용 연령 : 대통령의 피선거권은 만 40세 이상이어야 하고 나머지 피선거권은 만 25세 이상이어야 한다.

      • 피선거권의 제한 : 금치산 선고를 받은 자, 선거사범으로서(선거와 관련된 범죄) 법이 정한 시한이 지나지 않은 자, 법원의 판결에 의해 선거권이 정지 또는 상실된 자, 금고 이상의 형의 선고를 받고 그 형이 실효되지 아니한 자, 법원의 판결 또는 다른 법률에 의하여 피선거권이 정지되거나 상실된 자 등은 피선거권이 없다.

    ㉢ 공직취임권(공무원 피임명권)

      • 개념 : 모든 국민에게 능력과 적성에 따라 공직에 취임할 수 있는 균등한 기회가 보장된다는 것을 의미한다.

      • 능력주의 원칙 구현 : 공직자를 선발하는 데 있어서 능력주의를 원칙으로 해야 하며 직무수행능력과 무관한 성별, 종교, 사회적 신분, 출신지역 등을 이유로 하는 차별은 허용되지 않는다.

(7) 청구권적 기본권(청구권)

① 의의

    ㉠ 개념 : 국민이 국가에 대해 일정한 행위를 적극적으로 청구할 수 있는 권리이다. 청원권은 성질상 법인 등 단체와 외국인에게도 인정된다는 것이 다수설이다.

    ㉡ 청구권의 성격

      • 적극적 권리 : 국가로부터 간섭이나 방해를 배제할 수 있는 소극적 권리가 아닌, 특정한 행위를 요구할 수 있는 적극적 권리이다.

      • 수단적, 절차적 권리(기본권 보장을 위한 기본권) : 청구권은 다른 기본권이 침해되었을 때 또는 침해될 우려가 있을 때 이를 구제 또는 보상받을 수 있는 권리이기 때문에 기본권 보장을 위한 기본권 또는 절차적 기본권으로서 수단적 성격이 강하다.

    ㉢ 청구권의 종류 : 헌법에서는 청원권, 재판청구권, 국가배상청구권, 형사보상청구권, 범죄피해자구조 청구권, 손실보상청구권을 규정하고 있다.

check

▶ 헌법 제25조
모든 국민은 법률이 정하는 바에 의하여 공무담임권을 가진다.

② 청구권적 기본권

　㉠ 청원권

　　• 개념 : 국민이 문서로 국가기관에 자신의 의사나 희망을 진술할 수 있는 권리이다. 청원권은 성질상 법인 등 단체와 외국인에게도 인정된다는 것이 다수설이다.

　　• 청원권의 기능 : 민주적 정치의사 형성과정에 참여한다는 측면과 아울러, 국가기관을 통제하는 기능을 수행한다. 또한 청원이 수리되고 변화가 나타남으로써 국민에 대한 국가의 신뢰도를 향상시킬 수 있다.

　　• 청원의 요건 : 청원은 반드시 문서(전자문서 가능)로 해야 하며 청원인의 서명이 있어야 한다. 또한 구체적 요구사항을 담고 있어야 한다.

　㉡ 재판청구권

　　• 개념 : 국민의 권리가 침해된 경우 재판을 통해 구제받을 수 있는 권리이다.

　　• 내용

구분	내용
법관에 의한 재판	헌법과 법률이 정한 자격과 절차에 의해 임명되고, 독립성이 보장된 법관에 의한 재판을 받을 권리
법률에 의한 재판	법관의 자의를 배제하고 실체법 및 절차법에 정한 법적 절차에 따라 재판을 받을 권리
신속한 재판	소송 당사자의 신속한 권리구제를 위해 분쟁 해결의 시간적 단축과 효율적인 절차를 운영
공개재판	국민의 감시 아래 재판의 공정성을 확보하고 소송당사자의 인권침해를 방지하며 재판에 대한 신뢰 확보
공정한 재판	헌법재판소는 공정한 재판을 받을 권리에 대해 비록 명문의 규정은 없으나, 헌법이 국민의 기본권으로 보장하고 있음을 판시함

　　• 우리나라의 국민참여재판 : 우리나라는 2008.1.1부터 「국민의 형사재판 참여에 관한 법률」이 제정되어 시행되고 있다. 주요 내용은 다음과 같다.

구분	내용
용어의 정의	배심원이란 형사재판에 참여하도록 선정된 사람을 의미하며, 이러한 배심원이 참여하는 재판을 국민참여 재판이라 함
대상 사건	재정합의사건, 사형, 무기, 1년 이상 징역 또는 금고에 해당하는 사건 등
강제성 여부	피고인이 원하지 않을 경우 또는 법원이 배제결정을 할 경우는 국민참여재판을 하지 않음
변호인 선정	필요적 국선변호사건(변호인이 없는 때 법원의 직권 변호인 선정)
배심원의 권한과 의무	사실 인정, 법령 적용 및 형의 양정에 관한 의견 제시

▶ 재정합의사건

　법원조직법상 3인 이상의 법관으로 구성된 합의부에서 심판할 것으로 합의부가 결정한 사건을 말한다.

배심원의 수	법정형이 사형·무기징역 또는 무기금고에 해당하는 대상사건은 9인, 그 외에는 7인, 이러한 인원이 결원될 경우를 대비하여 5인 이내의 예비배심원을 둠
배심원 자격	만 20세 이상의 대한민국 국민
평결의 기속 여부	배심원의 평결과 의견은 법원을 기속하지 않음

ⓒ 형사보상청구권
- 개념 : 형사피의자나 형사피고인으로 구금되었던 자가 불기소처분이나 무죄판결을 받은 경우에 그로 인한 물질적·정신적 손실을 국가에 청구할 수 있는 권리를 말한다. 건국 헌법부터 도입되었다. 법인 등 단체는 성질상 청구주체가 될 수 없다.
- 형사피고인의 형사보상 : 형사보상 및 명예회복에 관한 법률은 구금에 대하여 1일당 보상청구의 원인이 발생한 연도의 최저임금법에 따른 일급(日給) 최저임금액 이상의 대통령령으로 정하는 금액 이하의 비율(상한: 일급 최저임금액의 5배)에 의한 보상금을 지급하도록 하고 있다. 형사보상청구권자는 같은 원인에 대하여 다른 법률에 따른 손해배상을 청구할 수 있으나, 중복청구의 경우에 손해배상액이 보상액과 동일하거나 많을 경우에는 지급하지 않고, 보상액보다 적을 경우에는 그 차액을 지급한다. 즉 이중지급은 허용되지 않는다.
- 형사피의자의 형사보상 : 피의자로서 구금되었던 자 중 불기소처분을 받은 자는 그 처분의 고지·통지를 받은 날로부터 3년 이내에 그 처분을 한 검사가 소속된 지방검찰청의 피의자 보상심의회에 보상청구를 하여야 한다.
- 명예회복 : 실질적인 명예회복을 위하여 피고인은 무죄재판이 확정된 때로부터 3년 이내에 확정된 무죄재판사건의 재판서를 법무부 인터넷 홈페이지에 게재하도록 해당사건을 기소한 검사가 소속된 지방검찰청(지청 포함)에 청구할 수 있다. 재판서 게재기간은 1년이다.

ⓔ 국가배상청구권
- 개념 : 국민이 공무원의 직무상 불법행위로 피해를 입었을 때에 국가 또는 공공 단체에 그 피해에 대한 배상을 청구할 수 있는 권리를 말한다.
- 내용 : 헌법은 공무원의 직무상 불법행위로 인한 손해배상만을 규정하고 있지만, 국가배상법은 영조물의 설치나 관리상의 하자로 인한 국가배상까지도 규정하고 있다.

ⓜ 범죄피해자구조청구권
- 개념 : 타인의 범죄행위로 생명·신체에 피해를 받은 국민이 국가로부터 구조를 받을 수 있는 권리이다.
- 내용 : 타인의 범죄행위로 피해가 발생해야 하고, 가해자가 누구인지 모르거나 무자력으로 배상을 받지 못한 경우 지방검찰청 범죄피해자구조심의회의 결정에 따라 보조금을 지급하는 제도이다.

▶ 배상 명령제도
상해, 폭행, 절도, 사기, 횡령 등 형사사건의 피해자가 형사 재판 과정에서 민사상 손해배상 명령까지 받아내는 제도이다. 이때의 배상은 피고인의 범죄로 인하여 발생한 직접적인 물적 피해, 치료비 손해 및 위자료에 대한 배상이다.

06 통치 기구

(1) 통치의 원리

① 의의 : 입법부, 행정부, 사법부 등 국가의 통치 기관이 국가를 이끌어감에 있어 적용되는 일정한 원리가 있는데, 권력분립의 원리와 대의제의 원리를 볼 수 있다.

② 권력분립의 원리

   ㉠ 개념 : 권력분립이란 국민의 자유와 권리를 보장하고, 권력의 남용을 방지하기 위하여 국가 간의 권력을 분할하고 권력 상호 간에 견제를 할 수 있는 장치를 통해서, 개인이나 특정의 기관에 권력이 집중됨을 방지하고 권력 간의 균형을 유지하기 위한 원리를 의미한다.

   ㉡ 로크의 권력분립론 : 권력분립은 로크에 의해 처음으로 주장되었는데, 2권분립론으로 입법권과 집행권의 분리를 주장하였다.

   ㉢ 몽테스키외의 권력분립론 : 몽테스키외는 입법권, 집행권, 사법권의 3권분립론을 주장하였다. 로크와는 다르게 엄격한 3권분립론에 입각하여 기관의 분리와 견제와 균형을 강조했다는 데 특징이 있다.

   ㉣ 현행 헌법상의 규정 : 헌법 제40조에 따라 입법권은 국회에, 헌법 제66조 제4항에 따라 행정권은 대통령을 수반으로 하는 정부에, 헌법 제101조 제1항에 따라 사법권은 법관으로 구성되는 법원에 부여하고 있다.

③ 대의제의 원리

   ㉠ 개념 : 국민 누구나 정치에 직접 참여할 수 있는 직접민주제는 오늘날 넓은 영토와 많은 인구 정책의 전문성으로 인해 사실상 불가능하게 되었다. 이에 국민을 대표할 대표자를 선출하여 기관을 구성하고 책임정치를 실현하는 것이 대의제의 원리이다.

   ㉡ 대의제의 위기 : 대의제는 일반적으로 선거를 통해 구현되나, 정치권의 무능과 부패, 투표율의 저조, 국민 참여의 다양한 양상 속에서 본연의 기능을 수행하지 못하고 있다. 이에 대의제를 보완할 직접민주제적인 요소로, 국민투표, 국민발안, 국민소환 등이 논의되고 있다. 우리나라의 경우 국민투표는 헌법상으로 보장되고 있다.

(2) 통치의 형태

① 의의 : 통치의 형태란, 입법부 · 행정부 · 사법부 등 정부기관을 어떻게 구성하여 운영할 것인지의 여부와 직결되는 정부 형태와 같은 말이며, 의원내각제, 대통령제, 이원집정부제, 신대통령제, 회의제 등의 많은 형태가 있지만, 정부 형태의 핵심은 의원내각제와 대통령제라 할 수 있다.

▶ **로크의 2권 분립**
- 입법권은 의회, 집행권(행정, 동맹)은 군주가 담당함
- 입법권의 우월을 강조함
- 영국의 의원내각제에 영향을 줌

▶ **몽테스키외 3권 분립**
- 입법권은 의회, 사법권은 법원, 행정권은 행정부가 담당함.
- 견제와 균형의 원리에 충실함
- 미국의 대통령제에 영향을 줌

▶ **이원집정부제**
이원집정부제는 집행부가 대통령과 내각의 두 기구로 구성되고 대통령과 내각에 각각 집행에 관한 실질적 권한이 분배된 정부형태로서, 의원내각제적 요소와 대통령제 요소가 혼합된 혼합형 내지 절충형 정부형태를 말한다. 대통령은 국민이 직접 선출하고 내각의 수상은 원내다수당에서 선출한다. 대통령은 수상임면권과 의회해산권이 있고, 의회는 내각에 대하여서만 불신임결의를 할 수 있고 대통령에 대하여서는 불신임결의를 할 수 없다. 독일의 바이마르헌법과 프랑스의 제5공화국헌법 등이 채택하였다.

▶ **회의제**
집행부에 대한 의회의 절대적 우위가 특징인 정부형태로서, 의회 중심으로 권력체계가 일원화 된다. 의회는 집행부를 구성하고 불신임할 수 있으나, 집행부는 의회를 해산할 수 없다. 중화인민공화국과 북한의 인민회의제가 대표적이다.

② 대통령제

　㉠ 의의 : 대통령제는 의회로부터 독립되고 의회에 대해서 정치적 책임을 지지 않는 대통령 중심으로 국정이 운영되는 원리를 의미한다. 국가권력기관 상호 간의 견제와 균형의 원리인 권력분립에 충실한 정부 형태이다.

　㉡ 대통령제의 요소

구분	세부내용
대통령과 의회의 분리	입법부와 행정부의 조직과 활동이 독립성의 원리에 의해 지배됨
집행부의 일원화	대통령은 행정수반인 동시에 국가 원수로서의 지위도 갖게 됨
견제와 균형	입법부와 집행부가 상호 견제와 균형을 유지함
기타	정부의 국회 해산권이 없고, 정부의 법률안 제출권이 없으며, 정부각료와 국회의원은 겸직이 불가능하며, 국무회의는 자문기관의 성격을 갖게 됨

　㉢ 장·단점 : 대통령이 의회의 신임여부와 관계없이 직무를 수행함으로써 집행부의 안정성을 유지할 수 있고, 의회다수파의 횡포를 막을 수 있다는 장점이 있다. 반면, 대통령의 독재가 가능하고, 집행부와 의회가 대립할 경우 해결할 방법이 없어 정국이 불안해질 수 있다는 단점이 있다.

③ 의원내각제

　㉠ 의의 : 의원내각제는 의회에서 선출되고 의회에 대해 정치적 책임을 지는 내각을 중심으로 국정이 운영되는 정부 형태를 의미한다. 대통령제와는 달리 입법부와 행정부가 상호 의존하는 형태라 할 수 있다.

　㉡ 의원내각제의 요소

구분	세부내용
의회와 행정부 상호 의존	행정부의 장인 수상이 의회에서 선출되고, 수상의 지침에 따르는 각료들이 집행업무를 담당하며, 행정부는 의회에 대해 정치적 책임을 지게 됨
집행부의 이원적 구조	집행부는 대통령(군주)과 내각의 두 기구로 존재하며, 대통령(또는 군주)은 국가의 항구성을 위해 존재하는 인격적 상징으로서 명목상의 국가원수임
기타	내각은 의회 해산권을 갖고 있으며, 집행부는 법률안 제출권이 있다. 또한 행정부 각료와 국회의원은 겸직이 가능하며 국무회의는 의결기관으로서의 특성을 갖게 됨

　㉢ 장·단점 : 내각이 의회에 대하여 연대책임을 지기 때문에 책임정치를 구현할 수 있고, 의회와 내각이 대립하는 경우 내각불신임결의와 의회해산으로 정치적 대립을 신속히 해결할 수 있다. 반면, 군소정당이 난립하거나 연립정권의 수립과 내각에 대한 빈번한 불신임결의로 정국이 불안정해질 수 있고, 대통령제처럼 내각이 강력한 정책을 추진할 수 없다.

check

▶ 정부 형태와 정치권력의 정당성
어떤 정부 형태를 취하더라도 민주주의 국가에서 정치권력의 성립의 정당성은 오직 국민만이 가진다.(국민주권주의) 다만 대통령제에서는 국민이 의원과 대통령을 선출하고(이원적 정당성) 의원 내각제에서는 의원만(일원적 정당성) 선출하는 차이가 있을 뿐이다.

④ 우리나라의 정부 형태

　㉠ 특징 : 우리나라는 대통령제를 원칙으로 하되, 의원내각제적인 요소를 가미하고 있다.

　㉡ 대통령제적 요소 : 입법부와 행정부가 독립되어 있으며, 대통령은 국가의 원수이며 행정부 수반이라는 지위를 갖고 있고, 국민에 의해 직선된다. 또한, 대통령은 최고통치권자로서 국가긴급권과 헌법개정안 발의권, 국민투표 회부권을 갖는다.

　㉢ 의원내각제적 요소 : 국무총리제를 두고 있고, 국무회의가 헌법기관인 점, 정부가 법률안을 제안할 수 있는 점, 국회는 대통령의 국무총리임명에 대한 동의권을 갖고, 국무총리와 국무위원에 대한 해임건의를 할 수 있으며, 정부위원이 국회에 출석하여 발언할 수 있는 점은 의원내각제적 요소라 할 수 있다.

(3) 통치 작용과 통치 기구

① 국회

　㉠ 국회 구성의 원리

구분	세부내용	장점	단점
양원제	의회가 두 개의 합의체로 구성되며 각각 독립하여 결정한 의사가 일치한 경우 의회 의사로 간주	심의를 두 기관에서 하기 때문에 신중을 기할 수 있으며 양원이 상이하게 운영됨으로써 단원제에 나타날 수 있는 갈등과 부패를 방지할 수 있음	중복된 절차로 의결이 지연되고 양원의 구성으로 비용이 증대되며 상호 간의 책임전가를 하게 되면 책임소재가 불분명해짐
단원제	국회의 구성이 하나의 합의체로 구성되는 국회제도	신속한 국정처리와 의회 운영상의 경비를 절약할 수 있으며 책임소재가 명백해짐	한 개의 기관에서 심의하기 때문에 경솔해질 수 있고, 국회와 정부 간 충돌 시 중재할 기관이 없음

　㉡ 현행 헌법상의 국회관련 규정 : 단원제로 하고 있으며 국민의 보통, 평등, 직접, 비밀선거에 의하여 선출된 국회의원들로 구성된다. 또한 비례대표제가 가미될 수 있음을 규정하고 있고, 정수는 법률로 정하되 200인 이상으로 규정하고 있다(국회의 의원정수는 지역구 국회의원과 비례대표 국회의원을 합하여 300명으로 한다).

ⓒ 국회의 헌법상 지위

구분	세부내용
입법기관	국회의 본질적인 지위, 위임입법의 증가와 행정부의 권한 강화로 역할에 변화가 나타나게 됨
국정 통제 기관	• 집행부 통제 : 국무총리, 감사원장 임명에 대한 동의권, 탄핵소추권, 국정감사·국정 조사권, 국무총리·국무위원에 대한 국회출석요구 및 질문권, 계엄해제 요구권, 국군의 해외파견 등에 대한 동의권 • 사법부 통제 : 대법원장·대법관의 임명에 대한 동의권, 탄핵소추권, 국정감사·조사권 • 헌법재판소 통제 : 헌법재판소장 임명에 대한 동의권, 헌법재판소 재판관 3인의 선출권, 탄핵소추권
국민의 대표기관	국민에 의해 선출된 대의 기관으로서의 역할
예산·결산 심의기관	국가의 살림이 되는 예산안과 결산안에 관한 심의기관으로서의 역할

ⓔ 국회의 조직

구분	세부내용
본회의	국회의원 전원으로 구성된 최고의 의결기구
의장단	• 국회에서 선출된 의장 1인과 부의장 2인으로 구성 • 국회의장은 직권 상정권, 예외적인 법률안 공포권, 국회 대표권, 질서 유지권, 사무 감독권, 의원 사직 허가권 등을 가짐
위원회 제도	• 의회의 통법부화 방지 및 본회의 의안 심의를 원활하게 하기 위해서 구성 • 일정한 사항에 관하여 전문적 지식을 가진 의원들이 모여 본회의에 부의하기 전에 의안을 심의하고 본회의 부의 여부를 결정
특별위원회	예산결산특별위원회, 윤리특별위원회, 인사청문특별위원회
전원 위원회	• 국회의원 전원으로 구성되는 위원회로 국회법이 정한 의안과 국회의원 1/4이 요구한 의안을 심의 • 국회에서의 의안 심사가 상임위원회를 중심으로 이루어지고, 본회의에서 의안 심의가 형식화 되는 것을 보완하기 위해 마련된 기구 • 전원위원회의 위원장은 국회의장이 지명하는 부의장이며 의안을 확정하지 못한다는 점에서 본회의와 차이
교섭단체	• 원칙적으로는 동일 정당의 소속의원들로 구성된 원내정당으로, 20인 이상의 소속의원을 가진 정당은 하나의 교섭단체가 됨 • 다른 교섭단체에 속하지 아니하는 20인 이상의 의원으로도 교섭단체 구성이 가능하고, 교섭단체에는 의원총회와 대표의원을 두게 되며, 이때 대표의원은 원내대표가 됨

check

▶ 위원회 폐기(국회법 제87조 제1항)
의안이 본회의에서 다루기 부적당하다고 판단될 경우 위원회에서 폐기가 가능하며, 위원회가 폐기한 안건에 대해 본회의에 보고된 날부터 7일 내에 국회의원 30인 이상의 요구가 있을 경우 본회의에 부의해야 함

▶ 예산·결산특별위원회
예산안과 결산을 심사하기 위하여 설치된 특별 위원회로 50인으로 구성됨.

▶ 윤리특별위원회
국회의원의 자격심사·윤리심사 및 징계 등의 활동을 함.

▶ 헌법 제51조
국회에 제출된 법률안 기타의 의안은 회기 중에 의결되지 못한 이유로 폐기되지 아니한다. 다만, 국회의원 임기가 만료된 때에는 그러하지 아니하다.

▶ 헌법 제53조
④ 재적의원 과반수의 출석과 출석의원 3분의 2 이상의 찬성으로 전과 같은 의결을 하면 그 법률안은 법률로서 확정된다.

▶ 헌법 제63조
② 국무총리 또는 국무위원의 해임건의는 국회재적의원 3분의 1 이상의 발의에 의하여 국회재적의원 과반수의 찬성이 있어야 한다.

▶ 헌법 제64조
③ 국회의원을 제명하려면 국회재적의원 3분의 2 이상의 찬성이 있어야 한다.

▶ 헌법 제65조
② 국무총리 등의 탄핵소추는 국회재적의원 3분의 1 이상의 발의가 있어야 하며, 그 의결은 국회재적의원 과반수의 찬성이 있어야 한다. 다만, 대통령에 대한 탄핵소추는 국회재적의원 과반수의 발의와 국회재적의원 3분의 2 이상의 찬성이 있어야 한다.

▶ 헌법 제47조
① 국회의 임시회는 대통령 또는 국회재적의원 4분의 1 이상의 요구에 의하여 집회된다.

▶ 헌법 제128조
① 헌법 개정은 국회재적의원 과반수 또는 대통령의 발의로 제안된다.

▶ 헌법 제130조
① 헌법 개정안에 대한 국회의 의결은 재적의원 3분의 2 이상의 찬성을 얻어야 한다.

ⓜ 국회에서의 회의

구분	세부내용
정기회	• 매년 1회, 9월 1일에 개회되며 회기는 100일을 초과할 수 없음 • 원칙적으로 예산안과 예산과 관련된 법안만을 처리하고 국정감사를 실시
임시회	• 대통령 혹은 국회의원 재적 1/4이 임시회의 소집을 요구한 경우 개회 • 임시회의 회기는 30일을 초과할 수 없으며, 대통령이 임시회의 소집을 요구할 때에는 기간과 집회요구의 이유를 명시

ⓑ 국회의 운영 원칙

구분	세부내용
회기 계속	• 회기 내에 의결되지 못한 안건은 폐기되지 않고 다음 회기에서 계속 심의한다는 원칙으로, 의안 제출의 번거로움을 방지하고 의사 진행의 효율성을 위해서 인정 • 단 국회의원의 임기가 만료된 경우에는 폐기됨(회기 불계속의 원칙)
일사부재의	회의에서 부결된 안건을 동일 회기중에 다시 발의하거나 심의하지 못한다는 원칙으로 소수파에 의한 고의적인 의사 진행 방해를 예방하여 회의 진행의 능률성을 확보하기 위해 인정
의사 공개	• 국회에서의 모든 회의는 원칙적으로 자유로운 방청 가능하며, 국회 의사록은 공개 • 법률의 규정과 별도의 의결이 있을 경우 비공개가 가능

ⓢ 국회에서의 정족수

구분	세부내용	
의사 정족수	국회에서 회의를 하기 위해 필요한 숫자. 국회법 제73조에는 국회 재적 의원 1/5 이상의 출석으로 개의하도록 규정	
의결 정족수	일반의결 정족수	• 재적 의원 과반수 출석과 출석의원 과반수 찬성으로 결정 • 가부 동수는 부결되며, 의장의 캐스팅 보트는 부인됨
	특별의결 정족수	헌법과 법률에 특별한 규정이 있는 경우로 그 규정에 따름

특별 의결 정족수

구분	1/4	1/3	1/2	2/3
헌법개정안 · 대통령 탄핵 소추			발의	의결
국회의원 제명				의결
법률안 재의결			출석	의결(출석 의원 중)
국무총리 · 국무위원 해임건의, 대통령 이외의 탄핵소추		발의	찬성	
임시국회 소집	요구			

◎ 국회의 권한

구분	세부내용
입법에 관한 권한	• 헌법개정에 관한 권한 : 국회는 헌법개정에 관하여 발의권과 의결권을 행사한다. 국회의원 재적 과반수로 헌법 개정안이 발의된다. 대통령도 헌법 개정안 발의가 가능하며, 헌법 개정안이 공고되면 60일 이내에 국회의 의결을 거쳐야 하고, 이때, 국회의 의결에는 재적의원 3분의 2 이상의 찬성을 얻어야 함 • 법률 제정에 관한 권한 : 통상의 입법절차는 국회 또는 정부에서 법률안을 제안하여 심의·의결하면 정부에 이송되어 15일 이내에 대통령이 공포함으로써 효력이 발생(특별한 규정이 없으면 공포한 날로부터 20일 경과)함 • 국회의 재의 : 정부에 이송된 법률안에 대해 대통령은 15일 이내에 이의서를 붙여 환부하고 재의를 요구할 수 있음. 재의에는 국회 재적의원 과반수 출석과 출석의원 2/3 이상의 찬성으로 재의결 및 확정됨 • 국회의장의 공포 : 정부에 이송된 법률안을 15일 이내에 공포하지 않고, 재의 요구도 하지 않을 경우, 또는 재의결된 법률안을 5일 이내에 공포하지 않을 경우는 국회의장이 공포함 • 조약의 체결·비준에 대한 동의권(법률과 동일한 효력)
국정 통제에 관한 권한	• 탄핵소추권 : 탄핵이란 일반적인 사법절차로는 책임을 추궁하기 어려운 고위공무원을 의회가 소추하는 제도이다. 탄핵의 소추로 직무 행사가 중지되며, 헌법재판소에 의하여 탄핵이 결정되면 즉시 그 직에서 파면됨. 탄핵 결정으로 형사상 책임을 면할 수 없음(일사부재리 위반 아님). 탄핵대상자는 대통령, 국무총리, 국무위원, 행정각부의 장, 헌법재판소 재판관, 법관, 중앙선거관리위원회 위원, 감사원장, 감사위원 기타 법률이 정하는 공무원이 있음. • 국정감사·조사권 : 국회는 매년 1회 정기적으로 국정 전반에 대해서 감사를 할 수 있으며, 특정 사안에 대하여 위원회를 구성하여 국정 조사를 할 수 있음 • 국무총리·국무위원의 해임건의권 • 국무총리 등의 국회출석요구 및 질문권
헌법 기관 구성에 관한 권한	• 대통령 선거에서 최고득표자가 2인 이상인 때 대통령 선출권 • 국무총리, 대법원장, 대법관, 감사원장, 헌법재판소장 임명에 대한 동의권 • 헌법재판소 재판관 3인과 중앙선거관리위원회 위원 3인 선출권
재정에 관한 권한	• 예산 심의·확정권 • 정부의 재정행위에 대한 권한 : 예비비 지출에 대한 승인권, 기채동의권, 예산 외의 국가의 부담이 될 계약체결에 대한 동의권 • 결산심사권
국회의 자율권	• 규칙제정권, 국회의원 자격심사 및 징계권, 조직 및 의사, 질서유지에 대한 자율권

check

▶ 헌법 제128조
① 헌법개정은 국회재적의원 과반수 또는 대통령의 발의로 제안된다.
② 대통령의 임기연장 또는 중임변경을 위한 헌법개정은 그 헌법개정 제안 당시의 대통령에 대하여는 효력이 없다.

▶ 헌법 제129조
제안된 헌법개정안은 대통령이 20일 이상의 기간 이를 공고하여야 한다.

▶ 헌법 제130조
① 국회는 헌법개정안이 공고된 날로부터 60일 이내에 의결하여야 하며, 국회의 의결은 재적의원 3분의 2 이상의 찬성을 얻어야 한다.
② 헌법개정안은 국회가 의결한 후 30일 이내에 국민투표에 붙여 국회의원선거권자 과반수의 투표와 투표자 과반수의 찬성을 얻어야 한다.
③ 헌법개정안이 제2항의 찬성을 얻은 때에는 헌법개정은 확정되며, 대통령은 즉시 이를 공포하여야 한다.

▶ 국회와 예산안 심의
국회는 예산을 심의하고 확정할 권한을 가진다.(헌법 제54조 제1항) 국회는 예산안에 대하여 소극적으로 삭제하거나 감액할 수 있으나, 정부의 동의 없이 증액 수정을 하거나 새로운 비목을 설치할 수 없다. 예산과 관련된 제도에는 준예산 제도, 계속비 제도, 예비비 제도, 추가 경정 예산 제도가 있다.

check

▶ 헌법 제45조
  국회의원은 국회에서 직무상 행
  한 발언과 표결에 관하여 국회
  외에서 책임을 지지 아니한다.

▶ 헌법 제44조
  ① 국회의원은 현행범인인 경우
     를 제외하고는 회기 중 국회
     의 동의 없이 체포 또는 구
     금되지 아니한다.
  ② 국회의원이 회기 전에 체포
     또는 구금된 때에는 현행범인
     이 아닌 한 국회의 요구가 있
     으면 회기 중 석방된다.

▶ 헌법 제46조
  ① 국회의원은 청렴의 의무가
     있다.
  ② 국회의원은 국가이익을 우선
     하여 양심에 따라 직무를 행
     한다.
  ③ 국회의원은 그 지위를 남용
     하여 국가·공공단체 또는
     기업체와의 계약이나 그 처
     분에 의하여 재산상의 권리·
     이익 또는 직위를 취득하거
     나 타인을 위하여 그 취득을
     알선할 수 없다.

㉠ 국회의원의 특권과 의무

면책특권	개념	국회의원이 직무상 행한 발언과 표결에 관하여 국회 외에서는 책임을 지지 않는 특권
	내용	• 국회에서의 발언과 표결일 것. • 발언과 표결은 직무와 관련된 것일 것. • 국회 외에서는 책임을 지지 않음(민·형사 책임이 면제됨)
	특징	• 집행부에 대한 비판·통제에 대하여 국회의원 개인에게 불이익을 주지 않으려는 것으로 특히 야당의원에게 현실적 의미가 있음. • 영구적인 면책이라는 점에서 불체포 특권과 다르다.
불체포특권	개념	• 국회의원이 회기 중에는 체포되지 않을 수 있는 특권 • 체포·구금된 국회의원에 대해서 국회의 요구가 있을 경우 회기 중에 석방될 수 있는 권리.
	내용	• 체포·구금 전의 경우 : 회기 중일 것, 현행범이 아닐 것, 국회의 동의가 없을 것 • 체포·구금된 경우 : 회기 중일 것, 국회의 석방 요구가 있을 것
	특징	• 국회의원의 원활한 직무수행과 행정부에 의한 부당한 탄압을 방지하기 위해 인정됨. • 면책특권과는 달리 일시적 특권이며, 민·형사상 책임이 면제되지 않음.
국회의원 의무	종류	청렴의 의무, 국익 우선의 의무, 겸직 금지의 의무, 지위 및 특권 남용 금지

② 행정부

㉠ 대통령

• 대통령의 헌법상 지위

구분	내용
지위	대통령은 국가원수와 행정부 수반의 지위를 가짐
선출 방법	국민의 직접 선거를 통해 선출하며, 다수표를 획득한 후보가 대통령에 당선되며, 예외적으로 후보자가 1인일 때에는 선거권자 총수의 3분의 1 이상 득표해야 당선됨. 최고득표자가 2인 이상인 경우에는 국회 재적의원 과반수의 공개회의에서 다수표를 얻은 자가 당선됨.

• 대통령의 권한

구분	내용
국가 원수	• 국가를 대표하는 권한 : 선전포고 및 강화권, 외교사절의 신임 · 접수 · 파견권, 조약 체결 · 비준권, 영전 수여권 • 헌법 수호권 : 긴급 명령권, 긴급 재정 · 경제 처분권, 계엄 선포권, 위헌정당 해산 제소권 • 국정 조정권 : 임시국회 소집요구권, 국민 투표 부의권, 헌법 개정안 발의권, 국회 출석 · 발언권, 사면 · 복권 · 감형권 • 헌법 기관 구성권 : 국무총리, 대법원장, 대법관, 헌재 소장, 감사원장, 헌재 재판관, 중앙 선거관리위원회 위원(3인) 임명권
행정수반	법령 집행권, 행정부 지휘 · 감독권, 공무원 임면권, 대통령령 발포권, 국군 통수권, 법률안 거부권
대통령의 임기	대통령의 임기는 5년 단임이며, 대통령의 임기연장 또는 중임변경을 위한 헌법개정은 헌법 개정 제안 당시의 대통령에 대해서는 효력이 없음
권한 대행	대통령이 궐위되거나 사고로 인하여 직무를 수행할 수 없을 때에는 1차적으로 국무총리가 그 권한을 대행하고, 2차적으로는 법률이 정한 국무위원의 순서에 따라 그 권한을 대행
대통령의 형사상 특권	내란(內亂) 또는 외환(外患)의 죄를 범한 경우를 제외하고는 재직 중 형사상의 소추(訴追)를 받지 아니하며, 탄핵결정에 의하지 아니하고는 공직으로부터 파면되지 아니함
대통령의 의무	헌법준수 · 국가보위 · 조국의 평화적 통일 · 민족문화의 창달 등의 직무를 성실히 수행할 의무와 선서 의무를 지며, 공 · 사의 직을 겸할 수 없음
전직 대통령의 예우	전직 대통령의 신분과 예우에 관하여는 법률로써 정함

ⓒ 행정부의 조직과 권한

• **국무회의** : 국무회의는 정부의 권한에 속하는 중요한 정책을 심의하는 헌법상 필수적 최고행정정책 심의기관으로 대통령 · 국무총리와 15인 이상 30인 이하의 국무위원으로 구성되며, 대통령은 국무회의의 의장이 되고 국무총리는 대통령을 보좌하고 국무회의의 부의장이 된다. 국무회의는 과반수 출석과 출석 2/3의 찬성으로 의결한다.

• **국무총리**

– 임명 : 국무총리는 대통령이 국회의 동의를 얻어 임명하고, 군인은 현역을 면한 후가 아니면 국무총리로 임명될 수 없다.

– 국무총리는 대통령을 보좌하고 국무회의의 부의장이 되며 행정에 관하여 대통령의 명을 받아 행정각부를 통할하는 행정부의 제2인자로서, 대통령의 유고 시 대통령의 권한 대행자이며, 법률이나 대통령령의 위임 또는 직권으로 총리령을 발할 수 있다.

▶ 사면
대통령의 권한으로서 형의 선고의 효력의 전부 또는 일부를 소멸시키거나 형의 선고를 받지 않은 자에 대하여 공소권을 소멸시키는 일이다. 사면에는 국회의 동의를 받아야 하는 일반사면과 국회의 동의가 필요 없는 특별사면이 있다.

▶ 우리나라의 국무 총리제
대통령제를 취하는 우리나라에서 부통령이 아닌 책임 국무총리를 두는 것은 의원내각제적 요소이다. 또한 국무총리는 내각을 관할하기는 하나 독자적으로 운영할 수 없으며 대통령의 명을 받아 통괄할 뿐이다.

▶ 부서(副署)제도
국무회의의 심의를 거친 주요 정책에 대해 대통령의 서명에 부가하여 해당 국무위원이 서명하는 제도로 행정부 내부의 권력견제 장치로 볼 수 있다.

▶ 국무회의 심의 사항
국정의 기본 계획과 정부의 일반 정책, 선전 포고 및 강화 등 중요 대외 정책, 대통령의 긴급 명령 · 긴급 재정 경제 처분 및 명령, 계엄과 그 해제, 헌법 개정안과 그 법률안, 예산안 및 결산안, 국회의 해산, 정당 해산의 제소 등 17개항은 반드시 국무 회의의 의결을 거쳐야 한다.

▶ 국무위원과 장관

국무위원은 합의제 정책 심의기
관인 국무회의의 구성원인 데 반
해, 행정 각부의 장은 국무회의
에서 심의하고 대통령이 결정한
정책을 대외적으로 집행하는 행
정관청이다.
국무위원으로서 국무회의에 참가
하는 경우에는 법적으로 대통령,
국무총리와 동등한 지위에 있지
만, 행정 각부의 장으로서는 대통
령은 물론 그 상급 행정 관장인
국무총리가 대통령의 명을 받아서
하는 지휘·감독에 따른다.
국무위원의 경우에는 그 사무에
한계가 없지만, 행정 각부의 장
인 경우에는 자신의 부의 관할에
속하는 사항만을 담당하는 사무
의 한계가 있다.

－대통령의 국법상 행위에 대해서 부서의 의무가 있으며, 국무위원의 임명에 대한 제청권과 국무위원 해임 건의권을 가진다.

－국회는 대통령에게 국무총리의 해임을 건의할 수 있다.

· 국무위원

－국무위원은 국무회의의 구성원이며 국무총리의 제청에 의하여 대통령이 임명한다.

－15인 이상 30인 이하이며 군인은 현역을 면한 후가 아니면 임명될 수 없다.

－국무위원은 국무회의의 구성원으로서 국무회의에 안건을 제출할 수 있다.

－대통령이 문서로써 하는 국법상 행위에 대하여는 부서할 권한과 책임이 있다.

ⓒ 행정 각부 : 행정 각부는 대통령을 수반으로 하는 정부의 구성단위로서 대통령 또는 국무총리의 지휘·통할하에 법률이 정하는 소관 사무를 담당하는 중앙행정기관이다. 행정 각부의 장은 법률이 정하는 바에 따라서 소관 사무를 결정·집행할 수 있는 권한을 가지며, 부령을 제정·공포하는 권한을 가진다. 행정 각부의 장은 국무위원 중에서 국무총리의 제청에 의하여 대통령이 임명하며 국무위원이 아닌 자는 행정각부의 장이 될 수 없다.

③ 감사원 : 감사원은 원장을 포함한 5인 이상 11인 이하의 감사위원(임기 4년)으로 구성되는 독립된 합의제 기관으로 1차에 한하여 중임이 가능하고, 국가의 세입·세출의 결산, 국가 및 법률이 정한 단체의 회계검사와 행정기관 및 공무원의 직무에 관한 감찰을 하기 위하여 대통령의 소속하에 설치된 헌법상 필수기관이다.

④ 선거관리위원회

㉠ 헌법상 지위 : 헌법상 필수기관이며, 합의제 기관이다.

㉡ 구성 : 선거관리위원회는 중앙 선거관리위원회, 시·도 선거관리위원회, 시·군·구 선거관리위원회로 구성된다. 중앙 선거관리위원회는 대통령이 임명하는 3인, 국회에서 선출하는 3인, 대법원장이 지명하는 3인의 위원으로 구성하며 위원장은 위원 중에서 호선(互選)한다.

㉢ 임기와 신분보장 : 위원의 임기는 6년이며, 연임이 가능하나, 정당에 가입하거나 정치에 관여할 수 없다. 위원은 탄핵 또는 형벌에 의하지 아니하고는 파면되지 아니한다.

㉣ 권한 : 중앙 선거관리위원회는 법령의 범위 내에서 선거관리·국민투표관리 또는 정당사무에 관한 규칙을 제정할 수 있으며 선거사무와 국민투표사무에 관하여 관계 행정기관에 필요한 지시를 할 수 있다.

⑤ 사법부

㉠ 법원의 헌법상 지위

- **사법기관으로서의 지위** : 헌법 제101조 제1항은 "사법권은 법관으로 구성된 법원에 속한다"고 규정하여 사법에 관한 권한은 원칙적으로 법원이 행사함을 의미하고 있다.
- **중립적 권력으로서의 지위** : 행정권에 의한 권리 침해와 의회의 다수파에 의한 부당한 입법으로부터 국민의 자유와 권리를 보장하기 위해서는 사법권의 독립이 엄격히 확보되어야 한다.
- **기본권과 헌법보장기관으로서의 지위** : 사법부는 국민의 기본권이 침해된 경우에는 그 보장을 위한 기관이다. 또한 재판을 통하여 원내다수파의 횡포와 그 자의적인 입법으로부터 헌법을 수호하는 기능을 담당한다.

㉡ 사법권의 독립

- **개념** : 사법권의 독립이란 법관이 어떠한 외부적 간섭을 받음이 없이 헌법과 법률, 양심에 따라 독립하여 심판하는 것을 의미하며, 사법권의 독립에는 재판상 독립과 법원의 독립, 법관의 신분상 독립을 포함한다.
- **사법권 독립의 목적** : 권력 분립의 원리를 실천하고 법치국가에 부합한 안정적 법질서를 유지하며 국민의 자유와 권리를 보장하기 위함에 있다.
- **법원의 독립** : 권력분립의 원리에 따라 법원의 조직·운영·기능면에서 입법부와 행정부 등의 국가권력기관으로부터 독립하여야 한다는 것을 의미한다.
- **법관의 독립**
- 개념 : 법관이 재판을 행함에 있어 자의가 아닌 헌법과 법률, 양심에 따라야 하며 여타의 국가기관이나 정치권으로부터 영향을 받지 않아야 함을 의미한다.

check

▶ 헌법 제101조
① 사법권은 법관으로 구성된 법원에 속한다.
② 법원은 최고법원인 대법원과 각급 법원으로 조직된다.
③ 법관의 자격은 법률로 정한다.

check

-내용

구분		내용
법관의 재판상 독립	개념	헌법과 법률, 양심에 근거한 재판
	헌법 규정	헌법 제103조 법관은 헌법과 법률에 의하여 그 양심에 따라 독립하여 심판한다.
법관의 신분상 독립	개념	법관 인사를 독립시키고 자격과 임기를 법률로 규정함으로써 법관의 신분을 보장
	헌법 규정	헌법 제104조 제3항 대법원장과 대법관이 아닌 법관은 대법관회의의 동의를 얻어 대법원장이 임명한다. 헌법 제106조 제1항 법관은 탄핵 또는 금고 이상의 형의 선고에 의하지 아니하고는 파면되지 아니하며, 징계처분에 의하지 아니하고는 정직·감봉 기타 불리한 처분을 받지 아니한다.
	법률 규정	법원조직법 제44조 제1항 판사의 보직은 대법원장이 행한다. 법원조직법 제49조 법관은 재직 중 다음의 행위를 할 수 없다. 1. 국회 또는 지방의회 의원이 되는 일 2. 행정부서의 공무원이 되는 일 3. 정치운동에 관여하는 일 4. 대법원장의 허가 없이 보수 있는 직무에 종사하는 일 5. 금전상의 이익을 목적으로 하는 업무에 종사하는 일 6. 대법원장의 허가 없이 보수의 유무를 불문하고 국가기관 외의 법인·단체 등의 고문, 임원, 직원 등의 직위에 취임하는 일

ⓒ 사법제도의 운영
  • 재판의 형태
  -판결 : 당사자를 심문하고, 변론을 하며, 증거를 조사하여 주문과 이유라는 완성된 절차를 거치는 재판을 의미한다.
  -결정·명령 : 재판은 판결에 의하는 게 원칙이지만, 모든 사건에 대해 판결을 하게 되면, 법원의 업무량이 과도해지며, 그만큼 소송이 지연될 수 있다. 따라서 법에 정한 일정한 경우는 결정과 명령이라는 비교적 간단한 절차로 해결하게 된다.
  • 재판의 심급제도
  -의의 : 헌법 제101조 제2항에서 법원은 최고법원인 대법원과 각급 법원으로 조직된다는 규정을 두고 있다. 심급제도는 재판을 몇 번까지 받을 수 있느냐의 문제로 헌법에서는 몇 개의 심급으로 한다는 직접적인 규정은 두고 있지 않다.

- 3심제의 원칙 : 비록 직접적 규정은 없더라도 법원조직법과 각종의 소송법에서는 1심(원심)에 대한 항소와 상고(대법원)를 규정함으로써 3심제를 기본으로 하고 있다.
- 3심제의 운영

[민·형사 재판] [행정·가사·선거·특허 재판] [군사 재판] [명령·결정]

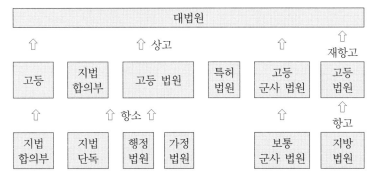

- **상소제도** : 제1심(원심재판)에 불복하여 제기하는 2심의 소를 항소(抗訴)라고 하며, 항소에 불복하여 제기하는 3심의 소를 상고라고 한다. 상고는 대법원에서 관할하게 된다. 항고(抗告)란 법원의 결정이나 명령에 불복하여 이의를 제기하는 불복절차이며 재항고란 항고에 불복하는 경우와, 항소법원의 결정 및 명령에 대한 불복절차로 대법원에서 재판한다.
- **공개재판주의**
- 개념 : 재판의 심리와 판결을 공개하는 재판 원칙을 의미한다.
- 목적 : 국민과 여론의 감시를 통해 재판의 공정성을 확보하고 소송 당사자의 인권을 보장하며 재판에 대한 국민의 신뢰도를 확보하려는 데 있다.
- 내용 : 재판의 심리와 판결은 원칙적으로 공개하되, 심리는 일정한 경우 공개에 대한 예외가 있을 수 있다. 하지만, 판결은 반드시 공개해야 한다.
- **증거재판주의**
- 개념 : 재판에서 사실을 확정하고 인정하는 것은 모두 증거에 의해야 한다는 원칙이다.
- 적용영역 : 민사, 형사, 행정 재판 등 광범위하게 적용되나 특히 중요한 것은 피고의 인권보호의 중요성으로 형사소송에서 강조되고 있다. 형사소송법 제307조에서 사실의 인정은 증거에 의하여야 한다는 규정을 두고 있다. 신체의 자유에서 언급되었던 헌법 제12조 제7항의 "정식재판에 있어서 피고인의 자백이 그에게 불리한 유일한 증거일 때에는 이를 유죄의 증거로 삼거나 이를 이유로 처벌할 수 없다."는 규정과도 밀접히 관련되어 있다.

check

▶ 3심제의 예외
- 2심제 : 특허 재판, 선거재판(지방의회 의원, 기초 자치단체장)
- 단심제 : 비상 계엄하의 군사재판, 선거재판(대통령·국회의원·광역 자치 단체장)

▶ 비약적 상고(飛躍的 上告)
- 민사소송법상 제1심법원의 종국판결 후 당사자 쌍방이 상고할 권리를 유보하고 항소를 하지 않는다는 합의에 의해서 하게 되는 상고를 말한다. 이 경우에 상고법원은 원심판결의 사실확정이 법률에 위배됨을 이유로 그 판결을 파기하지 못한다.
- 형사소송법상 원심판결이 인정한 사실에 대하여 법령을 적용하지 아니하였거나 법령의 적용에 착오가 있는 때, 또는 원심판결이 있은 후 형의 폐지·변경·사면이 있는 때에 제1심판결에 대하여 항소를 하지 아니하고 직접 상고법원에 행하는 상고를 말한다.

▶ 헌법 제109조
재판의 심리와 판결은 공개한다. 다만, 심리는 국가의 안전보장 또는 안녕질서를 방해하거나 선량한 풍속을 해할 염려가 있을 때에는 법원의 결정으로 공개하지 아니할 수 있다.

check

• 법관의 임기와 신분보장

– 법관의 자격과 임명 : 대법원장은 국회의 동의를 얻어 대통령이 임명하고, 대법관은 대법원장의 제청으로 국회의 동의를 얻어 대통령이 임명하게 되어 있다. 대법원은 대법원장을 포함한 14인으로 구성된다. 대법관이 아닌 판사는 대법관 회의의 동의를 얻어 대법원장이 임명하게 되어 있다.

– 법관의 임기 : 대법원장과 대법관의 임기는 6년이고, 판사의 임기는 10년이다. 대법원장은 중임할 수 없으나 대법관과 판사는 연임이 가능하다.

– 파면의 제한 : 법관은 탄핵 또는 금고 이상의 형의 선고 이외에는 파면되지 않는다.

– 불리한 처분의 제한 : 법관은 징계처분에 의하지 않고는 정직, 감봉되거나 불리한 처분을 받지 않는다.

– 강제퇴직의 제한 : 법관은 중대한 심신상의 장해로 직무를 수행할 수 없을 때에만 강제 퇴직할 수 있다.

– 강제휴직의 제한 : 병역의무, 법률연수 등의 특정한 경우를 제외하고 법관은 강제로 휴직을 당하지 않는다.

• 법관의 의무 : 법관은 국회 또는 지방의회의 의원이 될 수 없고, 정부 공무원이 될 수 없으며, 정치운동에 관여할 수 없다. 또한 사적인 업무, 기타 단체와 겸임해서는 안되는 겸직금지 의무가 있다.

② 배심제도

• 의의 : 일반 시민도 재판의 구성원이 되어 사법절차에 참여할 수 있는 제도를 의미하며 영국에서 일찍이 시작되었고, 독일, 프랑스 등의 유럽 국가는 참심제를 시행했으며 현재는 미국에서 가장 발달한 제도이다.

• 미국의 배심제도

– 배심원의 특징 : 배심원은 법률문제는 관여하지 않으며 사실문제만을 심리한다. 배심재판은 미국 헌법상의 강력한 권리이자 기본권 보호 제도로 인식되고 있다.

– 소배심 : 최대 12인의 배심원으로 구성되고 민사사건 및 형사사건에 있어서 사실문제에 관한 심리를 담당하며 원칙적으로 전원일치로 평결한다.

– 대배심 : 기소배심이라고도 하는 대배심은 최대 23인으로 구성되며 사형을 선고하는 경우와 같은 형사 중죄 사건에서 기소여부를 결정하기 위한 배심을 의미한다.

– 배심원의 자격 : 18세 이상의 시민권자를 대상으로 무작위 추출한다.

• 우리나라의 배심제도(국민참여재판) : 우리나라는 2008.1.1.부터 국민의 형사재판 참여에 관한 법률이 제정되어 시행되고 있다. 미국과 비교하여 가장 큰 특징은 강력한 헌법상의 제도로 볼 수 없고, 형사사건에만 적용되며, 피고인이 원하지 않을 경우 또는 법원이 배제결정을 하는 경우는 열지 않아도 되는 특징이 있다.

⑥ 헌법재판소

　㉠ 헌법재판소의 지위 : 헌법재판소는 헌법에 규정된 헌법재판 기관이자, 정치적 사법기관이다. 또한, 기본권을 보장하는 역할을 하고, 권력을 통제하는 위치에 있다.

　㉡ 헌법재판소의 구성 : 헌법재판소는 법관의 자격을 가진 9인의 재판관으로 구성하며, 국회에서 선출하는 3인과 대통령이 지명하는 3인, 대법원장이 지명하는 3인을 포함하여 9인의 재판관은 대통령이 임명한다. 헌법재판소의 장은 국회의 동의를 얻어 재판관 중에서 대통령이 임명하며, 재판관의 임기는 6년으로 연임할 수 있다.

　㉢ 헌법재판소의 권한 : 위헌법률심판권 · 탄핵심판권 · 위헌정당해산심판권 · 권한쟁의 심판권 · 헌법소원심판권을 보유하는 바, 중요한 것은 다음과 같다.

　　• 위헌법률심판

　　－개념 : 법률이 기본권을 침해하고 해당 법률이 재판의 전제가 된 경우 위헌법률심판을 할 수 있다.

　　－헌법규정 : 헌법 제107조 제1항에 따라 "법률이 헌법에 위반되는 여부가 재판의 전제가 된 경우에는 법원은 헌법재판소에 제청하여 그 심판에 의하여 재판한다."는 규정을 두고 있다.

　　－요건과 효과

요건		개념요소
심판대상		법률이 헌법에 위반되는 여부
제청권자		법원이 당사자의 신청 또는 직권으로 헌법재판소에 제청함
재판의 전제성		침해하고 있는 법률이 재판에 적용되는 법률이어야 하고, 그러한 법률 때문에 다른 내용의 재판을 하게 될 수 있는 경우
결정유형	각하결정	청구의 요건을 갖추지 못하여 심사를 하지 않는 경우
	합헌결정	헌법재판소 재판관의 위헌의견이 6인을 넘지 못하는 경우
	위헌결정	헌법재판소 재판관 6인 이상이 위헌이라고 판단한 경우
	헌법불합치 결정	국회의 입법권을 존중하고 법적 공백상태를 방지하기 위해 특정 시기까지만 효력이 있고 이후에 새로운 법을 제정 또는 개정하라는 입법촉구결정을 함께 함
위헌결정 효력		헌법재판소법 제47조에 따라 위헌으로 결정된 법률 또는 법률조항은 결정이 있는 날부터 효력을 상실함

　　• 탄핵심판 : 고위공무원(대통령, 장관, 차관 등)의 직무상 비리 등을 이유로 국회의 의결을 거쳐 헌법재판소의 결정으로 공직에서 파면시키는 제도이다.

▶ 기관소송과 권한쟁의 심판
　공공기관의 권한이 충돌하는 경우 대법원의 기관소송과 헌법재판소의 권한쟁의 심판 모두 제기될 수 있다. 이에 대한 구분은 그리 명확하지 않은 편이다.

▶ 헌법재판소법 제41조
　① 법률이 헌법에 위반되는지 여부가 재판의 전제가 된 경우에는 당해 사건을 담당하는 법원은 직권 또는 당사자의 신청에 의한 결정으로 헌법재판소에 위헌 여부 심판을 제청한다.
　④ 위헌 여부 심판의 제청에 관한 결정에 대하여는 항고할 수 없다.

▶ 재판의 전제성
　문제된 법률 또는 법률조항이 당해 소송사건에 적용될 법률이어야 하고 그 위헌 여부에 따라 재판의 주문이 달라지거나 재판의 내용과 효력에 관한 법률적 의미가 달라지는 경우에만 청구할 수 있다.

▶ 헌법재판소법 제68조
　① 공권력의 행사 또는 불행사로 인하여 헌법상 보장된 기본권을 침해받은 자는 법원의 재판을 제외하고는 헌법재판소에 헌법소원심판을 청구할 수 있다. 다만, 다른 법률에 구제절차가 있는 경우에는 그 절차를 모두 거친 후에 청구할 수 있다.
　② 제41조 제1항의 규정에 의한 법률의 위헌여부심판의 제청신청이 기각된 때에는 그 신청을 한 당사자는 헌법재판소에 헌법소원심판을 청구할 수 있다.

▶ 헌법재판소법 제45조(위헌결정)
　헌법재판소는 제청된 법률 또는 법률조항의 위헌여부만을 결정한다. 다만, 법률조항의 위헌결정으로 인하여 당해 법률 전부를 시행할 수 없다고 인정될 때에는 그 전부에 대하여 위헌의 결정을 할 수 있다.

▶ 헌법재판소법 제47조(위헌결정의 효력)
　① 법률의 위헌결정은 법원 기타 국가기관 및 지방자치단체를 기속한다.
　② 위헌으로 결정된 법률 또는 법률의 조항은 그 결정이 있는 날로부터 효력을 상실한다.
　③ 다만, 형벌에 관한 법률 또는 법률의 조항은 소급하여 그 효력을 상실한다.

• 헌법소원 심판
－개념 : 공권력의 행사 또는 불행사로 헌법상 보장된 기본권이 침해된 경우 헌법재판소에 기본권 침해 여부에 대한 심사를 청구하여 구제받는 제도이다.
－헌법소원 심판의 종류

구분	개념(헌법재판소법 제68조)	특징
권리구제형 헌법소원	공권력의 행사 또는 불행사로 헌법상 보장된 기본권을 침해당한 자가 청구하는 헌법소원	전형적인 경우
위헌심사형 헌법소원	위헌법률심판의 제청신청이 법원에 기각된 경우 제청신청을 한 당사자가 청구하는 헌법소원	위헌법률심판과 밀접

－헌법소원 심판 청구의 요건 : 자신의 기본권이 침해당한 경우이어야 하고(직접성), 현재 침해되고 있어야 하며(현재성), 다른 법률에 정한 절차가 있다면 그 절차를 모두 거친 후에만 가능하다(보충성). 또한 변호사를 반드시 선임해야 하는 변호사 강제주의가 적용된다.
－결정유형

구분	내용
각하결정	헌법소원이 형식적, 절차적 요건에 위배된 경우 내용 심사를 거부하는 것
심판절차종료선언	청구인이 사망하였거나, 청구를 취하하는 경우 종료를 선언
기각결정	내용을 심사했지만 청구인의 주장이 받아들여지지 않은 경우
인용결정	청구인의 기본권이 침해되었음을 인정하는 경우

－인용결정의 효력 : 공권력의 행사로 인한 침해에 대해 인용결정이 있는 경우 공권력 행사를 중지하여야 하고, 공권력의 불행사로 인한 침해에 대해 인용결정이 있는 경우 새로운 처분을 해야 한다.

1 다음 헌법의 분류 중 뢰벤슈타인의 분류에 속하지 않는 것은?

① 헌법 규범과 헌법 현실이 일치하는 헌법

② 헌법 규범과 헌법 현실이 일치하지 않는 헌법

③ 통상의 법률과 같은 절차와 방법으로 개정할 수 있는 헌법

④ 독재자 또는 특정 집단이 자신들의 지배를 정당화하기 위한 수단으로 이용하는 헌법

> **NOTE** ③은 연성헌법으로 개정절차의 난이도에 의한 분류에 속한다.
> ① 규범적 헌법
> ② 명목적 헌법
> ④ 장식적 헌법

2 우리나라 헌정사(憲政史) 중 제9차 개헌의 내용으로 옳지 않은 것은?

① 임기 5년의 단임제

② 행복추구권과 환경권 신설

③ 대통령의 국회 해산권 삭제

④ 국회의 국정 감사권 부활

> **NOTE** ② 제8차 개헌의 내용 중 하나이다.
> ※ 제9차 개헌의 내용
> • 대통령 직선제 및 임기 5년의 단임제
> • 대통령의 국회 해산권 삭제와 비상 조치권 삭제
> • 국회의 국정 감사권 부활
> • 국민의 기본권 강화

Answer. 1.③ 2.②

3 다음은 민주 선거의 원칙에 대한 내용이다. 옳지 않은 것은?

① 보통선거 – 우리나라는 20세 이상의 모든 국민에게 선거권을 인정하고 있다.
② 평등선거 – 모든 사람에게 동등한 투표권을 부여해야 한다.
③ 직접선거 – 유권자가 후보자를 선택할 때에는 투표 외에 어떠한 변수도 개입되어서는 안된다.
④ 비밀선거 – 현행 선거법에서는 무기명 투표와 투표 내용에 대한 진술 거부제를 인정하고 있다.

NOTE ① 우리나라는 19세 이상의 모든 국민에게 선거권을 인정하고 있다.

4 헌법 개정의 절차 중 옳지 않은 것은?

① 국회 재적의원 과반수 또는 대통령의 발의로 제안된다.
② 제안된 헌법 개정안은 대통령이 15일 이내의 기간 동안 공고하여야 한다.
③ 국회는 헌법 개정안이 공고된 날로부터 60일 이내에 의결해야 한다.
④ 국회가 의결한 후 30일 이내에 국민투표에 부쳐 국민투표자 과반수의 찬성을 얻어야 한다.

NOTE ② 헌법 개정안은 대통령이 20일 이상의 기간 동안 공고해야 한다.

5 H. Kelsen의 근본규범에 관한 설명으로 옳지 않은 것은?

① 법질서의 단계구조에 있어서 최상에 위치한다.
② 규범이 아닌 존재사실로 파악하였다.
③ 법인식에 있어서 선험이론적 전제이다.
④ 역사적 또는 순서상 최초의 헌법에 권한을 위임한다.

NOTE H. Kelsen은 근본규범은 규범이라고 본다. 또한 헌법의 타당성의 근거를 근본규범으로 보며, 기본권을 국가와 법질서에 대한 국민의 관계로 하면서 특히 법질서에 복종해야 할 수동적 관계로서의 의무를 강조하는 관계이론을 정립하였다.

Answer. 3.① 4.② 5.②

6 헌법이론에 관한 설명으로 옳지 않은 것은?

① R. Smend는 기본권을 국가생활을 통합하는 계기이며 가치체계로 파악한다.
② G. Jellinek는 국가는 하나의 강제질서인 동시에 중앙집권적 법질서이며, 이것은 여러 규범의 단계구조를 이루는 것이라 한다.
③ H. Kelsen은 국가와 헌법의 관계에 대하여 국가 그 자체가 헌법질서를 의미한다고 보았다.
④ T. Maunz는 헌법제정권력의 한계긍정설을 주장하였다.

NOTE ② H. Kelsen의 법단계설이다.

7 R. Smend의 헌법이론에 대한 설명으로 옳지 않은 것은?

① 헌법변천의 가능성을 인정하지 않는다.
② 모든 헌법규정을 통일성에 기초하여 해석하려 한다.
③ 그의 통합주의적 헌법관은 Hegel의 국가철학을 기초로 한다.
④ 국가에 대한 동적·기능적 이해를 강조한다.

NOTE ① R. Smend의 헌법관은 동적 요소를 강조한다. 따라서 동적 헌법의 현실적응력을 위하여 헌법변천과 개정은 폭넓게 인정될 필요가 있다고 보았다.

8 기본권의 주체에 관한 서술로 타당성이 가장 적은 것은? (다툼이 있는 경우 판례에 의함)

① 기본권의 성질상 인간의 권리에 해당하는 기본권은 외국인도 그 주체가 될 수 있다고 할 때 그것은 기본권 행사능력을 가짐을 의미한다.
② 태아의 경우에는 생명권 등 한정된 기본권에 대해서만 그 주체가 될 수 있다.
③ 미성년자의 인격권은 성인과 마찬가지로 헌법 제10조에 의하여 보호된다.
④ 법인도 결사의 자유의 주체가 된다.

NOTE ① 기본권 행사능력이 아닌 기본권 향유능력을 가짐을 의미한다.

9 신체의 자유와 관련된 다음 기술 중 옳지 않은 것은? (다툼이 있는 경우 판례에 의함)

① 후보자의 배우자가 공직선거법 소정의 범죄를 범함으로 인하여 징역형 또는 300만 원 이상의 벌금형의 선고를 받은 때에는 그 후보자의 당선을 무효로 하는 것은 헌법 제13조 제3항에서 금지하고 있는 연좌제에 해당한다.

② 비상계엄이 선포된 때에는 법률이 정하는 바에 의하여 영장제도에 관하여 특별한 조치를 할 수 있다.

③ 누구든지 체포 또는 구속을 당한 때에는 즉시 변호인의 조력을 받을 권리를 가진다. 다만, 형사피고인이 스스로 변호인을 구할 수 없을 때에는 법률이 정하는 바에 의하여 국가가 변호인을 붙인다.

④ 미결수용자 또는 변호인이 원하는 특정한 시점에 접견이 이루어지지 못하였더라도 곧바로 변호인의 조력을 받을 권리가 침해되는 것은 아니다.

> **NOTE** ① 배우자는 후보자와 일상을 공유하는 자로서 선거에서는 후보자의 분신과도 같은 역할을 하게 되는 바, 이 사건 법률조항은 배우자가 죄를 저질렀다는 이유만으로 후보자에게 불이익을 주는 것이 아니라 후보자와 불가분의 선거운명공동체를 형성하여 활동하게 마련인 배우자의 실질적 지위와 역할을 근거로 후보자에게 연대책임을 부여한 것이므로 헌법 제13조 제3항에서 금지하고 있는 연좌제에 해당하지 아니한다.(헌재 2005.12.22, 2005헌마19)

10 정당제도에 관한 다음 기술 중 옳지 않은 것은?

① 현행헌법은 복수정당제를 보장하고 있다.

② 정당이 그 소속 국회의원을 제명하기 위해서는 당헌이 정하는 절차를 거치는 외에 그 소속 국회의원 전원의 2분의 1 이상의 찬성이 있어야 한다.

③ 위헌정당해산제도는 이른바 방어적 민주주의를 실현하기 위한 수단이라고 볼 수 있다.

④ 현행법상 헌법재판소에 의하여 해산된 정당소속의 국회의원은 의원직을 상실하도록 하고 있다.

> **NOTE** ④ 현행법상 헌법재판소에 의하여 해산된 정당소속 국회의원의 자격을 명시한 규정은 없다.

11 방어적 민주주의에 대한 설명으로 옳지 않은 것은?

① 방어적 민주주의는 원래 나치즘과 파시즘 등의 전체주의에 대항하는 의미를 가지고 있었다.

② 제2차 세계대전 이후에는 공산주의를 배격하는 자본주의의 논리로 사용되었다.

③ "자유의 적에게는 자유가 없다."는 사상을 기초로 한다.

④ 1958년 우리나라의 진보당도 방어적 민주주의의 논리에 따라 대법원의 판결로 해산되었다.

> **NOTE** ④ 헌법재판소와 법원은 일련의 국가보안법 위반사건에서 자유민주주의를 헌법의 최고이념으로 규정하면서 이를 수호하기 위한 수단으로서의 방어적 민주주의를 인정하고 있다. 또한 제1공화국 헌법에서는 정당조항이 없었기 때문에 위헌정당 해산심판도 없었으며, 따라서 1958년 진보당 사건은 등록취소라는 행정처분에 의하여 강제해산된 사건이다.

12 헌법제정권력이론에 관한 기술로 옳지 않은 것은?

① E.J. Siéyès는 헌법제정권력의 시원성에 주안점을 둔다.

② C. Schmitt는 헌법제정권력의 혁명성에 무게를 둔다.

③ 법실증주의에서는 이미 있는 헌법을 전제로 접근하여 헌법제정 전의 제정권력이라는 것을 인정하지 않는다.

④ Rousseau는 제헌의회가 국민을 대신하여 헌법을 제정할 수 있다고 보았다.

> **NOTE** ④ 제헌의회를 통한 헌법의 제정을 주창한 이는 Siéyès이다.

13 헌법개정의 한계에 관한 설명으로 옳지 않은 것은?

① 헌법조항 간에는 근본적 규범과 일반적 규범이 있어 이의 차등적 가치를 인정하는 것이 헌법개정 한계설의 근거이다.

② 헌법개정 무한계설은 현재의 규범이나 가치에 의해 장래의 세대를 구속하는 것은 부당하다는 것을 근거로 한다.

③ 법실증주의에서는 헌법개정의 한계를 부정한다.

④ 헌법제정권과 헌법개정권을 구별하지 않는 경우 헌법개정의 한계를 인정한다.

> **NOTE** ④ 헌법제정권과 개정권을 구별하지 않는 법실증주의의 경우에 헌법개정에 있어 한계란 존재하지 않는다. 두 권력의 구별과 위계질서를 인정할 때 헌법개정의 한계가 도출된다.

Answer. 11.④ 12.④ 13.④

14 헌법변천에 관한 설명으로 옳지 않은 것은?

① 헌법에 위반되는 관행이나 선례가 누적될 경우 헌법변천이 이루어질 수 있다.

② 헌법변천의 대표적인 예는 미국 대법원의 위헌법률심사제이다.

③ 통합론자들은 대체로 폭넓은 헌법의 변천을 인정한다.

④ 우리나라의 제3공화국 헌법에서 지방자치에 관한 규정이 관치행정으로 운용된 것이 헌법변천의 예이다.

NOTE ③ 통합론자들은 헌법의 변천을 최소한으로 인정한다.

15 다음 중 방어적 민주주의와 관련이 먼 것은?

① 가치구속적 민주주의

② 헌법수호수단

③ 가치중립적 민주주의

④ 민주주의 소극적 보장

NOTE 방어적 민주주의는 가치구속적 민주주의관의 산물이며, 헌법수호의 한 수단을 의미한다. 방어적 민주주의는 소극적 방어수단으로서의 한계가 존재한다.

16 헌법의 침해나 파괴를 미연에 방지하기 위한 사전예방적 보장으로 볼 수 있는 것은?

① 국회의 국정감사 · 조사제도

② 권력분립제도

③ 국무총리 · 국무위원의 해임건의제도

④ 위헌정당의 강제해산제도

NOTE 사전예방적 헌법수호방법 … 헌법의 최고법규성의 간접적 선언, 헌법수호의무의 선서, 국가권력의 분립, 방어적 민주주의 채택 등

Answer. 14.③ 15.③ 16.②

17 대통령의 비상적 · 긴급권적 권한에 관한 설명으로 옳지 않은 것은?

① 동원되는 국가권력이 계엄의 경우에는 병력인 데 비하여 긴급명령의 경우에는 경찰력이다.

② 긴급명령과 긴급재정 · 경제처분 및 그 명령 모두 국회의 해제요구나 해제건의가 허용된다.

③ 긴급명령은 국가의 보위를 그 목적으로 들고 있는 점에서 1980년 헌법상의 비상조치와 유사하다.

④ 계엄은 국회의 집회 여부와 관계없이 선포할 수 있는 데 비하여 긴급명령은 국회의 집회가 불가능한 경우에 한한다.

> **NOTE** ② 긴급명령과 긴급재정 · 경제처분 및 그 명령을 한 때에는 지체없이 국회에 보고하여 그 승인을 얻어야 하며, 승인을 얻지 못한 때에는 그때부터 효력을 상실한다〈헌법 제76조 제3항, 제4항〉.
> ※ 계엄선포 시에는 대통령이 지체없이 국회에 통고하여야 하며, 국회가 재적의원 과반수의 찬성으로 계엄의 해제를 요구한 때에는 대통령은 이를 해제하여야 한다〈헌법 제77조 제4항, 제5항〉.

18 다음 중 저항권에 관한 설명으로 옳지 않은 것은?

① Locke는 위임계약론을 기초로 국가에 대한 보호를 주장하여 시민의 자유와 권리를 침해한 국가권력에 대한 저항권을 인정하였다.

② 법실증주의는 실정법상의 권리만을 인정하므로 저항권을 인정하지 않는다.

③ 저항권은 헌법적 기본질서와 심각한 불법이 수반된 법률제정 등에 대하여 행사할 수 있다.

④ 우리 대법원은 여러 판결에서 저항권의 개념을 부정하지만, 헌법재판소는 간접적으로 인정하고 있다.

> **NOTE** ③ 저항권은 보충성과 최후수단성, 성공가능성을 그 행사요건으로 하며, 헌법의 기본적 가치질서의 침해에 대해서 행사할 수 있다. 개별적 법률제정으로 말미암은 침해 등은 시민 불복종 등의 다른 방법을 사용하여야 할 것이다.

19 대통령의 국가긴급권에 대한 설명으로 옳지 않은 것은?

① 대통령의 긴급명령이 국회의 승인을 얻지 못한 경우에는 그때부터 효력을 상실한다.

② 긴급처분·긴급명령을 한 때에는 지체 없이 국회에 보고하여 승인을 얻어야 하나, 계엄을 선포한 때에는 국회에 통고하면 된다.

③ 긴급재정·경제명령으로 법률을 개폐할 수 있는 것은 아니다.

④ 긴급명령권은 국가의 안위에 관계되는 중대한 교전상태에 있어서 국가를 보위하기 위하여 긴급한 조치가 필요한 경우에 발할 수 있으나, 계엄 선포권은 국가비상사태에 있어서 병력으로써 공공의 안녕질서를 유지할 필요가 있을 때 발할 수 있다.

NOTE ③ 헌법 제76조 제1항에 의하여 긴급명령은 법률과 동일한 효력을 가지므로 기존의 법률을 개폐할 수 있다.

20 아래의 내용을 특징으로 한 헌법은 몇 차 개헌안인가?

> 대한민국 임시정부의 법통을 계승하며, 불의에 항거한 4·19 이념의 계승과 조국의 민주개혁의 사명을 명시하였다.

① 7차 개헌   ② 8차 개헌

③ 9차 개헌   ④ 10차 개헌

NOTE ③ 87년 6·10항쟁을 통해 직선제 민주 헌법이 마련되었다.

21 다음은 대한민국 헌법 개정의 역사이다. 옳지 않은 것은?

① 국민투표제를 최초로 도입한 것은 2차 개헌 때이다.

② 의원내각제를 도입하고 직업공무원제를 채택한 것은 3차 개헌이다.

③ 대통령 연임을 3기까지 허용한 것은 7차 개헌이다.

④ 대통령에게 긴급조치권과 국회해산권을 부여한 것은 8차 개헌이다.

NOTE 긴급조치권과 국회해산권의 부여는 박정희의 유신정권(제4공화국), 7차 개헌(유신헌법)의 내용이다.

Answer. 19.③ 20.③ 21.④

22 밑줄 친 ⊙, ⓒ에 나타난 헌법의 기본 원리를 실현하기 위한 방안을 바르게 고른 것은?

> 유구한 역사와 전통에 빛나는 우리 대한국민은 …… 자율과 조화를 바탕으로 ⊙자유민주적 기본질서
> 를 더욱 확고히 하여 …… 밖으로는 ⓒ항구적인 세계평화와 인류공영에 이바지함으로써 …… 국민투표
> 에 의하여 개정한다.

	⊙	ⓒ
①	권력 분립	침략적 전쟁 부인
②	사법권의 독립	사회 보장 제도 실시
③	최저 임금제 실시	국제법 존중
④	외국인의 지위 보장	정당 활동의 자유 보장

NOTE 제시된 방안들은 헌법의 기본 원리 중 ⊙자유 민주주의 ⓒ국제 평화주의에 해당한다.

23 다음 직업의 자유의 제한에 관한 설명 중 옳지 않은 것은?

① 안경사가 시력보정용 안경을 제조할 수 있게 하는 것은 안과의사의 전문적인 의료영역을 침해한 것이므로 위헌이다.

② 사립학교 교원은 형사사건으로 공소 제기되면 반드시 직위해제하도록 규정한 사립학교법 규정은 합리적 제한이 아니어서 직업의 자유에 위배되는 등 위헌이라는 것이 헌법재판소 판례이다.

③ 당구장 경영 영업주로 하여금 당구장 출입문에 18세 미만자의 출입금지 표시를 반드시 하도록 함은 직업수행의 자유에 대한 위헌적 제한이라고 함이 헌법재판소 판례이다.

④ 직업의 자유의 제한 중 가장 강도가 높은 것은 객관적 사유에 의한 직업선택의 자유의 제한이다.

NOTE ① 안경사가 시력보정용 안경을 제조할 수 있게 하는 것은 안과의사의 전문적인 의료영역을 정면으로 침해하는 것이라고 할 수는 없는 것이고, 나아가 그 규정이 청구인의 직업선택(수행)의 자유를 침해하여 위헌이라고 결정하기는 더욱 어려운 것이다.(헌재 1993.11.25, 92헌마87)

Answer. 22.① 23.①

24 국회의원 및 국회에 관한 설명으로 옳지 않은 것은?

① 국회의원은 국회에서 직무상 행한 발언과 표결에 관하여 국회 외에서 책임을 지지 아니한다.

② 국회의원인 현행범인은 회의장 내에서라도 의장의 명령 없이 이를 체포할 수 있다.

③ 본회의 또는 위원회의 의결로 공개하지 아니하기로 한 경우를 제외하고는 의장 또는 위원장은 회의장 안(본회의장은 방청석에 한한다)에서의 녹음·녹화·촬영 및 중계방송을 국회규칙이 정하는 바에 따라 허용할 수 있다.

④ 보궐선거에 의한 국회의원의 임기는 전임자의 잔임기간으로 한다.

> **NOTE** ② 국회 안에 현행범인이 있을 때에는 경위 또는 국가경찰공무원은 이를 체포한 후 의장의 지시를 받아야 한다. 다만 의원은 회의장 안에 있어서는 의장의 명령없이 이를 체포할 수 없다(국회법 제150조).

25 국민주권에 관한 기술로 옳지 않은 것은?

① 국민주권의 원리는 국민의 통치과정에의 참여방법에 따라 직접민주제와 간접민주제로 나뉜다.

② 언론·출판의 자유는 국민주권을 실질적으로 보장하는 수단이 된다.

③ 헌법재판소는 저조한 투표율에서는 선거의 대표성을 보장하지 못하므로 유효투표의 다수를 얻는다고 해도 국민주권주의에 반한다고 하였다.

④ 정당제도는 국민주권주의를 실현하기 위한 중요한 제도이다.

> **NOTE** ③ 헌법재판소는 저조한 투표율에도 불구하고 유효투표의 다수만 얻으면 당선인으로 결정하는 공직선거법 조항은 헌법의 선거원칙에 위반되지 않고, 차등 없이 투표참여의 기회를 부여했음에도 자발적으로 투표에 참여하지 않은 선거권자들의 의견도 존중해야 할 필요가 있으므로 선거의 대표성과 국민주권주의를 훼손하는 것이 아니라고 하였다(헌재 2003.11.27, 2003헌마259).

26 국가의 구성요소에 대한 설명으로 옳지 않은 것은?

① 주권이란 국내적으로는 최고의 권력, 국제적으로는 독립의 권력을 의미한다.

② 국민주권론(nation)은 대의제에 적합한 이론임에 반해, 인민주권론(peuple)은 직접민주제에 적합한 이론이라 할 수 있다.

③ 국적회복에 있어 법무부장관은 '품행이 단정하지 못한 자'에 대하여 국적회복을 허가하지 아니한다.

④ 국적상실자는 대한민국의 국민이었을 때 취득한 권리로서 양도 가능한 것은 그 권리와 관련한 법령이 달리 정하는 바가 없는 한 2년 내에 대한민국의 국민에게 양도하여야 한다.

NOTE ④ 3년 내에 양도하여야 한다(국적법 제18조 제2항).

27 다음 주장에 담긴 헌법의 기본 원리를 나타내고 있는 헌법 조항으로 가장 적절한 것은?

> 우리나라는 외환위기 이후 많은 사회적 변화를 경험하게 되었는데, 중요한 것 중 하나가 고용 형태의 변화이다. 이로 인해 실업은 아니지만 안심하고 일할 수 없는 비정규직의 확대가 사회 문제로 대두되고 있다. 특히 이들에 대한 대우가 열악하다는 점에서 사회와 정부의 관심이 필요하다.

① 제1조 제2항 : 대한민국의 주권은 국민에게 있고, 모든 권력은 국민으로부터 나온다.

② 제6조 제2항 : 외국인은 국제법과 조약이 정하는 바에 의하여 그 지위가 보장된다.

③ 제15조 : 모든 국민은 직업 선택의 자유를 가진다.

④ 제34조 제1항 : 모든 국민은 인간다운 생활을 할 권리를 가진다.

NOTE 제시된 자료 글에서는 모든 국민의 인간다운 삶을 보장하기 위한 복지 국가의 원리가 제대로 실현되어야 함을 강조하고 있다.
④ 모든 국민의 인간다운 생활을 할 권리는 복지 국가 원리의 핵심적인 내용이다.
①은 국민 주권의 원리, ②는 국제 평화주의 원리, ③은 자유 민주주의 원리를 나타내고 있는 헌법 규정이다.

Answer. 26.④ 27.④

28 다음 중 국적에 대한 설명으로 옳지 않은 것은?

① 우리 헌법은 국적에 관하여 근거만 두고, 구체적 사항은 법률로 정하도록 하여 단행법주의를 채택하고 있다.

② 국적변경의 자유는 거주·이전의 자유의 내용으로 보장되지만 무국적의 자유까지 여기에 포함되는 것은 아니다.

③ 국적은 성문의 법령을 통해서 비로소 존재하게 되는 것이므로 국가의 생성과 더불어 존재하는 것은 아니다.

④ 현행 국적법은 우리 국적과 외국 국적을 함께 가지게 된 복수 국적자는 일정기간 내에 하나의 국적을 선택하여야 한다고 규정한다.

> **NOTE** ③ 국적은 국가의 생성과 더불어 존재하는 것이므로, 헌법의 위임에 따라 국적법이 제정되나 그 내용은 국가의 구성요소인 국민의 범위를 구체화하는 헌법사항을 규율하고 있는 것이다(헌재 2000.8.31, 97헌가12).

29 현행 국적법에 관한 설명으로 옳지 않은 것은?

① 대한민국의 국민으로서 자진하여 외국 국적을 취득한 자는 그 외국 국적을 취득한 때에 대한민국의 국적을 상실한다.

② 대한민국의 국적을 취득한 외국인으로서 외국 국적을 가지고 있는 자는 대한민국의 국적을 취득한 날로부터 1년 내에 그 외국 국적을 포기하여야 한다.

③ 현행 국적법은 부모양계 혈통주의를 채택하고 있다.

④ 외국인의 자식으로서 대한민국 민법상 미성년인 자는 그 부 또는 모가 귀화허가를 받아 대한민국 국적을 취득함으로써 대한민국 국적을 취득한다.

> **NOTE** ④ 수반취득의 경우로서 그 부 또는 모가 귀화허가를 신청할 때 함께 국적취득을 신청할 수 있고, 이 경우 국적취득을 신청한 사람은 그 부 또는 모가 대한민국 국적을 취득한 때에 함께 국적을 취득한다(국적법 제8조).

Answer. 28.③ 29.④

30 우리 헌정사에 관한 기술로 옳지 않은 것은?

① 이른바 발췌개헌의 내용은 대통령과 부통령의 직선제, 국회의 양원제, 국회의 국무원불신임제, 국무위원임명에 있어서 국무총리의 제청권 등이었다.

② 제5차 개헌은 헌법상의 개정절차를 따르지 아니하고 국가재건비상조치법이 규정한 국민투표에 의해 개정되었다는 점에서 법리상 문제가 있다.

③ 국민투표제는 제2차 개정헌법에서 처음으로 도입되었으나 주권의 제약 또는 영토의 변경을 가져올 국가안위에 관한 중대 사항에 관한 경우에 한정되었다.

④ 인간의 존엄성 조항은 제2공화국(1960년) 헌법에서 처음 규정되어 현행 헌법에 이르고 있다.

NOTE ④ 인간의 존엄성 조항은 제3공화국(1962년) 헌법에서 처음으로 규정되었다.

31 밑줄 친 '이것'에 해당하는 민주 정치의 원리로 적절한 것은?

> • '이것'을 가리켜 '민주주의의 학교'라고도 한다.
> • 3권 분립이 수평적 권력 분립이라면 '이것'은 수직적 권력 분립이라고 할 수 있다.

① 입헌주의의 원리 　　　　　　② 국민주권의 원리
③ 대의정치의 원리 　　　　　　④ 지방자치의 원리

NOTE 자료는 지방자치제도를 의미하는 것으로, 이 제도는 중앙 정부와 지방 정부 간의 수직적 권력 분립에 해당한다.

32 그림은 선거구 제도를 세 가지의 일반적인 특성으로 구분한 것이다. A~C에 들어갈 특성을 바르게 짝지은 것은?

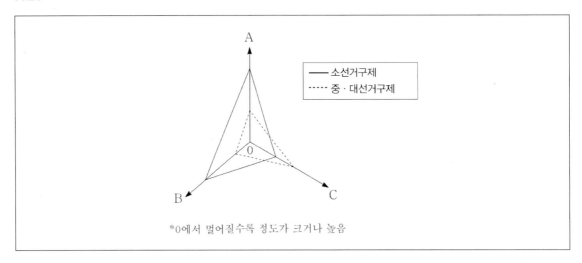

*0에서 멀어질수록 정도가 크거나 높음

	A	B	C
①	사표의 발생 정도	입후보자의 인물파악 용이성	군소 정당의 출현 가능성
②	사표의 발생 정도	군소 정당의 출현 가능성	신진인사의 당선 가능성
③	선거 관리의 용이성	신진 인사의 당선 가능성	사표의 발생 정도
④	득표율과 의석률의 격차	다당제의 출현 가능성	선거 관리의 용이성

NOTE 사표의 발생 정도, 선거 관리의 용이성, 후보자 파악 용이성, 양당제 출현 가능성 등은 소선거구제에서 높게 나타나는 특성이며, 군소 정당 후보나 정치 신인의 당선가능성은 중·대선거구제에서 높게 나타나는 특성이다.

Answer. 32.①

33 다음 각 사항에서 찬성을 위한 국회의 의결정족수 요건이 같은 것끼리 묶은 것은?

> ㉠ 법률안의 재의결 　　　　　㉡ 국무총리·국무위원의 해임건의
> ㉢ 국회의원의 제명처분 　　　　㉣ 대통령 탄핵소추의결
> ㉤ 헌법개정안의 의결 　　　　　㉥ 계엄의 해제요구

① ㉠㉢㉣㉤ 　　　　　　　　　② ㉡㉥

③ ㉡㉢㉣ 　　　　　　　　　　④ ㉠㉣㉤

 ㉠ 재의의 요구가 있을 때에는 국회는 재의에 붙이고, 재적의원 과반수의 출석과 <u>출석의원 3분의 2 이상의 찬성</u>으로 전과 같은 의결을 하면 그 법률안은 법률로서 확정된다.(헌법 제53조 제4항)

㉡ 해임건의는 국회재적의원 3분의 1 이상의 발의에 의하여 <u>국회재적의원 과반수의 찬성</u>이 있어야 한다.(헌법 제63조 제2항)

㉢ 의원을 제명하려면 <u>국회재적의원 3분의 2 이상의 찬성</u>이 있어야 한다.(헌법 제64조 제3항)

㉣ 국회의 탄핵소추는 국회재적의원 3분의 1 이상의 발의가 있어야 하며, 그 의결은 국회재적의원 과반수의 찬성이 있어야 한다. 다만, 대통령에 대한 탄핵소추는 국회재적의원 과반수의 발의와 <u>국회재적의원 3분의 2 이상의 찬성</u>이 있어야 한다.(헌법 제65조 제2항)

㉤ 국회는 헌법개정안이 공고된 날로부터 60일 이내에 의결하여야 하며, 국회의 의결은 <u>재적의원 3분의 2 이상의 찬성</u>을 얻어야 한다.(헌법 130조 제1항)

㉥ 국회가 <u>재적의원의 과반수의 찬성</u>으로 계엄의 해제를 요구한 때에는 대통령은 이를 해제하여야 한다.(헌법 제77조 제5항)

34 대한민국헌법사에 대한 설명으로 옳지 않은 것은?

① 재외국민보호규정은 1980년의 제8차 개정헌법에서 처음으로 규정되었다.

② 대한민국 임시정부의 법통계승은 현행 헌법(1987년 헌법)에 최초로 명문화되었다.

③ 건국헌법은 대통령 간선제를 채택하였다.

④ 언론·출판에 대한 허가·검열의 금지는 제3공화국 헌법에서 처음으로 명시하였다.

NOTE ④ 제3차 개정헌법에서 언론·출판·집회·결사의 자유에 대한 사전검열·허가제를 금지함으로써 표현의 자유를 절대적으로 보장하였다.

35 다음의 괄호 안에 들어갈 바른 말은?

> 지방자치단체는 자치입법권으로 (　　)와 (　　)을 제정할 수 있는 권한이 있고, 자치조직권, 자치행정권, 자치재정권을 보유한다.

① 조례, 명령　　　　　　　　　　　② 조례, 규칙

③ 규칙, 명령　　　　　　　　　　　④ 규칙, 조약

> **NOTE** 지방자치제도는 지역의 고유 사무를 지역주민의 의사에 따라 스스로 처리하는 원칙으로, 지방자치단체에는 의결기관인 지방의회와 집행기관인 지방자치단체장이 있으며, 의결기관은 조례, 집행기관은 규칙을 제정할 수 있는 권한이 있다.

36 다음 자료의 ㉠~㉣에 대한 옳은 설명만을 〈보기〉에서 모두 고른 것은?

> • 헌법재판소는 2001년 7월 지역구 선거 득표율에 따라 비례 대표 의석을 배분하던 방식에 대해 위헌 결정을 내렸다. ㉠비례 대표제 선거는 지역구 의원 선거와는 별도이므로 정당 명부에 대한 유권자의 별도의 의사 표시가 있어야 한다는 것이다. 따라서 유권자들의 비례 대표 의원 선출에 대한 투표 행위 없이 비례 대표 의원 선출을 결정하는 방식은 ㉡＿＿＿의 원칙에 위배된다는 것이다.
> • 헌법재판소는 2001년 10월 현행 ㉢선거구 획정 방식에 대하여 헌법 불합치 결정을 내렸다. 그 방식에 따르면 인구가 가장 많은 '최대 선거구'와 가장 적은 '최소 선거구' 간 인구 편차가 3.88 대 1에 달하므로, 이는 ㉣＿＿＿의 원칙에 반한다는 것이다.

> 〈보기〉
> ⓐ ㉠은 유권자와 당선자 간 친밀도 강화를 위해 도입되었다.
> ⓑ ㉡은 민주주의 선거의 원칙 중 직접선거이다.
> ⓒ ㉢의 결정은 중앙 선거관리 위원회에서 이루어진다.
> ⓓ ㉣은 민주주의 선거의 원칙 중 평등선거이다.

① ⓐ, ⓑ　　　　　　　　　　　② ⓐ, ⓒ

③ ⓑ, ⓓ　　　　　　　　　　　④ ⓐ, ⓒ, ⓓ

> **NOTE** ㉡ 지역구 투표 결과를 가지고 비례 대표 의원을 선출하는 것은 비례 대표 의원을 직접 유권자가 선택하여 투표하는 것을 가로막는다. 따라서 직접 선거의 원칙에 위배된다.
> ㉣ 선거구 간의 인구 편차가 크면 표의 가치가 차등적이 된다. 따라서 평등 선거의 원칙에 위배된다.
> ㉠ 비례 대표제는 지역 대표제 하에서 당선자를 제외한 다른 후보자의 지지표가 사표가 되는 현상을 막기 위해 도입되었다. 유권자와 당선자 간의 친밀도가 강한 것은 소선거구제의 특징이다.
> ㉢ 우리나라는 선거구 법정주의를 채택하고 있다. 따라서 선거구는 선거법을 제·개정하는 국회에서 결정된다.

Answer. 35.② 36.③

37 다음 중 현행 헌법이 지방자치에 관하여 법률에 정하도록 규정하지 않은 것은?

① 지방의회의 권한
② 지방자치단체의 종류
③ 지방자치단체에 대한 국가의 감독
④ 지방자치단체장의 선임방법

> **NOTE** 지방자치단체의 종류, 지방의회의 조직·권한·의원선거와 지방자치단체장의 선임방법, 기타 지방자치단체의 조직과 운영에 관한 사항은 법률로 정한다〈헌법 제117조, 제118조〉.

38 정당제도에 관한 설명으로 옳지 않은 것은?

① 정당의 헌법상 지위에 관하여는 제도적 보장설 또는 중개적 기관설이 다수설이다.
② 복수정당제도는 헌법에 의하여 그 제도의 본질이 보장되는 제도보장의 일종으로서 입법권에 대한 한계사유이지 헌법개정의 한계사유라고 할 수는 없다.
③ 정당법이 요구하는 정당의 필수등록요건을 갖추지 못한 경우에 당해 선거관리위원회는 정당의 등록을 취소할 수 있다.
④ 헌법재판소의 결정에 의하여 해산된 정당의 명칭과 같은 명칭은 정당의 명칭으로 다시 사용하지 못한다.

> **NOTE** 복수정당제도는 헌법개정에 있어서도 한계사유라고 보아야 한다.

39 헌법 제3조의 영토조항에 대한 설명으로 옳지 않은 것은?

① UN의 남북한 동시가입은 헌법 제3조와 형식상 충돌된다.
② 남·북한 합의서는 남한과 북한의 상호관계를 국가와 국가의 관계로 본다.
③ 헌법 제3조의 영토조항은 헌법 제4조의 통일조항과 상호저촉관계에 있다고 보는 것이 지배적이다.
④ 헌법 제3조와 헌법 제4조의 충돌을 비현실에 대한 현실우선의 원칙과 구법에 대한 신법우선의 원칙에 따라 해결하자는 견해가 유력하다.

> **NOTE** ② 남북합의서는 남한과 북한을 국가 대 국가의 관계가 아닌 잠정적 특수관계로 보고 있다(대판 1999.7.23, 98두14525).

Answer. 37.③ 38.② 39.②

40 헌법전문의 법적 성격에 대한 설명으로 옳지 않은 것은?

① 법실증주의 헌법관에 따르면 헌법전문은 선언적인 성격만을 갖는다고 한다.

② 결단주의 헌법관은 헌법전문의 규범적 효력을 강조한다.

③ 헌법전문의 규범적 효력을 부인하는 것이 다수설적 견해이다.

④ R. Smend는 헌법의 통일성을 강조하면서 헌법전문의 규범적 효력을 인정한다.

> **NOTE** ③ 헌법전문의 규범적 효력을 인정하는 것이 다수설의 견해이다.

41 법치국가에 관한 헌법재판소의 결정내용으로 옳지 않은 것은?

① 담배 자판기 철거 조례는 3개월의 유예기간을 두어 자판기 처분경로의 모색 등 경제적 손실을 최소화할 수 있도록 하였으므로 신뢰보호의 원칙에 위반되지 아니한다.

② 기본권 제한 입법이라 하더라도 규율대상이 지극히 다양하거나 수시로 변화하는 성질의 것이어서 입법기술상 일의적으로 규정할 수 없는 경우에는 명확성의 요건이 완화되어야 한다.

③ 공무원 채용 시험의 응시연령 기준일을 그 시험의 최종 시행일로 하고 당해 시험의 최종시험일을 예년과 달리 연도말로 정함으로써 전년도 공무원시험의 제1차 시험에 합격한 자로 하여금 응시상한 연령을 5일 초과하게 하여 당해 시험의 제2차 시험에 응시할 수 있는 자격을 박탈한 조치는 법치주의의 한 요청인 예측가능성을 위반한 것이다.

④ 아직 진행 중인 헌정질서 파괴범의 공소시효를 연장하는 것은 공소시효에 관한 규정이 신체의 자유에 미치는 중대한 영향에 비추어 허용되지 않는다.

> **NOTE** ① 헌재 1995.4.20, 92헌마264 · 279(병합)
> ② 헌재 1999.9.16, 97헌바73
> ③ 헌재 2000.1.27, 99헌마123
> ④ 아직 진행 중인 헌정질서 파괴범의 공소시효를 연장하는 것은 헌정질서 파괴범죄자를 응징하여 정의를 회복하여야 한다는 중대한 공익이 있는 반면, 공소시효에 의하여 보호될 수 있는 신뢰보호이익은 상대적으로 미약하다 할 것이므로 허용될 수 있다(헌재 1996.2.16, 96헌가2).

Answer. 40.③ 41.④

42 자유민주적 기본질서에 관한 설명으로 옳지 않은 것은?

① 자유민주적 기본질서라 함은 모든 폭력적 지배와 자의적 지배를 배제하고 다수의 의사에 의한 국민의 자치, 자유·평등의 기본원칙에 의한 법치주의적 통치질서를 말한다.

② 우리 헌법상 자유민주적 기본질서는 국가기관 및 국민이 준수하여야 할 최고의 가치규범이고, 헌법의 각 조항을 비롯한 모든 법령의 해석기준이며, 입법권의 범위와 한계 그리고 국가정책결정의 방향을 제시한다.

③ 언론·출판의 자유의 보장은 자유민주주의의 실현을 위한 필수적 전제조건이라고 할 수 있다.

④ 기본적 인권의 존중, 권력분립, 국민주권, 의회제도, 복수정당제도, 선거제도, 직업공무원제도 등은 우리 헌법재판소가 들고 있는 자유민주적 기본질서의 구체적 내용이다.

> **NOTE** ④ 국민주권과 직업공무원제도는 헌법재판소가 자유민주적 기본질서의 구체적 내용으로 들고 있지 않다(헌재 1990.4.2, 89헌가113).

43 문화국가원리에 관한 기술로 가장 옳지 않은 것은?

① 헌법은 전문에서 '문화의 영역에 각인의 기회를 균등히' 할 것을 선언하고, 제9조에서는 전통문화의 계승·발전과 민족문화 창달에 관해 규정하고 있다.

② 헌법재판소는 문화시설 이용자에게 문화예술진흥기금을 납입하게 한 '구 문화예술진흥법 제19조 제5항'에 관하여 한정합헌 결정을 한 바 있다.

③ 헌법재판소는 '교육을 받을 권리는 우리 헌법이 지향하는 문화국가·민주복지국가의 이념을 실현하는 방법의 기초'라고 하였다.

④ 문화국가의 원리는 국가와 사회의 구별을 긍정하는 이원론에 근거를 둔다.

> **NOTE** ② 문화시설의 이용자에게 시설을 이용한다는 사실만으로 문화예술진흥기금을 부담케 할 동질성이 없어 이는 특별부담금의 헌법적 한계를 벗어난다고 할 것이다(헌재 2003.12.18, 2002헌가2).

Answer. 42.④ 43.②

44 헌법상의 경제 질서에 관한 설명으로 옳지 않은 것은?

① 제2차 개정헌법은 자본주의적 자유 시장 경제체제를 처음으로 채택하였다.

② 헌법재판소는 현행 헌법의 경제 질서를 사회적 시장경제질서로 보고 있다.

③ 헌법재판소는 구 국토이용관리법의 토지거래허가제에 관하여 합헌결정을 하였으나, 동법의 벌칙규정에 관하여는 위헌판결을 하였다.

④ 현행 헌법의 제8차 개정헌법은 독과점규제, 중소기업육성, 소비자보호 등을 규정하였고, 제7차 개정헌법에 비하여 민간주도적인 경제색채를 띠고 있다.

> **NOTE** ③ 헌법재판소는 동법의 벌칙규정에 대하여 합헌의견 4인, 위헌의견 5인으로 해서 위헌결정의 정족수 미달을 이유로 위헌불선언 결정을 하였다(헌재 1989.12.22, 88헌가13).

45 국제질서에 관한 설명으로 옳지 않은 것은?

① 일반적으로 승인된 국제법규는 국제질서를 준수하는 헌법상 국내법에 비해 우위의 효력을 가진다.

② 국제법과 국내법의 관계에 관해서 이원론과 일원론이 있으며, 우리나라의 다수설은 국내법과 국제법이 같은 법질서라는 일원 중에서도 헌법 우위설을 취한다.

③ 독일기본법의 경우 주권의 제한 및 주권의 국제기구에의 이양에 관해 규정하고 있다.

④ 일본의 경우 헌법상 전쟁 및 군대유지포기를 규정하였으나, 이는 거의 사문화된 규정이라 할 수 있다.

> **NOTE** ① 헌법 제6조 제1항의 국제법 존중주의는 우리나라가 가입한 조약과 일반적으로 승인된 국제법규가 국내법과 같은 효력을 가진다는 것으로 국내법에 우선한다는 것이 아니다(헌재 2001.2.26, 99헌가13).

Answer. 44.③ 45.①

46 현행법상 선거제도에 대한 기술 중 옳지 않은 것은?

① 선거연령에 있어서 대통령과 국회의원, 지방자치단체의 선거에 있어 모두 동일하지만, 이를 달리 규정한다면 위헌의 문제가 발생할 수 있다.

② 국회의원 선거일은 국회의원의 임기만료 전 50일 이후 첫 번째 수요일로 법정되어 있다.

③ 현행 공직선거법은 국내에 주소가 있는 자에 한해 선거인명부를 작성하고, 부재자 신고를 할 수 있기 때문에 외국에 주소가 있다면 선거참여의 기회를 갖지 못한다.

④ 현행 헌법은 선거연령을 직접 규정하지 않고 법률에 위임하고 있는 바, 공직선거법은 선거연령을 19세 이상의 국민으로 규정하고 있다.

NOTE ④ 공직선거법은 18세 이상의 국민이 대통령 및 국회의원의 선거권이 있음을 규정하고 있다(공직선거법 제15조 제1항, 2020년 1월 법률 개정으로 19세에서 18세로 하향 조정).

47 조례에 관한 설명으로 옳지 않은 것은?

① 기초자치단체의 조례는 상급자치단체의 조례를 위반해서는 안된다.

② 주민의 권리제한, 의무부과에 관한 사항을 정할 때는 법률의 위임이 있어야 한다.

③ 조례안의 일부조항이 위법이더라도 이에 관해 재의결이 이루어진다면, 위법한 조항만이 효력이 부인된다.

④ 법령의 위임은 포괄적인 것으로 족하지만 형벌법규를 위임하는 경우에는 구체적으로 위임하여야 한다.

NOTE ① 시·군 및 자치구의 조례나 규칙은 시·도의 조례나 규칙에 위반하여서는 아니된다(지방자치법 제30조).
② 지방자치법 제28조
③ 일부조항이 위법이라면 이에 대한 재의결 전부가 무효가 된다(대판 1997.4.25, 96추251).
④ 헌재 1995.4.20, 92헌마264

Answer. 46.④ 47.③

48 평등선거에 관한 헌법재판소의 판례에 대한 기술로 옳지 않은 것은?

① 헌법재판소는 과거 선거구 인구허용편차에 관해 전국 선거구의 평균인구수에서 상하편차 60%까지를 허용하였으나, 최근에는 50%의 상하편차를 넘는 경우 헌법에 위배된다고 한다.

② 헌법재판소는 최근 판례에서 선거구 인구허용편차를 설정함에 있어 우리나라의 도·농 간의 극심한 인구격차를 고려하여 설정하여야 한다고 하였다.

③ 선거구 획정 시 특별한 사정이 없음에도 인접하지 아니한 지역을 같은 선거구로 획정한 것은 위헌이다.

④ 국회의원 선거에서 기탁금의 반환기준을 유효투표총수의 20% 득표로 정한 것은 피선거권을 침해한 것이다.

NOTE ①② 헌재 2001.10.25, 2000헌마92·240(병합)
③ 선거구 획정은 사회적·지리적·역사적·경제적·행정적 연관성 및 생활권 등을 고려하여 특단의 불가피한 사정이 없는 한 인접지역이 1개의 선거구를 구성하도록 함이 상당하며, 이 또한 선거구 획정에 관한 국회의 재량권의 한계이다(헌재 1995.12.27, 95헌마224·239 등).
④ 헌재 2001.7.19, 2000헌마91·112·134(병합)

49 다음은 기본권 제한과 관련된 사항이다. 옳지 않은 것은?

① 기본권은 어떠한 형태로든 제한할 수 없다.

② 국가 안전 보장, 질서유지, 공공복리 등을 이유로 필요에 따라 제한할 수 있다.

③ 기본권은 법률로써만 제한이 가능하다.

④ 기본권을 제한하는 경우에도 자유와 권리의 본질적인 내용을 침해할 수 없다.

NOTE ① 기본권은 일정한 경우 제한할 수 있으나 그런 경우에도 본질적인 면을 침해할 수는 없다.

50 다음은 영국의 기본권 보장의 역사이다. 설명 중 옳지 않은 것은?

①	대헌장(1215)	군주와 귀족 간의 약정서로 이후 국민의 자유 보장에 원천 근거가 됨
②	권리청원(1628)	의회의 승인 없는 과세를 금함
③	인신보호법(1679)	영장제도 도입을 통해 인신의 자유를 보장
④	권리장전(1689)	청원권과 언론의 자유 보장, 유럽 최초의 근대적 인권 규정

NOTE ④ 유럽 최초의 근대적 인권 규정은 프랑스 인권선언이다. 권리장전은 청원권과 언론의 자유 보장, 적법한 형사절차를 규정하였다.

51 다음은 기본권 보장에 관한 내용이다. 옳은 것은?

① 기본권이 본격적으로 개인적인 권리로 인정된 것은 19세기 후반에나 가서 이루어졌다.
② 미국은 버지니아 권리장전을 통해 생명, 자유, 행복추구권을 천부적 권리로 선언하였다.
③ 프랑스는 독립선언을 통해 인권의 불가침성과 불가양성을 강조하였다.
④ 현대의 기본권은 생활권적(생존권적) 기본권을 강조하고 있다.

NOTE 기본권이 본격적으로 개인적 권리로 인정된 것은 18세기 후반이며 생명, 자유, 행복추구권을 천부적 권리로 선언한 것은 1776년의 독립선언이다. 독립선언은 미국과 관련되며 프랑스는 인권선언과 관련이 있다.

52 기본권과 관련된 여러 내용들이다. 잘못된 것은?

① 기본권은 국가권력을 직접 구속하며 개인 간의 사적 관계로 구속할 수 있는 효력이 있다.
② 기본권이 경합할 경우 특별법을 우선해서 적용하거나 침해 사건과 밀접한 기본권을 우선 적용하여 해결한다.
③ 기본권 충돌을 해결할 수 있는 방안으로 이익형량과 규범조화적 해석 등을 고려할 수 있다.
④ 기본권 충돌은 법률상의 논리적인 문제이고 현실에서는 발생하지 않는다.

NOTE 기본권의 충돌이란 개인 간의 기본권 관계에서 서로 상충되는 기본권 관계가 발생하는 현상을 의미한다. 즉 어떠한 기본권이 법에서 보호하는 범위 안에서 행사됨에도 불구하고 타인의 기본권을 침해하는 형태이다.

Answer. 50.④ 51.④ 52.④

53 다음 자료가 제시하는 사례로 옳은 것은?

> 복수의 기본권 주체가 서로 충돌되는 권익을 실현하기 위하여 국가에 대해 상충하는 기본권의 적용을 주장하는 경우가 있다. 이러한 경우에는 우선 상충되는 기본권이 모두 존중될 수 있는 합리적인 해결책을 찾아야 하며, 그 다음에는 양 당사자의 이익을 비교하여 판단하여야 한다.

① 교도소장이 수형자의 서신을 검열하는 경우
② 도지사가 중앙부처의 권한인 허가권을 행사하는 경우
③ 국회의원의 토론권이 국회의장에 의하여 제한되는 경우
④ 시민의 교통권이 시민단체의 합법적 집회로 제한되는 경우

> **NOTE** 제시문은 기본권 충돌에 대해 설명하고 있다. 기본권 충돌은 복수의 기본권 주체가 자신들의 기본권을 주장하는 경우를 의미한다. 시민은 도로를 자유롭게 통행할 수 있는 교통권을 가지고 있으며, 시민 단체는 집회의 자유를 가지고 있다.

54 (가)와 (나)는 정당 관련 규정이다. 이에 대한 설명으로 옳지 않은 것은?

> (가) 헌법 제8조
> ② 정당은 그 목적·조직과 활동이 민주적이어야 하며, 국민의 정치적 의사 형성에 참여하는 데 필요한 조직을 가져야 한다.
> ③ 정당은 법률이 정하는 바에 의하여 국가의 보호를 받으며, 국가는 법률이 정하는 바에 의하여 정당운영에 필요한 자금을 보조할 수 있다.
> (나) 정당법 제2조(정의)
> 이 법에서 "정당"이라 함은 국민의 이익을 위하여 책임 있는 정치적 주장이나 정책을 추진하고 공직 선거의 후보자를 추천 또는 지지함으로써 국민의 정치적 의사 형성에 참여함을 목적으로 하는 국민의 자발적 조직이다.

① (가)는 정당 설립의 자유에 대한 한계를 규정하고 있다.
② (가)에 근거한 법 제정을 통해, 국가는 정당에게 재정적 지원을 할 수 있다.
③ (나)로 미루어 볼 때, 정당은 정치적 의사 형성에 필요한 조직을 갖춘 결사체이어야 한다.
④ (가), (나)의 규정을 바탕으로 할 때, 정당이 유일하게 대표자 충원의 권한을 가지고 있다고 볼 수 있다.

> **NOTE** ④ 정당만이 대표자 충원의 권한을 가지고 있다고 볼 수는 없다. 정당 소속이 아닌 일반 국민도 대표가 될 수 있다.

Answer. 53.④ 54.④

55 우리나라 현행 헌법에서 보장하고 있는 (가)~(다)의 기본권에 대한 설명으로 옳은 것은?

(가) 모든 국민은 헌법과 법률이 정한 법관에 의하여 법률에 의한 재판을 받을 권리를 가진다.

(나) 타인의 범죄 행위로 인하여 생명·신체에 대한 피해를 받은 국민은 법률이 정하는 바에 의하여 국가로부터 구조를 받을 수 있다.

(다) 형사 피의자 또는 형사 피고인으로서 구금되었던 자가 법률이 정하는 불기소 처분을 받거나 무죄 판결을 받은 때에는 법률이 정하는 바에 의하여 국가에 정당한 보상을 청구할 수 있다.

---

① (가)는 헌법에 보장된 자유와 권리를 보장하기 위한 사전적 구제 수단이다.

② (나)는 공무원의 직무상 불법 행위로 인하여 손해를 입은 국민이 청구할 수 있는 권리이다.

③ (다)에서 집행 유예 판결을 받은 형사 피고인의 경우에는 청구할 수 없다.

④ (가)는 국민에게만 인정되지만, (나)와 (다)는 법인이나 외국인에게도 인정된다.

NOTE (가)는 재판 청구권, (나)는 범죄 피해자 구조 청구권, (다)는 형사 보상 청구권으로 모두 청구권적 기본권에 해당된다.
① 청구권적 기본권은 기본권 보장을 위한 사후적이며 수단적인 성격을 가진다.
② 국가 배상 청구권에 해당한다.
③ 집행 유예는 유죄에 해당하므로 (다)를 청구할 수 없다.
④ (가)의 청구는 국민뿐만 아니라 외국인도 할 수 있다.

56 행정입법에 관한 다음 설명 중 옳지 않은 것은? (다툼이 있는 경우 판례에 의함)

① 국민의 권리와 의무에 관한 중요한 사항은 입법부에 의하여 법률의 형식으로 결정되어야 한다는 의회주의원리는 입법부가 그 입법권한을 행정부 내지 사법부에 위임하는 것을 금지함을 내포하고 있다.

② 행정기관에 입법권을 위임하는 수권법률 자체도 명확성의 원칙을 준수해야 하며 침해적 행정입법에 대한 수권의 경우에는 급부적 행정입법에 대한 경우보다 명확성의 원칙이 보다 엄격하게 요구된다.

③ 국회가 행정기관에 입법권을 위임하는 경우에는 규율의 형식도 선택할 수 있으므로 헌법이 규정하고 있는 위임입법의 형식은 예시적인 것으로 보아야 한다.

④ 법률의 위임을 받아 행정입법이 제정되었으나 그 내용이 헌법에 위반되어 헌법재판소가 위헌선언을 하는 경우에는 입법권을 위임한 수권법률의 조항도 동시에 위헌으로 선언된다.

> **NOTE** ④ 위임입법의 법리는 헌법의 근본원리인 권력분립주의와 의회주의 내지 법치주의에 바탕을 두는 것이기 때문에 행정부에서 제정된 대통령령에서 규정한 내용이 정당한 것인지 여부와 위임의 적법성은 직접적인 관계가 없다. 즉 이 사건의 심판대상 조항의 위임에 따라 대통령령으로 규정한 내용이 헌법에 위반될 경우라도 그 대통령령의 규정이 위헌으로 되는 것은 별론으로 하고 그로 인하여 정당하고 적법하게 입법권을 위임한 수권법률인 이 사건의 법률규정까지도 위헌으로 되는 것은 아니다.(헌재 1997.9.25, 96헌바18)
> ① 헌재 2011.9.29, 2010헌가93
> ② 헌재 2003.7.24, 2002헌바82
> ③ 헌재 2004.10.28, 99헌바91

57 인권 침해 행위, 차별 행위에 대한 조사와 구제의 업무를 담당하는 기관은?

① 국민고충처리위원회
② 국민권익위원회
③ 국가인권위원회
④ 국회상임위원회

> **NOTE** ③ 국가인권위원회는 기본권을 침해하는 국회의 입법에 대해서도 시정 권고가 가능하다.

Answer. 56.④ 57.③

58 헌법소원의 대상에 대한 다음 설명 중 옳지 않은 것은?

① 행정규칙의 경우에도 그것이 상위법령의 위임한계를 벗어나지 아니하는 한, 상위법령과 결합하여 대외적인 구속력을 갖는 법규명령으로서 기능하게 되는데, 이러한 경우 직접 기본권을 침해받았다면 헌법소원의 대상이 된다.

② 공정거래위원회의 심사불개시 결정은 공권력 행사에 해당한다.

③ 감사원의 국민감사청구에 대한 기각결정은 공권력주체의 고권적 처분이라는 점에서 헌법소원의 대상이 될 수 있는 공권력 행사라고 볼 수 있고 따라서 헌법소원의 대상이 된다.

④ 피해자와 피의자는 검사의 불기소처분 등에 대해서 법원에 재정신청을 할 수 있게 되어 보충성의 원칙에 따라 헌법소원을 제기할 수 없게 되었다.

NOTE ④ 개정된 형사소송법에서는 검사의 불기소처분통지를 받은 고소인(형법 제123조 내지 제125조의 죄에 대하여는 고발을 한 자)은 검찰 항고를 거친 후 법원에 불기소처분의 당부에 관하여 재정신청을 할 수 있도록 하였으나(개정 형사소송법 제260조 제1항, 제2항) 이와 같이 재정신청을 한 경우에는 헌법재판소법 제68조 제1항이 법원의 재판을 헌법소원심판의 대상에서 제외하고 있으므로 헌법재판소에 헌법소원심판청구는 할 수 없다. 다만, 재정신청기각결정이 국민의 기본권을 침해한 경우에는 예외적으로 헌법소원의 대상이 될 수 있다.(헌재 1997.12.24, 96헌마172·173)
① 헌재 1992.6.26, 91헌마25
② 헌재 2004.3.25, 2003헌마404
③ 헌재 2006.2.23, 2004헌마414

Answer. 58.④

59 다음에 제시된 (가)와 (나)의 기본권을 바르게 연결한 것은?

(가)	(나)
• 야경국가 사상이 배경 • 소극적 권리 • 국가로부터의 자유	• 복지 국가에서 강조 • 적극적 권리 • 국가에 의한 자유

	(가)	(나)
①	자유권	사회권
②	자유권	참정권
③	참정권	사회권
④	사회권	청구권

NOTE (가)는 자유권적 기본권에 대한 설명으로 신체의 자유, 재산권 보장, 종교의 자유, 결사의 자유 등이 있으며, (나)는 사회권적 기본권에 대한 설명이다. (나)에 해당하는 사회권에는 인간다운 생활을 할 권리, 교육의 권리, 근로의 권리, 쾌적한 환경에서 생활할 권리 등이 있다.

60 다음 표는 우리 헌법상 보장되어 있는 국민의 기본권을 묶은 것이다. 이를 잘못 설명한 것은?

(가)	(나)	(다)	(라)
양심의 자유 언론의 자유 거주 이전의 자유	선거권 공무 담임권 국민 투표권	재판 청구권 형사보상 청구권 국가배상 청구권	교육의 권리 인간다운 생활권 근로 3권

① (가)는 소극적 자유의 성격을, (라)는 적극적 자유의 성격을 띤다.

② (나)는 국가 권력으로부터 벗어나는 '국가로부터의 자유'를 실현한다.

③ (다)는 기본권의 침해를 회복할 수 있는 수단이나 절차를 보장하고 있다.

④ (라)는 자본주의의 문제점을 완화하기 위해 등장하였다.

NOTE 제시된 표에서 (가)는 자유권, (나)는 참정권, (다)는 청구권, (라)는 사회권을 각각 나타낸다. (가)는 '국가로부터의 자유'라는 소극적 성격을 띠는 반면, (라)는 인간다운 생활의 보장을 위하여 국가에 대해 일정한 행위를 요구하는 적극적인 성격을 띤다. 한편, (다)는 기본권 보장을 위한 기본권이라는 의의를 지닌다.

Answer. 59.① 60.②

61 (가), (나)에 들어갈 기본권에 대한 옳은 설명만을 〈보기〉에서 모두 고른 것은?

___(가)___의 침해 사례 : ○○ 지방 법원은 공무 집행 방해죄 등으로 불구속 기소된 갑에 대해 무죄를 선고하였다. 법원은 "피고인에 대한 검거 절차 확인서가 없는 점에 비춰볼 때 피해자에게 체포의 이유와 변호인의 도움을 받을 권리가 있다는 사실을 알리지 않은 것으로 보인다."라고 판시하였다.

___(나)___의 행사 사례 : △△ 지역을 경제 자유 특구로 지정한 특별법이 국회에서 통과되었다. 이 법에 의해 △△ 지역에 속한 을의 토지는 본인의 의지와 관계없이 국가로 수용되었다. 이에 을은 그 특별법의 철회를 요구하는 문서를 국회에 제출하였다.

〈보기〉
㉠ (가)는 헌법에 열거되어야 인정되는 개별적 권리이다.
㉡ (나)는 침해된 권리를 구제하기 위한 수단적 권리이다.
㉢ (나)는 다른 기본권을 보장하기 위해 국가에 대해 일정한 행위를 적극적으로 요구할 수 있는 권리이다.
㉣ (가)는 국가에 대해 인간다운 생활의 보장을 요구하는 권리인 데 비해, (나)는 본질적 권리로 다른 기본권 보장의 전제 조건이다.

① ㉠, ㉢
② ㉠, ㉣
③ ㉡, ㉢
④ ㉠, ㉡, ㉣

NOTE (가)의 체포의 이유를 고지 받을 수 있는 권리와 변호인의 도움을 받을 권리는 신체의 자유와 관련된 조항이다. 따라서 자유권적 기본권이 침해당한 사례이다. (나)는 특별법의 철회를 요구하는 문서를 국회에 제출한 것으로 청구권의 행사 사례이다.
㉡ 청구권은 그 자체보다 다른 기본권 보장을 위한 수단적, 절차적 권리이다.
㉢ 청구권은 국가에 대해 일정한 행위나 급부를 요구할 수 있는 적극적 권리이다.
㉠ 자유권은 헌법에 열거되지 않더라도 포괄적으로 인정되는 권리이다.
㉣ 인간다운 생활의 보장을 요구하는 것은 사회권이고, 본질적 권리는 자유권이며, 다른 기본권의 전제 조건이 되는 것은 행복추구권이다.

62 다음과 같은 내용을 무슨 권리라고 하는가?

> 언론매체에 접근하여 이용할 수 있는 권리는 물론 자신과 관계되는 보도에 대하여 반론, 해명을 하고,
> 정정 보도를 요구할 수 있는 권리

① 의사 표현의 자유 　　　　　　　　　　② 알 권리
③ 액세스권 　　　　　　　　　　　　　　④ 언론·출판의 자유

NOTE 언론·출판의 자유는 의사표현의 자유, 알 권리, 액세스(Access)권으로 분류될 수 있다.

63 다음 헌법 조항이 갖는 의미를 〈보기〉에서 모두 고른 것은?

> 모든 국민은 인간으로서의 존엄과 가치를 가지며, 행복을 추구할 권리를 가진다. 국가는 개인이 가지
> 는 불가침의 기본적 인권을 확인하고 이를 보장할 의무를 진다.
>
> — 헌법 제10조 —

〈보기〉

㉠ 국민의 기본권 보장의 한계 　　　　　㉡ 헌법이 추구하는 최고의 가치 지표
㉢ 사회주의적 기본 질서의 확립 　　　　㉣ 초국가적 자연법 원리의 실정법에의 수용

① ㉠, ㉡ 　　　　　　　　　　　　　　② ㉠, ㉢
③ ㉡, ㉢ 　　　　　　　　　　　　　　④ ㉡, ㉣

NOTE 우리 헌법 제10조는 인간 존중 사상을 명문으로 규정한 것으로 기본권의 이념과 목적을 밝히고 있다. 인간의 존엄과
가치는 우리 헌법이 추구하는 최고의 가치 지표이며, 기본권이 천부적인 권리(자연법상의 권리)라는 입장을 취하고
헌법에 규정함으로써 초국가적 자연법 원리의 실정법에의 수용이라 할 수 있다.

Answer. 62.③ 63.④

64 다음 헌법재판소 결정에 나타난 평등의 원칙에 부합하는 것은?

> ○○정부는 정책이 남녀에게 각각 미치는 영향을 따져 이를 토대로 정책의 문제점을 보완하는 '성별 영향 분석 평가제'를 도입하였다. 이에 따라 시·도에서 공중화장실을 설치할 때 공중화장실에 여성용 변기 수가 남성용 대·소변기 수보다 많거나 적어도 같도록 의무화했다. 이는 용변을 보는 평균 시간이 남성(46초)보다 여성(79초)이 더 오래 걸린다는 연구 결과를 반영한 사례이다.

① 여성에게만 생리 휴가를 인정하는 것
② 국가유공자 아들의 병역을 면제하는 것
③ 동일 노동에 대해 남녀 간의 임금을 차별하는 것
④ 소득의 크기와는 상관없이 동일한 소득세액을 부과하는 것

NOTE 제시된 지문에서 헌법재판소는 합리적인 근거가 있는 차별을 인정하는 상대적 평등을 인정하고 있다.
　① 여성에게만 생리 휴가를 인정하는 것은 합리적인 근거가 있는 차별로서 평등의 원칙에 부합한다.
　② 국가유공자에게 병역을 면제하는 것은 평등의 원칙에 부합하지만, 아들에게까지 병역을 면제하는 것은 비합리적이다.
　③ 동일 노동 동일 임금의 원칙이 평등에 부합한다.
　④ 상대적·비례적 평등에서는 누진세가 평등의 원칙에 부합한다고 본다.

Answer. 64.①

65 다음은 병역 의무의 평등권 침해 여부에 대한 두 사람의 대화이다. 갑과 을의 주장에 대한 적절한 설명만을 〈보기〉에서 모두 고른 것은?

> 갑 : 남자에게만 병역 의무를 부과하는 것은 헌법상의 평등권을 침해하는 거야.
> 을 : 남자와 여자는 신체적으로 명백한 차이가 있기 때문에, 남자만 병역 의무를 진다고 해서 차별이라고 할 수는 없어.

> 〈보기〉
> ㉠ 갑은 절대적 평등에 입각한 의무 부과를 주장하고 있다.
> ㉡ 갑은 남녀의 특수성을 반영한 의무 부과를 주장하고 있다.
> ㉢ 을은 성별의 차이에 따른 상대적 평등을 주장하고 있다.
> ㉣ 을은 선천적 차이를 반영한 합리적 차별을 주장하고 있다.

① ㉠, ㉡
② ㉡, ㉢
③ ㉢, ㉣
④ ㉠, ㉢, ㉣

NOTE 갑은 절대적·형식적·기계적 평등을, 을은 상대적·실질적·비례적 평등을 주장하고 있다.

66 다음 사례에 대한 설명으로 적절하지 않은 것은?

> 갑이 경찰관의 임의동행 요구를 거절하자, 주위에 있던 여러 경찰관들은 강제로 연행했다. 경찰은 갑에게 진술 거부권이 있음을 고지하지 아니하고, 잠도 재우지 않은 채 폭언과 폭행을 하였다. 이에 갑은 견디기 어려워 범죄 혐의를 모두 인정한다는 허위 자백을 하였다. 결국 이 사건에 대해 상고심인 대법원에서는 증거 부족을 이유로 무죄를 선고하였다.

① 갑은 신체의 자유를 침해당했다.
② 갑의 자백은 증거 능력을 갖지 못하였다.
③ 갑의 임의 동행 거부권이 공권력에 의해 무시되었다.
④ 갑은 범죄 피해자의 국가 구조 청구권을 행사할 수 있다.

Answer. 65.④ 66.④

NOTE 제시문은 공권력의 부당한 집행에 의해 갑의 신체의 자유가 침해된 사례이다. 갑은 형사 피고인으로 구금되었다가 무죄 선고를 받았기 때문에 형사 보상 청구권을 갖는다. 한편, 범죄 피해자의 국가 구조 청구권은 타인의 범죄 행위로 인하여 생명, 신체에 대해 피해를 받은 국민이 법률이 정하는 바에 의하여 국가로부터 구조를 받을 수 있는 권리다.

67 다음 자료를 통해 추론할 수 있는 법 이론은?

> 법무부는 미결수(未決囚) 사복 착용과 관련하여 인권 보장 차원에서 재판이나 청문회 출석을 위해 교도소 외부로 나갈 때 사복을 입도록 할 방침이라며, 사복 반입에 따른 자해 등 사고 가능성과 옷장 시설 등 비용 문제를 검토한 뒤, 이르면 금년 상반기 중 시범 실시에 들어가 올해 안에 전면 확대 실시할 것이라고 밝혔다.

① 적법 절차의 원리
② 형벌 불소급의 원칙
③ 일사부재리의 원칙
④ 형사 피고인의 무죄 추정 원칙

NOTE 자료문은 신체의 자유에 관한 내용으로 형이 확정되기 이전의 미결수는 무죄로 본다는 형사 피고인의 무죄 추정의 원칙에 충실한 것이다.

68 다음의 내용 중 잘못된 것은?

① 국가가 거주이전에 대해 허가제를 도입하는 것은 명백한 위헌이다.
② 주거에 대한 압수나 수색을 하기 위해서는 정당한 이유와 적법 절차에 의해 발부된 영장이 필요하다.
③ 개인(자기) 정보 관리 통제권은 통신비밀보호법에 의해 자유롭게 제한받을 수 있다.
④ 통신 및 대화비밀 보호, 불법 검열에 의한 우편물 내용 등의 증거 사용 금지 등을 위해 통신비밀보호법이 제정되었다.

NOTE 통신비밀보호법은 통신 및 대화비밀의 보호, 불법검열에 의한 우편물의 내용과 불법감청에 의한 전기통신내용의 증거사용 금지, 타인의 대화비밀 침해금지를 규정하고 있다.

Answer. 67.④ 68.③

69 다음 (개), (내)의 내용에 해당하는 기본권을 바르게 연결한 것은?

> (개) 체포 구속되어 수사를 받던 형사 피의자가 검사에 의해 불기소 처분을 받게 되자, 이에 따른 보상을 법원에 요구하였다.
>
> (내) 강도에 의해 불구가 된 피해자의 가족들이 가해자를 알 수 없어 배상을 받지 못하여 생계유지가 곤란하게 되자, 국가에 구조금을 지급해 달라고 요청하였다.

	(개)	(내)		(개)	(내)
①	자유권	사회권	②	청구권	청구권
③	참정권	자유권	④	사회권	사회권

> **NOTE** (개)는 형사 보상 청구권, (내)는 국가 구조 청구권을 뜻하며, 이것은 청구권적 기본권(또는 기본권 보장을 위한 기본권)에 해당한다. 청구권적 기본권은 국가에 대해 특정한 행위를 요구하거나 국가의 보호를 요청하는 주관적 공권을 의미한다.

70 다음의 사례에서 갑이 입은 물질적, 정신적 피해를 보상받기 위해 국가에 대해 주장할 수 있는 권리는?

> 갑은 지난 2004년 1월에 서울 지방 경찰청에 사기죄와 변호사법 위반 혐의로 구속되었다. 경찰에 따르면 고소인 을 등을 상대로 부동산 사기극을 벌였고, 또 폭행 혐의로 구속된 을의 아들을 경찰에서 빼내 준다는 명목으로 50만 원을 받았다는 것이다. 경찰의 조사를 바탕으로 검찰은 공소 제기를 하였지만, 재판 과정에서 갑은 오히려 문제의 부동산 매매 과정은 합법적인 것이었고 을로부터 공갈과 협박을 받은 피해자였으며, 을로부터 받았다는 50만 원도 사실이 아닌 것으로 증인 신문을 통해 밝혀졌다. 결국, 갑은 구금 6개월 만인 지난 6월에 석방되었으며, 항소심에서도 무죄 판결을 받아, 그 동안의 억울한 옥살이로 인한 정신적, 물질적 피해 구제를 국가에 대해서 청구하기로 하였다.

① 청원권
② 재판 청구권
③ 형사 보상 청구권
④ 국가 배상 청구권

> **NOTE** ③ 형사 피고인으로 구금되었던 자가 법률이 정하는 불기소 처분을 받거나 무죄 판결을 받은 때에는 법률이 정하는 바에 의하여 국가에 정당한 보상을 청구할 수 있다.

Answer. 69.② 70.③

71 다음 글이 설명하는 기본권의 내용과 관계있는 것을 〈보기〉에서 모두 고른 것은?

> 독일 바이마르 헌법은 최초로, "경제생활의 질서는 모든 사람에게 인간다운 생활을 보장할 목적으로서 정의의 원칙에 적합하지 않으면 안 된다."(제151조 제2항)라고 규정하여, 사회·경제적 자유에 일부 제한을 가하는 대신 이 기본권을 강조하고 있다.

〈보기〉

ㄱ 국민 연금법　　　　　　　　　　　ㄴ 자연법
ㄷ 평등의 권리　　　　　　　　　　　ㄹ 근로 기준법
ㅁ 공정 거래법　　　　　　　　　　　ㅂ 민사 소송법

① ㄱ, ㄴ, ㄷ
② ㄱ, ㄹ, ㅁ
③ ㄴ, ㄷ, ㄹ
④ ㄴ, ㄹ, ㅂ

NOTE 지문의 기본권은 사회권적 기본권을 의미한다. 사회권에는 교육의 권리, 노동 관련법, 경제 관련법, 사회 보장법 등이 있다.

72 다음 중 '사회 보장 수급권'에 해당하는 것으로만 묶인 것은?

ㄱ 사회보험　　　　　　　　　　　　ㄴ 공적부조
ㄷ 사회복지서비스　　　　　　　　　ㄹ 의무교육

① ㄱ
② ㄱ, ㄴ
③ ㄱ, ㄴ, ㄷ
④ ㄱ, ㄴ, ㄷ, ㄹ

NOTE 사회보장권은 최소한의 인간다운 생활을 영위하기 위해 장애, 질병, 노령 등 사회적 위험으로부터 국가에 적극적 구제를 요구하는 권리이다.

73 다음에 설명된 '교육을 받을 권리' 중에 잘못된 것은?

① 능력에 따른 균등한 교육을 받을 권리 – 차별 없이 균등하게 교육을 받을 기회 보장

② 국가의 평생 교육 진흥 의무 – 정규 교육을 통한 청소년 교육 진흥 의무

③ 무상의 의무 교육 – 교육기본법은 초·중등 9년의 의무 교육을 명시

④ 교육 제도 보장 – 교육의 자주성, 전문성, 정치적 중립성, 대학 자율성, 교육 법정주의 등

NOTE ② 평생 교육은 정규교육 이외 성인교육, 직업교육 등의 의무를 포괄한다.

74 다음은 정치적 기본권에 관한 설명이다. 잘못된 것을 고르시오.

㉠ 대통령은 늦어도 국민투표일 전 30일까지 국민투표일과 국민투표안을 공고한다.
㉡ 중앙선거관리위원회는 국민투표의 집계 결과를 공표하고 대통령과 국회의장에게 통보한다.
㉢ 대통령의 피선거권은 만 40세 이상이어야 하고 나머지 피선거권은 만 25세 이상이어야 한다.
㉣ 공직취임권은 평등권의 영향 하에 능력주의 원칙을 배격한다.

---

① ㉠, ㉡

② ㉠, ㉢

③ ㉠, ㉣

④ ㉡, ㉣

NOTE ㉠ 대통령은 늦어도 국민투표일 전 18일까지 공고해야 한다(국민투표법 제49조).
㉣ 공직취임권(공무원 피임명권)은 능력주의를 원칙으로 한다.

Answer. 73.② 74.③

75 다음은 재판청구권에 관한 설명이다. 올바른 것은?

① 법관에 의한 재판 – 자율성이 보장된 법관에 의한 재판을 받을 권리
② 법률에 의한 재판 – 실체법 및 절차법이 정한 법적 절차와 법관의 자의가 결합된 운영 원리
③ 공개재판 – 재판의 공정성을 확보하되 소송당사자의 인권 침해와는 무관한 원리
④ 공정한 재판 – 헌법을 통해 국민의 기본권으로 보장하고 있음

NOTE 헌법과 법률이 정한 법관에 의해 재판을 받아야 하고, 법관의 자의가 재판에 결합되면 안되며, 공개재판은 인권 침해를 방지하기 위한 원리이다. 또한 공정한 재판은 헌법이 보장한 권리이다.

76 다음은 '통치의 원리'에 관한 내용이다. 옳은 것은?

① 권력분립은 국민의 자유와 권리를 보장하고 권력 남용을 방지하기 위한 원리이다.
② 로크는 입법권, 집행권, 사법권의 3권분립을 주장하였다.
③ 몽테스키외는 2권분립론을 최초로 주장하였다.
④ 현대에는 대의제의 원리보다는 직접민주주의 적용이 용이하다.

NOTE 로크는 입법권과 집행권의 2권분립론을 주장하였고 몽테스키외는 3권분립을 주장하였다. 현대사회에는 현실적인 제약으로 직접민주주의를 적용하기 힘들기 때문에 대의제를 보완하는 원리로 운영된다.

Answer. 75.④ 76.①

77 다음 글의 주장과 부합하는 우리나라 헌법 조항의 내용에 해당하지 않는 것은?

> 국가 권력에서 입법권과 집행권이 동일한 인간이나 기관의 수중에 주어져 있으면 안 된다. 또한 재판권이 입법권과 집행권에 속해 있으면 안 된다. 권력이 집중되거나 자의적으로 행사되면 개인의 자유는 존재할 수 없기 때문이다. 따라서 국가 권력의 권한과 기능은 엄격하게 분할되어 상호 견제되어야 한다.

① 국회의원과 정부는 법률안을 제출할 수 있다.

② 대통령은 국회에서 의결된 법률안에 대해 재의를 요구할 수 있다.

③ 국회는 국정을 감사하거나 특정한 국정 사안에 대하여 조사할 수 있다.

④ 국회가 정해진 요건을 갖추어 계엄의 해제를 요구한 때에는 대통령은 이를 해제하여야 한다.

> **NOTE** 제시된 글은 권력 분립의 원리를 주장하고 있다.
> ① 대통령제 정부를 택하고 있는 우리나라에서 정부가 법률안 제출권을 갖는 것은 의원내각제적 요소로서 권력 분립의 원리를 약화시킨다.
> ② 법률안 거부권은 행정부가 의회를 견제하는 권한이다.
> ③ 국정 감사권과 국정 조사권은 의회가 행정부를 견제하는 권한이다.
> ④ 계엄 해제 요구권은 의회가 행정부를 견제하는 권한이다.

78 다음은 대통령제에 관한 설명이다. 잘못된 것은?

①	대통령과 의회의 상호 독립	입법부와 행정부의 조직과 활동이 독립성의 원리에 의해 지배됨
②	집행부의 이원화	대통령은 국가 원수, 국무총리는 행정수반의 지위를 가짐
③	견제와 균형	입법부와 집행부가 상호 견제함으로써 균형을 유지
④	기타	정부는 의회 해산권이 없음

> **NOTE** ② 대통령은 국가 원수와 행정수반을 겸직한다.

Answer. 77.① 78.②

79 다음은 우리나라의 정부 형태이다. 이 중 의원내각제적 요소를 고르시오.

> ㉠ 대통령은 최고통치권자로서 국가긴급권과 헌법개정안 발의권, 국민투표 회부권을 갖는다.
> ㉡ 국무 총리제를 두고 국무회의가 헌법기관이다.
> ㉢ 정부가 법률안을 제안할 수 있으며 국회는 국무총리임명에 대한 동의권을 갖는다.
> ㉣ 국회는 국무총리와 국무위원에 대한 해임건의를 할 수 있으며 정부위원이 국회에 출석하여 발언할 수 있다.

① ㉠, ㉡, ㉢
② ㉡, ㉢, ㉣
③ ㉠, ㉢, ㉣
④ ㉠, ㉡, ㉣

NOTE 대통령이 최고통치권자로서 국가긴급권과 헌법개정안 발의권, 국민투표 회부권을 갖는 것은 대통령제적 요소이다.

80 다음은 전형적인 정부 형태 A를 알아보기 위해 만든 질문지이다. 답변이 모두 참이 되기 위한 (개), (내)의 질문으로 적합한 것은?

질문	답변
의회의 의원은 행정부의 각료를 겸직할 수 있는가?	아니오
행정부의 수반이 법률안을 거부할 수 있는가?	예
(개)	아니오
(내)	예

① (개) : 행정의 수반은 국가원수 지위를 겸하는가?
② (개) : 의회신임에 의해 행정부 존립이 결정되는가?
③ (내) : 의회는 행정부에 대한 불신임 의결권이 있는가?
④ (내) : 행정부 각료들이 의회에 대하여 연대책임을 지는가?

NOTE 의원이 각료를 겸직할 수 없고 대통령이 법률안 거부권을 갖는 A의 정부 형태는 대통령제이다. 질문지의 답변이 참이 되려면 (개) 질문에는 의원 내각제의 내용이, (내) 질문에는 대통령제의 내용이 들어가야 한다. 의회의 신임에 의해 행정부의 존립이 결정되는 것은 의원 내각제의 특징이므로 (개)의 질문으로 적합하다.

Answer. 79.② 80.②

81 다음 설명 중 가장 옳지 않은 것은?

① 모든 국민은 능력에 따라 균등하게 교육을 받을 권리를 가진다.

② 교육의 자주성·전문성·정치적 중립성 및 대학의 자율성은 법률이 정하는 바에 의하여 보장된다.

③ 부모의 자녀에 대한 교육권은 헌법에 명문으로 규정되어 있지는 아니하지만, 헌법 제36조 제1항, 헌법 제10조 및 헌법 제37조 제1항에서 나오는 중요한 기본권이다.

④ 국민의 수학권(修學權)과 교사의 수업의 자유는 다같이 보호되어야 하겠지만 그 중에서도 교사의 수업의 자유가 더 우선적으로 보호되어야 한다.

> **NOTE** ④ 국민의 수학권(헌법 제31조 제1항의 교육을 받을 권리)과 교사의 수업의 자유는 다 같이 보호되어야 하겠지만 그 중에서도 국민의 수학권이 더 우선적으로 보호되어야 한다.(헌재 1992.11.12, 89헌마88)
> ① 헌법 제31조 제1항
> ② 헌법 제31조 제4항
> ③ 헌재 2000.4.27, 98헌가16

82 헌법상 사전검열금지원칙에 대한 다음 설명 중 가장 옳지 않은 것은?(다툼이 있는 경우 헌법재판소 결정에 의함)

① 헌법 제21조 제2항이 금지하는 언론·출판에 대한 검열은 그 명칭이나 형식과 관계없이 실질적으로 행정권이 주체가 되어 사상이나 의견 등이 발표되기 이전에 예방적 조치로서 그 내용을 심사, 선별하여 발표를 사전에 억제하는 것을 의미한다.

② 사전검열금지원칙에 의해 언론·출판에 대한 모든 형태의 사전적 규제는 금지된다.

③ 사전검열은 법률에 의하더라도 불가능하다.

④ 헌법이 사전검열금지를 규정한 이유는, 사전검열이 허용될 경우에는 국민의 예술활동의 독창성과 창의성을 침해하여 정신생활에 미치는 위험이 클 뿐만 아니라 행정기관이 집권자에게 불리한 내용의 표현을 사전에 억제함으로써 이른바 관제의견이나 지배자에게 무해한 여론만을 허용하는 결과를 초래할 염려가 있기 때문이다.

> **NOTE** ② 검열금지의 원칙은 모든 형태의 사전적인 규제를 금지하는 것이 아니고 단지 의사표현의 발표 여부가 오로지 행정권의 허가에 달려있는 사전심사만을 금지하는 것을 뜻하며, 또한 정신작품의 발표 이후에 비로소 취해지는 사후적인 사법적 규제를 금지하지 않는다.(헌재 1996.10.4, 93헌가13)
> ①③④ 헌재 2001.8.30, 2000헌가9

Answer. 81.④ 82.②

83 다음은 의원내각제의 특징이다. 잘못된 것은?

① 수상이 의회에서 선출되며 의회가 정치적 책임을 지님
② 내각은 국회 해산권을 갖고 있으며 집행부는 법률안 제출권이 있음
③ 정부 각료와 국회의원은 겸직이 가능함
④ 내각이 의회에 대해 연대책임을 질 수 없어서 책임정치를 구현할 수 없음

NOTE ④ 의원내각제는 내각이 의회에 대해 연대책임을 지기 때문에 책임정치를 구현할 수 있다.

84 그림은 전형적인 두 가지 정부 형태를 탐구하기 위한 질문이다. A, B 정부 형태의 특징에 대한 설명으로 옳은 것은?

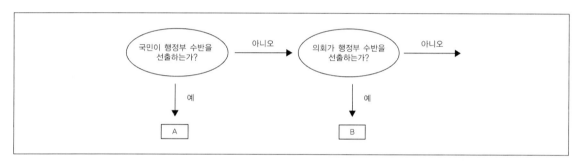

① A의 행정부 수반은 의회를 해산할 수 있다.
② A의 의회는 각료 임명에 대한 동의를 할 수 있다.
③ B의 의회는 행정부 수반을 탄핵할 수 있다.
④ B의 행정부 수반은 법률안을 거부할 수 있다.

NOTE 국민이 행정부를 구성하므로 A는 대통령제에 해당하고, 의회가 행정부를 구성하는 B는 의원 내각제에 해당한다.
② 대통령제에서 의회는 행정부의 각료 임명에 대해 동의를 할 수 있다.
① 대통령제에서 행정부의 수반, 즉 대통령에게는 의회 해산권이 없다.
③ 의원 내각제에서 의회는 내각을 해산할 수는 있지만 행정부 수반에 대한 탄핵권은 없다.
④ 법률안 거부권은 대통령제의 요소에 해당한다.

Answer. 83.④ 84.②

85 다음은 국회에 관한 설명이다. 잘못된 것은?

① 국회는 구성 원리에 따라 단원제, 양원제로 분류될 수 있다.
② 국회는 헌법상 입법기관, 국정 통제기관, 국민의 대표 기관 및 예산, 결산 심의 기관의 지위를 갖고 있다.
③ 국회는 의장단, 위원회제도, 특별위원회, 연석회의, 교섭단체 등으로 구성되어 있다.
④ 국회는 정기적인 회기를 두고 있지 않으며 임시회기를 통해 수시로 운영된다.

NOTE ④ 국회는 매년 9월 1일 정기회와 수시로 진행하는 임시회로 운영된다.

86 다음 제도가 등장하게 된 배경으로 가장 적절한 것은?

> • 교섭 단체 소속 의원의 입법 활동을 보좌하기 위하여 교섭 단체에 정책 연구 위원을 둔다.
> • 국회 상임 위원회에 위원장 및 소속 위원의 입법 활동 등을 지원하기 위하여 전문 위원을 둔다.

① 정책 결정 시 다수당의 횡포 심화
② 전문성 신장을 위한 직업 공무원제 시행
③ 의원이 정당 정치에 구속되는 현상 심화
④ 전문성이 요구되는 법안 제정의 필요성 증대

NOTE 처음 글은 국회의원의 입법 활동을 보좌하기 위한 정책 연구 위원제를 말하고 있고, 두 번째 글은 국회 상임 위원회에 위원장 및 국회의원의 입법 활동을 지원하기 위한 전문 위원제를 말하고 있다. 이를 통해 두 제도가 등장하게 된 배경은 전문성이 요구되는 법안 제정의 필요성 증대라는 것을 알 수 있다.

Answer. 85.④ 86.④

87 그림은 국회에 대해 학생이 정리한 내용이다. ㉠~㉣에 대한 설명으로 적절하지 않은 것은?

> (1) 구성
> · 의장단 : 의장 1인과 부의장 2인
> · 본회의 : 재적 의원 전원으로 구성되며 국회 의사를 최종 결정함
> · 각종 위원회 : ㉠상임 위원회와 특별 위원회
> · (㉡) : 20인 이상의 소속 의원을 가진 정당으로 구성됨
>   (이 요건을 충족하지 못한 20인 이상의 의원으로도 구성 가능)
>
> (2) 회의 원칙
> · (㉢) : 모든 회의는 원칙적으로 국민에게 공개함
> · (㉣) : 한 회기 중에 의결되지 못한 안건은 다음 회기에 계속 해서 심의함
> · (일사부재의) : 부결된 안건은 동일 회기 중에 다시 발의하거나 심의하지 못함

① ㉠은 본회의 전에 법률안을 전문적으로 심의하기 위한 것이다.

② ㉡은 국회에서 의사(議事)를 능률적으로 진행하는 데 기여한다.

③ ㉢은 정책 결정의 투명성과 공정성을 확보하기 위한 것이다.

④ ㉣은 제출된 법률안의 본회의 통과 가능성을 높이기 위한 것이다.

NOTE ④ ㉣은 회기 계속의 원칙으로 시간 부족으로 의결되지 못한 안건은 폐기시키지 않고 다음 회기에 계속해서 심의한다는 원칙이다. 이 원칙은 법안의 본회의 통과 가능성을 높이기 위한 것이 아니다.
㉠ 상임 위원회는 전문적이고 효율적인 국회 운영을 위한 기구로 법률안에 대한 전문적 심의를 담당한다.
㉡ 교섭 단체로서 능률적으로 국회의 의사를 진행하기 위한 기구이다.
㉢ 회의 공개의 원칙으로 이 원칙에 의해 입법의 투명성과 공정성을 확보할 수 있다.
※ 일사부재의의 원칙은 부결된 의안을 재차 상정하여 의사 진행을 방해하는 것을 방지하기 위한 원칙이다.

Answer. 87.④

88 밑줄 친 '위기'를 극복하기 위해 제시할 방안을 〈보기〉에서 고른 것은?

> 의회주의는 정당이 대의제의 주요한 대리자가 되면서 위기를 맞고 있다. 당에 대한 충성이 중요하게 되면서 국정을 논의하는 장소라는 의미인 '의회(議會)'의 지위가 유명무실해졌다. 의회에서 눈물을 흘리게 하였던 감동적인 연설은 많이 있었지만, 이미 정해진 당론으로 인하여 그 연설은 의원들의 표결 과정에 전혀 영향을 주지 못하였다. 정당의 영향력이 쇠퇴했던 시기에 오히려 의회의 활동이 더 독립적이고 활발하게 이루어졌다.

〈보기〉

ⓐ 하향식 공천 제도 확대   ⓑ 교차 투표의 제도적 보장
ⓒ 의사 진행 과정의 공개 확대   ⓓ 교섭 단체 구성의 요건 강화

① ㉠, ㉡   ② ㉠, ㉢
③ ㉡, ㉢   ④ ㉡, ㉣

NOTE 제시문은 정당의 이해관계가 우선시되어 국정 토론장이 되어야 할 의회가 위기에 처해 있음을 보여준다.
㉢ 의사 진행 과정의 공개 확대는 전체 국민에 대한 대표자의 책임성을 높일 수 있다.

89 다음은 국회의 입법 권한에 관한 설명이다. 올바른 것을 고르시오.

① 국회는 헌법개정에 관해 발의권과 의결권을 행사할 수 있다.
② 헌법 개정안이 공고되면 30일 이내에 국회의 의결을 거쳐야 한다.
③ 국회가 법률안을 제안하여 심의, 의결하면 정부에 이송되어 20일 이내에 대통령이 공포함으로 효력이 발생한다.
④ 국회가 재의를 할 경우에는 2/3 이상의 출석과 2/3 이상의 찬성이 필요하다.

NOTE 헌법 개정안은 60일 이내에 의결을 거쳐야 하고, 대통령은 15일 이내에 공포해야 한다. 국회가 재의를 할 경우에는 1/2 이상 출석하고 출석 의원 2/3 이상의 찬성이 필요하다.

Answer. 88.③ 89.①

90 그림은 국회의 법률 제정과 예산안 심의 절차이다. 이에 대하여 바르게 설명한 것은?

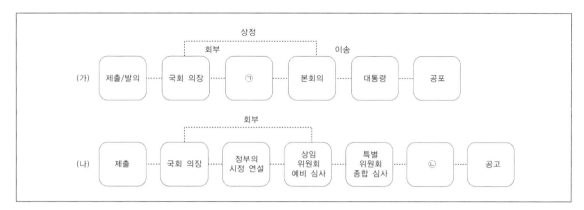

① ㉠은 심의 과정에서 법률안을 수정하거나 폐기할 수 없다.

② ㉡에서 예산안은 회계 연도 종료 시까지 통과되어야 한다.

③ (가)에서 법률안은 재적 의원 과반수의 찬성으로 가결된다.

④ (나)에서 국회는 예산안의 규모 및 내용을 수정할 수 있다.

NOTE 국회는 심의 과정에서 예산안의 규모 및 내용을 수정할 수 있다. 단, 국회에서 당초 정부가 제출한 항별 예산을 증액하거나 새로운 비목을 설치하려고 할 경우에는 정부의 동의를 받아야 한다.
① ㉠은 상임 위원회이며, 상임 위원회에서는 본회의 심의 전에 법률안을 수정하거나 폐기할 수 있다.
② ㉡은 국회의 예산안 의결이며, 예산안의 의결은 회계연도 개시 30일 전인 12월 2일까지 의결하여야 한다고 규정되어 있다.
③ 일반적인 법률안은 재적 의원 과반수의 출석과 출석 의원 과반수의 찬성으로 의결된다.

91 다음 설명에 해당하는 국가 기관의 권한과 사례를 옳게 연결한 것은?

- 의장 1인, 부의장 2인, 교섭 단체, 위원회 등으로 구성되어 있다.
- 국채를 모집하거나 예산 외에 국가의 부담이 될 계약을 체결하려 할 때 의결을 한다.
- 법률이 정한 공무원이 그 직무 집행에 있어 헌법이나 법률을 위배한 때에는 탄핵 소추를 의결한다.

	권한	사례
①	국정 조정권	헌법 개정을 위한 국민투표 회부
②	재정에 관한 권한	○○국과 맺은 무역 협정 비준 동의
③	정당 해산 심판권	민주적 기본 질서를 위반한 △△정당의 해산
④	헌법 기관 구성 동의권	국무총리에 대한 임명 동의

NOTE 제시문은 국회에 관한 설명이다.
① 헌법 개정안의 국민투표 회부는 대통령의 권한이다.
② 조약의 체결 · 비준 동의권은 국회의 권한 중 입법에 관한 권한에 속한다. 국회의 재정에 관한 권한에는 예산안 심의 · 확정권이 있다.
③ 정당 해산 심판권은 헌법재판소의 권한이다. 국무회의는 행정부 최고의 심의 기관으로서 대통령의 결정을 보좌하지만 그 결정이 대통령을 법적으로 구속하는 것은 아니다.

Answer. 91.④

92 (가)~(라)는 우리나라 어느 기관의 권한 중 일부이다. 이에 대한 옳은 설명만을 〈보기〉에서 있는 대로 고른 것은?

(가) 헌법재판소장을 임명한다.

(나) 최고 사령관으로서 국군을 지휘하고 통솔한다.

(다) 법률의 효력을 가지는 긴급 명령을 발할 수 있다.

(라) 국가 안위에 관한 중요 정책을 국민 투표에 부칠 수 있다.

〈보기〉

㉠ (가)의 행사는 국회의 동의를 필요로 한다.

㉡ (나)의 행사는 국무 총리와 관계 국무 위원의 부서(副署)를 필요로 하지 않는다.

㉢ (라)는 대의 기구를 거치지 않고 주권자의 의사를 확인하는 것이다.

㉣ (가)~(라) 모두 행정부 수반으로서의 권한에 해당한다.

---

① ㉠, ㉡

② ㉠, ㉢

③ ㉡, ㉣

④ ㉠, ㉢, ㉣

NOTE (가)~(라)는 모두 대통령의 권한에 해당한다.
㉠ 헌법재판소장은 국회의 동의를 얻어 대통령이 임명한다.
㉢ 국민 투표는 직접 민주 정치 요소로 대의 기구인 의회를 거치지 않고 주권자인 국민 전체의 의사를 확인하는 방법이다.
㉡ 국군 통수권의 행사는 중요한 대통령의 권한 행사로 국무총리와 관계 국무위원이 부서한다.
㉣ 국군 통수권은 행정부 수반으로서 권한에 해당한다. 헌법재판소장 임명권, 긴급명령권, 국민 투표 부의권은 모두 국가 원수로서의 권한이다.

93 밑줄 친 ⊙~㉣에 대한 설명으로 옳은 것은?

> 오늘의 주요 뉴스입니다.
> 대통령은 국회 ⊙인사 청문회를 거쳐 임명 동의안이 통과된 ⓛ ○○○ 대법원장 후보자에게 임명장을
> 수여했습니다.
> ㉢정기 국회 마지막 날인 오늘, 국회는 본회의를 열어 ㉣예산안을 통과시키고 △△ 법률안을 재의결
> 했습니다.

① ⊙의 대상 중 국무위원의 임명은 국회의 동의를 필요로 하지 않는다.
② ⓛ은 행정부 수반으로서의 권한 중 공무원 임면권에 해당한다.
③ ㉢은 대통령 또는 국회 재적 의원 1/4 이상의 요구에 의해 집회된다.
④ ㉣은 국회 재적 의원 과반수의 찬성이 필요하다.

NOTE ② 대통령의 대법원장 임명은 국가 원수로서의 권한 중 헌법 기관 구성권이다.
③ 정기 국회는 법률이 정한 바에 의해 매년 1회 집회된다.
④ 예산안은 일반 의결 정족수인 국회 재적 의원 과반수 출석과 출석 의원 과반수의 찬성으로 의결된다.

94 다음은 대통령의 헌법상 지위에 관한 설명이다. 틀린 것은?

①	대통령 선거	5년 단임의 직선제
②	대통령의 임기	대통령 임기 연장 또는 중임변경을 위한 헌법개정은 헌법개정 제안 당시의 대통령부터 적용됨
③	대통령의 형사상 특권	내란 또는 외환의 죄를 범한 경우를 제외하고 재직 중 형사상 소추를 받지 아니함
④	대통령의 의무	헌법 준수, 국가 보위, 조국의 평화적 통일, 민족문화의 창달 등

NOTE ② 대통령 임기 연장과 관련해서 헌법 개정이 될 경우에는 제안 당시 대통령은 제외된다.

Answer. 93.① 94.②

95 "헌법상 필수적 최고행정정책 심의기관으로 대통령, 국무총리 및 국무위원으로 구성되는 기관"은 무엇인가?

① 국무회의

② 행정각부

③ 감사원

④ 사법부

> **NOTE** 문제에서는 국무회의에 대해 설명하고 있으며, 행정각부는 대통령을 수반으로 하는 정부의 구성단위로서 대통령 또는 국무총리의 지휘·통할하에 법률이 정하는 소관사무를 담당하는 중앙행정기관이다.

96 다음은 '국민참여재판'에 관한 설명이다. 잘못된 것은?

① 우리나라에서는 2008.1.1일부터 형사재판 참여에 관한 법률이 제정되어 시행되고 있다.

② 피고인이 원하지 않을 경우나 법원이 배제결정을 할 경우에는 하지 않는다.

③ 배심제와 참심제를 바탕으로 마련된 제도이다.

④ 배심원 자격은 사회적 위치를 가진 40세 이상의 성인으로 규정하고 있다.

> **NOTE** ④ 만 20세 이상의 대한민국 국민은 누구나 배심원 자격을 갖고 있다.

97 다음은 선거관리위원회에 관한 설명이다. 잘못된 것은?

①	헌법상 지위	헌법상 필수기관이며, 합의제기관
②	구성	대통령이 임명하는 3인, 국회에서 선출하는 3인, 대법원장이 지명하는 3인으로 구성
③	임기와 신분보장	위원의 임기는 9년, 연임이 가능하나 정당에 가입하거나 정치에 관여할 수 없음
④	권한	법령의 범위 내에서 선거관리, 국민투표관리 또는 정당 사무에 관한 규칙을 제정할 수 있음

> **NOTE** ③ 선거관리위원회 위원의 임기는 6년이며 연임이 가능하다.

Answer. 95.① 96.④ 97.③

98 다음은 사법부에 관한 설명이다. 잘못된 것은?

① 사법부는 헌법이 아닌 법률에 의해 지위를 보장받는다.

② 행정부와 의회의 다수파에 의한 영향으로부터 사법권의 독립은 확보되어야 한다.

③ 권력분립의 원리에 따라 법원은 입법부와 행정부 등의 국가권력기관으로부터 독립하여야 한다.

④ 법관 역시 국가기관이나 정치권으로부터 영향을 받아서는 안 된다.

NOTE ① 헌법 제101조 제1항은 법원의 헌법상 지위를 명문화하고 있다.

99 다음은 사법제도의 운영에 관한 내용이다. 올바른 것을 고르시오.

㉠ 당사자를 심문하고 변론을 하는 등 재판의 요소를 모두 갖춘 형태를 결정이라고 한다.
㉡ 결정과 명령 등 비교적 간단한 절차를 통해 법원의 업무량을 해소할 수 있다.
㉢ 재판은 3심제의 원칙을 기본으로 한다.
㉣ 원칙적으로 3심은 대법원에서 담당한다.

---

① ㉠   ② ㉠, ㉡
③ ㉡, ㉢, ㉣   ④ ㉠, ㉡, ㉢, ㉣

NOTE 결정과 명령에 비교하여 당사자를 심문하고 변론을 하는 등 재판의 요소를 모두 갖춘 형태를 판결이라고 한다.

100 다음 중 위헌법률심판의 결정유형 중 올바른 것을 짝지은 것은?

㉠ 각하결정   ㉡ 합헌결정
㉢ 위헌결정   ㉣ 헌법불합치결정

---

① ㉠   ② ㉠, ㉡
③ ㉠, ㉡, ㉢   ④ ㉠, ㉡, ㉢, ㉣

NOTE 위헌법률심판의 결정유형에는 각하결정, 합헌결정, 위헌결정, 헌법불합치결정이 있다.

Answer. 98.① 99.③ 100.④

101 그림은 우리나라의 심급 제도를 나타낸 것이다. ㉠~㉣에 대한 설명으로 옳지 않은 것은?

① 대통령, 국회의원의 선거법 위반에 관한 재판은 ㉠에서 한다.

② 특허 소송의 경우 특허 법원이 1심 법원이 되며 ㉡에 해당한다.

③ 민사, 형사, 가사, 행정 재판의 1심 법원은 ㉢이 된다.

④ ㉢에서 단독 판사가 심판한 경우에 ㉣은 지방 법원 합의부가 된다.

> **NOTE** 선거재판은 선거무효와 당선무효를 다루는 선거 소송 사건에 대한 재판으로 단심제이며 대법원이 1심 법원이 된다. 특허재판은 특허권, 실용신안권, 의장권, 상표권에서 생기는 분쟁을 다루는 재판으로 2심제이며 특허법원이 1심 법원이 된다. 민사, 형사, 가사, 행정 재판은 3심제로 이루어진다. 3심제에서 1심을 지방 법원(지원) 단독 판사가 심판한 경우 2심 법원은 지방법원 합의부가 되고, 1심이 지방 법원(지원) 합의부인 경우 2심 법원은 고등 법원이 된다. 법원의 판결이 아니라 결정이나 명령에 불복하는 경우 2심 법원에 항고, 대법원에 재항고를 할 수 있다.
> ① 선거의 효력이나 당선 무효를 다루는 재판이 아닌 선거법 위반에 관한 재판은 3심제로 진행된다.

102 다음 중 헌법상 탄핵소추의 대상이 아닌 것은?

① 법무부장관　　　　　　　　　② 국회의원
③ 검찰총장　　　　　　　　　　④ 감사원장

> **NOTE** 헌법상 탄핵의 소추대상은 대통령, 국무총리, 국무위원, 행정각부의 장, 헌법재판소 재판관, 법관, 중앙선거관리위원회 위원, 감사원장, 감사위원, 기타 법률이 정한 공무원이며(헌법 제65조 제1항), 국회의원은 그 대상이 아니다. 검찰총장은 검찰청법 제37조에서 검사는 탄핵이나 금고 이상의 형을 선고받은 경우를 제외하고는 파면되지 아니하도록 규정한 내용을 보아 탄핵소추의 대상이 됨을 알 수 있다..

Answer. 101.① 102.②

103 다음 중 헌법소원 심판의 결정 유형 중 올바른 것을 짝지은 것은?

| ㉠ 각하결정 | ㉡ 심판절차종료선언 |
| ㉢ 기각결정 | ㉣ 사정결정 |

① ㉠   ② ㉡, ㉢

③ ㉠, ㉡, ㉢   ④ ㉠, ㉡, ㉢, ㉣

NOTE 헌법소원 심판의 결정유형에는 각하결정, 심판절차종료선언, 기각결정, 인용결정이 있다.

104 다음 헌법재판소의 결정과 관련된 옳은 설명을 〈보기〉에서 고른 것은?

지난 2005년 제주특별자치도는 전남 완도군이 사수도(泗水島)를 장수도라고 부르면서 30년 넘게 관할권을 주장하자 헌법재판소에 심판을 청구했습니다. 이 청구에 대해 헌법재판소는 "1945년 8월을 기준으로, 당시 제주도 지정 공고에만 사수도가 등록되어 있고, 특별한 오류 또한 없어 사수도가 제주특별자치도의 부속 섬으로 인정된다."는 결정을 내렸습니다.

〈보기〉
㉠ 지방 자치 단체 간의 권한 다툼을 다룬 것이다.
㉡ 국가 권력에 대한 행정상 내부적 통제 수단이다.
㉢ 사인(私人)은 위 심판 청구의 당사자가 될 수 없다.
㉣ 행정 소송 중 행정 구역 관할권 다툼을 해결하는 기관 소송에 속한다.

① ㉠, ㉡   ② ㉠, ㉢

③ ㉡, ㉢   ④ ㉡, ㉣

NOTE 제시된 결정은 헌법재판소의 권한쟁의 심판권에 대한 내용이다.
㉡ 권한쟁의 심판은 행정상 내부 통제가 아니다.
㉣ 권한쟁의 심판이 아닌 기관 소송에 관한 내용이다.

Answer. 103.③ 104.②

105 다음 사례와 관련한 법적 판단으로 옳은 것은?

> '갑'은 「특정범죄 가중 처벌 등에 관한 법률」 제 ○ 조 위반으로 제1심 법원에서 징역 5년을 선고 받았다. '갑'은 이에 불복하여 △△고등법원에 항소하였고, 소송 진행 중에 위 법률 제 ○ 조가 헌법에 위반된다고 주장하며 위헌법률심판 제청 신청을 하였다.

① '갑'은 항소심 법원에 신청을 하지 않고 직접 위헌법률심판을 제청할 수 있다.

② 항소심 법원이 위헌법률심판 제청을 하려면 반드시 '갑'의 신청이 있어야 한다.

③ 항소심 법원이 '갑'의 제청 신청을 기각하면, '갑'은 헌법 소원 심판을 제기할 수 있다.

④ 항소심 법원이 '갑'의 제청 신청을 기각하면, '갑'은 기각 결정에 대하여 항고할 수 있다.

NOTE 항소심 법원이 위헌법률심판 제청을 기각할 경우 재판 자체가 아니라 해당 법률 자체의 위헌성을 주장하는 위헌심사형 헌법 소원 심판을 제기할 수 있다.
① 위헌법률심판 제청은 법원만이 할 수 있고 개인이 직접 헌법재판소에 제기할 수 없다.
② 항소심 법원의 위헌법률심판 제청은 '갑'의 신청 없이도 독자적으로 할 수 있다.
④ 항소심 법원의 위헌법률심판 제청 신청 기각 자체에 대해서는 항고할 수 없다. 항소심 법원이 '갑'의 제청 신청을 받아들이면, 헌법재판소가 최종적인 심사권을 갖는다.

Answer. 105.③

106 다음 자료에 대한 옳은 설명을 〈보기〉에서 모두 고른 것은?

> (개) 국·공립학교의 채용 시험에 국가 유공자와 그 가족이 응시하는 경우 모든 단계의 시험에 있어 만점의 10%를 가산하도록 규정한 '국가 유공자 등 예우 및 지원에 관한 법률' 해당 조항을 ⓐ<u>헌법 불합치</u>로 결정한다.
>
> (내) 지방 자치 단체장은 3선 연임 제한으로 출마를 금지하면서 지방 의회 의원 등 다른 선출직 공직자에 대하여 연임 제한을 두지 않는 '지방 자치법' 해당 조항은 헌법에 위반되지 않으므로 심판 청구를 ⓑ<u>기각</u>으로 결정한다.

> 〈보기〉
> ㉠ ⓐ의 사유는 평등권과 참정권 침해이다.
> ㉡ ⓐ와 ⓑ는 재판관 9명 중 6명 이상의 찬성을 얻어야 한다.
> ㉢ (개)와 (내)에서의 위헌 결정 여부는 국회의 입법 활동에 영향을 준다.
> ㉣ (개)와 (내)에서의 청구는 법원의 제청으로 가능하지만 일반 국민은 할 수 없다.

① ㉠, ㉡   ② ㉠, ㉢

③ ㉢, ㉣   ④ ㉠, ㉡, ㉢

NOTE ㉠ 채용 시험에서 일반 응시자들이 피해를 보고 있으므로 평등권의 침해이고 국가 공무원이 될 기회를 제한받으므로 참정권이 침해되었다.
㉢ 위헌으로 결정된 법률안에 대해 국회는 입법 활동을 통해 그 결과를 반영해야 한다.
㉡ 위헌 법률 심판에 의한 헌법 불일치 판정은 6인 이상의 찬성이 필요하지만, 심판 청구 기각은 그렇지 않다.
㉣ 헌법 소원에 의해 일반 국민도 청구할 수 있다.

Answer. 106.②

107 다음 글의 밑줄 친 ㉠, ㉡에 해당하는 심판을 바르게 짝지은 것은?

> A씨는 부인이 임신 9개월째인 2004년 12월, 의사에게 초음파 검사로 태아의 성별을 알려 달라고 했다. 하지만 의사는 태아 성 감별 등을 금지한 의료법 조항을 들어 거절했다. 이에 A씨는 헌법 재판소에 ㉠심판을 청구하였다. 한편 B씨는 2005년 5월, 산모에게 태아의 성별을 가르쳐 줬다가 의사 면허 자격 정지 6개월 처분을 받자 법원에 이의 취소를 구하는 소송을 제기하였다. 그는 이 소송 중 위헌 법률 심판 제청 신청이 법원에서 기각되자 직접 헌법 재판소에 ㉡심판을 청구하였다. 헌법 재판소는 두 사람이 청구한 심판과 관련하여 해당 의료법 조항이 헌법에 불합치 한다고 결정하였다.

	㉠	㉡
①	위헌 법률 심판	위헌 법률 심판
②	권리 구제형 헌법 소원	권리 구제형 헌법 소원 심판
③	권리 구제형 헌법 소원	위헌 법률 심사형 헌법 소원 심판
④	위헌 법률 심사형 헌법 소원	위헌 법률 심판

NOTE ㉠ 심판은 알 권리를 구제받기 위한 것이므로 권리 구제형 헌법 소원 심판이다.
㉡ 심판은 의료법 조항의 위헌 여부를 가리기 위한 것이므로 위헌 법률 심사형 헌법 소원 심판이다.

Answer. 107.③

108 밑줄 친 ⊙~㉣에 대한 옳은 설명을 〈보기〉에서 고른 것은?

> 인터넷이나 휴대 전화 등으로 허위 사실을 유포하면 처벌하도록 한 ⊙<u>전기통신기본법 조항이 위헌</u>이라는 헌법 재판소 결정이 나왔다. ⓒ<u>헌법 재판소</u>는 이 조항이 헌법상 ⓒ<u>표현의 자유</u> 등을 침해한다며 인터넷 논객 ○○○씨 등이 낸 ㉣<u>헌법 소원</u> 사건에서 위헌 결정을 선고했다.

〈보기〉
ⓐ ⊙의 결정은 재판관 7명 이상의 찬성이 필요하다.
ⓑ ⓒ의 재판관은 정당 가입과 정치 활동이 금지된다.
ⓒ ⓒ이 속한 기본권은 헌법에 열거된 내용만 보장된다.
ⓓ ㉣은 공권력에 의해 기본권을 침해당한 개인이 청구할 수 있다.

① ⓐ, ⓑ   ② ⓐ, ⓒ
③ ⓑ, ⓒ   ④ ⓑ, ⓓ

NOTE ⓐ 법률 위헌 결정은 재판관 6인 이상의 찬성이 있어야 한다.
ⓒ 자유권은 포괄적 권리이다.

109 다음 자료와 관련한 옳은 설명만을 〈보기〉에서 모두 고른 것은?

○○병원은 건강보험관리공단으로부터 건강 보험 기관 지정 취소 처분을 받았다. 근거가 되는 △△법률에는 공단이 당시 보건복지부령에 따라 보험 지정 취소 처분을 할 수 있다고 되어 있을 뿐, 처분의 구체적인 사유가 나와 있지 않고, 처분권을 보건복지부령에 전적으로 위임하고 있었다. 보험 지정이 취소되면 병원 영업에 막대한 지장이 초래될 것을 예상한 ○○병원의 신청에 의하여 법원은 ㉠헌법재판소에 ㉡위헌 법률 심판 제청을 하였고, 결국 헌법재판소에 의해 ㉢위헌 결정이 내려졌다.

〈보기〉
ⓐ 보건복지부령의 위헌성 여부가 재판의 대상이 되었다.
ⓑ ㉠은 대통령이 임명한 9인의 재판관으로 구성되며, 6인 이상의 찬성으로 법률의 위헌을 결정한다.
ⓒ 기본권을 침해당했더라도 개인은 ㉡을 할 수 없다.
ⓓ ㉢으로 미루어 △△법률의 해당 조항으로 인해 직업 수행의 자유가 침해되었음을 알 수 있다.

① ⓐ, ⓑ
② ⓐ, ⓒ
③ ⓒ, ⓓ
④ ⓑ, ⓒ, ⓓ

NOTE ⓑ 헌법재판소는 9명의 재판관으로 구성되며, 이 중 3인은 국회의 추천, 3인은 대법원장의 지명, 3인은 대통령의 지명으로 대통령이 9인을 임명하며, 위헌법률 심판은 재판관 6인 이상의 찬성으로 결정된다.
　　ⓒ 위헌법률심판 제청은 법원만이 할 수 있으며, 기본권을 침해당한 개인은 헌법소원을 할 수 있다.
　　ⓓ 병원의 영업 행위가 막대한 지장을 초래할 것을 염려하여 위헌법률심판 제청 신청을 하였는데, 헌재가 이를 수용한 것은 해당 법률 조항이 직업 수행의 자유를 침해하였다고 판단한 것이라 추론할 수 있다.
　　ⓐ 헌법재판소의 위헌법률심판은 법률이 헌법에 위반되는지의 여부를 가리는 것이므로 제시된 사례에서는 △△법률의 위헌성 여부가 재판의 대상이 되었다.

PART

03

민법 · 상법 · 민사소송법

check

▶ 소유권
목적물을 사용, 수익, 처분할 수 있는 권리

▶ 지상권
타인 소유의 토지에 건물 기타 공작물이나 수목을 소유하기 위해 그 토지를 사용하는 권리

▶ 지역권
일정한 목적을 위하여 타인의 토지(승역지)를 자기 토지(요역지)의 편익에 이용하는 권리

▶ 전세권
전세금을 지급하고 타인의 부동산을 점유하여 그 부동산의 용도에 따라 사용·수익하며, 그 부동산 전부에 대하여 후순위권리자나 기타 채권자보다 전세금의 우선변제를 받을 수 있는 권리

▶ 유치권
타인의 물건을 점유한 자가 그 물건에 관하여 생긴 채권이 변제될 때까지 그 물건을 지배할 수 있는 권리

▶ 질권
채무자가 돈을 갚을 때까지 채권자가 채무자 혹은 물상보증인으로부터 받은 담보물을 간직할 수 있고, 채무자가 돈을 갚지 아니할 때는 그것으로 우선 변제를 받을 수 있는 권리

▶ 저당권
부동산을 담보로 돈을 빌린 사람이 약정한 기일에 돈을 갚지 않으면 경매 처분할 권리

01 민법 총칙

(1) 민법의 의의

① **서설** : 일상생활에서 발생하는 금전거래문제, 토지분쟁, 물건 거래와 관련된 법적 문제 등 개인 상호 간의 사적 생활관계를 규율하는 사법을 실질적 의미의 민법이라 하고, 1958. 2. 22. 법률 제471호로 제정 공포되어 1960. 1. 1.부터 시행된 민법이라는 성문법전을 형식적 의미의 민법이라 한다.

② **민법의 성격** : 민법은 선거, 병역문제, 기본권 등을 규율하는 공법과는 대응되는 사법이며, 특정한 사람, 특정한 장소에만 적용되는 특별법에 대응되는 일반법이며, 권리 의무의 발생·변경·소멸 및 요건과 효과를 규율하는 실체법으로서의 성격을 갖는다.

③ **민법의 구성** : 민법은 총칙, 물권법, 채권법, 친족법, 상속법으로 구성되어 있는데, 물권법과 채권법을 재산법이라 하고, 친족법, 상속법을 가족법이라 한다.
　㉠ **총칙** : 민법 전반에 대한 통칙으로 권리변동, 법률행위와 의사표시, 법률행위의 당사자·요건·목적, 법률행위의 대리, 소멸시효 등을 규정하고 있다.
　㉡ **물권법** : 물권의 종류와 효력, 변동, 점유권과 소유권, 용익물권, 담보물권에 대해서 규정하고 있다.
　㉢ **채권법** : 채권의 특징과 목적, 효력, 다수당사자의 채권관계, 채권양도와 채무인수, 채권의 소멸, 계약, 사무관리, 부당이득, 불법행위를 규정하고 있다.
　㉣ **친족법** : 친족의 유형, 범위, 가족, 혼인, 이혼, 부모와 자식 간의 법률관계, 후견, 친족회, 부양에 대해 규정하고 있다.
　㉤ **상속법** : 상속인, 상속의 효력, 유언, 유류분에 대해 규정하고 있다.

(2) 권리·의무의 주체

① **개념** : 권리·의무의 주체란 권리·의무가 귀속하는 법률관계의 주체를 의미한다. 법률상 권리와 의무의 주체가 될 수 있는 당사자는 원칙적으로 자연인과 법인이다. 자연인은 출생에서 사망까지, 법인은 설립 등기에서 해산등기까지 권리·의무의 주체가 되는 것이 원칙이다.

② **법인**
　㉠ **개념** : 법인이란 자연인이 아니면서 권리·의무의 주체로 인정된 자를 말한다. 법인에게는 자연인에게 특유한 권리·의무에 관계된 것을 제외하고 고유의 목적과 작용으로 사회적 활동을 한다.

ⓛ 종류 : 사단법인이란 사람의 단체인 인적 결합체에 법인격이 부여된 것이다. 대표적으로 변호사협회, 약사협회, 의사협회 등 모두 사람이 모여서 만든 단체로 사단법인이다. 재단법인이란 재화(금전을 포함)로서의 물적 결합체에 법인격이 부여된 것을 의미한다.

(3) 권리·의무의 객체

① 개념 : 권리 또는 의무의 대상을 권리의 객체라고 한다. 권리를 가진 주체가 어디에다가 또는 누구에게 권리를 주장하고 행사할 수 있는가의 문제로 설명된다.

② 유형

　　ⓞ 물권의 객체 : 물권의 객체는 물건이다. 민법상 물건에는 유체물 및 전기 기타 관리할 수 있는 자연력을 포함한다(민법 제98조). 물건이라고 하기 위해서는 일물일권주의의 원칙상 독립성을 가져야 하며, 독립성의 여부는 사회통념으로 결정된다. 신체에 부착된 의안, 의족 등의 경우 신체의 일부이므로 물건이라고 할 수 없다.

　　ⓛ 채권의 객체 : 채권의 객체는 채무자의 일정한 행위 즉 급부이다. 급부는 채무의 내용을 의미하는 것으로 급부의 목적물과는 구별된다. 예를 들어 매매계약이 체결된 경우 매매의 대상이 된 물건의 소유권을 이전하는 것이 급부이며, 물건이 급부의 목적물이다. 민법은 제373조 이하에서 '채권의 목적'이라는 표현으로 규정하고 있다.

　　ⓒ 가족권의 객체 : 가족권 중에서 친족권의 객체는 일정한 친족 관계에 있는 사람이며, 상속권의 경우는 상속 재산이 된다.

　　ⓔ 지적재산권의 객체 : 저작권, 특허권, 상표권, 실용신안권 등의 지적재산권의 객체는 저작물, 발명품, 상표 등의 정신적 산물이다.

(4) 권리행사의 제한

① 권리행사의 제한 : 개인주의와 자유주의를 기본으로 하던 근대 민법에서는 권리의 행사는 권리자의 자유의사에 맡겨져 있었다. 그러나 현대 민법은 권리의 행사에 대한 일정한 제한을 가하고 있으며, 민법은 제2조에서 권리행사를 제한하기 위해서 신의성실의 원칙과 권리남용의 원칙을 규정하고 있다.

② 신의성실의 원칙

　　ⓞ 개념 : 신의성실의 원칙이란 사회의 모든 구성원들은 상대방의 신뢰를 헛되이 하지 않도록 권리의 행사와 의무이행에 신의를 좇아 성실하게 하여야 한다는 것을 말한다.

　　ⓛ 적용 : 채권법의 영역에서 발생하였으나, 오늘날에는 모든 법에 적용되는 법의 일반원칙으로 발전하였다. 민법은 제2조 제1항에서 신의성실의 원칙을 규정하고 있다.

ⓒ **효과**: 권리행사가 신의성실의 원칙을 위반할 때 권리남용이 되며, 의무의 이행이 신의성실의 원칙을 위반할 때 의무 불이행이 된다.

ⓔ **파생원칙**: 신의성실의 원칙의 파생원칙에는 자신의 선행행위와 모순되는 후행행위는 허용되지 않는다는 금반언의 원칙과, 권리자가 장기간에 걸쳐 그 권리를 행사하지 않음으로 인해 의무자인 상대방이 더 이상 권리자가 권리를 행사하지 않을 것으로 신뢰할 만한 정당한 기대를 가지게 된 경우, 권리자가 그 권리를 행사하는 것은 허용되지 않는다는 실효의 원칙, 법률행위 성립의 기초가 된 사정이 당사자가 예견하지 못했던 사유로 인하여 현저히 변경되어, 당초의 내용대로 그 효과를 강제하는 것이 당사자 일방에게 가혹하게 된 경우, 그 내용을 변경된 사정에 맞게 수정하거나 그 법률행위를 해소시킬 수 있다는 사정변경의 원칙이 있다.

③ **권리남용 금지의 원칙**

ⓙ **개념**: 권리남용 금지의 원칙이란 외형상 권리의 행사처럼 보이지만 실질적으로는 권리의 사회성을 위반하여 정당성이 인정되지 않는 행위(=권리를 남용하는 것)는 금지된다는 것으로 민법 제2조 제2항에 규정되어 있다.

ⓛ **효과**: 권리의 행사가 남용으로 인정될 경우에는 법적 효과가 발생하지 않으며, 권리 남용으로 타인에게 손해를 입혔을 때에는 손해 배상의 책임을 진다. 주의할 것은 권리남용에 해당한다고 해서 권리 자체가 박탈되는 것은 아니라는 것이다.

④ **신의칙과 권리남용 금지의 원칙의 관계**

ⓙ 신의칙은 채권법의 분야에서, 권리남용은 물권법의 분야에서 발전되어 왔으나, 두 원칙은 공통의 가치관에 바탕을 둔 것이다.

ⓛ 판례는 '권리의 행사가 신의성실에 반하는 경우에는 권리남용이 된다'고 하여 권리남용 여부의 판단에 신의칙을 원용하는 등 중복 적용을 긍정하고 있다. 또한 권리남용 금지의 원칙을 신의칙의 파생원칙의 하나로 이해한다.

(5) 민법의 기본원리

① **근대 민법의 기본원리**

ⓙ **근대 민법의 배경과 3대 원칙**: 근대 민법은 봉건제도로부터의 해방과 자본주의의 발달을 촉진시키기 위해 개인주의, 자유주의, 야경국가관 등의 시민법원리를 핵심이념으로 하고 있었다. 이러한 배경을 바탕으로 개인의 법률관계는 자발적 의사에 따라 원하는 상대방과 자유롭게 내용을 정할 수 있도록 원칙이 확립되었다. 근대 민법의 3대 원칙은 사유재산권 존중(소유권 절대)의 원칙, 사적 자치(계약 자유)의 원칙, 과실책임의 원칙이다.

   ⓛ 사유재산권 존중의 원칙
- **개념** : 개인의 사유재산에 대한 절대적 지배를 인정하고, 국가나 다른 개인은 이에 간섭하거나 제한을 가하지 못하는 것을 의미하는 것이다.
- **소유권 절대의 원칙** : 사유재산에 대한 권리 중에서 가장 강력하고 절대적인 것은 소유권이다. 사유재산권 존중의 원칙을 다른 말로 소유권 절대의 원칙이라고도 한다.

   ⓒ 사적 자치의 원칙(계약 자유의 원칙)
- **개념** : 인격절대주의, 자유의사의 전제에 따라 개인은 자유로운 의사에 기초하여 법률관계를 형성할 수 있는 권리를 갖는다는 것이다.
- **계약 자유의 원칙** : 사적 자치의 원칙을 다른 말로 법률행위 자유의 원칙이라고도 한다. 법률행위 자유의 원칙에는 계약자유의 원칙, 유언자유의 원칙, 사단설립의 자유의 원칙이 있으며, 법률행위가 발현되는 양상의 절대 비중은 계약의 형태이므로 사적 자치의 원칙을 계약 자유의 원칙이라고도 한다.

   ⓔ 과실 책임의 원칙
- **과실 책임의 원칙** : 각 개인은 자기의 고의 또는 과실에 의한 행위에 대해서만 책임을 지고 타인의 행위에 대해서는 책임을 지지 않는다(자기 책임의 원칙)는 원칙이다.
- **고의** : 자신의 행위로부터 피해 또는 손해라는 결과가 생길 것을 인식하면서도 행위를 하는 것을 의미한다.
- **과실** : 결과의 발생을 인식했어야 하는데도 부주의로 인식하지 못해서 손해가 발생한 경우이다. 주의 의무란 타인의 권리나 이익의 침해라는 결과를 예견 또는 회피해야 할 의무를 의미하는데, 결론적으로 과실이란 주의 의무를 위반한 것이다. 과실은 가벼운 주의 의무 위반인 경과실과 현저한 주의 의무 위반인 중과실로 구분할 수 있다. 민사상의 책임은 과실이 있기만 하면 성립되므로, 일반적으로 과실이라고 하면 경과실을 의미한다.

② 현대 민법의 기본 원리와 법률행위의 제한
  ⓐ 대두배경
- **의의** : 근대 민법의 지도원리는 자본주의 경제를 발전시키는 데 공헌하였으나, 자본주의 발전에 따라 부의 불평등 분배로 인한 빈익빈 부익부 현상이 심화되고, 노사 간의 대립이 격화되었다. 따라서 사회적 약자 보호와 불평등 해소를 위해 형식적 자유와 평등을 근본으로 하는 근대 민법의 원칙 또한 수정을 가하게 되었다.

check

▶ 근대 민법의 3대 원칙의 실천에 따른 제약
  ⓐ 법률행위가 강행 법규, 선량한 풍속, 그 밖의 사회 질서에 반하면 무효
  ⓑ 채무의 이행에는 신의와 성실이 요구됨
  ⓒ 소유권의 행사에는 법률의 제한이 따름
  ⓓ 소유권을 타인에게 해를 끼칠 목적으로 행사→권리남용으로 금지
  ⓔ 근대 민법에서는 신의칙(권리남용 금지)이 제한적으로만 적용됨

- 근대 민법의 폐단

구분	소유권 절대 원칙	계약자유 원칙	과실책임 원칙
근대 민법의 폐단	경제적 약자에 대한 유산계급의 지배와 횡포	경제적 강자에게 유리한 계약을 약자에게 일방적으로 강요	기술과 자본을 통해 고의·과실 없음을 증명하여 책임 회피
수정 (현대 민법 원리)	소유권 행사의 공공복리 적합의무 (원칙)	계약 공정의 원칙	무과실책임의 원칙

　이러한 근대 민법의 폐단에 따라 3대 원칙을 수정하게 되었는데 이것이 바로 현대 민법의 기본원리이다.

ⓛ 소유권 행사의 공공복리 적합의무

- 개념 : 소유권 행사의 공공복리 적합의무는 사회 전체의 이익을 위해서 소유권의 행사가 제한될 수 있다는 내용이다. 이때의 제한은 일정한 원칙을 두고 반드시 법률에 근거가 있어야 한다.
- 관련 규정 : 헌법 제23조 제2항은 "재산권의 행사는 공공복리에 적합하도록 하여야 한다."고 규정함으로써 재산권 행사의 공공복리 적합의무를 일반 원칙으로 선언하고 있다. 민법 제2조 제2항의 권리남용 금지 조항과 민법 제211조의 "소유자는 법률의 범위 내에서만 소유물을 사용, 수익, 처분할 수 있다"는 규정은 헌법에서 정한 일반원칙을 구체화하고 있다.

ⓒ 계약 공정의 원칙

- 개념 : 사회질서에 반하거나 현저하게 공정성을 잃은 계약은 법의 보호를 받을 수 없다는 원칙이다.
- 관련 규정 : 민법 제103조 "선량한 풍속 기타 사회질서에 위반한 사항을 내용으로 하는 법률행위는 무효로 한다."라는 규정과 민법 제104조 "당사자의 궁박, 경솔 또는 무경험으로 인하여 현저하게 공정을 잃은 법률행위는 무효로 한다."라는 규정은 계약공정의 원칙을 실현하기 위한 것이다. 여기서 궁박이란 경제적, 정신적으로 급박하게 생긴 곤란 상황을 의미하며, 경솔이란 보통 사람이라면 당연히 생각할 사항을 고려하지 못한 경우이며, 무경험이란 계약, 거래 등 전반적으로 경험이 부족한 것을 의미한다. 그 외에도 주택임대차보호법, 약관규제에 관한 법률, 할부거래에 관한 법률 등 계약의 자유를 제한하는 강행규정들을 두고 있으며 이를 통해 계약공정의 원칙을 실현하고 있다.

② 무과실 책임의 원칙

- 개념 : 무과실 책임의 원칙이란 당사자에게 고의 또는 과실이 없더라도 일정한 상황에서는 책임을 물을 수 있다는 것이다.

▶ 선량한 풍속 기타 사회질서에 위반되는 사례
　ⓛ 인륜에 반하는 행위 : 첩 계약을 체결하는 것, 자식이 부모를 상대로 불법 행위에 의한 손해 배상을 청구하는 것 등
　ⓒ 정의에 어긋나는 행위 : 범죄 행위를 약속하고 일정한 대가를 받는 것, 경쟁이나 입찰 과정에서 담합 행위를 하는 것 등
　ⓒ 개인의 자유를 심하게 구속하는 행위 : 평생 이혼하지 않겠다는 각서를 배우자에게 제출하는 것, 인신 매매 계약 등
　② 기타 : 지나친 사행 행위, 도박 자금을 빌려주는 행위, 도박으로 인한 채무의 변제 등

- **적용범위**: 민법이 규정한 무과실 책임에는 공작물 또는 수목의 소유자가 지는 절대적 무과실 책임과, 입증 책임이 전환되어 중간 책임이라고 불리는 상대적 무과실 책임이 있다. 이에는 책임무능력자의 감독자 책임, 사용자 책임, 공작물·동물 점유자의 책임 등이 있다. 한편 민법 이외에도 제조물 책임, 국가배상법상의 책임, 자동차손해배상 보장법상의 무과실 책임, 환경 관련법상의 무과실 책임 등이 있다.

▶ 무과실 책임이 적용되는 경우
- 제조물 책임
- 공작물 소유자의 책임
  (점유자는 과실 책임)
- 행정상 손실 보상
- 영조물 관리 책임

(6) 법률행위의 목적

① **의의**: 법률행위의 목적이란 법률행위를 통해 발생시키려는 법률효과를 의미한다. 법률행위는 합당한 목적하에 기본 원리에 위배되지 않는 범위 내에서 적정한 효력이 발생한다. 다시 말하면 법률행위의 목적이 부당하다면 그에 따른 효과가 배제될 수 있다. 실현 불가능한 행위, 강행법규 위반이나 반사회질서 행위, 불공정 행위는 법률행위의 목적에 위배되는 경우이다.

② **확정성과 실현 가능성**: 법률행위의 목적은 법률행위 당시에 확정되어 있거나 확정할 수 있어야 하며 실현 가능해야 한다.

③ **적법성**: 적법성이란 강행법규에 위반되지 않아야 함을 의미한다. 이때, 강행법규란 선량한 풍속 기타 사회질서와 관계있는 규정을 의미한다. 구체적으로 민법의 기본원칙, 거래질서, 가족제도에 관한 내용들은 강행법규의 성질을 갖게 된다.

④ **사회적 타당성**: 청탁을 위한 수고비, 도박자금 대출, 인신매매 계약, 성매매 등은 행위의 목적 자체가 사회질서를 문란하게 하는 유형이다. 이처럼 목적이 사회적으로 타당하지 않을 경우 법률효과가 배제된다.

⑤ **불공정한 법률행위**: 급부와 반대급부 사이에 현저한 불균형이 존재하고, 그 거래가 당사자 간의 궁박·경솔 또는 무경험으로 인하여 이루어진 법률행위를 말하며, 이러한 법률행위는 무효이다.

(7) 법률행위의 무효와 취소

① **의의**: 법률행위는 일정한 효과를 의도하고 있다. 일정한 경우 당사자의 의사대로 효과가 발생하지 않는 경우가 있다.

② **법률행위의 무효**

ⓐ **개념**: 무효란 법률행위의 효과가 처음부터 발생하지 않는 것을 의미한다. 법률행위는 성립했으나 그에 따른 효과가 생기지 않는 경우이다.

ⓑ **무효사유**: 강행규정을 위반한 법률행위, 불공정한 법률행위, 실현 불가능한 행위, 의사무능력자의 행위 등이 대표적이다.

▶ 무효인 법률행위
- 선량한 풍속, 사회 질서 위반
- 불공정한 법률행위, 강행법규 위반
- 통정 허위표시
- 의사 무능력자의 행위

③ 법률행위의 취소

　　㉠ 개념 : 일단은 법률행위가 유효하게 성립하지만 취소라는 의사표시를 통해 소급적으로 무효로 만드는 것을 의미한다.

　　㉡ 취소사유 : 행위무능력자의 법률행위, 착오에 의한 의사표시, 사기·강박에 의한 의사표시는 취소할 수 있다.

02 권리능력과 의사 및 행위능력

(1) 권리능력의 발생과 소멸

① 권리능력

　　㉠ 개념 : 권리와 의무의 주체가 될 수 있는 지위를 권리능력이라고 한다.

　　㉡ 권리능력자 : 권리능력의 주체에는 자연인과 법인이 있다. 자연인, 즉 사람은 출생에서부터 사망할 때까지 권리능력을 갖게 되며, 법인은 설립등기에서부터 청산절차 종료시까지 권리능력을 가지는 것이 원칙이다.

　　㉢ 태아의 지위 : 태아의 경우 아직 출생 전이므로 권리능력을 갖지 못하는 것이 원칙이다. 그러나 우리 민법에서는 일정한 경우 예외를 인정하는 개별적 보호주의를 채택하고 있다. 즉, 불법 행위로 인한 손해 배상의 청구, 상속, 대습상속, 유류분권, 유증 등의 경우에는 태아를 이미 출생한 것으로 보고 있다. 또한 태아의 법률상의 지위와 관련하여 판례는 정지조건설을 취하고 있다.

② 인간이 되는 시점

　　㉠ 의의 : 자연인은 출생과 더불어 권리 능력을 가지므로 언제를 출생시점으로 볼 것인지가 중요하게 된다.

　　㉡ 학설 : 민법의 경우 모체에서 태아가 완전히 노출된 시점에 인간으로 보는 전부 노출설이 다수설이다. 형법의 경우 낙태죄와 살인죄의 구별을 위해서 산모의 진통이 시작될 무렵부터 사람으로 보는 진통설이 다수설이다. 그 외에도 독립호흡설, 일부노출설, 수태설 등이 논의되고 있다.

③ 권리능력의 소멸

　　㉠ 사망의 의의 : 자연인의 경우 사망함으로써 권리능력을 잃게 된다. 사망의 여부와 사망시점은 상속, 유언의 효력발생, 남은 배우자의 재혼, 보험금 청구, 연금 청구 등 여러 가지 법률문제와 관련이 있다.

　　㉡ 사망의 시점 : 우리나라는 호흡과 심장의 박동이 영구적으로 정지한 때를 사망의 시점으로 보는 심폐기능정지설이 통설의 지위에 있다. 그러나 최근에는 의학기술이 발달되고, 장기이식의 필요성이 강하게 부각됨으로써 뇌기

▶ 대법원 판례(76다 1365)
태아가 특정한 권리에 있어서 이미 태어난 것으로 본다는 것은 살아서 출생한 때에 출생시기가 문제의 사건의 시기까지 소급하여 그 때에 태아가 출생한 것과 같이 법률상 보아 준다고 해석하여야 상당하므로 그가 모체와 같이 사망하여 출생의 기회를 못 가진 이상 배상청구권을 논할 여지가 없다.

▶ 정지조건
법률행위의 효력을 장래의 불확실한 사실의 성취에 의하여 발생케 하는 법률행위의 부관(附款)

▶ 해제조건
이미 발생한 법률행위의 효력을 장래의 불확실한 사실의 성취에 의하여 소멸케 하는 법률행위의 부관

능이 정지하면 사망으로 인정하여 아직 살아 있는 장기를 더욱더 필요로 하는 사람에게 활용하자는 뇌사설을 주장하는 학자도 다수 있다.

ⓒ 사망의 입증곤란을 피하기 위한 대책

• 동시사망의 추정 : 2인 이상이 같은 사고로 사망하였을 때, 누가 먼저 사망했는가 하는 것은 상속 순위에 중대한 영향을 끼치게 된다. 우리 민법 제30조는 "2인 이상이 동일한 위난으로 사망한 경우에는 동시에 사망한 것으로 추정한다."라고 규정하고 있다.

• 인정사망 : 수난, 화재, 전쟁 등 시체는 발견되지 않았으나 사망한 것이 확실시 될 정도로 강한 개연성이 있을 때, 이를 조사한 관공서는 지체 없이 사망보고를 해야 한다. 이 보고에 의해 가족관계 등록부에 사망으로 기재하는데, 이것을 인정사망이라고 한다.

• 실종선고 : 부재자의 생사불명 상태가 일정 기간 계속될 때(실질적 요건), 이해관계인 또는 검사의 청구와 가정법원의 선고(형식적 요건)에 의하여 사망으로 간주하는 제도이다. 실종에는 보통실종과 특별실종의 두 가지가 있는데, 보통실종은 특별한 원인을 이유로 하지 않고 5년의 기간 동안 생사불명 상태가 지속된 경우 사망으로 간주하는 제도이며, 특별실종에는 전쟁을 원인으로 하는 전쟁실종, 선박의 침몰을 원인으로 하는 선박실종, 항공기의 추락을 원인으로 하는 항공기실종, 기타 사망의 원인이 될 위난을 원인으로 하는 위난실종의 네 가지의 경우가 있다. 이때, 전쟁이 종료한 후부터, 선박이 침몰한 후부터, 항공기가 추락한 후부터, 위난이 종료한 후부터 1년이 지나면 사망한 것으로 간주하는 제도이다. 실종선고가 있을 경우 실종자의 종래 주소지를 중심으로 기존의 사법상의 법률관계가 종료될 뿐 권리능력이 종국적으로 소멸되는 것은 아니다.

• 제도의 비교

구분	동시사망의 추정	인정사망	실종선고
개념	2인 이상이 동일 위난 사망 시 동시에 사망한 것으로 추정	사망의 개연성(수난, 화재, 전쟁 등)에 따라 관공서의 사망보고와 등록부에 기재	부재자의 생사불명상태 지속에 따라 사망 간주
성격	추정 (민법에서 규율)	추정 (가족관계의 등록 등에 관한 법률에서 규율)	간주 (민법에서 규율)
특징	반대 사실을 들어 번복 가능		법원의 취소절차 없이는 번복 불가

check

▶ 장기 등 이식에 관한 법률
뇌사자가 이 법에 의한 장기 등의 적출로 사망한 때에는 뇌사의 원인이 된 질병 또는 행위로 인하여 사망한 것으로 본다고 규정함으로써 뇌사를 인정하고 있음

▶ 실종선고의 효과
실종선고는 실종자의 주소지를 중심으로 기존의 사법상의 법률관계만 종료될 뿐, 권리 능력이 종국적·절대적으로 소멸하는 것은 아니다.
따라서 실종선고를 받은 자가 돌아온 후에 한 법률관계나 다른 곳에서의 법률관계, 공법상의 법률관계(선거권이나 피선거권의 유무나 범죄의 성립 등)에는 사망의 효과가 발생하지 않는다.

(2) 의사능력과 행위능력

① 의사능력(意思能力)

 ⊙ 개념 : 의사능력이란 법률행위를 하는 과정에서 행위의 의미와 결과를 합리적으로 판단하여 정상적인 의사결정을 할 수 있는 정신능력을 의미한다.

 ⓛ 쟁점 : 법률행위를 하려면 우선은 자신의 하고자 하는 행위를 변식하고 예상되는 결과를 판별해 낼 수 있는 의사능력이 필요하다. 의사무능력자의 법률행위는 원칙적으로 무효이다.

② 행위능력(行爲能力)

 ⊙ 개념 : 단독으로 유효하게 법률행위를 할 수 있는 능력을 의미한다.

 ⓛ 쟁점 : 행위능력자는 매매, 금전차입 등 일체의 법률행위를 단독으로 할 수 있기 때문에 누가 행위능력자인지를 법으로 명확히 정해 놓을 필요성이 있다. 행위무능력자의 법률행위는 본인이나 법정대리인이 취소할 수 있다.

[권리능력, 의사능력, 행위능력, 책임능력의 비교]

구분	개념	법률관계
권리능력	권리를 갖고 의무를 부담할 수 있는 자격	권리능력을 갖는 주체는 자연인과 법인
의사능력	행위의 의미나 결과를 변별하고 판단할 수 있는 능력	의사능력 여부는 구체적인 사안에 따라 개별적으로 판단하며, 의사무능력자의 행위는 무효가 됨
행위능력	단독으로 완전하고 유효한 법률행위를 할 수 있는 지위나 자격	행위무능력자의 법률행위는 취소 가능
책임능력	불법행위책임을 변식할 수 있는 지능이나 인식능력	책임무능력자의 행위로 피해발생 시 감독의무자 또는 보호자의 책임을 인정

(3) 제한능력자 제도

① 의의 : 제한능력자라 함은 단독으로 유효한 법률행위를 할 수 없는 자를 말하며, 민법은 미성년자, 피한정후견인, 피성년후견인을 제한능력자로 규정하고 있다. 이들의 행위는 취소할 수 있다.

② 필요성 : 제한능력자 제도는 일차적으로는 제한능력자의 입증책임을 면제함으로써 부당한 거래로부터 제한능력자를 보호하려는 게 목적이다. 또한 거래의 상대방이나 제3자로 하여금 객관적 기준에 따라 제한능력자임을 알고 경계하게 함으로써 손해의 발생을 미연에 방지하고 거래의 안전을 꾀하려는 기능도 있다.

③ 성격 : 행위능력에 관한 규정은 강행규정이므로 이를 제한하는 계약은 효력이 없으며, 민법의 제한능력자 제도는 재산상의 법률행위에는 적용되나, 신

▶ 의사무능력과 제한능력의 경합
제한능력자가 동시에 의사무능력자인 경우에, 표의자가 선택적으로 당해 법률행위에 관하여 제한능력을 이유로 취소하거나 의사무능력을 이유로 무효를 주장할 수 있다는 것이 이중효의 문제이다.

분적 법률행위에는 적용되지 않는다. 또한 각종 사회정책적 입법에 의한 국가의 적극적 보호가 필요한 경우 그 한도 내에서 적용이 제한되는 경우가 있다.

④ 미성년자의 법률행위

　㉠ **미성년자** : 미성년자란 만 19세에 이르지 아니한 사람을 말한다.

　㉡ **법률행위** : 미성년자가 법률행위를 할 경우 법정대리인의 동의를 얻어서 하거나, 법정대리인이 대리하여야 한다. 법정대리인의 동의를 얻지 않고 행한 행위는 미성년자 본인이나 법정대리인이 취소할 수 있다. 그러나 권리만을 얻거나 의무만을 면하는 행위, 법정대리인이 범위를 정하여 처분을 허락한 재산의 처분행위, 법정대리인으로부터 허락을 얻은 특정한 영업에 관한 행위, 대리행위, 17세에 달한 미성년자의 유언행위, 취소권의 행사, 법정대리인의 허락을 얻어 회사의 무한책임사원이 된 미성년자가 그 자격에 기인하여 행하는 행위, 근로계약의 체결과 임금의 청구의 경우 미성년자가 단독으로 할 수 있다. 또한 미성년자가 혼인을 한 때에는 성년자로 보기 때문에 단독으로 법률행위를 할 수 있다.

　㉢ **미성년자의 법정대리인** : 미성년자의 법정대리인에는 친권자, 미성년후견인이 있다. 법정대리인은 미성년자의 법률행위에 대한 동의권, 대리권, 취소권, 추인권을 갖는다.

⑤ 피성년후견인의 법률행위

　㉠ **피성년후견인** : 질병·장애·노령·그 밖의 사유로 인한 정신적 제약으로 사무를 처리할 능력이 지속적으로 결여된 사람으로서 가정법원으로부터 성년후견개시의 심판을 받은 자를 말한다.

　㉡ **법률행위** : 피성년후견인의 법률행위는 취소할 수 있다. 즉 후견인의 동의를 얻었더라도 단독으로 한 법률행위는 취소의 대상이 되는 것이 원칙이다. 가정법원은 취소할 수 없는 피성년후견인의 법률행위의 범위를 정할 수 있으며, 일용품의 구입 등 일상생활에 필요하고 그 대가가 과도하지 아니한 법률행위는 성년후견인이 취소할 수 없다.

　㉢ **피성년후견인의 법정대리인** : 피성년후견인의 법정대리인은 성년후견인이며, 성년후견심판에 의해서 후견이 개시되며, 피성년후견인의 신상과 재산에 관한 사정을 고려하여 여러 명을 둘 수 있다. 후견인은 피후견인의 요양·감호와 그의 재산을 관리하며, 재산에 관한 법률행위를 대리한다. 후견인은 재산행위에 관하여 동의권은 없으며, 피성년후견인의 행위를 언제나 취소할 수 있는 취소권을 가진다.

⑥ 피한정후견인의 법률행위

　㉠ **피한정후견인** : 질병·장애·노령·그 밖의 사유로 인한 정신적 제약으로 사무를 처리할 능력이 부족한 사람에 대하여 가정법원이 한정후견개시의 심판을 한 자를 말한다.

check

▶ **법정대리인**
친권자, 후견인, 법원에 의해 선임된 부재자의 재산관리인, 일상가사대리권을 가지는 부부, 유언집행자, 파산관재인 등이 포함된다.

▶ **민법 제5조(미성년자의 능력)**
① 미성년자가 법률행위를 함에는 법정대리인의 동의를 얻어야 한다. 그러나 권리만을 얻거나 의무만을 면하는 행위는 그러하지 아니하다.

▶ **민법 제6조(처분을 허락한 재산)**
법정대리인이 범위를 정하여 처분을 허락한 재산은 미성년자가 임의로 처분할 수 있다.

▶ **민법 제8조(영업의 허락)**
① 미성년자가 법정대리인으로부터 허락을 얻은 특정한 영업에 관하여는 성년자와 동일한 행위능력이 있다.

ⓛ **법률행위** : 피한정후견인은 원칙적으로 단독으로 유효한 법률행위를 할 수 있으며, 일정한 행위는 한정후견인의 동의가 필요하다. 한정후견인의 동의가 필요한 법률행위를 피한정후견인이 동의 없이 하였을 때에는 그 법률행위를 취소할 수 있다. 다만, 일용품의 구입 등 일상생활에 필요하고 그 대가가 과도하지 아니한 법률행위에 대하여는 그러하지 아니하다

ⓒ **피한정후견인의 법정대리인** : 피한정후견인의 법정대리인은 한정후견인이며, 한정후견심판에 의해 후견이 개시된다. 한정후견인은 피한정후견인의 법률행위에 대한 동의권, 대리권, 취소권, 추인권을 갖는다.

⑦ **제한능력자의 상대방 보호**

ㄱ **필요성** : 제한능력자의 법률행위는 취소가 가능하며, 취소한 경우 현존이익만 반환하면 되므로 이들과 거래한 상대방은 불안정한 지위에 놓이게 된다. 이러한 상태를 해결하기 위해 민법은 제한능력자와 거래한 상대방에게 취소권의 단기소멸제도(민법 제146조)와는 별도로 촉구권, 철회권, 거절권, 취소권의 배제에 관한 규정을 두고 있다.

ㄴ **상대방의 확답촉구권** : 제한능력자 쪽에 대하여 취소할 수 있는 행위를 취소할지 추인할지에 관하여 확답을 촉구하고, 이에 대하여 아무런 대답이 없을 경우 취소 또는 추인의 효과가 발생하게 하는 권리를 말한다.

ㄷ **철회권** : 제한능력자와 체결한 계약을 제한능력자측에서 추인하기 전에 상대방이 계약의 효과 발생을 부인하고 그 의사표시를 철회할 수 있는 권리이다.

ㄹ **거절권** : 제한능력자의 단독행위에 대하여 제한능력자측의 추인이 있기 전에는 상대방이 거절할 수 있다. 여기서 단독행위란 채무면제·상계와 같은 상대방 있는 단독행위를 의미한다.

ㅁ **취소권의 상실** : 제한능력자가 상대방으로 하여금 자기가 능력자임을 오신하게 하거나, 법정대리인의 동의가 있는 것으로 오신케 하기 위하여 속임수를 쓴 경우, 그러한 제한능력자로부터 취소권을 박탈하여 그 행위를 확정적으로 유효하게 만드는 것을 말한다.

▶ **취소권의 배제(사술)**
판례에 의하면 미성년자의 사술은 변조한 호적등본이나 초본, 변조한 인감증명, 위조된 법정대리인의 동의서 등을 제시한 적극적인 행위를 한 경우를 의미한다. 따라서 '단순히 성년자라 칭하거나 성년자로 군대에 갔다 왔다고 말한 사실만으로는 사술이 아니라고 본다.

[상대방의 촉구권·철회권·거절권]

권리	상대방	무능력자측	효과
촉구권	선의 악의	제한능력자인 동안은 법정대리인	단독확답이 가능한 경우 - 추인
			후견감독인의 동의를 요하는 경우 - 취소
		능력자로 된 경우는 능력자 본인	추인한 것으로 본다.
철회권	선의	제한능력자, 법정대리인	계약의 효력이 무효
거절권	선의 악의	제한능력자, 법정대리인	단독행위의 효력이 무효

(4) 법률행위의 대리

① **대리의 의의** : 대리란 대리인이 본인을 위하여 제3자에게 의사표시를 하거나, 상대방으로부터 의사표시를 받음으로써, 그 법률효과가 직접 본인에게 귀속하는 제도를 의미한다. 민법 제114조 제1항에 따라 대리인이 그 권한 내에서 본인을 위한 것임을 표시한 의사표시는 직접 본인에게 대하여 효력이 생긴다.

② **대리의 종류**
　⊙ **임의대리** : 본인의 수권(授權)행위에 의해 대리권이 발생하고 본인의 의사에 따라 대리인과 대리권의 범위가 결정된다.
　ⓒ **법정대리** : 법률의 규정에 의하여 대리권이 부여되는 것을 말한다.
　ⓒ **유권대리** : 대리를 하는 자가 정당한 대리권을 가지고 하는 대리를 의미한다.
　② **무권대리** : 대리권 없이 행한 대리를 의미한다.
　◉ **능동대리** : 본인을 위하여 제3자에 대하여 의사표시를 할 수 있는 대리를 의미한다.
　④ **수동대리** : 본인을 위하여 제3자의 의사표시를 수령하는 대리를 의미한다.

③ **대리관계**
　⊙ **대리권의 발생** : 임의대리권은 수권행위에 의하여 발생하고, 법정대리권은 법률의 규정에 의하여 일정한 자가 당연히 법정대리인이 되거나 또는 법원의 결정이나 선임 또는 지정에 의하여 발생한다.
　ⓒ **대리권의 제한** : 대리인은 본인의 허락이 없을 경우 자기계약과 쌍방대리가 금지된다.
　　• **자기계약** : 대리인(갑)이 한편으로는 본인(을)을 대리하고 자기 자신의 자격으로 갑과 을이 계약을 체결하는 것
　　• **쌍방대리** : 대리인이 한편으로는 본인을, 다른 한편으로는 상대방을 대리하여 쌍방의 계약을 맺는 것
　ⓒ **대리권의 소멸**
　　• 대리권은 본인의 사망, 대리인의 사망, 성년후견의 개시 또는 파산선고를 받은 때 소멸된다.
　　• 임의대리에서 원인된 법률관계가 종료된 경우, 법률관계의 종료 전에 본인이 수권행위를 철회한 경우 소멸된다.

④ **대리행위**
　⊙ **현명주의(顯名主義)의 원칙** : 대리인이 대리행위를 함에 있어서 본인을 위한 것을 표시하고 의사표시를 하여야 한다.
　ⓒ 현명하지 아니한 행위는 대리인 자신의 의사표시로 효력이 발생한다.
　ⓒ 상대방이 대리인으로 한 것임을 알았거나 알 수 있었을 때에는 대리행위로서 효력이 생긴다.

▶ **사자와 표현대리**
대리인이 아니고 사실행위를 위한 사자라 하더라도 외관상 그에게 어떠한 권한이 있는 것 같이 표시 내지 행동이 있어 상대방이 그를 믿었고 또 그를 믿음에 있어 정당한 사유가 있었다면 표현대리의 법리에 의하여 본인에게 책임이 있다(대판1962.2.8. 4294민상192).

ⓔ 대리인의 행위능력
 • 대리인이 행한 행위의 효과는 직접 본인에게 귀속된다.
 • 대리인은 의사능력만 있으면 족하고 행위능력자임을 요하지 않는다.

(5) 소멸시효

① 시효의 의의 : 일정한 사실상태가 계속됨으로써 권리의 취득 및 소멸이라는 일정한 법률효과를 발생하게 하는 법률요건을 시효라고 하며, 시효에는 취득시효와 소멸시효가 있다. 시효제도는 일정한 사실상태가 오랫동안 지속될 경우 이를 기초로 다수의 새로운 법률관계가 맺어지므로 법률생활의 안정을 위해서 그 사실상태를 그대로 인정할 필요성이 있고, 또한 '권리 위에 잠자는 자는 보호하지 않는다.'는 법언에서 그 근거를 찾을 수 있다.

② 요건 : 채권, 채권적 청구권, 용익물권, 공법상의 권리는 소멸시효의 대상이 되며, 소유권, 점유권, 물권적 청구권, 담보물권, 가족법상의 권리는 소멸시효의 대상이 되지 않는다.

③ 소멸시효 기간 : 채권 및 소유권 이외의 재산권은 20년간 행사하지 않으면 소멸시효가 완성된다. 채권의 소멸시효는 10년이 원칙이나, 3년 혹은 1년의 단기소멸시효를 가지는 경우가 있다. 단기소멸시효가 적용되는 채권도 '판결, 파산절차에 의하여 확정된 때' 혹은 '재판상 화해, 조정 기타 판결과 동일한 효력이 있는 것에 의하여 확정된 때'에는 그 소멸시효기간은 10년으로 한다.

④ 효과 : 소멸시효가 완성될 경우 그 효과는 기산일에 소급하여 효력이 생긴다. 따라서 소멸시효로 채무를 면하게 되는 경우 그 기산일 이후의 이자를 지급할 필요가 없다. 단 시효로 소멸하는 채권이 그 소멸시효가 완성되기 전에 상계할 수 있었던 것이라면 채권자는 상계를 할 수 있다.

⑤ 소멸시효의 중단 : 시효가 진행하는 중간에 권리자 또는 의무자의 일정한 행위가 있는 경우에 이미 경과한 시효기간을 소멸하게 하고 그때부터 다시 소멸시효의 기간을 진행하게 하는 제도를 말한다. 소멸시효의 중단사유에는 청구, 압류 또는 가압류, 가처분, 승인 등이 있다.

⑥ 소멸시효의 정지 : 소멸시효가 완성될 무렵에 권리자가 중단행위를 할 수 없거나 또는 극히 곤란한 사정이 있는 경우에 시효의 완성을 일정기간 유예하고 정지사유가 그친 뒤에 일정한 유예기간이 경과하면 시효가 완성되는 것을 말한다. 민법은 제한능력자에게 법정대리인이 없는 경우, 재산관리자에 대한 제한능력자의 권리, 부부 사이의 권리, 상속재산에 관한 권리, 천재 기타 사변이 발생한 경우 소멸시효의 정지를 인정하고 있다.

재산법 · 가족법

Chapter. 02

check

01 물권법

(1) 물권(物權)의 개념

물권이란 동산이나 부동산 등 물건을 직접 지배할 수 있는 권리이다. 물권의 객체는 물건이며, 물건이란 유체물 및 전기, 기타 관리할 수 있는 자연력을 포함한다.

(2) 일물일권주의

하나의 물건 위에 물권이 성립하면 그와 동일한 내용의 물권이 성립할 수 없다는 원칙을 의미한다.

(3) 물권법정주의

물권의 종류와 내용은 법률 또는 관습법에 의하여 정한 것에 한하여 인정되며, 당사자가 자유로이 물권을 창설하는 것을 금지한다. 이를 물권법정주의라고 한다. 우리 민법은 제185조에서 물권법정주의를 규정하고 있으며, 이 규정은 강행규정이다.

02 물권의 종류

(1) 물권의 종류

[민법상의 물권]

내용에 따른 분류	본권	점유권	
		소유권	
		용익물권	지상권
			지역권
			전세권
		담보물권	유치권
			질권
			저당권
객체에 따른 분류	부동산 물권	점유권, 소유권, 지상권, 지역권, 전세권, 유치권, 저당권	
	동산 물권	점유권, 소유권, 유치권, 질권	

민법 이외의 법률이 인정하는 물권

관습법	분묘기지권, 관습법상의 법정지상권, 동산의 양도담보
상법	상사유치권, 상사질권, 주식질권, 선박저당권, 선박채권자의 우선특권
특별법	어업권, 광업권, 자동차저당권, 항공기저당권, 공장저당권

① **본권과 점유권** : 물권은 본권과 점유권으로 나눌 수 있다. 본권이란 물건의 지배를 정당화하는 근거가 되는 권리이다. 예를 들어 토지를 매입한 사람, 즉 토지소유자의 토지에 대한 지배를 법적으로 정당화할 수 있는 본권은 소유권이다. 이에 반해 점유권이란 법률상의 권원이 있느냐를 묻지 않고 물건을 사실상 지배하고 있는 현재의 상태 자체를 보호하는 것을 내용으로 한다.

② **소유권과 제한물권** : 본권에는 소유권과 제한물권이 있다. 소유권은 객체인 물건이 갖는 사용가치(사용 · 수익)와 교환가치(처분)의 전부를 전면적으로 지배할 수 있는 권리이다. 제한물권은 소유권의 내용인 권능(사용 · 수익 · 처분)의 일부(사용가치 또는 교환가치)를 지배하는 권리이다.

③ **용익물권과 담보물권** : 제한물권은 용익물권과 담보물권으로 분류할 수 있는데 물건의 사용가치(사용 · 수익)만을 갖는 지상권, 지역권, 전세권을 용익물권이라 하며, 물건의 교환가치(처분)만을 갖고 있는 유치권, 질권, 저당권을 담보물권이라고 한다.

구분		구성
용익물권	지상권	건물 기타 공작물이나 수목을 소유하기 위하여 타인의 토지를 이용할 수 있는 권리
	지역권	타인의 토지를 자기토지의 편익에 이용하는 권리
	전세권	전세금을 지급하고 타인의 부동산(토지, 건물 등)을 점유하여 용도에 맞게 사용 · 수익하며, 해당 부동산이 저당권 실행 등 문제가 생길 경우 전세금의 우선변제를 받을 권리가 있는 물권
담보물권	유치권	타인의 물건(동산, 부동산)을 점유한 자가 그 물건이나 유가증권에 관하여 생긴 채권이 변제기에 있는 경우 변제받을 때까지 그 물건 또는 유가증권의 반환을 거절할 수 있는 권리
	질권	채권담보를 위해 채무자 또는 제3자가 인도한 동산 또는 재산권을 유치하고, 채무의 변제가 없는 때에는 그 목적물로부터 우선변제를 받는 물권
	저당권	채무자의 부동산을 담보로 잡고 채무의 변제가 없는 경우 그 목적물로부터 우선변제를 받는 물권

④ 물권의 효력

　㉠ 총설 : 각종의 물권에는 그에 특유한 효력이 있지만, 물권은 재산권으로서 물건을 배타적으로 지배한다는 점에서 모든 물권에 공통하는 일반적 효력이 있다. 이러한 일반적 효력으로서 드는 것이 '우선적 효력'과 '물권적 청구권'이다.

　㉡ 우선적 효력 : 우선적 효력이란 물권과 채권의 관계에서, 물권 상호 간의 관계를 결정하는 효력이다. 어떤 물건에 대하여 물권과 채권이 성립할 경우 그 선후에 상관없이 물권이 우선한다. 단, 부동산물권의 변동을 청구하는 채권이 가등기를 갖춘 경우와 주택임대차보호법상의 임차권의 경우 물권에 우선하는 경우가 있다. 한편 동일한 목적물 위에 성립한 물권 상호 간에는 시간적으로 먼저 성립한 물권이 나중에 성립한 물권에 우선한다. 단, 점유권은 배타성이 없으므로 우선적 효력이 없다.

　㉢ 물권적 청구권 : 물권적 청구권이라 함은 물권의 내용의 실현이 어떤 사정으로 말미암아 방해당하고 있거나 방해를 당할 염려가 있는 경우 물권자가 방해자에 대하여 그 방해의 제거 또는 예방을 청구할 수 있는 권리이다. 물권적 청구권에는 반환청구권, 방해제거청구권, 방해예방청구권이 있다.

⑤ 물권의 변동

　㉠ 개념 : 물권의 변동이란 물권의 발생, 변경, 소멸을 총칭하는 용어다.

　㉡ 공시의 원칙 : 공시란 외부에 알리는 행위를 의미한다. 예를 들어, 부동산을 팔았다면 소유권이 다른 사람에게 넘어간 것을 외부에서 알 수 있도록 해야 한다. 외부에서 알지 못할 경우 제3자가 예상치 못한 피해를 받을 수 있다. 이러한 공시의 원칙을 실현하는 방법으로 우리 민법은 부동산과 동산을 다르게 규율하고 있다.

　㉢ 부동산의 공시 방법(등기) : 토지, 건물과 같은 부동산의 공시방법은 등기이다. 등기란 등기관이 등기부라는 공부에 부동산의 변동에 관한 사항을 기재하는 절차를 의미하며 관할 등기소에서 담당한다.

　㉣ 동산의 공시 방법(인도) : 동산의 공시방법은 점유 또는 타인에게 인도(점유의 이전)한 자체만으로 공시가 된다.

⑥ 공신의 원칙

　㉠ 개념 : 공신의 원칙이란 공시방법을 신뢰하고 거래한 제3자의 신뢰를 보호하여야 한다는 원칙이다. 이 원칙은 거래의 안전과 신속성을 위해서 인정되고 있다. 우리 민법은 공신의 원칙과 관련해서 부동산과 동산을 다르게 취급하고 있다.

　㉡ 부동산 물권 변동 : 부동산 물권 변동에는 공신의 원칙이 인정되지 않는다. 즉, 부동산 등기는 공신력이 없다는 것이다.

　㉢ 동산 물권 변동 : 동산의 점유에 관해서는 공신력이 인정된다. 따라서 무권리자로부터 물건을 구입한 사람은 소유권을 취득할 수 있다(선의취득).

▶ 물권과 채권의 효력
　㉠ 물권과 물권이 충돌할 경우
　• 원칙 : 성립 순서에 따라서 결정됨
　㉡ 물권과 채권이 충돌할 경우
　• 원칙 : 성립순서와 관계없이 언제나 물권이 우선함
　• 예외 : 주택임대차보호법의 적용을 받는 임차권은 물권처럼 취급하며, 주택임대차보호법의 적용을 받는 소액보증금은 물권에 우선함

check

▶ 혼동(混同)
　서로 대립하는 두 법률적 지위 또는 자격이 동일인에게 귀속하는 것을 말한다. 이 경우에 어느 한쪽이 다른 쪽에 흡수되어 소멸하는 것을 원칙으로 한다. 혼동은 물권과 채권의 공통된 소멸사유이다.

▶ 취득시효
　물건 또는 권리를 점유하는 사실상태가 일정기간 동안 계속되는 경우에 권리취득의 효과가 발생케 하는 제도이다. 법질서를 안정시키는 것에 그 존재 의의가 있다. 민법상 취득시효의 대상은 소유권, 분묘기지권, 지상권, 지역권, 질권 등의 권리가 있고, 점유권, 유치권, 저당권, 전세권은 취득시효의 대상이 아니다.

⑦ 물권의 소멸 : 물권의 공통한 소멸원인으로는 목적물의 멸실, 소멸시효, 공용징수, 포기, 혼동 등이 있다.

(2) 부동산

① 개념 : 부동산이란 토지와 그 정착물을 의미한다.

② 부동산의 구체적 유형

　㉠ 토지 : 토지는 일정한 범위의 지표면으로 토지의 소유권은 정당한 이익이 미치는 범위에서 지면의 상하에 미친다.

　㉡ 토지의 정착물 : 토지에 계속적으로 고정되어 쉽게 이동할 수 없는 물건을 의미한다. 건물이나, 수목, 교량 등이 해당되며 부동산으로 분류된다. 가건물, 표지판 등은 쉽게 분리되어 이동되기 때문에 부동산이 아니다.

　㉢ 건물 : 기둥과 지붕, 주벽이 이루어져야 법률상의 건물이 되며 건물 역시 토지의 정착물로 부동산이지만 민법은 건물을 토지와 별도의 부동산으로 다루고 있으며, 등기부 역시 토지 등기부와 건물 등기부가 별도로 존재한다.

　㉣ 수목 : 수목은 토지로부터 분리되면 동산이 되고 토지에 심어져 있으면 토지의 일부로 다루어진다.

　㉤ 등기된 입목 : 수목의 집단을 입목이라 하며 입목등기를 하면 토지와는 별개의 부동산이 된다.

　㉥ 명인방법을 갖춘 수목 : 명인방법이란 수목의 주변에 울타리를 치고 소유자를 표시하는 팻말을 설치하는 등 제3자가 명백하게 인식할 수 있도록 밝히는 관습법상의 공시방법이다. 명인방법을 갖춘 수목이나 수목의 집단은 토지와 독립된 부동산으로 거래된다.

　㉦ 농작물 : 농작물은 토지의 일부이므로 별도의 부동산을 이루지 못한다. 그러나 남의 땅에 무단으로 경작하여 농작물을 수확하는 경우 우리 판례는 무단으로 수확한 경작자의 소유로 하고 있다는 데 특징이 있다.

(3) 부동산의 등기

① 등기(登記)의 개념 : 등기부라는 공적 장부에 일정한 권리관계를 기재하는 것을 등기라 한다. 등기는 공시방법으로서 매우 의미 있는 제도로 누군가가 어떤 부동산을 소유하고 있다든가 저당권이 설정돼 있다든가 하는 것이 모두 등기부에 나타나기 때문에 부동산 거래를 하고자 하는 상대방에게 있어 권리관계를 공시하는 수단이 된다.

② 등기의 종류 : 등기에는 사실의 등기와 권리의 등기, 보존등기와 변경등기, 내용에 따라 기입등기, 경정등기, 변경등기, 말소등기, 멸실등기, 회복등기, 가등기 등이 있다.

③ 등기의 효력

　ㄱ 권리변동 : 부동산에 대한 권리는 등기를 하지 않으면 변동의 효력이 생기지 않는다. 따라서 부동산을 누군가에게 팔았다면 등기소에 가서 새로운 소유자로 등기를 해야 한다.

　ㄴ 공신력 불인정 : 등기에는 공신력이 인정되지 않는다.

④ 등기부의 구성 : 등기부는 크게 표제부, 갑구, 을구로 구성되어 있다. 표제부에는 부동산의 지번(주소), 면적(몇 제곱미터), 용도(주거용, 상업용), 구조(벽돌조 슬래브지붕, 철근 콘크리트, 벽돌구조 등)가 적혀 있다. 갑구란에는 소유권에 관한 사항이 기재되어 있고, 을구란에는 소유권 이외의 권리인 저당권, 근저당권 등이 기재되어 있다.

[등기부]

【표 제 부】

표시번호	접수	소재지번 및 건물번호	건물 내역	등기원인
1	1999.2.20	○○시◇◇구 ☆☆동 102	벽돌조슬래브 주택 67.38m²	
─이 하 여 백─				

【갑　　구】

순위번호	등기목적	접수	등기원인	권리자 및 기타사항
1	소유권보존	1999.2.20 제31234호		소유자 홍길동 500520-00000 ○○시◇◇구☆☆동 102
2	소유권이전	2002.3.15 제42345호	2002.3.15 매매계약	소유자 이몽룡 611103-00000 ○○시◇◇구☆☆동 102
─이 하 여 백─				

【을　　구】

순위번호	등기목적	접수	등기원인	권리자 및 기타사항
1	근저당권 설정	2002.10.1 제53456호	2002.10.1 설정계약	채권최고액 금 5,000,000원정 채무자 이몽룡 ○○시◇◇구☆☆동 102 근저당권자△△은행 1223-000 ○○시◇◇구☆☆동 11
─이 하 여 백─				

(4) 상린관계(相隣關係)

① 의의 : 토지는 연속되어 있기 때문에 인접하는 토지의 소유자들이 제한 없이 자신의 권리를 행사하게 되면 토지 이용을 둘러싼 분쟁이 생길 수 있다. 따라서 민법은 인접하는 토지 소유자들의 이용 관계를 조절하기 위하여 권리관계를 규율하는 규정을 두고 있다. 이를 상린관계라 하며 상린관계로부터 발생하는 권리를 상린권이라 한다. 이러한 상린권은 소유권에 포함된 권리로 민법 제215조부터 제244조까지 규정되어 있다.

② 생활방해 금지(민법 제217조)

   ⊙ 개념 : 생활방해란 매연, 열기체, 액체, 음향, 진동 기타 이와 유사한 것이 다른 토지로부터 발산·유입되어 이웃의 토지 사용을 방해하거나 거주자의 생활에 고통을 주는 것 또는 유해한 간섭 자체를 의미한다.

   ⊙ 다양한 표현 : 독일에서는 임밋시온, 영미권에서는 생활방해, 프랑스에서는 근린폐해, 일본은 공해라 표현한다.

   ⊙ 인용의무 : 토지의 사용이 통상의 용도에 적당한 정도라면 이웃거주자는 이를 인용해야 한다.

   ⊙ 생활방해의 효과 : 생활방해가 인용의무의 한계를 넘는 경우 피해자는 방해의 중지 또는 금지를 청구할 수 있고, 손해가 생긴 때에는 불법 행위에 의한 손해배상을 청구할 수 있다.

03 채권법

(1) 채권(債權)·채무(債務) 관계

① 의의

   ⊙ 개념 : 특정한 일방당사자가 상대방에 대하여 일정한 행위를 청구할 수 있는 권리가 채권이며 이러한 권리를 행사할 수 있는 주체를 채권자라 한다. 채권자의 권리에 대응하여 상대방이 일정한 행위를 해야 할 의무를 채무라 하며 이러한 지위에 있는 주체를 채무자라 한다. 채권자와 채무자의 법률관계를 채권·채무 관계라 한다.

   ⊙ 물권과 채권의 구별 : 특정 물건을 지배할 수 있는 권리인 물권은 절대권이며, 물권법정주의에 따라 종류와 내용이 대부분 법으로 규정되어 있다. 이에 반해 채권은 특정 채무자에 대해서만 권리 주장이 가능한 상대권이며, 임의규정이 많아서 당사자가 자유로이 법률행위를 창설하는 사적 자치가 강조되고 있다.

© 채권의 종류

급부의 내용	주는 급부	특정물 급부	주는 급부는 주로 직접강제, 하는 급부는 간접강제·대체집행에 의한다. 하는 급부는 신의칙에 의하여 강하게 지배된다.
		불특정물 급부	
	하는 급부	대체적 급부	
		부대체적 급부	
급부의 형태	일시적 급부	1회의 급부에 의하여 실현되어 소멸하는 급부	계속적 급부와 회귀적 급부는 신의칙이나 사정변경의 원칙에 강하게 지배 받으며, 법률관계의 종료도 장래를 향하여 효력이 발생한다.
	계속적 급부	계속적·반복적으로 실현해야 완성하는 급부	
	회귀적 급부	시간적 격차를 두고 일정한 급부를 반복적으로 실현해야 하는 급부	

② 채권의 목적

㉠ 급부(이행) : 채권의 목적이란 채권자가 채무자에 대하여 청구할 수 있는 일정한 행위, 즉 급부를 의미한다. 비록 금전으로 가액을 산정할 수 없는 것이라도 채권의 목적으로 할 수 있다.

㉡ 급부의 요건 : 정당한 급부가 되기 위해서는 적법하여야 하고, 확정이 가능해야 하며 실현 가능해야 한다. 또한 선량한 풍속 기타 사회 질서에 위배되지 않아야 한다.

㉢ 급부의 유형
- **특정채권** : 특정물의 인도를 목적으로 하는 채권
- **종류채권** : 목적물을 종류로만 지정한 채권
- **금전채권** : 일정액의 금전을 지급할 것을 목적으로 하는 채권
- **이자채권** : 채권의 목적이 이자인 채권
- **선택채권** : 수 개의 목적물 중에서 선택에 의하여 채권의 목적물이 결정되는 채권

③ 채권의 발생원인

㉠ 유형 : 채권을 발생시키는 경우로 민법은 계약, 사무관리, 부당이득, 불법행위를 규정하고 있으며 이 중 계약이 큰 비중을 차지하고 있다. 부동산 매매, 금전대여, 물품구입 모두 계약으로 이러한 계약에 따라 무엇인가를 청구할 권리가 생기게 된다.

㉡ ~계약의 개념 : 계약이란 서로 대립하는 두 개 이상의 의사표시의 합치에 의하여 성립하는 법률행위이다. 계약은 대립하는 의사표시의 합치라는 데 특징이 있다. 서로 방향이 같은 두 명 이상의 의사표시가 합치되는 것은 합동행위로, 대표적인 예는 사단법인 설립행위이다.

▶ 청약과 승낙

청약이란 일정한 내용의 계약을 체결하려고 신청하는 의사표시이며, 청약에 대해 계약을 성립시키려고 응낙하는 의사표시를 승낙이라 한다. 청약과 승낙이 합치할 때 계약이 성립한다. 청약에는 계약의 내용을 결정지을 수 있을 만한 사항을 포함되어야 하며, 그렇지 않을 경우는 청약의 유인으로 본다.

▶ **청약의 유인**
청약(請約)의 유인(誘引)은 상대방에게 청약을 시키려는 의사의 통지이다. 청약의 유인에 응해서 상대방이 의사표시를 하는 것이 상대방의 청약이 된다.

▶ **쌍무계약 · 편무계약**
쌍무계약은 계약당사자가 서로 대가적인 채무를 부담하는 계약을 말하고, 편무계약은 당사자 일방만이 채무를 부담하거나 쌍방이 채무를 부담하더라도 그 채무가 서로 대가적인 채무를 부담하지 않는 계약을 말한다.

▶ **낙성계약 · 요물계약**
낙성계약은 계약당사자의 합의만으로 계약이 성립하는 경우를 말하며, 현상광고 이외의 모든 전형계약이 이에 해당한다. 요물계약은 합의 이외에 물권의 인도 또는 기타의 급부를 성립요건으로 하는 계약을 말하며, 현상광고가 이에 해당한다.

▶ **요식계약 · 불요식계약**
요식계약은 계약의 성립에 있어 일정한 방식을 요하는 경우이고, 그것이 불필요한 경우를 불요식계약이라고 한다.

ⓒ **계약의 성립** : 계약이 성립하려면 청약과 승낙이라는 과정을 거치게 된다. 청약이란 계약을 청하는 의사표시이다. 승낙이란 이러한 청약에 대해 동의를 하는 의사표시이다.

ⓔ **계약의 종류** : 민법에 정해진 15종의 계약을 전형계약(증여, 매매, 교환, 소비대차, 사용대차, 임대차, 고용, 도급, 여행계약, 현상광고, 위임, 임치, 조합, 종신정기금, 화해)이라 하고 민법전에 규정되어 있지 않은 그 밖의 계약을 비전형계약 또는 무명계약이라 한다.

• **증여** : 증여는 당사자 일방이 무상으로 상대방에게 재산을 수여하는 의사를 표시하고, 상대방이 이를 승낙함으로써 성립하는 계약을 말한다. 증여는 편무 · 무상 계약이며, 낙성 · 불요식 계약이다.

• **매매** : 매매란 당사자 일방이 재산권을 상대방에게 이전할 것을 약정하고 상대방이 대금지급을 약정함으로써 성립하는 계약을 말한다. 매매계약은 쌍무 · 유상 계약이며, 낙성 · 불요식 계약이다.

• **교환** : 교환이란 당사자 쌍방이 금전 이외의 재산권을 상호 이전할 것을 약정함으로써 성립하는 계약을 말한다. 교환은 쌍무 · 유상 계약이며, 낙성 · 불요식계약이다.

• **소비대차** : 소비대차는 당사자 일방이 금전 기타 대체물의 소유권을 상대방에게 이전할 것을 약정하고 상대방은 그와 같은 종류, 품질 및 수량으로 반환할 것을 내용으로 하는 재산권 이용계약이다. 소비대차는 원칙적으로 무상 · 편무 계약이나 이자의 약정이 있는 경우 유상 · 쌍무 계약이다. 또한 낙성 · 불요식 계약이다.

• **사용대차** : 사용대차란 당사자 일방이 상대방에게 무상으로 사용 · 수익하게 하기 위하여 목적물을 인도할 것을 약정하고 상대방은 이를 사용 · 수익한 후 그 물건을 반환할 것을 내용으로 하는 계약을 말한다. 사용대차는 무상 · 편무 계약이며, 낙성 · 불요식 계약이다.

• **임대차** : 임대차란 당사자 일방이 상대방에게 목적물을 사용 · 수익하게 할 것과 상대방이 이에 대하여 차임을 지급할 것을 내용으로 하는 재산권 이용계약을 말한다. 임대차는 쌍무 · 유상 계약이며, 낙성 · 불요식 계약이다.

• **고용** : 고용이란 당사자 일방이 상대방에 대하여 노무를 제공하고 상대방이 이에 대하여 보수를 지급할 것을 내용으로 하는 계약을 말한다. 고용계약은 유상 · 쌍무 계약이며, 낙성 · 불요식 계약이다. 고용에 관한 민법의 규정은 근로기준법이 적용되는 범위에서는 적용이 제한된다.

• **도급** : 도급이란 당사자 일방이 어느 일을 완성할 것과 상대방이 그 일의 결과에 대하여 보수를 지급할 것을 내용으로 하는 노무계약을 말한다. 도급계약은 유상 · 쌍무 계약이며, 낙성 · 불요식 계약이다.

- **여행계약** : 여행계약이란 당사자 한쪽이 상대방에게 운송, 숙박, 관광 또는 그 밖의 여행 관련 용역을 결합하여 제공하기로 약정하고 상대방이 그 대금을 지급하기로 약정함으로써 효력이 생긴다. 여행계약은 쌍무·유상 계약이며, 낙성·불요식 계약이다.
- **현상광고** : 현상광고란 광고자가 어느 행위를 한 자에게 일정한 보수를 지급할 것을 내용으로 하는 계약이다. 현상광고는 요물계약이며, 불요식 계약이다. 그 효력으로서 광고자의 보수지급의무만이 발생한다는 점에서 유상계약이지만 편무계약이다.
- **위임** : 위임은 당사자 일방이 상대방에 대하여 사무의 처리를 위탁하는 계약을 말한다. 우리 민법은 위임은 무상을 원칙으로 하고 있으나 실제는 많은 경우에 유상의 위임이 이루어지고 있다. 위임은 낙성·불요식 계약이다.
- **임치** : 임치란 당사자 일방이 상대방에 대하여 금전이나 유가증권 기타 물건의 보관을 위탁하는 것을 내용으로 하는 계약을 말한다. 임치는 위임의 일종으로 물건의 보관을 내용으로 한정한다는 점이 특징이다. 임치는 편무·무상이며, 낙성·불요식 계약이다.
- **조합** : 조합이란 2인 이상이 상호 출자하여 공동사업을 경영할 것을 내용으로 하는 계약이다. 조합은 쌍무·유상 계약이며, 낙성·불요식 계약이다.
- **종신정기금** : 종신정기금이란 당사자 일방이 자기, 상대방, 또는 제3자의 종신까지 정기로 금전 기타의 물건을 상대방 또는 제3자에게 지급할 것을 내용으로 하는 계약을 말한다. 종신정기금은 낙성·불요식 계약이다.
- **화해** : 화해란 당사자가 상호 양보하여 당사자 간의 분쟁을 종지할 것을 내용으로 하는 계약을 말한다. 화해는 쌍무·유상 계약이며, 낙성·불요식 계약이다.

ⓑ **동시이행의 항변권** : 쌍무계약으로부터 생기는 각 채무는 서로 대가적 의미를 가지고 연결되어 있기 때문에 쌍무계약의 당사자 일방은 상대방이 채무의 이행을 제공할 때까지 자기의 채무의 이행을 거절할 수 있는 권리가 있다. 이러한 권리를 동시이행의 항변권이라 한다.

④ 채권의 효력

ⓐ **개념** : 이행기가 도래한 채무는 채무자의 변제로 소멸하게 된다. 그러나 채무자가 임의로 변제하지 않을 경우 채권자가 실질적으로 채무자의 임의이행이 있는 것과 동일한 상태를 실현하는 것을 채권의 효력이라고 한다. 채권의 효력에는 대내적인 것과 대외적인 것으로 나눌 수 있다.

ⓑ **채권의 대내적 효력** : 채무자의 채무불이행이 있는 경우 채권자는 계약을 해제할 수 있음은 물론, 강제이행과 손해배상을 청구할 수 있다.

check

ⓒ 채권의 대외적 효력 : 채권자는 일정한 요건하에 자기의 채권을 확보하기 위해서 제3자의 재산에 간섭할 수 있는데, 이에는 채권자대위권과 채권자취소권이 있다. 채권자대위권은 채권자가 자기의 채권을 보존하기 위하여 채무자를 대신하여 채무자의 권리를 행사하는 것이며, 채권자취소권이란 채무자가 채권자를 해함을 알면서도 자기 재산의 처분행위를 한 때에 채권자가 그 취소와 원상회복을 법원에 청구할 수 있는 권리이다.

⑤ 다수당사자의 채권관계

ⓐ 개념 : 채권관계의 당사자인 채권자와 채무자는 각각 한 사람씩 있는 것이 일반적이나, 경우에 따라서는 복수의 채권자 또는 채무자가 관여하는 경우가 있다. 이를 다수당사자의 채권관계라고 하며, 이에는 분할채권관계, 불분할채권관계, 연대채무, 보증채무가 있다.

ⓑ 분할채권관계 : 분할채권관계라 함은 채권의 목적물이 분할될 수 있는 경우를 말한다. 채권자가 수인인 경우는 분할채권이라고 하고, 채무자가 수인인 때에는 분할채무라고 한다. 민법은 다수당사자의 채권관계에 있어서 분할채권관계를 원칙으로 한다.

ⓒ 불가분채권관계 : 채권의 목적물이 분할될 수 없는 경우를 불가분채권관계라고 한다. 채권자가 수인인 경우에는 각 채권자는 모든 채권자를 위하여 전부의 이행을 단독으로 청구할 수 있고, 채무자가 어떤 1인의 채권자에 대하여 이행을 한 때에는 모든 채권자에 대한 이행이 된다. 또 채무자가 수인인 경우에는 1인의 채무자가 전부의 이행을 하면 채권은 소멸되고 그는 다른 채무자에 대하여 구상권을 갖는다.

ⓓ 연대채무 : 연대채무란 수인의 채무자가 각각 독립하여 전부의 변제를 할 채무를 부담하는 경우를 말한다. 연대채무에 있어서는 채권자는 1인의 채무자에 대하여 전부 이행할 것을 청구할 수 있고, 채무자 전원에 대하여 동시에 또는 순차적으로 전부 이행할 것을 청구할 수 있다. 1인의 채무자가 변제를 하면 다른 채무자도 채무를 면하지만, 변제를 한 채무자는 다른 채무자들에 대하여 구상권을 갖는다.

ⓔ 보증채무 : 주된 채무자가 이행을 하지 않을 때에 이행의 책임을 지는 종적인 채무를 보증채무라고 한다. 보증채무의 성립과 소멸은 주된 채무에 의존하므로 부종성을 띠며, 보증채무는 주된 채무의 이행이 없는 경우에 이행을 하면 되므로 보충성을 띤다. 보증채무의 보충성으로 인해 보증인은 최고 · 검색의 항변권을 갖는다.

⑥ 채권양도와 채무인수

ⓐ 채권양도 : 채권양도란 채권의 동일성을 바꾸지 않고 타인에게 양도하는 것을 말한다. 채권은 원칙적으로 양도할 수 있다. 단, 채권의 성질상 양도할 수 없는 때, 당사자의 특약으로 양도를 금지한 때, 법률상 양도가 금지된 채권인 경우 채권은 양도할 수 없다.

ⓛ 채무인수 : 채무인수란 채무의 동일성을 유지하면서 그 채무를 타인에게 이전하는 것을 말한다. 채무인수는 채권자·채무자·인수인의 3면계약으로 인수하는 경우와 채권자와 인수인 간의 계약으로 하는 경우, 채무자와 인수인 간의 계약과 채권자의 승낙이 있는 경우에 가능하다.

⑦ 채권의 소멸

㉠ 변제 : 채무자가 채무내용에 따른 급부를 실현한 경우이다.

㉡ 공탁 : 채권자의 수령 등 협력이 필요한 경우에 채권자가 협력을 거절하거나 행방불명으로 알 수 없는 경우 공탁소에 맡김으로써 채무가 소멸되는 경우이다.

㉢ 상계 : 채권자와 채무자가 서로에 대하여 동종의 채권과 채무를 가지고 있는 경우 액수만큼 소멸시키는 경우이다.

㉣ 면제 : 채권자가 채무자에게 채무를 면해주는 경우이다.

㉤ 경개 : 이전의 채무를 대신해 새로운 채무를 성립시키는 경우이다.

㉥ 혼동 : 채권과 채무자가 같은 사람에게 귀속하게 되는 경우이다. 예를 들어 채무자가 채권자의 상속인이 된 경우가 이에 해당한다.

⑧ 계약의 해제와 해지

㉠ 개념 : 해제와 해지는 해제권자 및 해지권자의 일방적인 의사표시에 의해서 계약관계를 해소하는 형성권의 행사이다. 계약의 해제 또는 해지는 법률행위의 성립 이후의 사유에 기인한다는 점에서 취소와 구별되며 손해배상의 청구에 영향을 미치지 않는다.

㉡ 계약의 해제 : 계약의 해제는 유효하게 성립한 계약관계를 해소시키는 것으로 해제할 수 있는 권리가 법률의 규정에 의하여 발생하는 법정해제와 당사자 간의 약정에서 발생하는 약정해제가 있다. 해제권의 행사는 소급효기 있다.

㉢ 계약의 해지 : 계약의 해지는 소비대차, 사용대차, 임대차, 고용, 위임, 임치, 종신정기금 등 계속적 채권관계에서 계약체결 후 당사자 일방의 의사표시에 의하여 계약의 효력을 장래를 향하여 소멸시키는 것을 말한다. 해지권의 행사는 이미 경과한 부분에 영향을 주지 않는다.

(2) 부동산임대차(不動産賃貸借)

① 임대차의 의의

㉠ 임대인과 임차인 : 임대인이란 상대방에게 목적물을 사용·수익하게 하는 주체이고, 임차인이란 목적물을 사용·수익하는 주체를 의미한다.

㉡ 임대차 : 임대차(賃貸借)란, 임대인(賃貸人)이 임차인(賃借人)에게 건물이나 토지 등을 빌려 주고 임차인이 그 대가를 지급하기로 하는 계약을 말한다.

ⓒ **부동산 임대차** : 임대인과 임차인의 계약관계가 부동산을 둘러싸고 일어나는 것이 부동산 임대차이며 부동산 임대차 중 일상생활과 밀접히 관련된 분야가 주택임대차이다.

② **임대차의 존속기간** : 석조, 석회조, 연와조 또는 이와 유사한 견고한 건물 기타 공작물의 소유를 목적으로 하는 토지임대차나 식목, 채염을 목적으로 하는 토지임대차를 제외한 임대차의 존속기간은 20년을 넘지 못한다. 당사자의 약정기간이 20년을 넘는 때에는 이를 20년으로 단축한다. 위 기간은 갱신할 수 있지만 그 기간은 갱신한 날로부터 20년을 넘지 못한다. 영구적인 기간을 약정한 임대차 약정은 무효이다.

③ **주택임대차보호법**(住宅賃貸借保護法)

ⓐ **의의** : 주택임대차보호법은 세입자의 주거와 보증금의 회수를 보장하고, 과도한 집세 인상 등에서 세입자의 주거생활의 안정을 보호하기 위하여 제정한 특별법이다.

ⓑ **대항력 인정** : 임차인이 주택을 인도받아 주민등록을 마치면 제3자에게 대항할 수 있는 효력이 생긴다. 주민등록을 하지 않고 전입신고를 하더라도 무방하다. 이때 대항할 수 있다는 의미는 새로운 사람이 주택을 양수하여 임대인(집주인)이 바뀐 경우에도 새로운 주인에게 임차권을 주장하여 계속해서 사용·수익할 수 있다는 뜻이다.

ⓒ **임대차의 최단존속 기간 보장** : 임대차 기간을 정하지 않았거나 2년 미만으로 정한 경우 2년 계약한 것으로 보아 최소 2년 이상 거주할 수 있도록 하고 있다. 물론 임차인의 의사에 따라 그보다 단기간 거주해도 무방하다. 어디까지나 집주인의 퇴거강요로부터 보호받을 수 있다는 것을 의미한다.

ⓓ **임대차의 갱신** : 계약 만료 전 임대인은 6개월에서 1개월까지, 임차인은 1개월 전까지 별도의 의사를 표하지 않는다면 전에 계약한 기간까지 자동으로 연장되는데 이를 묵시적 갱신이라 한다.

ⓔ **보증금의 우선변제** : 대항요건을 갖추고 확정일자까지 갖추었다면 세 들어 사는 주택이 경매로 넘어가는 경우에도 다른 채권자보다 우선하여 보증금을 받을 수 있다.

▶ 확정일자 제도
법원 또는 동사무소 등에서 주택 임대차계약을 체결한 날짜를 확인하여 주기 위하여 임대차계약서의 여백에 확인 도장을 찍어주는 제도
→ 확정일자와 입주 및 전입신고를 마친 주택임차인은 임대주택에 관한 경매절차의 환가(換價)대금에서 자기 확정일자보다 늦은 후 순위 권리자 기타 채권자보다 우선하여 보증금을 변제 받을 권리가 있다.

(3) 손해배상

① **개념** : 일정한 행위로 타인에게 입힌 손해에 대하여 그를 전보하여 손해가 발생하지 않았을 때와 똑같은 상태로 회복시키기 위한 제도를 의미한다.

② **발생원인** : 손해배상을 해야 될 책임이 발생하는 원인은 채무불이행이 있는 경우와 불법행위가 성립하는 경우이다.

(4) 채무불이행

① **개념** : 채무자의 책임 있는 사유로 채무의 내용이 실현되지 않는 것을 의미한다.

② **유형** : 채무불이행의 유형에는 이행지체, 이행불능, 불완전이행의 세 가지 경우가 있다.

구분	개념	특징
이행지체	이행이 가능한 경우인데도 이행하지 않는 경우	채무자에게 책임 유무를 불문하고 강제이행 청구 가능, 채무자에게 책임이 있으면 손해배상 청구도 가능
이행불능	채무이행이 불가능한 경우(파손 등)	채무자에게 책임이 없다면 채무 소멸, 채무자에게 책임이 있다면 손해배상 청구 가능
불완전이행	채무를 이행하였으나 내용이 완전하지 못한 경우	완전이행청구 가능, 완전이행이 의미 없을 경우 손해배상 청구 가능

③ **과실상계** : 채무불이행으로 인한 손해에 채권자의 과실이 있다면 이를 참작하여 액수를 감하게 된다.

(5) 불법행위

① **개념과 효과** : 고의 또는 과실로 위법하게 타인에게 손해를 주는 행위를 불법행위라 한다. 불법행위가 있을 경우 손해배상 책임이 발생한다.

② **민법규정** : 민법 제750조는 '고의 또는 과실로 인한 위법행위로 타인에게 손해를 가한 자는 그 손해를 배상할 책임이 있다.'고 규정하고 있다.

③ **불법행위의 성립요건**

  ㉠ **고의 또는 과실의 존재** : 고의란 자신의 행위로 타인에게 손해가 발생할 것을 인식하고도 행위를 한 경우이고, 과실이란 피해를 인식할 수 있었는데도 부주의하여 결과를 만든 것을 의미한다.

  ㉡ **위법성** : 위법성이란 사회 전체의 법질서에 비추어 봤을 때 허용되지 않는 경우이다. 고의나 과실로 타인에게 손해를 발생시켰더라도 정당성이 인정되어 사회적으로 허용된다면 책임이 발생하지 않는다.

  ㉢ **손해의 발생** : 손해의 발생은 현실적으로 나타나야 한다. 손해란 가해원인이 없었다면 있어야 할 이익상태와 가해가 발생하고 있는 현재의 이익 상태와의 차이라고 할 수 있다. 이러한 손해에는 기존이익의 상실인 적극적 손해와 기대이익의 상실인 소극적 손해, 정신적 손해로 분류할 수 있다. 정신적 손해에 대한 배상금을 위자료라고 한다.

▶ **통상의 손해와 특별 손해**
불법행위가 있을 경우 당연히 발생될 것으로 예상되는 손해를 통상의 손해라고 하며 예외적으로 발생하는 손해를 특별 손해라고 한다.

▶ 미성년자와 책임능력

① 책임 무능력자인 미성년자: 미성년자가 책임을 변식 할 능력이 없는 경우에는 배상책임이 없음을 규정, 이 경우 미성년자의 감독자가 배상해야함.(민법 제755조 – 특수 불법행위)

② 책임 능력인 미성년자의 책임: 책임능력은 있으나 경제력이 없는 미성년자의 불법행위에 대해서 판례는 감독 의무자(부모)의 감독 의무 위반과 손해 사이에 상당 인과 관계가 인정되면 감독 의무자의 배상책임을 인정하고 있다.(민법 제750조 – 일반 불법행위)

ⓔ 인과관계 : 가해행위와 손해발생 사이에 인과관계가 있어야 한다. 자연 현상에 따라 나타난 손해라면 인과관계가 없기 때문에 책임을 물을 수 없다.

ⓜ 책임능력(불법행위 능력) : 가해자에게 책임능력이 있어야 한다. 책임무능력자는 손해배상의 책임을 지지 않지만 감독자나 법정대리인 등이 책임을 지게 된다.

책임무능력	내용
민법 제753조 (미성년자)	미성년자가 타인에게 손해를 가한 경우에 그 행위의 책임을 변식할 지능이 없는 때에는 배상의 책임이 없으며 반대로 미성년자라도 책임을 변식할 지능이 있다면 독립해서 책임을 지게 됨
민법 제754조 (심신상실자)	심신상실 중에 타인에게 손해를 가한 자는 배상의 책임이 없으나, 고의 또는 과실로 심신상실을 초래한 때에는 그러하지 아니함

(6) 손해배상 절차

① 손해배상의 방법

ⓐ 금전배상의 원칙 : 재산적 손해는 물론 정신적 손해도 금전배상을 원칙으로 한다.

ⓑ 금전배상의 예외 : 예외적인 경우 원상회복청구를 할 수 있는데, 이때는 법률에 규정이 있어야 한다. 민법 제764조에서 명예훼손의 경우에는 법원은 피해자의 청구에 의하여 손해배상에 갈음하거나 손해배상과 함께 명예회복에 적당한 처분을 명할 수 있다는 규정을 두고 있다. 이를테면 신문보도로 명예를 훼손당한 경우 정정보도를 하는 경우가 대표적인 사례이다.

② 손해배상 청구권자 : 일반적으로 피해자가 청구하겠지만 문제되는 경우로 다음과 같은 경우가 있다.

ⓐ 태아 : 불법행위로 인한 손해배상청구에 있어서 태아는 자연인으로 보기 때문에 살아서 출생한다면 손해배상을 청구할 수 있다.

ⓑ 생명침해로 인한 위자료 : 민법 제752조에 따라 타인의 생명을 해한 자는 피해자의 직계존속, 직계비속 및 배우자에 대하여 재산상의 손해가 없더라도 손해를 배상해야 한다.

③ 과실상계의 적용 : 과실상계는 불법행위로 인한 손해배상 시에도 적용된다.

④ 후발손해 : 우리 판례는 합의 당시에 예측할 수 없던 손해가 나중에 발생하고, 합의된 액수와 현실적으로 발생한 손해 사이에 현저한 차이가 생겼을 때에는 후발손해에 대한 배상을 인정하였다. 후발손해배상 인정은 합의 이후 당시 예측할 수 없었던 손해와, 합의된 액수와 현실적으로 발생한 손해 사이에 현저한 차이를 그 요건으로 한다.

(7) 특수한 불법행위

① **의의**

    ㉠ **개념** : 일반적인 불법행위와는 달리, 책임의 성립요건이 경감되거나, 자신의 행위가 아닌 타인의 가해행위에 대해서도 책임을 지는 경우가 있다. 이러한 형태의 불법행위를 특수한 불법행위라 한다(면책 조항이 없으면 무과실 책임을 진다).

    ㉡ **유형** : 특수한 불법행위의 형태로는 책임무능력자의 감독자 책임, 사용자 책임, 도급인 책임, 공작물 또는 동물 등 점유자·소유자의 책임, 공동 불법행위자 책임 등이 있다.

② **책임무능력자의 감독자 책임** : 책임무능력자의 불법행위로 인해 제3자에게 손해가 발생했을 때에는, 무능력자를 감독할 의무가 있는 자가 손해를 배상해야 한다.

③ **사용자의 배상책임** : 타인을 사용하여 일정한 사무에 종사하게 한 자(고용주)는 피용자(종업원)가 그 사무집행에 관하여 제3자에게 손해를 가했을 때에 그것을 배상해야 한다는 것으로, 사용자 책임이 성립하려면 사용자와 피용자 사이에 고용관계 또는 사무 감독 관계와 같은 수직적 관계가 존재해야 한다.

④ **공작물 또는 동물 등 점유자·소유자 책임** : 공작물의 설치 또는 보존의 하자로 인하여 타인에게 손해를 가했을 때에는 공작물 점유자가 손해를 배상해야 한다. 그러나 점유자가 손해의 방지에 필요한 주의를 다했을 때에는 그 소유자가 손해를 배상해야 한다. 이때 공작물이란 어떤 여타의 형태를 불문하고 이용하기 위해 만들어 놓은 시설물을 의미한다. 동물의 점유자 역시 동일하다.

⑤ **공동 불법행위 책임** : 여러 사람이 공동으로 한 불법 행위로 인하여 타인에게 손해를 가했을 때에는 연대하여 배상해야 한다. 또한 여러 사람의 행위가 있었는데 어디에서 손해가 있었는지 알 수 없을 때에도 마찬가지로 연대하여 배상해야 한다.

(8) 사무관리와 부당이득

① **사무관리** : 법률상 또는 계약상의 의무 없이 타인을 위해서 그의 사무를 처리하는 행위를 말한다.

② **부당이득** : 법률상 원인 없이 타인의 재산이나 노무로 인하여 이득을 얻고 이로 인하여 타인에게 손해를 가하는 일을 말하며, 부당이득반환청구(소송)를 통해 권리자가 부당이득의 반환을 청구할 수 있다. 민법은 사무관리와 부당이득을 법률에 의한 채권발생의 원인으로 규정하고 있다.

▶ **동물 소유자의 책임**

민법은 동물의 소유자에 대해서 규정하지 않고 있다. 통설적 견해는 동물 소유자에 대해서는 책임을 물을 수 없다고 보지만 판례는 소유자에게 과실이 있는 경우 책임을 인정하고 있다.

(1) 혼인(婚姻)

① 의의 : 혼인이란 서로 부부가 될 것을 내용으로 하는 가족법상의 계약이다. 혼인이 성립하기 위해서는 혼인의 실질적 조건과 형식적 조건 모두를 갖춰야 하며, 이를 법률혼이라고 한다. 혼인의 실질은 갖췄으나 형식적 조건을 갖추지 못한 경우를 사실혼이라고 하며, 법률혼에서 인정되는 효과의 일부를 제한하고 있다.

② 성립요건

　㉠ 실질적 요건 : 혼인이 성립하기 위한 실질적 요건에는 남녀 당사자의 자유로운 의사의 합치가 있을 것, 혼인 적령에 이르렀을 것, 근친 간의 혼인이 아닐 것, 중혼(이중혼)이 아닐 것 등이 있다.

　㉡ 형식적 요건 : 가족관계등록법이 정하는 혼인 신고(구청이나 읍·면사무소에 비치된 혼인신고서를 혼인 당사자가 날인하여 제출함)를 마쳐야 한다.

③ 혼인적령 : 남녀 모두 만 18세가 되면 약혼 및 혼인을 할 수 있다. 이때, 미성년자는 부모의 동의를 얻어 혼인할 수 있고 남녀 모두 만 19세가 넘으면 부모의 동의 없이 혼인할 수 있다.

(2) 혼인의 해소

① 의의

　㉠ 개념 : 부부관계는 사망, 실종선고, 이혼에 의해 소멸될 수 있다. 이처럼 부부관계가 소멸하는 일체의 사실을 법률용어로 혼인의 해소라 한다.

　㉡ 유형 : 이혼은 부부의 생존 중에 당사자의 합의나 법원의 판결을 통해 인위적으로 부부 관계를 해소시키기 때문에 이를 인위적 해소라고 하며, 사망과 실종선고는 자연적 해소라 한다. 배우자의 사망으로 인해 혼인관계가 해소될 경우 인척관계는 그대로 존속하지만 생존 배우자가 재혼한 경우에는 인척관계가 소멸된다.

② 이혼절차

　㉠ 협의상 이혼 : 부부가 합의하여 이혼을 하는 것을 말하며, 이혼의 이유나 동기는 묻지 않고, 숙려 기간(자녀가 있으면 3개월, 없으면 1개월)을 거친 후, 가정법원에서 이혼 의사의 확인을 받아서, 구청이나 읍·면사무소에 이혼 신고서를 제출해야 한다. 이때, 가정 폭력이나 생명을 위태롭게 할 이혼당사자의 위험행동의 우려가 있을 수 있다. 즉, 1~3개월의 숙려기간조차 견딜 수 없는 급박한 사정이 있다면 단축 또는 면제가 가능하다.

▶ 사실혼
　사실상 혼인생활을 하고 있지만 혼인신고가 없기 때문에 법률상 혼인으로서 인정되지 않는 부부관계

▶ 부첩(夫妾)관계와 사실혼
　부첩(夫妾)관계는 일부일처제 및 미풍양속에 반하는 것으로서 아무리 부부로서 동거하고 있더라도 사실혼으로 인정받지 못한다.

ⓛ 재판상 이혼(재판 이혼) : 당사자 간에 협의를 통한 이혼이 불가능한 경우 법원의 재판을 통해 이혼할 수 있는데 이것을 재판상 이혼이라고 한다. 이 경우는 법률이 정한 이혼 사유가 있어야 가능하다. 재판상 이혼사유는 민법 제840조에 규정되어 있고 구체적 내용은 다음과 같다.

사유(민법 제840조)	개념(판례)
1. 배우자의 부정행위	정조 의무에 충실치 못한 일체의 행위로 혼인 전의 부정행위는 제외됨
2. 배우자의 악의 있는 유기	배우자가 정당한 이유 없이 동거, 부양 협조 해야 할 의무를 저버리고 다른 일방을 버린 경우로 일시적 가출은 제외
3. 배우자 또는 직계존속의 심히 부당한 대우	배우자나 배우자의 직계존속(장인, 장모, 시부모 등)으로부터 육체적, 정신적 학대나 모욕을 받는 행위
4. 자기의 직계 존속에 대한 배우자의 심히 부당한 대우	남편이 부인의 부모님을 폭행하거나 학대·모욕을 주는 행위 등
5. 배우자의 생사가 3년 이상 불분명한 경우	실종선고 제도와는 별개의 제도임
6. 그 밖에 혼인을 계속하기 어려운 중대한 사유	불치의 정신병과 조울증, 과도한 신앙생활, 성불능, 성교거부, 범죄행위, 경제파탄에 이르는 도박은 이혼사유가 되며, 단순한 신앙 차이, 임신 불능, 재산 감소, 치료가능한 정신병, 약혼상태에서의 부정행위는 이혼사유가 안됨

ⓒ 조정이혼 : 이혼을 하려는 자는 우선 가정법원에 조정을 신청하여야 한다. 조정신청을 하지 않고 소를 제기한 경우에는 가정법원은 그 사건을 조정에 회부하여야 한다(조정전치주의). 당해 사건을 조정에 회부하지 않기로 결정하거나, 조정이 성립되지 아니한 경우, 조정에 갈음하는 결정이 이의 신청으로 효력을 상실한 때에는 조정을 신청한 때에 소가 제기된 것으로 본다. 즉, 재판절차를 거쳐야 한다. 조정이 성립되면 조정은 재판상의 화해와 동일한 효력이 있다.

(3) 혼인의 무효와 취소

① 혼인의 무효

ㄱ 개념 : 혼인을 했지만 일정한 사유가 있는 경우 처음부터 혼인의 효력이 인정되지 않는 것을 의미한다.

check

▶ 유책 배우자의 이혼청구
유책 배우자는 이혼을 청구하지 못한다. 단 상대방도 내심으로 이혼을 바라면서도 보복의 감정 등으로 인해 이혼에 형식적으로 불응하고 있는 경우에는 이혼 청구 가능(87 므 60 판결)

▶ 혼인을 계속하기 어려운 중대한 사유의 성립여부
ㄱ 상습적인 가출(악의의 유기)
ㄴ 상대방의 일생을 희생시켜야 할 정도의 불치의 정신병
ㄷ 성적 불능, 부부 관계의 거부
ㄹ 경제적 파탄, 지나친 낭비, 거액의 도박
ㅁ 부부가 별거하면서 다른 사람과 사실혼 관계를 맺고, 자녀를 출산한 경우
ㅂ 임신 불능, 학업을 위한 장기간의 별거로 인한 애정 냉각, 단순한 경제적 무능력

▶ 조정(調停)
분쟁을 해결하기 위하여 법원이 당사자 사이에 끼어들어 쌍방의 양보를 통한 합의를 이끌어 냄으로써 화해시키는 일

check

ⓛ 혼인 무효 사유

사유(민법 제815조)	내용(사례)
당사자 간 혼인의 합의가 없는 때	결혼식을 올리고 성격 차이로 별거하던 중 일방이 혼인신고를 올린 경우, 상대방과의 육체관계가 문제되자 달래는 차원에서 혼인신고를 한 경우, 혼인 신고 시 의사능력이 결여된 경우
일정 범위 근친혼	당사자 간에 8촌 이내의 혈족관계(친양자의 입양 전의 혈족 포함)가 있는 경우, 당사자 간에 직계 인척관계가 있거나 있었던 때, 당사자 간에 양부모계의 직계혈족관계가 있었던 때

② 혼인의 취소

ⓐ 개념 : 혼인의 무효는 처음부터 혼인의 효력이 발생하지 않는 데 비해, 혼인의 취소는 법원의 취소판결을 받아야 혼인의 효과가 소멸하며 소급효는 인정되지 않는다.

ⓛ 혼인 취소 사유 : 혼인 취소는 법에 정한 사유가 있어야 하는데, 그러한 내용을 민법에서 규율하고 있다.

사유(민법 제816조)	내용(사례)
일정 범위의 근친혼	• 6촌 이내의 혈족의 배우자, 배우자의 6촌 이내의 혈족, 배우자의 4촌 이내의 혈족의 배우자인 인척이거나 인척이었던 자 사이 • 6촌 이내의 양부모계의 혈족이었던 자와 4촌 이내의 양부모계의 인척이었던 자 사이
혼인적령 미달	혼인적령인 만 18세에 달하지 않는 자의 혼인은 당사자 또는 법정대리인이 취소를 청구할 수 있음
혼인동의가 없는 경우	동의를 얻지 않은 미성년자와 피성년후견인의 혼인은 당사자 또는 그 법정대리인이 취소를 청구할 수 있으나, 당사자가 19세에 달한 후 또는 성년후견종료 심판이 있은 후 3개월이 지나거나 혼인 중 임신한 때에는 취소를 청구하지 못함
중혼	배우자 있는 자가 혼인할 경우 후혼은 중혼이 되며 당사자, 배우자, 직계혈족, 4촌 이내의 방계혈족 또는 검사가 그 취소를 청구할 수 있음
사기 · 강박에 의한 혼인	취소사유가 되는 사기를 안 날, 강박을 면한 날로부터 3월을 경과한 때에는 취소를 청구하지 못함
악질 등 중대한 사유가 있는 혼인	혼인당사자 사이에 부부생활을 계속할 수 없는 악질 기타 중대한 사유가 있음을 알지 못하고 혼인한 때에는 상대방이 그 사유가 있음을 안 날로부터 6월 이내에 취소를 청구할 수 있음

(4) 혼인과 이혼의 효과

① 혼인의 효과

    ㉠ 친족관계 발생 : 배우자로서 친족관계가 발생하며, 혼인신고를 통해 가족관계 등록부에 혼인사실이 기록된다.

    ㉡ 부부간에 동거·부양·협조·정조를 지킬 의무 발생 : 부부간의 부양의무는 동일한 수준까지의 부양을 말하며, 정조의무란 혼인의 순결성에 반하는 일체의 행위를 말한다. 정당한 사유 없는 동거의무 거부는 악의의 유기로 이혼사유에 해당한다.

    ㉢ 약정부부재산제와 부부별산제 : 약정부부재산제란 혼인 전에 미리 계약을 체결하여 혼인 후에도 별도로 각자의 재산을 운영하는 경우이고, 부부별산제란 부부 일방이 혼인 전부터 가진 고유한 재산과 혼인 중 자신의 명의로 취득한 재산을 일방이 소유하는 제도이다.

    ㉣ 일상가사대리권과 일상가사로 인한 연대 채무 : 일상가사란 식료품, 생활용품을 구입하고, 월세를 지급하는 등 가정생활을 영위하는 일체의 행위를 말한다. 부부는 일상가사에 대하여 서로 대리할 수 있으며 일상가사로 인한 채무는 연대하여 책임지게 된다.

    ㉤ 부부가 낳은 자녀는 혼인 중의 출생자가 됨

    ㉥ 부부의 일방이 사망하면 생존 배우자에게 상속권이 발생함

    ㉦ 성년의제 : 미성년자가 법정대리인의 동의를 얻어 혼인하게 되면 사법상으로는 성년자로 보게 되는 제도이다. 사법상으로만 성년자이기 때문에 공법관계인 투표나 병역의무 등에 관해서는 아직도 미성년자이다. 또한, 이혼한 경우에도 사법상으로는 미성년자로 회귀하지 않고 성인 상태로 존속한다.

② 이혼의 효과

    ㉠ 혼인에 의해 성립한 부부 사이의 모든 권리와 의무가 소멸하며, 혼인으로 발생한 인척관계도 소멸한다.

    ㉡ 자(子)를 직접 양육하지 아니하는 부모의 일방과 자(子)는 상호 면접교섭할 수 있는 권리를 가진다.

    ㉢ 부부 공동으로 마련한 재산에 대한 분할 청구권을 행사할 수 있다. 재산분할에 관하여 협의가 되지 아니하거나 협의할 수 없는 때에는 가정법원은 당사자의 청구에 의하여 당사자 쌍방의 협력으로 이룩한 재산의 액수 기타 사정을 참작하여 분할의 액수와 방법을 정한다.

    ㉣ 과실 있는 상대방에 대한 정신상 손해배상 청구권(위자료 청구)을 행사할 수 있다.

▶ 재산분할청구권

협의상 이혼한 자의 일방은 다른 일방에 대하여 재산의 분할을 청구할 수 있다(민법 제839조의2). 재산분할청구권의 대상이 되는 재산은 '당사자 쌍방의 협력으로 이룩한 재산'이며, 쌍방의 협력이란 개념에는 소득활동을 하지 않는 처의 육아 및 가사활동이 포함된다. 이혼에 책임이 있는 당사자도 재산분할청구가 가능하다.

(5) 친자관계

① 의의

▶ 준정(準正)
법률상 혼인관계가 없는 부모 사이에 출생한 자가 그 부모의 혼인을 원인으로 하여 혼인중의 출생자의 신분을 취득하는 것을 말한다.

㉠ 개념 : 부모와 자식의 법률관계를 친자관계라 한다. 부모와 자식이 될 수 있는 경우에는 친생자(자연적 혈연관계)와 양자가 있다.

㉡ 친생자 : 친생자는 혼인 중의 출생자와 혼인 외의 출생자로 나눌 수 있다. 혼인 중의 출생자란 법률혼 부부 사이에서 출생한 경우로 생래적 혼인 중의 출생자와 준정에 의한 혼인 중의 출생자가 있다. 혼인 외의 출생자란 외도행위로 인한 자식 혹은 사실혼 관계에서 태어난 경우처럼 혼인관계가 없는 부모 사이에서 출생한 경우이다.

㉢ 양자 : 입양에 의해 성립되는 친자관계로 민법 제772조에 따라 혼인 중의 출생자로 인정한다. 양자관계가 성립하기 위한 요건은 입양을 하고자 하는 당사자 사이에 입양의 합의가 있을 것, 양친은 성년자일 것, 양자가 될 자가 만 13세 미만일 때에는 법정 대리인이 입양승낙을 할 것, 배우자가 있는 사람이 입양을 할 경우 부부가 공동으로 할 것 등이 있으며, 배우자가 있는 사람이 양자가 될 때 또한 배우자의 동의를 얻어야 한다. 그리고 양자가 될 사람이 양친의 존속 또는 양친보다 연장자가 아니어야 한다. 또한 2005년 민법이 개정되어 친양자 제도가 신설되었다.

구분	양자	친양자
성립	협의, 신고	법원의 재판
자녀의 성과 본	친생 부(또는 모)의 성과 본 유지	양부(또는 양모)의 성과 본으로 변경
친생부모와의 관계	유지	종료, 단절
특징	입양 시부터 혼인 중의 자(子)로 간주되지만 친생부모와의 관계에서도 친권을 제외하고는 관계 유지	재판확정 시부터 혼인 중의 자(子)로 간주되며 친생부모와의 법적 관계 소멸

② 친자관계 정리

▶ 인지(認知) 제도
㉠ 의의 : 혼인 외의 출생자에 대해 부 또는 모가 자기의 자식이라고 인정함으로써 법률상으로 친자 관계를 발생시키는 행위
㉡ 종류
• 임의인지 : 부 또는 모가 가족관계 등록 등에 관한 법률에 따라 자신의 자식으로 신고하는 것
• 강제인지 : 아버지 또는 어머니가 임의로 인지하지 않을 경우 자신을 자식으로 인정해줄 것을 요구하는 소송을 제기하는 것(인지 청구의 소)
㉢ 효과 : 친권 · 부양 · 상속 등에서 혼인 중에 태어난 아이와 똑같은 대우를 받게 됨

구분		유형과 특징	
친생자	혼인 중의 출생자	생래적 혼인 중의 출생자	법률혼 사이에서 태어난 출생자
		준정에 의한 혼인 중의 출생자	혼인 외의 출생자로 출생했으나 부모가 혼인한 경우
	혼인 외의 출생자	어머니에게서 잉태한 것이 명백한 경우 모자관계는 성립하나 부자관계가 성립하려면 인지가 있어야 함	
양자	양자	입양한 때부터 성립되는 친자관계로 혼인 중 출생자로 인정함	

(6) 친권(親權)

① **개념** : 친권이란 부모가 미성년의 자녀에게 가지는 법적인 권리와 의무의 일체를 의미한다. 친권의 유래는 비록 가부장적 분위기 속에서 파생되어 통제나 복종의 개념으로 시작하였으나 오늘날의 친권은 자녀의 보호, 양육, 인격도야를 위한 부모의 의무로 자리 잡았다.

② **친권자**

　㉠ 의의 : 민법 제909조에 따라 부모가 친권자가 되며 양자는 양부모가 친권자가 된다.

　㉡ 의견 불일치 : 부모가 혼인 중인 때에는 공동으로 행사하는 것이 원칙이며, 부모의 의견이 일치하지 않는 경우는 가정법원이 개입하여 친권자를 정한다.

　㉢ 혼인해소 : 혼인의 취소, 재판상 이혼의 경우 가정법원은 직권으로 친권자를 정한다.

　㉣ 친권자의 변경 : 가정법원은 자녀의 복리를 위하여 필요한 경우 친권자를 변경할 수 있다.

③ **친권의 내용**

　㉠ 신상에 관한 내용 : 자녀에 대한 보호와 교양의 권리 의무(민법 제913조), 거소(居所)지정권(민법 제914조)

　㉡ 재산에 관한 내용 : 자녀의 재산 관리권(민법 제916조), 재산에 관한 대리권(민법 제920조) 등이 그 주요내용이다.

④ **친권의 행사 방법**

　㉠ 부모 공동 행사 : 친권은 부모가 공동으로 행사하고, 부모의 한쪽이 친권을 행사할 수 없을 때에는 다른 한쪽이 이를 행사하며, 부모의 의견이 일치하지 않을 때에는 당사자의 신청에 의하여 가정법원이 이를 정하게 되어 있다.

　㉡ 이해상반 행위 : 친권자와 자녀 사이에 이익이 충돌되는 경우를 이해상반 행위라 한다. 이해상반 행위를 할 때 친권자는 법원에 특별대리인의 선임을 청구할 수 있다.

　㉢ 대리권과 관리권 배제 : 민법 제918조에 따라 무상으로 자녀에게 재산을 수여한 제3자가 친권자의 관리에 반대하는 의사를 표시한 때에 친권자는 그 재산을 관리하지 못한다.

⑤ **친권의 소멸**

　㉠ 의의 : 친권의 소멸원인에는 부모나 자녀가 사망하였거나, 자녀가 성년이 되었거나, 자녀가 혼인한 경우 등이 있다. 친권의 소멸은 친권 상실을 중심으로 다루어진다.

▶ 친권의 남용을 인정한 판례
친권자인 A가 이 사건 토지를 C에게 증여할 당시 B는 불과 8세 4월 남짓한 미성년자였고, 이 사건 토지는 B의 할아버지가 어린 B의 장래를 생각하여 B에게 증여한 것으로 B의 유일한 재산이었는데도 B는 A의 이 사건 토지의 처분행위로 아무런 대가도 받지 못하였으며, C 또한 B의 삼촌으로서 A가 B의 법정대리인으로서 B의 유일한 재산인 이 사건 토지를 그에게 증여한다는 사실을 알고 있었다. 위와 같은 사정하에서 A가 B의 법정대리인으로서 이 사건 토지를 피고에게 증여한 행위는 친권의 남용에 의한 것이라 할 것이므로, 위 증여행위의 효과는 원고에게 미치지 않는다.

ⓛ **친권상실 또는 일시정지** : 부 또는 모가 친권을 남용하여 자녀의 복리를 현저히 해치거나 해칠 우려가 있는 경우에는 자녀, 자녀의 친족, 검사 또는 지방자치단체의 장의 청구에 의하여 그 친권의 상실 또는 일시정지를 선고할 수 있다.

ⓒ **친권의 일부제한** : 가정법원은 특정한 사항에 관하여 친권자가 친권을 행사하는 것이 곤란하거나 부적당한 사유가 있어 자녀의 복리를 해치거나 해칠 우려가 있는 경우에는 자녀, 자녀의 친족, 검사 또는 지방자치단체의 장의 청구에 의하여 구체적인 범위를 정하여 친권의 일부 제한을 선고할 수 있다.

ⓔ **친권의 일부상실** : 친권자가 부적당한 관리로 자녀의 재산을 위태롭게 한 때에 법원은 자녀의 친족, 검사 또는 지방자치단체의 장의 청구로 재산상 행위의 대리권과 재산관리권만 상실시키는 것도 가능하다.

ⓜ **친권 사퇴** : 민법 제927조에 따라 법원의 허가를 얻어 재산상의 대리권과 관리권은 사퇴가 가능하다. 어디까지나 일부사퇴이며 전면적인 사퇴는 불가능하다.

ⓗ **이혼** : 부부가 이혼했을 때에는 부모의 협의로 친권을 행사할 자를 정하고, 협의가 되지 않을 경우 가정법원이 결정한다. 자녀를 직접 양육하지 아니하는 부모 중 일방은 면접교섭권을 갖게 된다.

(7) 후견

① **의의** : 후견제도는 미성년자에게 친권자가 없는 경우나 가정법원의 성년후견 개시심판이 있는 경우 후견인이 대리하여 그들을 보호하고 재산상의 권한을 행사하는 제도다.

② **후견개시 원인**

ⓐ **미성년자에 대한 후견개시** : 친권자가 없는 미성년자 또는 친권자가 법률행위의 대리권 및 재산관리권을 행사할 수 없는 경우다.

ⓛ **성년후견 · 한정후견 · 특정후견의 개시** : 가정법원의 성년후견개시심판 · 한정후견개시의 심판이 있는 경우에는 그 심판을 받은 사람의 성년후견인 · 한정후견인을 두어야 한다. 또한 가정법원은 피특정후견인을 후원하거나 대리하기 위해 처분으로 특정후견인을 선임할 수 있다.

③ **후견인의 유형**

ⓐ **미성년자의 후견인** : 미성년자에게 친권을 행사하는 부모는 유언으로 미성년후견인을 지정할 수 있다. 가정법원은 지정된 미성년후견인이 없는 경우에는 직권으로 또는 미성년자, 친족, 이해관계인, 검사, 지방자치단체의 장의 청구에 의하여 미성년후견인을 선임한다. 미성년후견인의 수는 1명이다.

     ⓛ **성년후견인·한정후견인** : 성년후견인과 한정후견인은 가정법원이 직권으로 선임한다. 성년후견인은 피성년후견인의 신상과 재산에 관한 모든 사정을 고려하여 여러 명을 둘 수 있으며, 법인도 성년후견인이 될 수 있다.

     ⓒ **특정후견인** : 가정법원은 피특정후견인의 후원을 위하여 필요한 경우 처분으로 피특정후견인을 후원하거나 대리하기 위한 특정후견인을 선임할 수 있다.

(8) 부양

① **의의** : 일정한 범위의 가족과 친족은 생활공동체를 구성하여 상호부조(서로 도움)할 의무와 권리를 갖게 된다. 부양(扶養)이란 스스로 생활할 수 있는 사람이 생활능력이 없는 사람을 돌보는 일체의 행위를 의미한다.

② **부양관계** : 부양관계란 부모와 자식 간의 친자 부양, 혼인한 배우자 간의 부부 부양, 일정 범위의 친족 사이에서 이루어지는 친족 부양이 있다. 이것을 1차적 부양과 2차적 부양으로 구분할 수도 있다.

구분	1차적 부양	2차적 부양
내용	부부간, 부모와 미성년의 자녀 간의 부양	부모와 성년의 자녀 사이, 직계혈족·친족 간의 부양
특징	부양능력이 부족해도 부양해야 한다는 강한 의무 부여	부양 여력이 있는 자가 부양 의무자가 됨

③ **부양관계의 구체적 유형**

     ㉠ **친자 부양** : 미성년자인 자녀에 대한 부양은 부모의 일방적 부양이며, 자녀가 성년이라면 상호 간 부양의 의무가 있다. 이때의 부모란 친부모는 물론 양부모도 포함된다.

     ㉡ **부부 부양** : 부부 부양의 경우 남편이나 아내는 상호 동등한 생활수준을 누릴 수 있는 정도의 생활비를 청구할 수 있다.

     ㉢ **친족 부양** : 평소에 계속하여 발생하는 것이 아니라 부양받을 자가 자신의 재산, 능력, 수입으로 생활을 유지할 수 없을 때에 발생하는 것이며 동시에 부양의무자가 부양할 능력이나 여력이 있어야 한다. 친족 간 부양의 경우 생계를 같이하고 있는 경우에만 부양의무가 발생한다.

④ **부양청구권** : 부양받을 자의 지위는 단순한 기대나 요청이 아니고 권리이다. 이러한 맥락에 따라 부양받을 자는 부양의무가 있는 자에게 부양 청구권을 행사할 수 있다. 이때, 부양받을 자는 자신의 자력 또는 근로에 의하여 생활을 유지할 수 없는 경우여야 한다.

▶ **과거의 부양료에 대한 청구**
부양 받을 권리는 일종의 신분적 재산권이며, 부모의 자녀에 대한 양육 의무는 특별한 사정이 없는 한 자녀의 출생과 동시에 발생하는 것이므로 과거의 양육비에 대해서도 상대방이 분담하는 것이 상당하다고 인정되는 경우에는 그 비용의 상환을 청구할 수 있다.(81므78)

⑤ **부양자의 범위** : 민법의 친족 편에서 규율하고 있는데 부양의무는 직계혈족 및 그 배우자 사이, 생계를 같이하는 그 밖의 친족 사이에만 부양 의무가 인정된다. 부양의무자 또는 부양권리자가 여러 사람이 있을 경우 당사자의 협의에 의하여 그 순위를 정하고, 이러한 협의가 불가능할 때에는 당사자의 청구에 의하여 가정법원이 그 순위를 결정해 주게 된다.

(9) 상속

① **개념** : 상속(相續)이란 사람이 사망함으로써 사망한 사람이 가지고 있던 재산에 관한 권리와 의무를 일정 범위의 친족과 배우자에게 포괄적으로 승계해 주는 제도이다. 사망자를 피상속인이라고 하며, 상속을 받는 자를 상속인이라고 한다.

② **상속의 개시**

  ㉠ **상속 원인과 대상** : 상속은 사망이라는 사실에 의해 당연히 개시되며, 상속의 대상은 피상속인의 재산이다.

  ㉡ **재산의 범위** : 동산, 부동산은 물론 채권과 지적재산권 등 모든 재산을 포함한다. 이때, 토지, 건물, 금전 등 이익이 되는 재산을 물려받을 수도 있고, 빚을 떠안을 수도 있다. 전자를 적극적 재산이라 하고, 후자를 소극적 재산(채무)이라 하는데, 상속은 둘 다 승계된다.

③ **상속 개시 장소와 비용** : 피상속인의 주소가 상속 개시 장소이며, 주소를 알 수 없거나 국내에 주소가 없는 경우 피상속인의 거소가 상속 개시장소가 된다. 변호사, 재산관리인 선임, 장례비, 상속세 등 상속재산의 관리와 청산에 드는 상속비용은 상속재산에서 지급하게 된다.

④ **상속의 유형**

  ㉠ **신분상속과 재산상속** : 호주제 폐지 전에는 호주승계를 신분상속으로 보고 있었으나, 폐지하였기 때문에 현행 상속제도는 재산상속만을 의미한다.

  ㉡ **생전상속과 사망상속** : 상속은 사망에 의해서만 개시되며 생전상속은 인정되지 않는다.

  ㉢ **단독상속과 공동상속** : 상속은 특정 1인에게 몰아주는 것이 아닌 여러 사람이 공동으로 상속하는 것이 원칙이다.

  ㉣ **강제상속과 임의상속** : 우리나라는 상속포기가 가능하므로 임의상속 제도를 두고 있다.

  ㉤ **균등상속과 불균등상속** : 원칙적으로 균등하게 인정하되, 배우자만 5할을 가산한다.

  ㉥ **법정상속과 유언상속** : 유언자의 의사를 존중하여 유언을 통한 상속이 가능하도록 하고 있다. 한편, 우리 민법은 유언상속이 없는 경우 상속인이 되는 자를 법률로 정하는 법정상속 제도를 보충적으로 규정하고 있다.

▶ 상속 관련 용어
- 피상속인 : 사망자
- 상속인 : 상속을 받을 자
- 상속의 개시 : 피상속인의 사망

▶ 유언상속 · 법정상속의 대상
- 유언상속 : 자연인, 법인, 인척, 사실혼 배우자
- 법정상속 : 자연인 중에서 혈족과 법률혼 배우자만 가능, 사실혼 배우자, 인척, 법인에 대해서는 불가능

⑤ 상속인과 상속능력

　㉠ 개념 : 재산을 물려받을 수 있는 상속인이 될 수 있는 자격을 상속능력이라 한다. 민법에서는 혈족과 배우자를 상속인으로 규정하고 있고 상속능력에 관해서 법에 규정은 없지만 권리능력이 있으면 상속능력도 있다고 보고 있다. 상속은 일정한 신분관계를 전제로 하기 때문에 권리능력자라도 법인은 상속능력이 없고 자연인만 갖게 된다.

　㉡ 상속인의 범위 : 법정상속을 받을 수 있는 주체는 배우자와 일정 범위의 친족이다. 이때, 배우자는 법률혼의 배우자를 말하며 사실혼의 배우자에게는 원칙적으로 상속이 되지 않는다.

　㉢ 태아의 지위 : 태아는 아직 완전히 모체에서 분리된 자연인이 아니지만 상속을 포함한 특정 경우에는 출생한 사람처럼 권리를 인정하기 때문에, 태아 역시 상속 능력이 있다.

⑥ 상속순위

　㉠ 개념 : 법정상속에서 상속인이 여럿일 경우 법규정에 따라 순서를 정하며, 선순위 상속인이 한 사람이라도 있다면 후순위 상속인은 상속권이 없다는 데 특징이 있다. 다만 동순위 상속인이 여럿일 때는 공동상속을 하게 된다.

　㉡ 상속의 순위 : 피상속인의 직계비속, 피상속인의 직계존속, 피상속인의 형제자매, 피상속인의 4촌 이내의 방계혈족 순으로 상속된다. 동순위 상속인이 수인이라면 최근친을 선순위로 하고 수인이 동친이라면 공동상속한다. 이때, 배우자는 선순위(1순위, 2순위) 상속인과 공동상속을 하되, 선순위 상속인이 없다면 단독 상속인이 된다. 배우자는 공동상속을 하는 경우에는 5할을 가산한다. 상속에서의 배우자란 법률혼의 배우자만을 의미하며 이혼한 배우자는 상속권이 없다.

⑦ 상속결격

　㉠ 개념 : 상속인에게 법이 정한 사유가 있을 경우 상속자격이 박탈되는 경우이다.

　㉡ 사유
　　• 고의로 직계존속, 피상속인, 그 배우자 또는 상속의 선순위나 동순위에 있는 자를 살해하거나 살해하려고 한 자
　　• 고의로 직계존속, 피상속인과 그 배우자에게 상해를 가하여 사망에 이르게 한 자
　　• 사기 또는 강박으로 피상속인의 상속에 관한 유언 또는 유언의 철회를 방해한 자
　　• 사기 또는 강박으로 피상속인의 상속에 관한 유언을 하게 한 자
　　• 피상속인의 상속에 관한 유언서를 위조 · 변조 · 파기 또는 은닉한 자

check

▶ 상속의 순위
　㉠ 직계 비속과 배우자
　㉡ 직계 존속과 배우자
　㉢ 형제자매
　㉣ 4촌 이내의 방계 혈족
　㉤ 특별연고자
　㉥ 국가

▶ 본인과 자 탑승 비행기 사고

　㉠ 본인이 자보다 먼저 사망 : 직계비속(자), 배우자(처)가 상속인이 되나 자의 사망으로 처가 자의 유산을 상속하여 결과적으로 처 단독으로 상속
　㉡ 자가 먼저 사망한 경우 : 직계비속이 없으므로 직계존속인 모와 배우자인 처가 공동 상속
　㉢ 동시사망 : 동시사망의 경우 사망자 간에는 상속이 발생하지 않음에 주의, 직계존속인 모와 처가 공동 상속

⑧ 대습상속

　　㉠ 개념 : 상속인이 될 사람이 상속의 개시 전 또는 상속과 동시에 사망하거나 결격자가 된 경우, 사망 또는 결격자의 직계비속이 사망하거나 결격된 자의 순위로 상속인이 되는 제도이다.

　　㉡ 범위 : 상속인이 될 직계비속 또는 형제자매가 사망하거나 결격자가 된 경우 그의 직계비속이 상속인이 된다.

⑨ 유류분

　　㉠ 유류분권 : 일정한 범위의 상속인에게는 상속재산 중 보장받을 수 있는 비율이 있다. 이러한 권리를 유류분권이라 한다.

　　㉡ 유류분의 범위 : 피상속인의 직계비속과 배우자는 법정상속분의 2분의 1, 피상속인의 직계존속과 형제자매는 법정상속분의 3분의 1이 보장된다.

　　㉢ 유류분반환청구권의 소멸 : 유류분반환청구권은 상속의 개시 또는 증여나 유증을 한 사실을 안 때로부터 1년 내에 행사하지 아니하거나 상속이 개시된 때로부터 10년이 경과하면 시효 소멸한다.

⑩ 기여분

　　㉠ 개념 : 공동상속인 중에 피상속인의 재산의 유지 또는 증가에 특별히 기여하거나, 피상속인을 특별히 부양한 자가 있을 때 이를 상속분 산정 시 고려하여 가산하는 제도이다.

　　㉡ 산정방법 : 기여분은 공동상속인의 협의에 의하여 결정하고, 협의가 되지 않을 경우 기여자의 청구에 의하여 가정법원이 결정한다.

⑪ 특별연고자의 상속재산 분여 : 상속인이 없는 경우, 검사나 이해관계인의 청구에 의해 재산관리인을 선임한다. 이렇게 선임된 재산관리인이 재산을 찾아가라고 공고(상속인 수색 공고)한 이후에도 상속권을 주장하는 자가 없다면 특별연고자에게 상속이 된다. 특별연고자는 생계를 같이했거나, 최후까지 피상속인을 간호 또는 보호했던 사람이다. 특별연고자는 가정법원에 청구하여 상속재산을 분여 받을 수 있다.

⑽ 상속회복청구권

① 의의 : 상속이 개시되었으나 참칭상속인에 의해서 진정한 상속인의 권리를 침해할 수 있다. 이 경우 상속회복청구권제도를 통해 진정한 상속인의 권리를 보호할 수 있다.

② 내용

　　㉠ 참칭상속인 : 참칭상속인이란 상속인이 아닌 자나 상속순위에 들어가지 않는 자를 의미한다.

ⓛ **상속회복청구권의 행사** : 상속권이 참칭상속권자로 인해 침해된 때에 상속권
자 또는 그 법정대리인은 상속회복의 소를 제기하여 법원의 재판을 통해
보호받을 수 있다. 상속회복청구권은 침해를 안 날로부터 3년, 상속권의
침해행위가 있은 날부터 10년을 경과하면 소멸된다.

⑴ 상속의 승인과 포기

① **단순승인** : 채무를 포함하여 일체의 재산을 상속하는 경우이다. 상속인이 상
속재산에 대한 처분행위를 한 때, 상속인이 상속개시 있음을 안 날로부터 3
개월 내에 한정승인 또는 포기를 하지 아니한 때, 상속인이 한정승인 또는
포기를 한 후에 상속재산을 은닉하거나 부정소비하거나 고의로 재산목록에
기입하지 아니한 때에는 단순승인 한 것으로 본다

② **한정승인**(제도) : 상속으로 인하여 취득할 재산의 한도에서 피상속인의 채무
와 유증을 변제할 것을 조건으로 상속을 승인하는 제도이다. 상속의 한정승
인은 상속개시 있음을 안 날로부터 3월 내에 상속재산의 목록을 첨부하여
법원에 한정승인의 신고를 하여야 한다.

③ **상속포기 제도** : 적극재산은 물론 채무 등 일체의 상속재산을 승계하지 않는 경우
이다. 상속의 포기는 상속개시 있음을 안 날로부터 3월 내에 가정법원에 포기의
신고를 하여야 한다. 상속의 포기는 상속 개시된 때에 소급하여 그 효력이 있다.
상속인이 수인인 경우에 어느 상속인이 상속을 포기한 때에는 그 상속분은 다른
상속인의 상속분의 비율로 그 상속인에게 귀속된다.

⑿ 유언

① **개념** : 유언(遺言)이란 유언자의 사망과 동시에 일정한 법률 효과(유언에서 정한 사
항)를 발생시키는 것을 목적으로 하는 유언자의 단독적 법률행위이다.

② **성질**

    ㉠ **사인행위** : 유언자가 사망하여야 효력이 발생하는 성질을 갖는다.

    ⓛ **상대방 없는 단독 행위** : 계약처럼 상대방의 의견을 수용하여 체결하는 형태가
아니다. 누군가에게 의사표시를 전달시킬 필요가 없는 행위이다.

    ㉢ **요식행위** : 법에서 정하는 일정한 방식을 갖추어야 유언의 효력이 발생한
다. 법에 정한 형식이 결여되면 원칙적으로 무효가 된다.

③ **유언능력** : 만 17세 이상이면 유언이 가능하며 제한능력자는 법정대리인의 동
의 없이 유언이 가능하며, 제한능력자도 의사능력이 회복된 경우 유언이 가
능하다. 피성년후견인은 의사능력이 회복된 때에만 유언을 할 수 있으며, 의
사가 심신회복의 상태를 유언서에 부기(附記)하고 서명 날인 하여야 한다.

▶ **대법원 판례**

민법 제1066조에서 규정하는 자필증서에 의한 유언은 유언자가 그 전문과 연월일, 주소 및 성명을 자서하는 것이 절대적 요건이므로 전자복사기를 이용하여 작성한 복사본은 이에 해당하지 아니하나, 날인은 인장 대신에 무인에 의한 경우에도 유효하다.

▶ **유언의 증인이 될 수 없는 자**
- 미성년자
- 피성년후견인과 피한정후견인
- 유언으로 이익을 받을 사람, 그의 배우자와 직계혈족
- 공정증서에 의한 유언에는 「공증인법」에 따른 결격자는 증인이 되지 못한다.

④ 유언의 방식
  ㉠ **자필증서에 의한 유언** : 유언자가 전문과 연월일, 주소, 성명을 자서하고 날인하는 형태이다.
  ㉡ **녹음에 의한 유언** : 유언의 취지, 성명과 연월일을 구술하고 이에 참여한 증인이 유언의 정확함과 성명을 구술해야 한다.
  ㉢ **공정증서에 의한 유언** : 유언자가 증인 2인이 참여한 공증인의 면전에서 유언의 취지를 구수하고, 공증인이 필기·낭독하여 유언자와 증인이 정확함을 승인한 후 각자 서명 또는 기명날인한다.
  ㉣ **비밀증서에 의한 유언** : 유언자가 필자의 성명을 기입한 증서를 엄봉날인하고 이를 2인 이상의 증인의 면전에 제출하고 봉서표면에 제출 연월일을 기재 후 유언자와 증인이 각자 서명 또는 기명날인하는 형태이다.
  ㉤ **구수증서에 의한 유언** : 질병 기타 급박한 사유로 앞의 방법이 불가능한 경우 유언자가 2인 이상의 증인의 참여로 그 1인에게 유언의 취지를 구수하고 구수를 받은 자가 필기·낭독하여 유언자와 증인이 정확함을 승인한 후 각자 서명 또는 기명날인하는 형태이다. 급박한 사유의 종료 후 7일 내 법원에 검인을 신청해야 한다.

⑤ 유언의 철회
  ㉠ **유언 변경 및 철회의 자유** : 유언자가 유언을 한 후라도 사망하기 전까지는 유언의 내용을 변경하거나 철회할 수 있다.
  ㉡ **전후 유언이 저촉되는 경우** : 앞에 한 유언과 뒤에 한 유언이 맞지 않을 경우 저촉된 부분의 전유언은 철회한 것으로 보고 있다.
  ㉢ **파훼(파괴와 훼손)의 경우** : 유언자가 고의로 유언증서 또는 유증의 목적물을 파훼한 경우 그 부분은 철회한 것으로 보고 있다.

⑥ 유언의 집행
  ㉠ **개념** : 유언의 집행은 유언의 효력이 발생한 후 유언에 표시된 유언자의 의사를 실현하는 행위 또는 절차를 말한다.
  ㉡ **유언의 준비절차**
    • 유언의 검인 : 유언의 증서나 녹음을 보관한 자 또는 이를 발견한 자는 유언자의 사망 후 지체없이 법원에 체출하여 그 검인을 청구하여야 한다. 다만 공정증서나 구수증서에 의한 유언은 그러하지 않다.
    • 유언증서의 개봉 : 법원이 봉인된 유언증서를 개봉할 때에는 유언자의 상속인, 그 대리인 기타 이해관계인의 참여가 있어야 한다. 그 유언관계인들 중 참석하지 아니한 자들에게는 그 사실을 고지하여야 한다.

ⓒ **유언집행자** : 유언집행자에는 지정유언집행자, 법정유언집행자, 선임유언집
행자가 있다. 지정유언집행자는 유언자의 지정행위 또는 제3자에 대한 위
탁으로 자격을 취득하는 것을 말하고, 법정유언집행자는 유언집행자가 없
는 경우에 법률에 의하여 상속인이 유언집행자가 되는 경우를 말하며, 선
임유언집행자는 유언집행자가 없거나 사망, 결격 기타 사유로 인하여 없
게 될 때에 가정법원이 이해관계인의 청구에 의하여 선임한 유언집행자를
말한다. 유언집행자는 수인이라도 무방하다.

ⓔ **유언집행자의 임무** : 유언집행자는 상속재산을 조사하고 재산목록을 작성하
여 상속인에게 교부하여야 하고, 유언집행에 필요한 행위를 할 권리·의
무가 있으며, 사무종료 후 보수청구권을 가진다.

⑦ **유증** : 유언자가 유언에 의하여 재산상의 이익을 무상으로 증여하는 행위를
의미한다. 태아도 유증을 받을 수 있다.

상법 · 민사소송법

check

▶ **상법의 적용순서**
상사자치법(정관) → 상사특별법 · 상사조약 → 상법전 → 상관습법 → 상사판례법 → 민사자치법 → 민사특별법 · 민사조약 → 민법전 → 민사관습법 → 민사판례법 → 조리

01 상법

(1) 의의

상법을 실질적 의미와 형식적 의미로 나누어 본다면, 전자는 기업적 생활관계를 규율하는 법규범이라 할 수 있고, 후자는 상법전이라는 성문법을 의미한다. 현행 상법은 총칙, 상행위, 회사법, 보험, 해상, 항공운송으로 구성되어 있다.

(2) 총칙

① **구성** : 상법 총칙은 상인, 상업사용인, 상호, 상업장부, 상업등기, 영업양도 등을 규율하고 있다.

② **상인** : 상인은 상행위의 여하를 기준으로 자기명의로 상행위를 영업으로 하는 당연상인과 상행위를 영업으로 하지 않더라도 경영의 형식 또는 기업적 설비를 기준으로 상인으로 의제되는 의제상인, 1천만 원 미만의 자본금을 가지고 영업을 하는 상인인 소상인으로 구분할 수 있다.

③ **상업사용인** : 특정 상인에 종속하여 상인의 대외적인 영업활동을 보조하는 자로서 고용계약이 반드시 요구되지는 않는다. 상업 사용인을 세분화하면, 대리권의 존재여부와 범위를 기준으로 지배인, 부분적 포괄대리권을 가진 사용인, 물건판매점포의 사용인이 있다. 상업사용인에게는 경업피지의무와 회사의 무한책임사원, 이사 또는 다른 상인의 사용인이 되어서는 아니될 겸직금지의무가 있다.

▶ **경업피지의무**
특정자의 영업과 동종의 영업을 하거나 서로 경쟁하지 아니할 부작위 의무를 말한다. 상법은 영업주와 상업사용인 간 신뢰관계유지와 영업주의 이익보호를 위하여 영업주의 허락없이 자기 또는 제삼자의 계산으로 영업주의 영업부류에 속한 거래를 하지 못하도록 규정하고 있다(상법 제17조).

④ **상호**

   ㉠ **개념** : 상호란 상인이 영업상 자기를 표시하기 위하여 사용하는 명칭을 의미한다.

   ㉡ **상호전용권**(상법 제23조) : 타인이 부정한 목적으로 동일 또는 유사상호를 사용할 경우 그 사용을 배제하는 권리로, 손해배상 청구, 상호사용의 폐지 청구, 상호등기 말소 청구가 포함된다.

⑤ **상업장부** : 상인이 모든 거래를 기록 · 정리하는 장부를 의미하며 상법은 회계장부 및 대차대조표 작성을 의무로 부과하고 있다.

⑥ **상업등기** : 상업등기는 상법상 등기할 사항을 당사자의 신청에 의하여 영업소 소재지를 관할하는 법원의 상업등기부에 영업에 관련된 중요한 사항을 등기하는 것을 말한다. 중요한 사항에는 법정등기사항으로 상인일반에 관한 사항, 개인기업에 관한 사항, 회사에 관한 사항이 있다.

⑦ **영업양도** : 상인이 일정한 영업을 하던 중 그 영업의 동일성을 유지하면서 물건, 권리, 사실관계를 포함하는 조직적, 기능적 재산으로서의 영업재산 일체를 이전하기로 하는 채권계약을 말한다. 영업양도는 양도인의 상인자격을 전제로 하고 양도인이 상인이 아닌 경우 적용하지 않는다.

(3) 상행위

① **의의** : 상행위란 실질적으로는 상인의 영리에 관한 행위를 말하고, 형식적으로는 상법과 특별법(담보부사채신탁법 제23조 제2항)에 상행위로 규정된 행위를 말한다.

② **종류**

ㄱ **기본적 상행위와 보조적 상행위** : 기본적 상행위란 당연상인 개념의 기초가 되는 상행위로 다시 말하면, 자기명의로 상행위를 반복·계속함으로써 기업성을 갖게 되므로(상법 제4조·제46조), 영업적 상행위라고도 한다. 보조적 상행위란 상인의 영업을 보조하는 상행위(부속적 상행위)를 의미한다.

ㄴ **일방적 상행위와 쌍방적 상행위** : 일방적 상행위란 상인과 비상인 간의 매매에서처럼 거래당사자의 일방에게만 상행위가 되는 행위를 의미하고, 쌍방적 상행위란 상인 간의 매매(제조업자와 도매상 간의 매매)로 당사자 쌍방에게 상행위가 되는 상행위를 의미한다.

ㄷ **준상행위** : 상법 제5조의 의제상인의 행위와 같이 상행위에 관한 규정이 준용되는 행위를 의미한다.

③ **상행위 편의 구성**

ㄱ **상호계산** : 상인 간 또는 상인과 상인 아닌 자와의 사이 평소의 거래 관계가 유지되고 있을 시 일정한 기간(특약이 없을 시 6개월)의 거래로 인한 채권채무의 총액에 관하여 상계하고, 그 잔액을 지급하는 일종의 대차결제의 방법을 의미한다.

ㄴ **익명조합** : 당사자의 일방(익명 조합원)이 상대방(영업자)의 영업을 위하여 출자를 하고, 상대방은 영업으로 인한 이익을 분배할 것을 약정하는 계약을 의미한다.

ㄷ **대리상** : 일정한 상인을 위하여 상시 그 영업부류에 속하는 거래의 대리 또는 중개를 영업으로 하는 자로 독립된 상인이며 상업사용인과는 구별된다.

ㄹ **중개업** : 타인 간의 상행위의 중개를 영업으로 하는 자를 의미한다.

ㅁ **위탁매매업** : 자기의 명의로써 타인의 계산으로 물건 또는 유가증권의 판매 및 매입을 하는 영업을 의미한다.

ㅂ **운송주선업** : 자기의 명의로 물건운송의 주선을 하는 영업을 의미한다.

ㅅ **운송업** : 육상, 호천 또는 항만에서 물건이나 여객의 운송을 하는 영업을 의미한다.

ㅇ **공중접객업** : 극장, 다방, 여관, 목욕탕, 이발소처럼 다중의 손님들이 모이기 위한 시설을 갖추어 하는 영업을 의미한다.

▶ 기본적 상행위
- 동산 부동산 유가증권 기타 재산의 매매·임대차
- 제조 가공 또는 수선에 관한 행위
- 전기, 전파, 가스 또는 물의 공급에 관한 행위
- 작업 또는 노무의 도급의 인수
- 출판, 인쇄 또는 촬영에 관한 행위
- 광고, 통신 또는 정보에 관한 행위
- 수신·여신·환 기타의 금융거래
- 공중이 이용하는 시설에 의한 거래
- 상행위의 대리의 인수
- 중개에 관한 행위
- 위탁매매 기타의 주선에 관한 행위
- 운송·임치·신탁의 인수
- 상호부금 기타 이와 유사한 행위
- 보험
- 광물 또는 토석의 채취에 관한 행위
- 기계, 시설, 그 밖의 재산의 금융리스에 관한 행위
- 상호·상표 등의 사용허락에 의한 영업에 관한 행위
- 영업상 채권의 매입·회수 등에 관한 행위
- 신용카드, 전자화폐 등을 이용한 지급결제 업무의 인수

상법 제24조 소정의 명의대여자 책임은 명의차용인과 그 상대방의 거래행위에 의하여 생긴 채무에 관하여 명의대여자를 진실한 상대방으로 오인하고 그 신용·명의 등을 신뢰한 제3자를 보호하기 위한 것으로, 불법행위의 경우에는 설령 피해자가 명의대여자를 영업주로 오인하고 있었더라도 그와 같은 오인과 피해의 발생 사이에 아무런 인과관계가 없으므로, 이 경우 신뢰관계를 이유로 명의대여자에게 책임을 지워야 할 이유가 없다(대판 1998.3.24. 97다55621)

ⓩ **창고업** : 타인을 위하여 물건을 창고에 보관하는 영업을 의미한다.

ⓩ **합자조합** : 조합의 업무집행자로서 조합의 채무에 대하여 무한책임을 지는 조합원과 출자가액을 한도로 하여 유한책임을 지는 조합원이 상호출자하여 공동사업을 경영할 것을 약정하는 것을 의미한다.

ⓚ **금융리스업** : 금융리스 이용자가 선정한 기계, 시설, 그 밖의 재산을 제3자로부터 취득하거나 대여 받아 금융리스 이용자에게 이용하게 하는 영업을 의미한다.

ⓣ **가맹업** : 자신의 상호·상표 등을 제공하는 것을 영업으로 하는 자로부터 그의 상호 등을 사용할 것을 허락받아 가맹업자가 지정하는 품질기준이나 영업방식에 따라 영업을 하는 것을 의미한다.

ⓟ **채권매입업** : 타인이 물건·유가증권의 판매, 용역의 제공 등에 의하여 취득하였거나 취득할 영업상의 채권을 매입하여 회수하는 것을 영업으로 하는 것을 의미한다.

(3) 회사

① **개념** : 상행위 또는 기타의 영리를 목적으로 하여 설립한 사단법인을 회사라 한다.

② **회사설립의 원칙** : 회사 역시 법인으로 이러한 법인설립에 대한 여러 원칙이 있지만, 상법상의 회사는 준칙주의에 의한다. 준칙주의란, 법률이 정하는 일정한 조직을 갖추면 당연히 법인이 성립한 것으로 보는 원칙을 말한다. 준칙주의에 의할 경우 그 조직이나 내용을 공시하기 위하여 등기를 성립요건으로 하는 것이 보통이다. 상법상의 회사 외에도 민법상의 영리법인, 노동조합은 준칙주의에 의한다.

③ **회사의 특징**
  ㉠ **영리성** : 영업이란 일회적이 아닌 반복적으로 영리의사를 가지고 활동하는 것으로 회사는 영업활동에 의한 이익을 추구한다.
  ㉡ **사단성** : 복수인의 공동 목적을 위한 결합체로서의 특징을 갖는다.
  ㉢ **법인성** : 모든 회사는 법인이 된다.

④ **상법상의 회사**
  ㉠ **합명회사** : 무한책임사원만으로 구성되는 회사로 사원은 회사의 채무를 회사 채권자에 대하여 직접 연대하여 변제할 무한책임을 진다.
  ㉡ **합자회사** : 무한책임사원과 유한책임사원으로 구성되는 복합적 조직의 회사로 사업의 경영은 무한책임사원이 담당하고, 유한책임사원은 자본을 제공하여 사업에서 생기는 이익의 분배에 참여한다. 무한책임사원이 있는 점은 합명회사와 같으나, 회사채권자에 대하여 출자액의 한도 내에서만 연대책임을 지는 유한책임사원이 있는 점이 합명회사와 다르다.

ⓒ 주식회사 : 주식으로 세분화된 일정한 자본을 가지고 모든 사원 또는 주식을 주식인수가액을 한도로 출자의무를 부담할 뿐, 사원은 회사의 채무에 대하여 아무런 책임을 지지 않고 회사재산만으로 책임을 지는 회사이다.

ⓓ 유한회사 : 사원이 회사에 대하여 출자금액을 한도로 책임을 질 뿐, 회사채권자에 대하여 책임을 지지는 않는 형태이다. 사원 전원의 책임이 간접이며 유한인 점과, 분화된 기관을 가지는 점 등 많은 점에서 주식회사와 유사하나, 복잡하고 엄격한 규정이 완화되고 지분의 양도가 자유롭지 못한 점이 주식회사와 다르다.

ⓔ 유한책임회사 : 유한책임회사는 출자의무만 있고 회사채권자에 대해서는 책임이 없는 유한사원만으로 구성된 회사이다. 2012. 4. 14. 상법개정 시 도입된 제도이다. 유한책임회사의 사원은 출자를 하여야 하나, 신용이나 노무는 출자의 목적으로 하지 못한다. 유한책임회사는 사원 전원의 동의로 주식회사로의 조직변경이 가능하다.

(4) 보험

① 의의 : 상법 제4편의 보험편은 보험계약을 중심으로 규율한다. 또한 "손해보험계약의 보험자는 보험사고로 인하여 생길 피보험자의 재산상의 손해를 보상할 책임이 있다."고 규정하여, 생명이나 신체에 관한 인보험과 재산에 관한 보험인 손해보험으로 구분하고 있다.

② 손해보험 : 손해보험이란 당사자의 일방(보험자)이 우연한 사고로 인하여 발생되는 재산상의 손해를 보상할 것을 약정하고 상대방(보험계약자)이 이에 대하여 보수(보험료)를 지급하는 보험이다. 손해보험에는 화재보험, 운송보험, 해상보험, 책임보험, 자동차보험, 보증보험이 있다.

③ 인보험 : 인보험이란 사람의 생명이나 신체에 관한 사고로 인하여 생기는 손해에 대하여 보험금액 기타의 급여를 지급할 것을 목적으로 하는 보험을 의미한다. 인보험에는 질병보험, 생명보험, 상해보험이 있다.

④ 보험계약

ⓐ 의의 : 당사자 일방이 약정한 보험료를 지급하고 재산 또는 생명이나 신체에 관하여 사고가 생길 경우에 일정한 보험금액 기타의 급여를 지급할 것을 약정함으로써 효력이 생기는 계약을 말한다.

ⓑ 보험계약의 요소 : 보험계약은 보험계약 당사자, 보험의 목적, 보험사고, 보험료와 보험금액, 보험기간 등을 명시해야 한다.

ⓒ 보험계약의 특징
• 보험자가 보험금 지급 의무를 지고, 보험계약자가 이에 대하여 보험료 지급 의무를 지는 유상·쌍무계약이다.
• 당사자 쌍방의 합의에 의하여 성립하고, 보험증권의 작성이 성립요건이 아니기 때문에 불요식의 낙성계약이다.
• 우연한 사고의 발생을 전제로 하는 사행계약이다.

check

▶ 주식회사 정관의 절대적 기재사항
• 목적
• 상호
• 회사가 발행할 주식의 총수
• 액면주식을 발행하는 경우 1주의 금액
• 회사의 설립 시에 발행하는 주식의 총수
• 본점의 소재지
• 회사가 공고를 하는 방법
• 발기인의 성명·주민등록번호 및 주소

▶ 상법에 규정된 손해보험
화재보험, 운송보험, 해상보험, 책임보험, 자동차보험, 보증보험

▶ 보험자대위
손해가 제3자의 행위로 인하여 발생한 경우에 보험금을 지급한 보험자는 그 지급한 금액의 한도에서 그 제3자에 대한 보험계약자 또는 피보험자의 권리를 취득하는 것을 말한다. 손해보험과 달리 인보험은 제3자에 대한 보험자대위가 금지된다.

▶ 보험계약자의 의무
고지의무, 보험료 납입 의무, 위험 변경·증가의 통지의무, 보험사고 발생 통지의무, 손해방지 의무

- 계약관계자에게 선의 또는 신의성실이 요구되는 선의계약 또는 최대선의계약이다.
- 보험사업자가 많은 보험계약자를 상대로 미리 계약의 내용을 보험약관에 의하여 정하고 이에 부합되어야 성립하는 부합계약이다.

(5) 해상

① 해상법의 의의
  - 해상법은 해상에서 선박과 관련하여 활동하는 해상기업에 특유한 사법적 규정으로서 상법 제5편에서 규율하고 있다.
  - 「상법」 제5편 해상 부분을 2007년 전면적으로 개선·보완하여 2008년 시행하였다. 해상운송계약 관련 법체계를 국제무역 실무에 맞게 재정비하고, 전자선하증권제도 및 해상화물운송장제도 등 새로운 무역환경에 부합하는 제도를 마련하는 한편, 해운강국으로서 세계적인 지위에 걸맞는 해상법제를 마련하기 위하여 선박소유자의 책임한도와 운송물의 포장·선적단위당 책임한도를 국제기준에 맞게 상향조정하였다.

② 해상법의 특성 : 실질적 의의의 해상법은 영리를 추구하는 해상기업에 관한 법으로서 상행위 기타 영리를 목적으로 하는 선박을 그 대상으로 한다. 형식적 의의로는 상법이 정한 해상에 관한 규정으로서 한국 상법전 제5편이 이에 해당된다.

(6) 유가증권

① 유가증권과 어음·수표 : 유가증권은 재산적 가치가 있는 사권을 표시한 증표로 어음과 수표가 대표적이다. 어음과 수표는 일정금액의 금전지급청구권을 표창하는 금전채권적 유가증권이다. 어음은 일정한 금액의 지급을 목적으로 하는 유가증권으로 약속어음과 환어음이 있다.

② 약속어음(지급약속증권) : 발행인이 수령(수취)인 기타 정당한 증권 소지인에게 일정한 날(만기)에 일정금액의 지급을 약속하는 증권을 말한다.

③ 환어음(지급위탁증권) : 발행인이 제3자인 지급인으로 하여금 수령(수취)인 기타 정당한 증권 소지인에게 어음 금액의 지급을 위탁하는 증권을 말한다.

④ 수표(은행의 지급위탁증권) : 발행인이 은행(지급인)으로 하여금 수취인에게 지급위탁을 의뢰하는 증권을 말한다.

⑤ 어음과 수표의 특성
  ㉠ 법률상 당연한 지시증권성 : 기명식으로 발행했어도 배서에 의해 타인을 권리자로 지정할 수 있는 특성으로 배서금지 어음·수표는 예외이다.
  ㉡ 엄격한 요식증권성 : 아무리 경미한 사항이라도 생략하면 증권이 무효가 되는 특성을 갖는다.

ⓒ **문언증권성** : 문언에 따라 채무관계가 확정되는 특성(모든 유가증권의 공통 특성)을 갖는다.

ⓔ **설권증권성(완전유가증권성)** : 증권작성에 의해 권리가 창설되는 특성을 갖는다.

ⓜ **무인증권성** : 증권상 권리가 원인관계의 무효에 의해 영향을 받지 않는 특성을 갖는다.

ⓗ **제시증권성** : 권리행사를 위해 증권을 제시해야 하는 특성을 갖는다.

ⓢ **상환증권성** : 채무이행은 증권과 상환으로 해야 하는 성질을 갖는다.

ⓞ **금전채권증권성** : 일정한 금원의 지급을 목적으로 하며, 상품의 급여를 목적으로 하는 것은 어음·수표로 인정되지 않는 특성을 갖는다.

ⓩ **면책증권성** : 정당한 소지인에게 지급하면 채무자는 면책되는 특성을 갖는다.

02 민사소송법

(1) 민사소송제도의 이상

① **의의** : 민사소송이란 개인 사이에 일어나는 사법상의 권리 또는 법률관계에 대한 다툼을 법원이 국가의 재판권에 의하여 법률적·강제적으로 해결하기 위한 절차를 의미한다.

② **민사소송제도의 이상**

ⓐ **적정** : 사실관계를 확정하고 이 확정된 사실에 법을 공평하게 적용하여 재판을 통해 사회정의를 실현하는 것을 의미한다. 적정이상을 실현하기 위한 제도에는 변호사대리의 원칙, 구술주의, 석명권 행사, 교호신문제도, 법관자격 제한과 신분보장 제도, 직접주의, 직권증거조사, 불복신청제도(3심제도·재심제도) 등이 있다.

ⓑ **공평** : 소송과정에서 법원 또는 재판장은 사건의 당사자들을 공평하게 대우해야 한다. 공평이상을 보장하기 위한 제도로 재판 심리의 공개, 법관에 대한 제척, 기피제도, 소송절차의 중단, 중지, 제3자의 소송 참가 등의 제도가 허용된다.

ⓒ **신속** : 적정하고 공평하게 소송절차가 진행되더라도 당사자의 권리 실현에 오랜 시간이 걸린다면 법의 실효성에 문제가 생길 수 있다. 헌법 제27조 제3항에는 모든 국민은 신속한 재판을 받을 권리를 가진다고 규정되어 있으며 민사소송에서도 복잡한 소송 절차를 개선하기 위한 시도가 계속되고 있다. 독촉절차, 제소 전 화해절차, 소액사건 심판절차, 변론준비절차, 기일연장의 제한 등은 신속의 이상을 실현하기 위한 제도들이다.

▶ 비송사건과 소송사건의 비교

비송사건	소송사건
대심구조 아님	대심구조
직권탐지주의	변론주의
처분권주의 부적용	처분권주의 적용
비공개주의	공개주의
자유로운 증명	엄격한 증명
임의적 변론	필요적 변론
기판력 부적용	기판력 적용

▶ 민사소송에서의 재판 이외의 분쟁 해결방법
화해, 조정, 중재 등

  ㉣ 경제 : 소송을 수행함에 있어서 소송관계인의 시간을 단축하여 비용과 노력의 최소화가 이루어져야 한다. 이러한 이상을 실현하기 위해서 구술신청제, 소의 병합 등이 있다.

(2) 민사소송과 신의칙

① 의의 : 민사소송법 제1조는 당사자와 소송관계인은 신의에 따라 성실하게 소송을 수행하여야 한다고 규정하고 있다. 이는 민사소송의 이상을 실현하기 위한 것이며, 신의칙에 위반되는 여부는 법원의 직권조사사항이다.

② 신의칙 위반의 유형

  ㉠ 소송상태의 부당형성 : 권리자가 증인으로 나서기 위해서 권리를 가장양도하는 경우, 소송비용을 줄일 목적으로 고액의 채권을 여러 개로 분할하여 소액의 청구를 하는 경우, 주소 불명인 것처럼 가장하여 공시송달하게 하는 경우

  ㉡ 소송상의 금반언 : 소송상 합의에 반하여 소를 제기하는 경우, 일부청구임을 명시하지 않고 판결이 확정된 뒤에 전부청구를 하는 경우, 어느 사실에 기하여 제소하고 주장·입증한 후 이를 바탕으로 피소되자 그 사실을 부인하는 경우

  ㉢ 소권의 남용 : 공동소송인 중 1인만이 무자력자인데 그를 내세워 소송구조를 신청하는 경우, 완승한 당사자가 판결이유에 불만을 갖고 상소를 제기하는 경우, 대법원에서 같은 이유로 재심청구를 되풀이하는 경우

③ 신의칙 위반의 효과 : 신의칙에 반하는 소의 제기는 소의 이익이 없으므로 부적법 각하하며, 신의칙에 반하는 소송행위는 무효이다. 이를 간과한 판결은 상소로 취소할 수 있지만 확정 후에는 당연무효의 판결이라고 할 수는 없으며, 다만 집행된 경우에는 손해배상의 문제가 생긴다.

(3) 민사소송법

① 의의 및 성격 : 민사소송법은 민사관계의 분쟁해결을 규율하기 위한 법규의 총체를 말한다. 민사소송법은 절차법으로서 공법에 해당된다.

② 민사소송법의 종류

  ㉠ 효력규정 : 효력규정이란 이에 위반하면 그 행위나 절차가 무효 또는 취소가 되는 규정을 말한다. 효력규정은 강행규정과 임의규정으로 분류할 수 있다. 강행규정은 법원이나 당사자의 의사에 의하여 그 구속을 배제할 수 없는 규정을 말하며, 법원의 구성, 전속관할, 당사자 능력, 법관의 제척, 재판의 공개, 상소제기기간 등이 이에 해당한다. 한편 임의규정은 당사자의 의사에 의하여 그 적용이 배제·완화될 수 있는 규정을 말하며, 관할의 합의, 불항소의 합의와 같이 당사자의 합의로 적용을 배제할 수 있는 규정과 소송행위의 방식, 법원의 기일통지서, 출석요구서 소송서류의 송달, 증거조사의 방식 등과 같이 불이익을 받을 당사자가 이의를 제기하지 않으면 하자가 치유되는 규정이 있다.

ⓛ 훈시규정 : 훈시규정이란 이에 위반하여도 소송법상의 효력에 영향이 없는 규정을 말한다.

check

(4) 소의 종류

① **이행의 소** : 이행의 소란 이행청구권의 확정과 피고에게 이행명령을 할 것을 요구하는 소이다. 이행의 소에는 현재이행의 소와 장래이행의 소가 있으며, 이행의 소에 대한 인용판결은 기판력과 집행력이 있으며, 기각판결은 청구권의 부존재를 확정하는 확인판결에 지나지 않는다.

② **확인의 소** : 확인의 소란 권리·법률관계의 존부의 확정을 요구하는 소이다. 확인의 소에는 권리관계 확인의 소와 사실관계 확인의 소가 있으며, 확인판결은 기판력이 있다. 그러나 집행력은 발생하지 않는다.

③ **형성의 소** : 형성의 소란 법률관계의 변동을 요구하는 소이다. 형성의 소는 명문의 규정이 있는 경우에만 인정된다. 형성의 소에는 실체법상 형성의 소, 소송상 형성의 소, 형식적 형성의 소가 있다. 실체법상의 형성의 소에는 가사소송, 회사관계소송, 항고소송, 선거소송, 위헌제청, 헌법소원이 해당된다. 한편 소송상 형성의 소는 소송법상 법률관계의 변동을 구하는 소이며, 정기금 판결에 대한 변경의 소, 재심의 소, 준재심의 소, 중재판정 취소의 소, 제권판결에 대한 불복의 소가 여기에 해당한다. 형식적 형성의 소는 형식은 소송사건이지만 실질은 비송사건인 경우를 말한다. 토지경계확정의 소, 부를 정하는 소, 공유물분할청구, 법정지상권의 지료결정청구 등이 이에 해당된다. 형성의 소에 대한 인용판결은 기판력과 형성력이 있으며, 형성의 소에 대한 기각판결은 형성의 소권의 부존재에 대한 확인판결에 지나지 않는다.

(5) 소송의 요건

① **의의** : 소송요건이란 소가 본안심리나 본안판결을 받기 위하여 갖추어야 할 요건을 말한다.

② **종류**

ⓖ 법원에 관한 요건 : 피고에 대한 재판권, 국제재판관할권, 민사소송사항일 것, 토지·사물·직분관할권

ⓛ 당사자에 관한 요건 : 당사자의 실재, 당사자능력, 당사자적격, 소송능력, 법정대리권, 소송대리권, 소송비용 담보

ⓒ 소송물에 관한 요건 : 소송물의 특정, 권리보호의 자격 또는 이익·필요, 중복제소가 아닐 것, 재소금지에 해당하지 않을 것, 기판력의 부존재

ⓔ 기타 : 병합소송의 경우 그 필요요건을 갖출 것, 장래이행의 소의 경우 미리 청구할 필요가 있을 것, 확인의 소의 경우 확인의 이익이 있을 것, 상소의 경우 상소요건을 갖출 것, 제소기간을 준수했을 것 등

(6) 민사소송의 절차

① 개요

단계	세부내용
소의 제기	소장의 제출, 재판장의 소장심사, 소장 부본 송달, 변론기일 지정, 소송구조
변론(심리)	변론준비 절차, 당사자 소환, 원고의 주장과 피고의 반대주장, 증거조사
판결	주문과 이유
상소	항소, 상고, 항고, 재항고

② 소의 제기 절차

ⓐ **소장의 제출** : 소의 제기는 소장을 법원에 제출함으로써 시작된다.

ⓑ **재판장의 소장심사** : 재판장은 소장을 심사하고 부적법하다면 보정 권고 및 명령을 내리게 된다.

ⓒ **소장 부본 송달과 변론기일 지정** : 재판장은 소장이 적법하다면 소장 부본을 피고에게 송달하고 변론기일을 지정한다.

ⓓ **소송구조(소송상의 구조)** : 무자력자를 위하여 민사소송절차에의 접근과 활용에 기회균등을 보장하려는 제도로, 소송비용을 지출할 자력이 부족한 자가 패소할 것이 명백한 경우가 아니어야 한다. 구조양상은 재판비용의 납입유예, 변호사 보수의 지급유예 등이 있다.

ⓔ **병합소송** : 병합소송이란 원고가 수 개의 청구를 하거나 계속 중인 소송에 붙여 새로운 청구를 하는 경우 및 1개의 소송절차에 3인 이상이 동시에 또는 때를 달리하여 절차에 관여하는 소송의 형태를 총칭한다.

구분	객관적 병합	주관적 병합
원시적 병합	원고가 수 개의 청구를 하는 경우	소송절차에서 원고·피고가 다수인 경우
후발적 병합	계속 중인 소송에 붙여 새로운 청구를 하는 경우	소송절차에 제3자가 개입하는 경우
공통의 요건	• 같은 종류의 소송절차에 의하여 심판될 수 있을 것 • 수소법원에 공통의 관할권이 있을 것	
후발적 요건	• 사실심 변론종결 전에 제기할 것 • 소송절차를 현저히 지연시키지 않을 것 • 구 청구와의 관련성이 있을 것	

③ 변론절차

ⓐ **변론의 개념** : 법원과 당사자가 기일에 출석하여 구술(말)로 자신에게 이익이 되는 사실을 진술하는 행위를 의미한다.

▶ 소장의 필수적 기재사항
당사자, 법정대리인, 청구의 취지, 청구의 원인 등

▶ 소 제기의 방식
• 소의 제기는 원칙적으로 소장을 작성하여 법원에 체출하는 방식에 의한다.
• 조정사건에 관하여 조정을 하지 아니하기로 한 결정이 있는 경우는 조정신청을 한 때 소가 제기된 것으로 본다.
• 소액사건의 경우 소장을 제출하지 아니하고 원고가 말로써 진술을 하는 방식으로 소를 제기할 수 있다.

ⓛ 변론에 관한 원칙

- **처분권주의** : 절차의 개시, 심판의 대상 그리고 절차의 종결에 대하여 당사자에게 주도권을 주어 그 처분에 맡기는 원칙을 말한다.
- **변론주의와 직권탐지주의** : 변론주의란 사실과 증거의 수집·제출의 책임을 당사자에게 맡기고, 당사자가 수집하여 변론에서 제출한 소송자료만을 재판의 기초로 삼는 것을 말하며, 직권탐지주의란 소송자료의 수집과 제출책임을 당사자가 아닌 법원이 지는 것을 말한다. 민사소송법은 변론주의를 원칙으로 하고 있다.
- **적시제출주의와 수시제출주의** : 적시제출주의는 당사자가 공격방어방법을 소송의 정도에 따라 적절한 시기에 제출하여야 한다는 원칙이며, 수시제출주의란 당사자가 공격방어방법을 변론종결에 이르기까지 어느 때라도 제출할 수 있다는 원칙을 말한다. 2002년 개정된 민사소송법은 종래의 수시제출주의를 버리고 적시제출주의로 전환하였다.
- **구술심리주의와 서면심리주의** : 심리에 임하여 당사자 및 법원의 소송행위 특히 변론 및 증거조사를 말로 하는 것을 구술심리주의라고 하며, 소송행위를 서면으로 행하는 것을 서면심리주의라고 한다. 현행 민사소송법은 구술심리주의를 원칙으로 하면서, 서면심리주의를 보완적으로 채택하고 있다.
- **직접심리주의와 간접심리주의** : 판결을 행하는 법관이 변론의 청취 및 증거조사를 직접 행하는 원칙을 직접심리주의라고 하며, 다른 사람이 심리한 결과를 토대로 재판하는 원칙을 간접심리주의라고 한다. 현행법은 직접심리주의를 원칙으로 하고 있다.
- **집중심리주의와 병행심리주의** : 집중심리주의란 소송의 초기에 쟁점 및 증거를 정리하여 효율적이고 집중적인 증거조사를 실시하는 심리방식을 말하며, 병행심리주의란 동일기일에 여러 사건의 변론기일을 잡아 여러 사건을 동시에 병행하여 심리하는 방식을 말한다. 현행법은 집중심리주의를 실현하기 위해서 여러 제도들을 도입하고 있다.
- **공개심리주의** : 재판의 심리와 판결의 선고는 공개한다. 다만 재판의 심리가 국가의 안전보장, 공공의 안녕질서 또는 선량한 풍속을 해할 우려가 있는 경우에는 법원의 결정으로 비공개 할 수 있다.

ⓒ **변론의 준비** : 변론에 들어가기에 앞서 소송의 쟁점을 정리하는 단계이다.

ⓔ **변론의 실행** : 재판장은 지정한 변론기일에 당사자를 소환하여 변론을 지휘한다.

ⓜ **증거조사**

- **증거방법** : 증거방법이란 법관이 조사할 수 있는 유형물을 말한다. 증거방법에는 증인·감정인·당사자의 인증과 문서·검증물·기타 증거와 같은 물증이 있다.

▶ **변론준비기일에서 양쪽 당사자 불출석의 효과**

변론준비절차는 원칙적으로 변론기일에 앞서 주장과 증거를 정리하기 위하여 진행되는 변론 전 절차에 불과할 뿐이어서 변론준비기일을 변론기일의 일부라고 볼 수 없고, 변론준비기일과 그 이후에 진행되는 변론기일이 일체성을 갖는다고 볼 수 없으며, 양쪽 당사자 불출석으로 인한 취하간주제도는 적극적 당사자에게 불리한 제도로서 적극적 당사자의 소송유지의사 유무와 관계없이 일률적으로 법률적 효과가 발생한다는 점까지 고려할 때 변론준비기일에서 양쪽 당사자 불출석의 효과는 변론기일에 승계되지 않는다.(대판2006.10.27. 2004다69581)

check

▶ 서면에 의한 증언과 증인 진술서의 차이

구분	서면에 의한 증언	증인 진술서
성질	증언	서증
제출 대상자	증인	당사자
제출 방식	서면, 법정에서의 현출	증인의 출석과 증언

▶ 변론의 내용에 대한 조서의 증명력

변론의 내용이 조서에 기재되어 있을 때에는 다른 특별한 사정이 없는 한 그 내용이 진실한 것이라는 점에 관한 강한 증명력을 갖는다고 할 것이다.(대판2001.4.13. 2001다6367)

• **증거자료** : 증거자료란 증거방법을 조사한 내용을 말한다. 증거자료에는 증언, 문서의 기재내용, 검증결과, 감정결과, 당사자 신문결과 등이 있다.

• **증거원인** : 증거원인이란 법관의 심증형성의 원인을 말한다. 증거조사의 결과는 독립적 증거원인이 되며, 변론전체의 취지는 보충적 증거원인이 된다.

• **증거능력** : 증거방법으로서 증거자료로 될 능력을 증거능력이라고 하며, 자유심증주의에 의하여 제한이 없다.

• **증명력** : 증거자료가 요증사실 인정에 기여하는 정도를 증명력이라고 한다. 자유심증주의에서는 논리와 경험칙에 따라 판단하게 된다. 다툼이 있는 사실에 대해 법관으로 하여금 확신을 갖게 하는 입증행위를 증명이라고 하며, 법관에게 그럴 것이라는 추측을 할 수 있을 정도의 심증을 주는 증명행위를 소명이라고 한다.

• **입증책임** : 증거조사를 해 보았으나 증거가 없는 경우의 패소 위험을 입증책임이라고 한다. 소송요건은 원고에게 입증책임이 있으며, 본안판단에서 권리근거규정의 요건사실은 권리의 존재를 주장하는 자가, 반대규정의 요건사실은 권리의 존재를 다투는 상대방에게 입증책임이 있다.

• **입증책임의 전환** : 법률에 의하여 입증책임의 일반원칙에 대한 예외를 인정하는 것을 입증책임의 전환이라고 한다. 민법상 책임무능력자의 감독자책임, 사용자책임, 공작물 점유자의 책임, 동물 점유자의 책임은 가해자가 무과실을 입증해야 한다.

④ **판결 절차** : 판결내용이 확정되면 판결원본을 작성하여 주문과 이유를 표시한다.

㉠ **판결의 효력**

• **기속력** : 일단 판결이 선고되면 판결을 한 법원 자신도 이에 구속되며 스스로 판결을 철회하거나 변경하는 것이 허용되지 않는다는 것을 말한다.

• **형식적 확정력** : 확정된 종국판결은 당사자의 불복으로 상소법원이 취소할 수 없다. 이러한 확정판결의 취소불가능성을 형식적 확정력이라고 한다. 판결의 확정시기는 상소기간이 만료한 경우, 상소기간 경과 전이라도 상소권을 가진 당사자가 이를 포기한 경우, 상소심판결·제권판결·불항소합의가 있는 때 대법원에서 판결선고를 한 경우에는 판결선고와 동시에 확정된다.

• **기판력** : 확정된 종국판결에 대하여 당사자는 그에 반하여 다투는 소송이 허용되지 아니하며, 어느 법원도 재심사하여 그와 다른 판단을 해서는 안된다. 이러한 확정판결의 효력을 기판력(=실질적 확정력)이라고 한다. 기판력이 있는 재판은 확정된 종국판결, 확정판결과 동일한 효력을 갖는 화해 청구의 포기·인낙을 변론조서·변론준비기일조서에 적은 경우, 실체관계를 종국적으로 해결하는 결정·명령의 경우와 일정한 요건을 갖춘 외국법원의 확정판결이 있다.

- **집행력** : 이행판결의 경우 강제집행절차에 의하여 실현할 수 있는 효력을 집행력이라고 한다. 이행판결의 경우 집행력이 있으며, 형성판결이나 확인판결의 경우 소송비용의 재판부분에 한하여 집행력이 생긴다.
- **형성력** : 형성력이란 형성판결이 확정됨으로써 판결 내용대로 법률관계가 발생 · 변경 · 소멸하는 효력을 말한다.
- **반사적 효력** : 확정판결의 효력은 당사자에게만 미치는 것이나 실체법상 특수한 의존관계에 있는 제3자에게 판결의 효력이 미치는 경우가 있는데 이를 반사적 효력이라고 한다.

⑤ **상소절차**

　ⓐ **항소** : 1심에서 패소판결을 받았으나 불복할 경우는 판결을 송달받은 날로부터 2주 이내에 항소장을 작성하여 1심법원에 제출한다.

　ⓑ **상고** : 항소심 판결에 불복이 있으면 판결 송달일로부터 2주 이내에 상고장을 항소심 법원에 제출하여야 한다.

　ⓒ **항고** : 항고는 판결 이외의 재판인 법원의 결정 · 명령에 대한 상소를 말한다. 항고는 특히 법률이 인정한 경우에 가능하다. 항고법원의 결정과 고등법원 또는 항소법원의 결정 · 명령에 대하여 다시 항고하는 것을 재항고라고 한다.

⑥ **재심** : 확정된 종국판결에 대하여 민사소송법 제451조에 열거된 재심사유에 해당하는 중대한 하자가 있는 경우에 그 판결의 취소와 이미 종결된 사건에 대하여 다시 심판해줄 것을 구하는 비상의 불복신청방법이다.

(7) 민사소송 절차의 유형

① **판결절차** : 원고의 제소에 의하여 개시되고 변론을 거쳐 심리되어 종국판결에 의하여 종료되는 법원의 판결절차를 의미한다.

② **강제집행절차** : 판결절차에 의하여 확정된 채무를 채무자가 자발적으로 이행하지 않는다면 채권자의 권리는 확보될 수 없다. 따라서 채권자의 권리를 확보하기 위하여 국가권력으로써 채무자의 의무이행을 강제하는 방법을 의미한다.

③ **소액사건심판절차**(소액사건심판법) : 소송물가액이 3,000만 원을 초과하지 아니하는 금전 기타 대체물이나 유가증권의 일정한 수량의 지급을 목적으로 하는 민사사건에 관하여, 전형적인 민사소송심리에 적용되는 신중 · 공평한 원칙들의 지배를 피하여 소송을 신속히 하고 경제적인 해결을 도모하고자 인정되는 절차이다.

④ **가사소송절차**(가사소송법) : 가사소송절차는 혼인 · 친자 등 신분관계의 확정 · 형성에 관하여 사건을 해결하기 위한 절차이다.

check

▶ 판결의 확정시기
　ⓐ 판결의 선고와 동시 : 상고심 판결, 제권판결, 불상소의 합의가 있는 때
　ⓑ 상소기간의 만료 시 : 상소기간내에 상소를 제기하지 않고 도과시킨 때, 상소를 제기하였으나 상소를 취하한 때, 혹은 상소각하판결이 나거나 상소장 각하명령이 있는 때
　ⓒ 상소권을 포기한 경우 : 포기 시에 확정됨
　ⓓ 상소기각판결이 확정된 경우 : 원판결이 확정됨

▶ 통상항고, 즉시항고
　통상항고는 항고제기의 기간에 제한이 없는 항고로서 항고의 이익이 있는 한 언제나 제기할 수 있다. 즉시항고는 신속한 해결을 위하여 1주일의 불변기간 내에 제기해야 하고, 집행정지의 효력이 있다. 다만 법률에 명문의 규정이 있는 경우에 예외적으로 인정된다.

▶ 특별항고
　불복신청을 할 수 없는 결정 · 명령에 대한 비상구제책으로 대법원에 하는 항고이다.

(8) 재판 이외의 분쟁해결 방법

① **의의** : 국가의 공권력에 바탕한 사법작용에 의한 분쟁 해결은 분쟁해결 과정
이 복잡하고 장기화될 수 있으며 과다한 비용이 소요될 수 있다. 이러한 문
제점에 따라 소송에 갈음하여 당사자 쌍방의 자율적 의사에 의한 자주적 ·
대체적 분쟁해결제도의 중요성이 강조되고 있다.

② **화해** : 화해는 분쟁에 대하여 권리관계에 관한 쌍방의 양보를 통해 합의에
이르는 절차를 의미한다. 화해는 재판상 화해와 재판 외의 화해 모두를 포
함한다. 재판상 화해란 소송계속 전후에 양 당사자가 상호양보하여 다툼을
종료하는 합의를 말한다. 재판상 화해는 소의 취하, 포기 인낙과 마찬가지
로 당사자의 행위에 의하여 소송이 종료되는 경우이다.

③ **조정** : 조정이란 법관이나 조정위원회가 분쟁의 당사자 사이에 개입하여 합
의를 이끌어내는 절차로, 조정이 성립되어 조정조서가 작성되면 재판상 화
해와 동일한 효력이 있게 된다.

④ **중재** : 당사자의 합의에 의하여 선출된 중재인의 중재판정에 따라 분쟁을 해
결하는 절차로, 중재판정은 확정판결과 동일한 효력을 갖게 된다.

1 다음 중 근대 민법의 3대 원칙에 대한 설명으로 옳지 않은 것은?

① 개인의 사유재산에 대한 절대적 지배를 인정하고 국가나 다른 개인은 이에 간섭하거나 제한을 가하지 못하는 것을 의미한다.

② 사회의 모든 구성원들은 상대방의 신뢰를 헛되이 하지 않도록 권리의 행사와 의무이행에 신의를 좇아 성실하게 해야 한다.

③ 인격절대주의, 자유의사의 전제에 따라 개인은 자유로운 의사에 기초하여 법률관계를 형성할 수 있는 권리를 갖는다.

④ 각 개인은 자기의 고의 또는 과실에 의한 행위에 대해서만 책임을 지고 타인의 행위에 대해서는 책임을 지지 않는다.

> **NOTE** ② 신의성실의 원칙
> ① 사유재산권 존중의 원칙(소유권 절대의 원칙)
> ③ 사적 자치의 원칙(법률행위 자유의 원칙, 계약 자유의 원칙)
> ④ 과실 책임의 원칙(자기 책임의 원칙)
> ※ 근대 민법의 3대 원칙
> • 사유재산권 존중의 원칙(소유권 절대의 원칙)
> • 사적 자치의 원칙(법률행위 자유의 원칙, 계약 자유의 원칙)
> • 과실 책임의 원칙(자기 책임의 원칙)

2 다음 중 질권에 대한 설명 중 옳은 것은?

① 타인 소유의 토지에 건물 기타 공작물이나 수목을 소유하기 위해 그 토지를 사용하는 권리

② 타인의 물건을 점유한 자가 그 물건에 관하여 생긴 채권이 변제될 때까지 그 물건을 지배할 수 있는 권리

③ 채무자가 돈을 갚을 때까지 채권자가 채무자 혹은 물상보증인으로부터 받은 담보물을 간직할 수 있고 채무자가 돈을 갚지 아니할 때는 그것으로 우선 변제를 받을 수 있는 권리

④ 전세금을 지급하고 타인의 부동산을 점유하여 그 부동산의 용도에 따라 사용·수익하며 그 부동산 전부에 대하여 후순위 권리자나 기타 채권자보다 전세금의 우선 변제를 받을 수 있는 권리

> **NOTE** ① 지상권 ② 유치권 ④ 전세권

Answer. 1.② 2.③

3 다음 중 민법의 구성에 속하지 않는 것은?

① 물권법   ② 채권법

③ 친족법   ④ 회사법

NOTE ④ 회사법은 상법의 구성에 속한다. 민법은 총칙, 물권법, 채권법, 친족법, 상속법으로 구성되어 있다.

4 다음은 '권리와 의무'에 관련한 내용이다. 잘못된 것은?

① 권리의 주체란 권리를 보유할 수 있는 당사자를 의미한다.

② 법률상 권리와 의무의 주체가 될 수 있는 당사자는 원칙적으로 자연인에 한해서만 가능하다.

③ 권리 행사의 대상을 바로 권리의 객체라고 한다.

④ 물권이란 물건을 지배할 수 있는 권리이다.

NOTE 법률상 권리와 의무의 주체는 자연인과 법인이다.

5 다음은 '자연인과 법인'에 대한 설명이다. 올바른 것을 고르시오.

㉠ 자연인은 출생하면서부터 누구나 권리의 주체가 될 수 있다.

㉡ 법인은 관청에 허가를 얻으면 법인격을 갖게 되며 동시에 권리의 주체가 될 수 있다.

㉢ 사단 법인이란 인적 결합체에 법인격이 부여된 것이다.

㉣ 재단 법인은 재화로서의 물적 결합체에 법인격이 부여된 것이다.

---

① ㉠, ㉡, ㉢   ② ㉠, ㉢, ㉣

③ ㉡, ㉢, ㉣   ④ ㉠, ㉡, ㉣

NOTE 법인은 설립 등기를 하여 권리의 주체가 될 수 있다.

Answer. 3.④ 4.② 5.②

6 다음은 근대 민법의 3대 원칙이다. 이에 대한 설명으로 옳지 않은 것은?

> (가) 각 개인은 자신의 법률관계를 그의 자유로운 의사에 기초하여 형성할 수 있다.
> (나) 개인이 타인에게 끼친 손해에 대해서는 고의 또는 과실이 있을 때에만 책임을 진다.
> (다) 개인의 사유 재산에 대한 절대적 지배를 인정하고, 국가나 다른 개인은 이에 간섭하거나 제한을 가
>   해서는 안 된다.

① 개인주의와 자유주의를 그 이념으로 하고 있다.
② 사회주의 체제하에서는 인정되기 어려운 것들이다.
③ (가)의 경우, 오늘날에는 계약 공정의 원칙에 의해 보완되고 있다.
④ (나)는 현대 민법에서는 채택되고 있지 않다.

NOTE (가)는 사적 자치의 원칙(계약 자유의 원칙), (나)는 과실 책임의 원칙(자기 책임의 원칙), (다)는 사유 재산 보장의 원칙
(소유권 절대의 원칙)이다.
① (가)(나)(다) 모두 개인주의와 자유주의가 밑바탕에 깔려 있다.
② 사회주의 체제는 사유 재산을 부정하고 경제 활동의 자유를 인정하지 않기 때문에, 그 체제하에서는 근대 민법의
3대 원리가 적용되기 어렵다.
③ 계약 공정의 원칙은 당사자 간에 자유의사에 따른 합의라 할지라도 그 내용은 객관적으로 공정해야 하며, 공정하
지 못한 계약은 무효라는 것이다.
④ 과실 책임의 원칙은 오늘날에도 유효하며, 다만 무과실 책임의 원칙도 동시에 적용된다.

7 다음은 현대 민법의 기본 원리와 관련된 내용이다. 잘못된 것은?

① 자본주의 발전에 따라 부의 불평등 문제가 심화되는 가운데 민법의 원칙에 수정을 가하게 되었다.
② 소유권 절대의 원칙은 경제적 약자에 대한 유산계급의 지배와 횡포라는 폐단을 낳았다.
③ 계약 자유의 원칙은 경제적 강자가 자신에게 유리한 계약을 일방적으로 강요하는 문제를 낳았다.
④ 과실 책임의 원칙은 무과실 책임의 원칙이 도입됨에 따라 현대사회에서는 폐지되었다.

NOTE 현대 사회에서도 과실 책임의 원칙을 기본으로 하며 무과실 책임의 원칙은 제한적으로 적용된다.

Answer. 6.④ 7.④

8 법률행위의 목적이 부당할 경우 효과가 배제될 수 있다. 어떤 경우인지 구분하시오.

ㄱ 실현 불가능한 행위   ㄴ 반사회적 행위
ㄷ 불공정 행위   ㄹ 이윤 취득 행위

---

① ㄱ, ㄴ, ㄷ   ② ㄱ, ㄷ, ㄹ
③ ㄴ, ㄷ, ㄹ   ④ ㄱ, ㄴ, ㄹ

NOTE 법률 행위는 확정성, 실현 가능성, 적법성, 사회적 타당성을 고려해서 효과를 판단할 수 있다.

9 다음 빈칸에 들어갈 알맞은 말은?

(ㄱ)(이)란 법률행위의 효과가 처음부터 발생하지 않은 것을 의미한다.
(ㄴ)(이)란 일단 법률행위가 성립되었지만 소급하여 효과를 소멸시키는 것을 말한다.

---

① ㄱ – 무효, ㄴ – 취소   ② ㄱ – 취소, ㄴ – 무효
③ ㄱ – 적법, ㄴ – 위법   ④ ㄱ – 위법, ㄴ – 적법

NOTE 법률행위의 효과가 처음부터 발생하지 않은 것을 무효, 법률행위는 성립하지만 의사표시를 통해 소급적으로 무효로 만드는 것을 취소라고 한다.

10 다음 설명 중 옳지 않은 것은?

① 행위능력이란 단독으로 유효하게 법률행위를 할 수 있는 능력을 의미한다.
② 책임능력이란 불법행위책임을 변식할 수 있는 지능이나 인식능력을 말한다.
③ 권리능력이란 권리와 의무의 주체가 될 수 있는 지위를 말하며, 자연인과 법인만이 가지는 능력이다.
④ 의사능력이란 자신의 행위와 동기의 결과를 스스로 판별해낼 수 있는 정상적인 의사결정 능력을 의미한다.

NOTE 권리능력은 자연인과 법인뿐만 아니라 예외적으로 태아도 특정한 사안과 관련하여 권리능력을 가지는 경우도 있다.

Answer. 8.① 9.① 10.③

11 다음은 권리능력의 발생에 관한 내용이다. 잘못된 것은?

① 자연인은 출생과 더불어 완전한 권리능력을 갖게 된다.

② 태아의 경우 원칙적으로 완전한 사람으로 본다.

③ 태아의 경우 불법행위로 인한 손해배상의 청구 및 상속의 경우에 권리능력을 행사할 수 있다.

④ 자연인의 출생 시점에 대한 다양한 학설이 존재한다.

> **NOTE** 우리 민법하에서는 원칙적으로 태아를 완전한 사람으로 보지 않지만 특별한 경우에 이미 출생한 것으로 보는 경우가 있다. 즉, 태아는 아직 태어나서 걸어다니는 사람이 아니지만 불법 행위로 인한 손해 배상의 청구, 상속 등의 경우에는 이미 출생한 것으로 보고 있다.

12 다음은 권리능력의 소멸에 관한 내용이다. 올바른 것은?

① 출생으로 권리능력이 발생하지만 사망함으로 권리능력이 소멸되는 것은 아니다.

② 호흡과 심장의 박동이 영구적으로 정지한 때를 사망으로 보는 입장을 뇌사설이라고 한다.

③ 2인 이상 같은 사고로 사망했을 경우 동시사망으로 간주한다.

④ 시체가 발견되지 않았으나 사망한 것이 확실할 경우 가족관계 등록부에 사망 사실을 기재할 수 있다.

> **NOTE** ① 출생으로써 권리능력이 발생하며 사망함으로써 소멸된다.
> ② 호흡과 심장 박동이 영구적으로 정지한 때를 사망으로 보는 입장을 심폐기능정지설이라 한다.
> ③ 2인 이상이 같은 사고로 사망했을 경우 동시사망으로 추정한다.

Answer. 11.② 12.④

13 다음 사례에서 (가)~(라)에 대한 설명으로 옳은 것은?

> 지난 지하철 화재 당시 지하철에 탑승했을 것으로 추정되는 사람의 수에 비해 발견된 시신의 수가 적어서 실제 사망 여부를 확인하기가 어려웠다. 그래서 유가족들은 CCTV의 증거나 유품을 찾기 위해 노력하였고, 확실한 증거가 발견되는 경우에는 (가)<u>사망</u>으로 처리하였다. 이는 시신을 확인할 수는 없지만 사망한 사실을 확실하게 (나)<u>추정</u>할 수 있으므로 (다)<u>인정사망</u>이 적용된 것이다. 그러나 사망을 추정할 수 있는 증거가 발견되지 않은 실종자는 법원으로부터 (라)<u>실종선고</u>를 받아야 한다.

① (가)의 시점에 관해 우리나라 법은 뇌사설을 통설로 한다.
② (나)는 반대 증거가 있어도 그 효과가 번복되지 않는다.
③ (다)는 사망한 자의 주소지 관할 경찰서장에게 사망보고를 해야 한다.
④ (라)는 사실과 다를 때 법적 절차를 거쳐 권리능력이 회복된다.

> **NOTE** 사망의 시점에 대해서는 심폐기능 정지설이 다수설이며, 추정은 반증에 의해서 번복이 가능하다. 인정사망은 사망지의 시·읍·면장에게 통보를 해야 한다. 실종선고는 간주규정으로 반증만으로는 번복되지 않으며, 별도의 취소절차가 있어야 한다.

14 다음 설명 중 틀린 것은?

①	동시사망	2인 이상 동일 위난 사망 시 동시에 사망한 것으로 추정
②	인정사망	사망의 개연성에 따라 관공서의 사망보고와 등록부에 기재
③	실종선고	부재자의 생사 불명 상태의 지속에 따라 사망으로 추정
④	위난실종	전쟁, 선박 침몰, 항공기 추락 등의 위난 후 1년이 지나면 사망으로 간주

> **NOTE** 실종 선고는 '추정'이 아니라 '간주'이다.

Answer. 13.④ 14.③

15 다음은 어떤 실종 사건의 실종 선고 절차를 나타낸 것이다. A~D에 대한 설명으로 옳은 것을 〈보기〉에서 고르면?

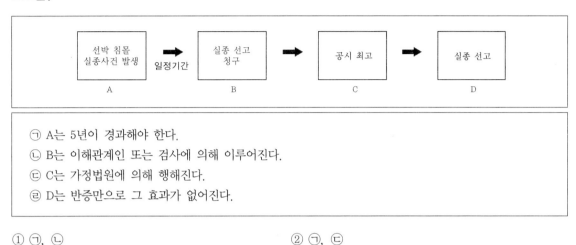

선박 침몰 실종사건 발생	일정기간	실종 선고 청구	공시 최고	실종 선고
A		B	C	D

㉠ A는 5년이 경과해야 한다.
㉡ B는 이해관계인 또는 검사에 의해 이루어진다.
㉢ C는 가정법원에 의해 행해진다.
㉣ D는 반증만으로 그 효과가 없어진다.

① ㉠, ㉡   ② ㉠, ㉢
③ ㉡, ㉢   ④ ㉡, ㉣

NOTE ㉠ 선박의 침몰은 특별실종으로 실종기간은 1년이며, ㉣ 실종선고는 별도의 취소절차가 있어야 효과가 사라진다.

16 다음 사례와 관련한 법적 판단으로 옳지 않은 것은?

> 갑은 2002년 4월 2일 북태평양의 해상에서 어로 작업을 하던 중 갑판 위로 덮친 파도에 휩쓸려 배가 침몰하는 바람에 행방불명되었다. 법원은 2008년 10월 5일 가족의 청구로 갑에 대해 실종선고를 내렸고, 갑의 재산은 아내와 아들에게 상속되었다. 그런데 사망이 확실하다고 여겼던 갑이 2009년 1월 10일 살아 돌아왔다.

① 갑은 2007년 4월 2일에 사망한 것으로 간주된다.
② 갑의 청구가 있으면 법원은 실종선고를 취소한다.
③ 법원이 실종선고를 취소해야 갑의 종전 가족 관계는 회복된다.
④ 실종선고가 취소되면 상속된 재산은 현존하는 한도에서 갑에게 반환된다.

NOTE 실종자의 생존한 사실이 발생할 경우 본인·이해관계인·검사의 청구가 있어야 실종선고를 취소할 수 있다. 실종선고를 취소하면 종전의 가족관계 및 재산관계가 회복되는데 실종선고 후 그 취소 전에 선의로 한 행위는 실종선고의 취소에도 불구하고 유효하며 재산상속의 경우는 현존하는 한도 내에서 반환된다. 특별실종의 실종기간은 1년이며 실종기간이 만료한 때에 사망한 것으로 간주한다.

Answer. 15.③ 16.①

17 다음은 미성년자의 법률 행위에 관한 설명이다. 잘못된 것은?

① 미성년자는 원칙적으로 법정 대리인의 동의를 얻어야 한다.

② 미성년자와 거래한 상대방을 보호하기 위해 최고권, 철회권, 사술행위에 대한 취소권 배제 등이 있다.

③ 미성년자 측에서 거래에 대한 완전한 유효를 승인하는 행위를 추인이라고 한다.

④ 미성년자가 말로 속이거나, 동의서를 만들거나, 주민증을 위조하는 경우 사술행위에 해당한다.

> **NOTE** 미성년자의 행위가 사술이 되기 위해서는 단순히 말로 속이는 행위가 아닌 동의서 위조나 주민등록의 위조와 같은 적극적인 행위를 하여야 한다.

18 다음은 다양한 능력에 대한 설명이다. 잘못된 것은?

①	의사능력	행위의 의미나 결과를 변별하고 판단할 수 있는 능력	의사 능력 여부는 구체적인 사안에 따라 개별적으로 판단
②	권리능력	권리를 갖고 의무를 부담할 수 있는 자격	권리 능력을 갖는 주체는 자연인과 법인
③	행위능력	단독으로 유효한 법률 행위를 할 수 있는 지위나 자격	행위무능력자의 법률행위는 무효
④	책임능력	불법행위를 변식할 수 있는 인식 능력	책임무능력자의 행위로 피해 발생 시 감독의무자의 책임

> **NOTE** 행위무능력자의 법률행위는 '취소'가 가능하다.

Answer. 17.④ 18.③

19 다음 중 미성년자가 법정대리인의 동의 없이도 할 수 있는 행위가 아닌 것은?

① 만 18세인 자가 혼인하는 행위

② 만 18세인 자가 부담 없이 증여를 받는 행위

③ 만 18세인 자가 이혼 후에 매매 계약을 체결하는 행위

④ 만 18세인 자가 법정대리인의 동의 없이 물건을 구입한 후 계약을 취소하는 행위

> **NOTE** 미성년자가 단순히 권리만을 얻거나 의무만을 면하는 행위, 처분이 허락된 재산의 처분 행위, 임금의 청구, 자신이 행한 법률 행위의 취소 등은 단독으로 할 수 있다.
> ① 부모 또는 미성년후견인의 동의가 있어야 한다.

20 다음은 '대리'에 관한 설명이다. 잘못된 것을 고르시오.

① 대리의 종류로 임의대리, 법정대리, 유권대리, 무권대리, 능동대리 등이 있다.

② 법정대리권은 수권행위에 의해 발생하고, 임의대리권은 법률의 규정에 의해 발생한다.

③ 대리권 제한과 관련해서 자기계약의 금지, 쌍방대리의 금지 등의 원칙이 있다.

④ 대리행위는 현명주의의 원칙이 적용된다.

> **NOTE** 임의대리권은 수권행위에 의해 발생하고, 법정대리권이 법률의 규정에 의해 발생한다.

21 다음 자료의 (가), (나)와 관련한 법적 판단으로 옳은 것은?

> 정신병을 앓고 있는 갑은 자신의 토지를 을에게 헐값에 매각하였는데, 갑의 후견인 병이 이를 되찾으려고 한다.

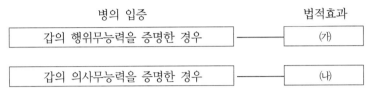

① 혼인을 하면 퇴사한다는 조건으로 체결한 고용계약은 (가)의 예이다.
② 돈을 갚지 못하면 신체의 일부를 포기하기로 한 계약은 (가)의 예이다.
③ 18세의 대학생이 부모 몰래 오토바이를 할부로 구입한 계약은 (나)의 예이다.
④ 주부가 임신을 할 수 없으므로 체외 수정을 통해 대리모가 대신 임신하여 출산해 주기로 한 계약은 (나)의 예이다.

> **NOTE** 행위 무능력자의 법률 행위는 취소할 수 있으며, 의사 무능력자의 법률 행위는 무효이다. 따라서 (가)는 취소, (나)는 무효를 의미한다. 대리모 계약은 사회 질서에 반하는 것으로 법률상 무효이다. 혼인을 퇴사 조건으로 하는 고용 계약과 신체의 일부를 포기하기로 한 계약은 무효이다. 미성년자의 법률 행위는 취소 사유가 된다.

22 다음은 물권에 관한 설명이다. 올바른 것을 고르시오.

① 급부는 물권의 객체이다.
② 물권은 제한물권과 점유권으로 분류되며 제한물권은 용익물권과 담보물권으로 분류할 수 있다.
③ 하나의 물건 위에 물권이 성립하면 그와 동일한 내용의 물권이 성립할 수 없다는 원칙을 '일물일권주의'라고 한다.
④ 용익물권은 물권을 직접 지배할 수 있는 전면적 권리이다.

> **NOTE** ① 물건은 물권의 객체이다.
> ② 물권은 본권과 점유권으로 나뉘며 본권은 다시 소유권과 제한물권으로 나뉜다.
> ④ 용익물권은 물건에 대한 제한적인 권한만을 행사할 수 있다.

Answer. 21.④ 22.③

23 그림에서 빈칸 (개)~(래)에 대한 옳은 설명을 〈보기〉에서 고른 것은?

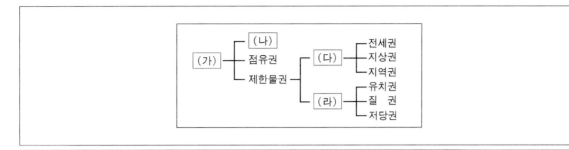

〈보기〉

㉠ (개)는 당사자에게만 효력이 있다.

㉡ 부동산과 관련된 (내)의 변동은 등기되어야 효력이 발생한다.

㉢ 부동산 임대차 계약을 체결하고 이사 후 전입신고를 하면서 확정일자를 받아둔 임차인이 갖는 권리는 (대)에 해당한다.

㉣ 주택을 담보로 대출해 준 은행이 약정한 날까지 돈을 갚지 않는 고객의 주택을 경매 처분하여 변제 받을 수 있는 권리는 (래)에 해당한다.

① ㉠, ㉡   ② ㉠, ㉢

③ ㉡, ㉢   ④ ㉡, ㉣

NOTE (개)는 물권, (내)는 소유권, (대)는 용익물권, (래)는 담보물권이다.
㉡ 소유권의 변동은 등기를 통해 공시되어 효력을 가진다.
㉣ 주택을 담보로 대출해 준 은행이 담보물을 경매 처분하여 우선 변제 받을 수 있는 권리는 저당권으로 (래)의 담보물권에 속한다.
㉠ (개)의 물권은 당사자뿐 아니라 모든 사람에게 효력을 가진다.
㉢ 부동산 임대차 계약 후 절차를 거친 임차인의 권리는 유치권으로 (래)에 속한다.

Answer. 23.④

24 다음은 '물권의 변동'에 관한 설명이다. 잘못된 것은?

① 물권은 공시의 원칙에 기초하며, 공시의 원칙은 부동산과 동산을 동일하게 규율하고 있다.

② 부동산의 공시 방법은 등기이며 등기소에서 신청한다.

③ 동산은 점유 또는 타인에게 인도한 자체만으로 공시가 된다.

④ 부동산과 동산은 '공시의 원칙'이 각각 달리 적용된다.

NOTE 공시의 원칙은 부동산과 동산을 다르게 규율하고 있다. 부동산은 등기, 동산은 점유의 인도로서 공시가 된다.

25 다음은 용익물권에 관한 설명이다. 잘못된 것은?

①	용익물권	제한물권의 유형으로 사용가치, 교환가치 중 한 가지만을 갖고 있는 경우
②	지상권	건물 및 기타 공작물이나 수목을 소유하기 위해 타인의 토지를 이용할 수 있는 권리
③	지역권	타인의 토지를 자기 토지의 편익에 이용하는 권리
④	전세권	전세금을 지급하고 타인의 부동산을 점유하여 용도에 맞춰 사용, 보통 전월세라고 지칭함

NOTE 보통 전월세라고 지칭하는 것은 임대차의 유형으로 채권에 속한다.

Answer. 24.① 25.④

26 다음은 국가가 관리하는 장부의 일부이다. 이에 대한 학생들의 대화 내용 중 잘못된 것은?

【표 제 부】				
표시번호	접수	소재지번 및 건물번호	건물 내역	등기원인
1	1999. 2. 20.	○○시◇◇구☆☆동 102	벽돌 슬래브주택 67.38㎡	
—이하여백—				

【갑 구】				
순위번호	등기목적	접수	등기원인	권리자 및 기타사항
1	소유권보존	1999. 2. 20. 제31234호		소유자 홍길동 500520-00000 ○○시◇◇구☆☆동 102
2	소유권이전	2002. 3. 15. 제42345호	2002. 3. 15. 매매계약	소유자 이몽룡 611103-00000 ○○시◇◇구☆☆동 102
—이하여백—				

【을 구】				
순위번호	등기목적	접수	등기원인	권리자 및 기타사항
1	근저당권설정	2002. 10. 1. 제53456호	2002. 10. 1. 설정계약	채권최고액 금 5,000,000원정 채무자 이몽룡 ○○시◇◇구☆☆동 102 근저당권자△△은행 1223-000 ○○시◇◇구☆☆동 11
—이하여백—				

① 인영 : 이 장부는 누구나 발급 받을 수 있어.

② 가현 : 이것을 보면 현재의 소유권자는 홍길동이야.

③ 지수 : 부동산 물권은 원칙적으로 여기에 기재해야 권리 변동의 효력이 생긴다고 해.

④ 수빈 : 이 장부를 보면 이몽룡은 △△은행에서 돈을 빌렸음을 알 수 있어.

NOTE 제시된 장부는 부동산의 등기부 등본의 일부이다.
① 등기부는 누구나 열람하고 그 등본을 교부받을 수 있다.
② 등기부의 갑구에 의하면 2002. 3. 15에 매매 계약에 의해 소유권이 홍길동에서 이몽룡으로 이전되었다. 그러므로 현재의 소유권자는 이몽룡이다.
③ 부동산에 관한 권리는 등기를 하지 않으면 권리 변동의 효력이 생기지 않는다.
④ 을구에는 소유권 이외의 권리가 기재되는데 을구를 보면, △△은행에서 돈을 빌리면서 근저당권을 설정했음을 알 수 있다.

Answer. 26.②

27 다음은 '부동산'에 관한 설명이다. 잘못된 것은?

① 부동산이란 토지와 그 정착물을 의미한다.

② 건물은 토지의 정착물이기 때문에 토지 등기부를 통해 관리한다.

③ 등기부는 크게 표제부, 갑구, 을구로 구성되어 있다.

④ 등기부의 표제부에는 부동산의 지번, 갑구란에는 소유권, 을구란에는 소유권 이외의 사항이 기재되어 있다.

NOTE 건물은 토지의 정착물이긴 하지만 그 특별성으로 인해 건물 등기부가 별도로 존재한다.

28 다음은 담보물권에 관한 설명이다. 잘못된 것은?

①	담보물권	처분 권능인 교환가치만 부여된 권리
②	유치권	타인의 물건을 점유한 자가 채권의 변제기에 변제를 받을 때까지 그 물건이나 유가증권의 반환을 거절할 권리
③	질권	채권담보를 위해 동산 또는 재산권을 유치하고 변제가 없을 경우 목적물로부터 우선변제 받을 권리
④	저당권	채무자의 동산을 담보로 채무의 변제가 없는 경우 그 목적물로부터 우선변제를 받을 권리

NOTE 저당권은 채무자의 '부동산'을 담보로 한다. 은행에서 대출을 받을 때 '근저당권'을 설정하는 경우가 대표적인 예라고 할 수 있다.

29 밑줄 친 ㉠~㉢에 대한 설명으로 옳지 않은 것은?

> 〈법률 상담 사례〉
>
> ㉠주택임대차보호법에 대한 질문
>
> Q : 서울에 소재하고 있는 갑의 다가구 주택에 대하여 A은행이 2002년 5월 15일에 주택을 담보로 8,000만 원의 ㉡저당권을 설정하였습니다. 이 집 1층에는 을이 2005년 6월 15일 5,000만원에, 2층에는 병이 2007년 2월 10일 2,000만 원에 임차보증금으로 전세에 살면서 전입신고를 하고 ㉢확정일자를 받았습니다.

① ㉠에 따르면 임대인은 2년 미만의 임대 기간을 주장할 수 있다.
② ㉠은 민법의 특례를 규정한 것으로 국민 주거 생활의 안정 보장을 목적으로 한다.
③ ㉡은 사용·수익할 수는 없으나 조건부로 처분만 할 수 있는 권리이다.
④ ㉢을 받지 않아도 대항력을 갖춘 경우라면 최우선변제권이 인정된다.

NOTE 기간을 정하지 아니하거나 2년 미만으로 정한 임대차는 그 기간을 2년으로 본다. 다만, 임차인은 2년 미만으로 정한 기간이 유효함을 주장할 수 있다(주택임대차보호법 제4조 제1항).

30 다음은 '부동산임대차'에 대한 설명이다. 올바른 것을 고르시오.

> ㉠ 임대차란 임대인이 임차인에게 건물이나 토지 등을 빌려주고 그 대가를 받는 것을 의미한다.
> ㉡ 주택임대차보호법은 세입자의 주거와 보증금 회수를 보장하기 위해 제정된 일반법이다.
> ㉢ 임차인이 주택을 인도받아 주민등록을 마치면 제3자에게 대항할 수 있는 효력을 가진다.
> ㉣ 임대차 기간을 정하지 않았거나 2년 미만으로 정한 경우 2년으로 계약한 것으로 본다.

① ㉠, ㉡, ㉢
② ㉠, ㉢, ㉣
③ ㉡, ㉢, ㉣
④ ㉠, ㉡, ㉣

NOTE ㉡ 주택임대차보호법은 세입자의 주거와 보증금의 회수를 보장하고, 과도한 집세인상 등에서 세입자의 주거생활의 안정을 보호하기 위하여 제정한 특별법이다.

31 다음은 채권과 관련된 설명들이다. 잘못된 것은?

① 채권법의 내용은 대부분 강행규정이다.

② 채권은 변제나 공탁, 상계 등에 의해 소멸된다.

③ 이행 지체, 이행 불능, 불완전 이행 등은 채무불이행의 대표 유형이다.

④ 채무불이행으로 인한 손해에 채권자의 과실이 있다면 이를 참작하여 변제 액수를 감하게 되는데 이를 '과실상계'라고 한다.

NOTE 법정주의 개념은 물권에 적용되며 채권은 사적자치가 강조되는 영역이다. 채권법의 내용은 대부분 임의규정이다.

32 다음 사건에서 쟁점이 될 것으로 예측되는 것은?

> 갑은 눈에 통증이 생겨 A 안과 의원을 찾았다. 그 곳의 의사 을은 진찰을 하더니 별것 아니라며 주사를 놓고 약을 처방해 주었고, 10여 일을 계속해서 통원 치료를 받았다. 그런데 통증이 더욱 심해져 이를 을에게 말했으나 괜찮다는 대답을 들었다. 그 후에도 통증이 계속되어 갑은 B 종합 병원에 가서 진찰을 받은 결과 A 안과에서 치료를 잘못하여 이미 치료 시기가 지났다는 말을 들었다. 이후 갑은 결국 오른쪽 눈을 실명하고 말았다. 손해 배상을 받을 방법은 없을까?

① 의사 을에게 과실이 있었는가?

② 의사 을은 권리 능력이 있는가?

③ 의사 을은 책임 능력이 있는가?

④ 의사 을의 행위를 비난할 수 있는가?

NOTE 우리 민법 제750조에 따르면, 고의 또는 과실로 인한 위법 행위로 타인에게 손해를 가한 자는 그 손해를 배상할 책임이 있다. 여기서 고의라 함은 가해자가 자기의 행위로부터 일정한 결과가 생길 것을 인식하면서 그 행위를 하는 것을 말한다. 이에 비해 과실은 일정한 결과의 발생을 인식했어야 하는데도 부주의로 말미암아 인식하지 못한 것, 타인의 권리나 이익의 침해라는 결과를 예견 또는 회피해야 할 의무를 위반한 것을 의미한다. 즉, 고의는 인식 또는 예견한 결과를 거부하는 의식 상태이고, 과실은 상당한 주의의 부족이다. 제시문의 사례에서도 의사 을이 갑을 치료함에 과실이 있다면 의사 을은 배상 책임이 있을 것이다.

Answer. 31.① 32.①

33 다음은 불법행위와 관련된 설명이다. 잘못된 것은?

① 불법행위의 성립 요건에는 고의 또는 과실, 위법성, 손해의 발생, 인과관계, 책임 능력 등이 있다.

② 손해배상의 방법으로 금전배상을 원칙으로 하며 예외는 없다.

③ 특수불법행위로 책임무능력자 감독자 책임, 사용자 배상책임, 공작물 점유자 책임 등이 있다.

④ 동물의 점유자 책임은 공작물 점유자 책임과 동일하다.

NOTE 손해배상의 방법은 금전배상이 원칙이긴 하지만 원상회복청구 등 예외적인 경우도 있다.

34 다음은 미성년자의 법률행위 및 불법행위에 관한 사례이다. 아래 사례에 대한 〈보기〉의 법적 판단 가운데 올바른 것을 모두 고른 것은?

> 18세 6개월의 대학생인 A는 용돈이 부족하여 아버지 C가 사준 자기 소유의 통학용 승용차를 성인 B에게 시가에 팔았다. 그러나 양심에 가책을 느낀 A는 차를 판 날로부터 1개월 후에 B를 찾아가 물러줄 것을 간청하였으나, 아무리 사정 이야기를 해도 B는 허락해 주지 않았다. 이에 순간적으로 격분한 A는 B를 때려서 전치 5주의 상해를 입혔다. 참고로, A는 폭력 전과가 전혀 없는 모범생이다.

> 〈보기〉
> ㉠ A는 계약을 해제할 수 있고, 불법행위 책임도 지지 않는다.
> ㉡ A는 B의 동의가 없더라도 그 매매계약을 취소할 수 있다.
> ㉢ C는 설사 A가 반대하더라도 그 매매계약을 취소할 수 있다.
> ㉣ C는 A의 보호자이므로, A의 폭력행위에 대하여는 언제나 손해배상을 해주어야 할 법적 책임을 진다.

① ㉠, ㉡

② ㉠, ㉢

③ ㉡, ㉢

④ ㉡, ㉣

NOTE 미성년자는 민법상 행위 무능력자이므로, 고가의 승용차 거래에 따른 매매 계약 등의 법률 행위를 할 때에는 법정 대리인의 동의를 얻어야 한다. 이를 위반할 때에는 취소할 수 있다. 따라서 A는 B의 동의가 없어도 매매 계약을 취소할 수 있으며, A의 법정 대리인인 C 역시 A의 동의 없이도 매매 계약을 취소할 수 있다. 다만 A는 14세 이상이므로 형사상 책임 능력은 갖는다. A는 폭력에 따른 형사상 책임을 져야 하며, 이 때 C는 A가 형사상 책임 능력이 있으므로 손해 배상의 의무는 없다.

Answer. 33.② 34.③

35 다음과 같은 상황에서 '갑'의 행위에 대한 법률적 판단으로 옳은 것은?

> 만 13세인 갑은 동네 아이들과 장난을 치던 중, 갑자기 심하게 부딪히고 도망가는 을에게 돌을 던져 머리에 전치 5주의 상해를 입혔다.

① 형사상의 처벌과 함께 민사상의 배상을 해야 한다.
② 형사상 미성년자의 행위이므로 어떠한 책임도 없다.
③ 만 12세가 지났으므로 형사상의 처벌을 받아야 한다.
④ 형사 처벌은 면제되나 민사상의 배상은 갑의 부모가 해야 한다.

NOTE 형법에서는 "14세가 되지 않은 자의 행위는 벌하지 않는다."고 하여, 형사상 미성년자의 행위에 대해서 형사상 처벌을 면제한다는 규정을 두고 있다. 14세 미만의 아동은 정신적, 육체적으로 미숙하므로 형사상 미성년자로 분류한 것이다. 그러나 형사상의 책임이 면제된다고 하여 민사상의 책임에서도 벗어날 수 있는 것은 아니다. 이 경우 경제적 능력이 없는 갑을 대신하여 그의 법정 대리인인 부모가 민사상의 배상을 하여야 한다.

36 다음은 혼인과 관련된 내용이다. 잘못된 것을 고르시오.

①	실질적 요건	남녀 당사자의 자유로운 의사의 합치, 혼인 적령기에 이르렀을 것, 근친간 혹은 중혼이 아닐 것
②	형식적 요건	가족관계등록법이 정하는 혼인 신고를 해야 함
③	혼인 적령	남자는 만 18세, 여자는 만 16세에 부모 동의하에 혼인 가능
④		남녀 모두 만 19세가 되면 부모의 동의 없이 혼인 가능

NOTE 2007년 12월 이후 남녀 모두 만 18세 이상이 되면 부모의 동의하에 약혼 및 혼인을 할 수 있다.

Answer. 35.④ 36.③

37 다음 사례들에서 민사상 손해를 배상할 책임이 있는 사람을 모두 고른 것은?

> ㉠ A는 교통사고로 실려 온 환자를 치료하던 중 실수로 환자를 전신 마비 상태에 빠지게 하였다.
> ㉡ B는 시장 후보로 출마한 사람의 명예를 고의로 훼손한 죄로 징역 6개월의 형을 선고 받고 교도소에서 복역하였다.
> ㉢ 유치원생 아들 C를 데리고 귀가하던 D가 휴대 전화로 통화를 하는 사이에 C는 길가에 주차된 차량에 흠집을 내었다.
> ㉣ E는 친구를 구타하여 다리가 부러지는 상해를 입혀 치료비와 위자료로 100만 원을 주고 합의하였으나, 그 후 친구는 예상치 못한 후유증으로 기억력과 노동력을 상실하였다.

① A, D
② B, C, E
③ B, D, E
④ A, B, D, E

NOTE ㉠ A는 자신의 과실로 타인에게 해를 끼친 경우이므로 민사상 손해배상 책임을 지게 된다.
㉡ B는 타인의 명예를 훼손한 혐의가 형사 재판에서 입증되었으므로 민사상 손해배상 책임도 발생하게 된다. 이 경우 형사상 처벌과 민사상 손해 배상은 별도로 진행된다.
㉢ D는 미성년자이면서 자신의 행위의 책임을 변식할 능력이 없는 책임 무능력자인 유치원생 아들 C에 대한 주의 의무를 게을리하고 휴대 전화로 통화를 하는 사이에 C가 길가에 주차된 차량에 흠집을 내었기 때문에 손해배상 책임을 진다. 유치원생인 C는 자신의 행위의 책임을 변식할 능력이 없는 책임 무능력자이므로 손해배상 책임을 지지 않는다.
㉣ E는 합의 당시에 예상치 못한 후유증에 대한 민사상 손해배상 책임을 지게 된다.

Answer. 37.④

38 다음 자료에 해당하는 사례만을 〈보기〉에서 있는 대로 고른 것은?

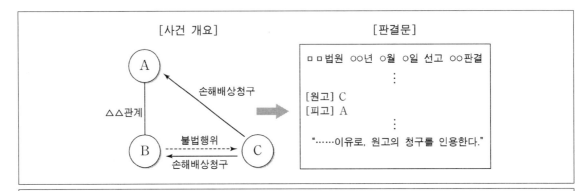

〈보기〉

㉠ A의 아들인 15세의 중학생 B가 지나가던 어린아이 C를 폭행하여 상해를 입힌 경우

㉡ A가 운영하는 음식점 배달 종업원 B가 몰래 나가 게임방에서 C의 돈을 훔쳐 가지고 나온 경우

㉢ A가 경영하는 가구점 점원 B가 트럭으로 가구를 배달하던 중 횡단보도를 건너고 있던 행인 C를 다치게 한 경우

㉣ 소유자 A가 광견병의 우려가 있는 개를 수의사 B에게 맡겼는데, B가 관리를 소홀히 하여 개가 지나가던 행인 C를 문 경우

① ㉠, ㉡
② ㉠, ㉢
③ ㉡, ㉣
④ ㉠, ㉢, ㉣

NOTE 그림은 불법 행위를 저지른 자는 물론 그 사람과 일정한 관계에 있는 사람을 상대로 손해 배상을 청구할 수 있음을 보여준다.
㉠ C의 법정 대리인은 불법 행위를 저지른 B는 물론 미성년자에 대한 감독 소홀을 이유로 B의 부모인 A를 상대로도 손해 배상을 청구할 수 있다.
㉢ 사용자 배상 책임과 관련된 내용으로, 행인 C는 점원 B와 가게 주인 A를 상대로 손해 배상을 청구할 수 있다.
㉡ 종업의 B의 절도 행위는 사무 집행과 관련되지 않기 때문에, A를 상대로 손해 배상을 청구할 수 없다.
㉣ 동물의 점유자인 수의사 B만을 상대로 손해 배상을 청구할 수 있다.

39 다음과 같은 상황에 처한 미희 양이 취할 수 있는 법적 대응책에 해당하는 것을 〈보기〉에서 고르면?

> 건넛마을 최진사 댁에 딸이 셋 있는데, 칠복이는 그 중 가장 예쁜 셋째 딸 미희 양을 짝사랑하고 있었다. 미희 양이 시집을 가려고 혼담이 진행 중이라는 소문을 들은 칠복이는 서류를 위조하여 미희 양과 혼인한 것처럼 몰래 혼인 신고를 하였다. 졸지에 유부녀가 된 미희 양은 이 일이 드러나게 되어 혼담이 깨졌다.

〈보기〉

㉠ 혼인 무효 소송을 제기한다.
㉡ 혼인 취소 소송을 제기한다.
㉢ 칠복이를 상대로 손해 배상을 청구한다.
㉣ 혼담이 오간 사람을 상대로 손해 배상을 청구한다.

① ㉠, ㉢　　　　　　　　　　　② ㉠, ㉣
③ ㉡, ㉢　　　　　　　　　　　④ ㉡, ㉣

NOTE 혼인이 성립하려면 실질적 요건과 형식적 요건을 갖추어야 한다. 제시문의 사건에서도 '칠복이의 일방적인 혼인 신고'는 혼인의 실질적 요건을 결(缺)하고 있기 때문에 무효이며, 미희 양은 법원에 혼인 무효 소송을 제기할 수 있다. 또한, 미희 양은 칠복이의 일방적 혼인 신고로 인해 입은 피해에 대해 칠복이를 상대로 손해 배상을 청구할 수 있다.

40 다음 중 혼인의 실질적·형식적 요건에 해당하지 않는 것은?

① 중혼(重婚)이 아닐 것
② 혼인 신고를 마칠 것
③ 혼인 적령에 이르렀을 것
④ 혼인의 예식을 거행할 것

NOTE 혼인이 법적으로 효력을 갖기 위해서는 ①③의 실질적 요건과 ②의 형식적 요건을 갖추어야 한다. ④ 결혼식은 혼인의 법적 효력과는 관련이 없다.

Answer. 39.① 40.④

41 다음 사례에 대한 법적 평가로서 가장 적절한 것은?

> 찬혁이와 효경이는 대학 시절에 동아리 모임을 통해 처음 만났으며, 시간이 지나면서 점차 사랑을 느끼게 되었다. 그 후 대학을 졸업한 뒤, 각자가 자신의 적성에 맞는 직장을 구한 다음, 주변 사람들의 축복을 받으면서 결혼식을 올렸으나, 두 사람은 혈족으로 6촌 관계에 있음을 알았다.

① 찬혁이와 효경이의 혼인은 유효하다.
② 찬혁이와 효경이의 혼인은 당연 무효이다.
③ 찬혁이는 효경이를 상대로 혼인을 취소할 수 있다.
④ 찬혁이와 효경이의 혼인은 형법상 간통 행위에 해당한다.

> **NOTE** 민법에서는 강행 법규나 선량한 풍속, 기타 사회 질서에 반하는 계약, 당사자 간에 지나치게 불공정한 계약, 8촌 이내의 혈족 간의 혼인 등은 무효로 규정하고 있다.

42 다음 밑줄 친 부분에 대한 이유를 가장 잘 지적한 것은?

> 슈팬(만 18세)과 피오나는 부모의 동의를 얻어 정식으로 결혼한 대학생 부부이며, 아버지가 사준 작은 아파트에서 생활하고 있다. 슈팬은 학교에 다니고, 그의 처는 살림만 하게 되어 생활이 어려워졌다. 슈팬은 생활 대책에 필요한 자금을 마련하고자 아파트를 팔기로 하고 매매 계약을 체결, 중도금까지 받았다. 이 소식을 들은 아버지는 계약 상대방에게 찾아가, 슈팬은 미성년자이므로 매매 계약을 취소할 것을 통고하였다. 그러나 <u>슈팬의 아버지가 행한 행위는 유효하지 못했다</u>.

① 미성년자의 매매 계약은 당연 무효이기 때문이다.
② 미성년자의 나이를 제대로 알고 있지 못했기 때문이다.
③ 미성년자의 매매 계약 철회는 본인만이 할 수 있기 때문이다.
④ 연령상 미성년자라도, 혼인을 한 경우 성년으로 보기 때문이다.

> **NOTE** 슈팬은 만 18세로, 연령상으로는 미성년자이지만 이미 혼인을 한 상태이므로 민법상 성년으로 본다(성년 의제). 따라서 슈팬이 단독으로 행한 매매 계약은 유효하며, 슈팬의 아버지가 행한 행위는 효력을 발생하지 않는다.
> ① 미성년자의 매매 계약은 취소할 수 있다.
> ② 미성년자의 나이는 만 19세 미만이다.
> ③ 미성년자의 매매 계약 철회는 본인과 법정 대리인이 할 수 있다.

Answer. 41.② 42.④

43 다음은 이혼의 효과이다. 협의 이혼과 재판 이혼에 공통된 것을 모두 고르시오.

> ㉠ 혼인에 의해 성립한 부부 사이의 모든 권리와 의무의 소멸
> ㉡ 자녀를 양육하지 않는 부 또는 모의 면접 교섭권
> ㉢ 부부 공동으로 마련한 재산에 대한 분할 청구권
> ㉣ 과실 있는 상대방에 대한 물질적 손해배상 청구권(위자료 청구)

① ㉠

② ㉠, ㉡

③ ㉠, ㉡, ㉢

④ ㉠, ㉡, ㉢, ㉣

> **NOTE** ㉣ 위자료 청구는 정신적 손해에 대한 배상이며 재판상 이혼에서만 가능하다.

44 다음 법조항의 해석과 관련한 옳은 설명을 〈보기〉에서 고른 것은?

> • 민법 제4조(성년기) 만 19세로 성년이 된다.
> • 민법 제826조의 2(성년의제) 미성년자가 혼인을 한 때에는 성년자로 본다.

> 〈보기〉
> ㉠ 성년의제의 효력은 법률혼과 사실혼을 구별하지 않는다.
> ㉡ 혼인을 한 미성년자가 이혼을 하면 성년의제는 적용되지 않는다.
> ㉢ 청소년 보호법에서는 만 18세의 혼인한 자를 여전히 미성년자로 취급한다.
> ㉣ 혼인을 한 미성년자는 부모의 친권에 복종하지 않고, 민법상 성년자와 동일하게 법률 행위를 할 수 있다.

① ㉠, ㉡

② ㉠, ㉢

③ ㉡, ㉢

④ ㉢, ㉣

> **NOTE** ㉠ 성년의제는 법률혼의 경우에만 적용된다.
> ㉡ 혼인을 한 미성년자는 이혼을 하더라도 성년의제가 유지된다.

Answer. 43.③ 44.④

45 다음 사례와 관련된 설명 중 옳지 않은 것은?

> 갑과 을은 서로 사랑하여 결혼하였다. 외동딸이었던 을은 혼인한 후에 어머니를 모시고 함께 살기로 갑과 약속하였다. 그러나 혼인신고 후 갑은 함께 사는 장모와 불화가 발생하자 을을 구타하고 장모에게 자주 폭언을 퍼부었다. 그 후 갑은 다른 여자와 밀회하더니 집을 나가 버렸다. 이에 을은 갑과의 이혼을 결심하였다. 갑과 을 사이에는 생후 1년 된 딸이 있다.

① 갑과 을은 원인이나 이유에 관계없이 협의하여 이혼할 수 있다.
② 협의하여 이혼을 하는 경우에 갑과 을은 법원에서 이혼 의사의 확인을 받아야 한다.
③ 을이 재판으로 이혼을 청구할 경우 정신적인 고통에 대해서는 배상을 청구할 수 없다.
④ 을은 혼인 중 갑과 공동으로 마련한 재산에 대하여 그 분할을 청구할 수 있다.

> **NOTE** 재판상 이혼의 경우 이혼에 책임이 있는 사람은 상대방에 대해서 손해배상을 해야 하며, 손해배상의 내용에는 정신적 고통에 대한 위자료도 포함된다.

46 다음은 '이혼절차'에 관한 설명이다. 옳은 것은?

> ㉠ 이혼절차는 협의상 이혼과 재판상 이혼으로 나누어진다.
> ㉡ 협의상 이혼일 경우에는 이혼 숙려기간을 보내지 않고 즉시 이혼이 가능하다.
> ㉢ 재판상 이혼의 경우에는 법률이 정한 사유가 있어야 한다.
> ㉣ 조정이혼은 민법에 규정되어 있지 않고 가사소송법과 민사소송법에 규정되어 있다.

① ㉠, ㉡, ㉢
② ㉠, ㉡, ㉣
③ ㉠, ㉢, ㉣
④ ㉡, ㉢, ㉣

> **NOTE** ㉡ 이혼당사자는 가정법원의 안내를 받아야 하고, 필요한 경우 가정법원은 상담을 권고할 수 있으며, 이혼의사 확인신청 후 1~3개월 사이의 숙려기간을 부여하여 고민 후에 이혼을 번복할 수 있는 기회를 부여하고 있다.

Answer. 45.③ 46.③

47 다음 사례에 대한 법적 판단으로 옳은 것만을 〈보기〉에서 있는 대로 고른 것은?

> 병(현재 만 20세)을 자녀로 두고 있는 을은 남편 갑의 부정(不貞)행위를 이유로 이혼하기로 합의하고, 가정법원으로부터 이혼의사의 확인을 받았다. 갑과 을이 혼인 중에 협력하여 모은 재산은 을의 이름으로 등기된 집을 포함하여 3억 원이다.

〈보기〉
㉠ 갑과 을의 배우자 관계는 소멸되었다.
㉡ 갑은 을을 상대로 가정법원에 재산분할을 청구할 수 있다.
㉢ 만약 을이 재혼한 후 사망하면 병은 을의 재산을 상속받는다.
㉣ 만약 을이 정과 재혼하면 정은 병을 친양자로 입양하여 친권을 행사할 수 있다.

① ㉠, ㉡
② ㉡, ㉢
③ ㉢, ㉣
④ ㉠, ㉡, ㉣

NOTE ㉠ 협의 이혼은 가정 법원에서 이혼 의사 확인 후 행정 관청에 이혼 신고서를 제출할 때부터 효력이 생긴다.
㉡ 이혼할 경우 이혼 당사자들은 부부가 공동으로 마련한 재산에 대한 분할 청구권을 갖게 된다.
㉢ 친자의 경우 친모가 사망할 경우 친모의 재산에 대한 상속권을 갖는다.
㉣ 친양자의 경우, 미성년 자녀만 입양이 가능하다. 따라서 정은 병을 친양자로 입양할 수 없다.

Answer. 47.②

48 다음 자료와 관련한 옳은 법적 판단만을 〈보기〉에서 있는 대로 고른 것은?

친양자 입양의 심판 청구

청구인　김○○(680211-1******)
　　　　등록기준지 : ○○도 □□시
　　　　주소 : ○○도 □□시
　　　　연락처 : 123-4567
　　　　이○○(700311-2******)
　　　　등록기준지 및 주소는 위와 같음

사건본인　박○○(000818-3******)
　　　　등록기준지 : △△도 ◇◇시
　　　　주소 : △△도 ◇◇시

청구취지
'사건본인을 청구인의 친양자로 한다'는 심판을 구합니다.

〈보기〉
㉠ 박○○은 입양되면 부부의 혼인 중 출생자로 본다.
㉡ 박○○이 입양되더라도 김○○의 성과 본으로 변경할 수 없다.
㉢ 박○○이 입양되면 친생부모와의 친족관계 및 상속관계는 모두 종료된다.
㉣ 위 청구가 받아들여지면 파양은 협의상으로 할 수는 없고 재판으로만 할 수 있다.

① ㉠, ㉡
② ㉡, ㉢
③ ㉢, ㉣
④ ㉠, ㉢, ㉣

NOTE 친양자 제도에서는 입양된 후 양자는 친생부모 및 그 혈족과의 친족관계를 단절하고 법적으로나 실제적으로 양친의 친생자로서 양부(또는 양모)의 성과 본을 따르며, 양가의 완전한 일원이 됨으로써 협의상 파양은 인정하지 않고 일정한 사유가 있는 경우에 한하여 재판상 파양만을 허용하고 있다.

Answer. 48.④

49 다음은 '부양에 관한 설명이다. 잘못된 것은?

① 부양관계는 1차적 부양과 2차적 부양으로 구분할 수 있다.

② 부양관계는 친자 부양, 부부 부양, 친족 부양 등으로 구체화할 수 있다.

③ 친족 간 부양할 능력이나 여력이 없더라도 반드시 부양을 해야만 한다.

④ 부양 순위가 당사자 간 협의가 불가능할 경우 청구에 의해 가정 법원이 그 순위를 결정한다.

NOTE 친족 간일 경우에는 부양 능력이 있는 경우에 부양을 한다.

50 다음은 양자와 친양자에 관한 설명이다. 잘못된 것은?

	구분	양자	친양자
①	성립	협의, 신고	법원의 재판
②	자녀의 성과 본	친생 부(또는 모)의 성과 본 유지	양부(또는 양모)의 성과 본으로 변경
③	친생부모와의 관계	유지	유지
④	특징	입양 시부터 혼인 중의 자로 간주하지만 친생부모와의 관계에서도 친권을 제외하고는 관계 유지	재판확정 시부터 혼인 중의 자로 간주되며 친생부모와의 법적 관계 소멸

NOTE 친양자는 친생부모와의 관계가 완전히 종료 및 단절된다.

51 다음 사례와 관련한 법적 판단으로 옳은 것은?

> 갑(만 73세)은 지난 1월 ○○지방법원에 자신의 아들을 상대로 부양료 심판 청구 소송을 냈다. '먹고 살 돈을 아들이 주도록 해 달라.'고 법에 호소한 것이다. 갑은 '아들이 주는 월 30만 원으로는 우리 부부의 의료비조차 감당하기 어렵다'며 '아들은 현재 월 1천만 원 상당의 소득이 있는데도 부모를 푸대접해 부끄러움을 무릅쓰고 소송을 냈다.'고 말했다.

① 아들에게는 "자기가 사는 권리는 다른 사람을 부양할 의무에 우선한다."는 원칙이 적용되지 않는다.
② 을의 부양의무는 갑이 자기의 자력에 의하여 생활을 유지할 수 있어도 그 책임이 있다.
③ 부양 의무는 생계를 같이하는 경우에 한하여 발생하는 것으로 갑의 청구는 무의미하다.
④ 법원이 갑의 청구를 받아들여도 아들이 부양 의무를 이행하지 않는다면 이를 강제할 방법은 없다.

NOTE 직계혈족 및 그 배우자 간 기타 생계를 같이하는 친족 간에는 서로 부양할 의무가 있다. 직계혈족과 그 배우자 간은 생계 여부와 관계없이 부양의무가 있다.

52 다음은 '상속'과 관련된 내용이다. 잘못된 것은?

① 동산·부동산은 물론 채권과 지적재산권 등 모든 재산을 포함한다.
② 상속에서 소극적 재산은 '채무'도 포함된다.
③ 호주제 폐지로 현행 상속제도는 신분상속과 재산상속만을 의미한다.
④ 상속은 사망에 의해서만 개시되며 생전상속은 인정되지 않는다.

NOTE 현행 상속제도는 재산상속만을 의미한다.

Answer. 51.① 52.③

53 그림에 나타난 친족관계에 관한 〈보기〉의 법적 판단 가운데 올바른 것을 모두 고른 것은?

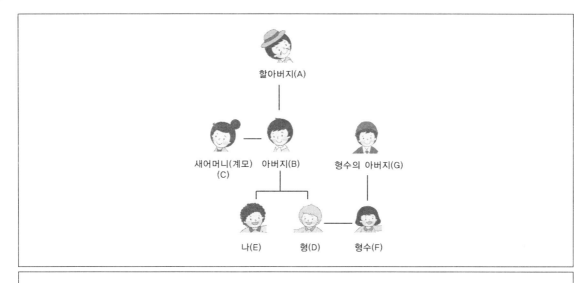

〈보기〉

㉠ E와 G는 인척 사이이므로, 서로 친족관계에 있다.
㉡ A와 E는 직계혈족 사이이므로, 서로 부양의무를 진다.
㉢ C가 사망하면, B는 C의 상속인이 되지만 D와 E는 C의 상속인이 될 수 없다.
㉣ B와 F는 직계혈족 사이로 간주되므로, F는 C · D · E와 함께 B의 1순위 상속인이 된다.

① ㉠, ㉡   ② ㉠, ㉢
③ ㉠, ㉣   ④ ㉡, ㉢

NOTE ㉠ 형수의 아버지는 형의 장인이므로 형에게는 인척(배우자의 혈족)이 될 수 있지만, 나에게는 인척이 될 수 없다. 따라서 친족 관계가 성립하지 않는다.
㉡ 할아버지와 나는 직계 혈족이다. 따라서 서로 부양의무를 진다.
㉢ 상속 순위에 따르면 직계 비속과 배우자가 1순위이다. 따라서 새어머니 사망 시 아버지는 1순위자이지만, 나와 형은 새어머니의 직계 비속이 되지 않는다.
㉣ 시아버지와 며느리 사이는 직계 혈족이라 볼 수 없다. 따라서 1순위 상속인이 될 수 없다.

Answer. 53.④

54 다음은 '상속의 유형'에 관한 설명이다. 올바른 것은?

① 상속은 특정 1인에게 몰아주는 것이 아닌 여러 사람이 공동으로 상속하는 것이 원칙이다.

② 우리나라는 상속포기가 불가능하므로 임의상속 제도가 없다.

③ 원칙적으로 균등하게 인정하되, 배우자만은 3할을 가산한다.

④ 유언자의 의사를 존중하여 유언을 통한 상속만 가능하도록 하고 있다.

> **NOTE** 상속은 공동 상속을 원칙으로 하며 우리나라는 상속포기가 가능하다. 또한 배우자에게는 5할을 가산하며 유언 상속 외에도 법정 상속을 규정하고 있다.

55 밑줄 친 '이것'에 대한 설명으로 옳지 않은 것은?

> • <u>이것</u>은 자녀에 대한 보호와 교양의 권리와 의무, 거소(居所) 지정권, 징계권, 자녀의 재산 관리권, 대리 및 동의권 등을 의미한다.
> • <u>이것</u>은 대가족 제도하에서 일가(一家)를 통솔하는 가장권(家長權)에서 유래되었다.

① 부모가 공동으로 행사하는 것이 원칙이다.

② 부모가 사망하지 않는 한 소멸 또는 상실되지 않는다.

③ 부모가 미성년의 자녀에 대해 갖는 권리 · 의무를 말한다.

④ 부부가 이혼할 시에 협의가 이루어지지 않으면 가정 법원이 이것의 행사자를 정할 수 있다.

> **NOTE** 제시문의 밑줄 친 '이것'은 부모가 미성년자에 대하여 가지고 있는 신분상, 재산상의 권리와 의무를 총칭하는 친권을 말한다.
> ② 가정법원은 부 또는 모가 친권을 남용하여 자녀의 복리를 현저히 해치거나 해칠 우려가 있는 경우에는 자녀, 자녀의 친족, 검사 또는 지방자치단체의 장의 청구에 의하여 그 친권의 상실 또는 일시 정지를 선고할 수 있다.

Answer. 54.① 55.②

56 "상속인이 될 사람이 사망하거나 결격자가 된 경우에는 직계비속이 사망하거나 결격된 자의 순위로 상속인이 되는 제도"를 무엇이라 하는가?

① 불균등상속
② 대습상속
③ 법정상속
④ 유언상속

> **NOTE** 대습상속에서 상속인이 될 직계비속 또는 형제자매가 사망하거나 결격자가 된 경우 그의 직계비속이 상속인이 된다.

57 다음 사례의 재산 상속 문제에 대해 법적으로 가장 바르게 분석한 것은?

> 임신 중인 을은 1개월 전 남편 갑이 교통사고로 갑자기 사망한 후, 죽은 남편의 재산 상속 문제로 시부모와 의견 차이가 생겨 요즘 고민이다. 을은 자신이 모든 재산을 상속받아야 한다고 주장하지만, 시부모는 자신들과 을이 공동 상속하여야 한다고 주장하고 있다.

① 배우자인 을이 단독 상속한다.
② 직계 비속인 태아가 단독 상속한다.
③ 배우자인 을과 태아가 공동 상속한다.
④ 배우자인 을과 태아, 시부모가 공동 상속한다.

> **NOTE** 재산 상속에 있어서 태아는 이미 출생한 것으로 간주한다. 따라서 재산 상속 1순위인 배우자 을과 직계 비속인 태아는 사망한 갑의 재산을 공동 상속하게 된다. 직계존속인 시부모는 재산 상속 2순위에 해당하므로 상속권이 없다고 볼 수 있다.

Answer. 56.② 57.③

58 "상속재산과 상속채무를 승계하지만 상속재산의 한도 내에서만 책임을 지는 제도"를 무엇이라고 하는가?

① 단순승인   ② 상속포기

③ 상속결격   ④ 한정승인

> **NOTE** ① 단순승인 : 채무를 포함하여 일체의 재산을 상속하는 경우
> ② 상속포기 : 재산은 물론 채무 등 일체의 상속재산을 승계하지 않는 경우
> ③ 상속결격 : 상속인에게 법이 정한 사유가 있을 때 상속자격이 박탈되는 경우

59 다음 사례에서 갑의 재산에 대한 상속의 결과를 옳게 설명한 것은?

> 갑은 2년 전 A와 결혼하였으나 생업에 바빠 혼인신고를 하지 못하였다. 결혼 후 1년이 지나 갑과 A 사이에는 외아들 B가 출생하였다. 그 후 갑은 지방에서 출장 업무를 수행하던 중, 과로로 인해 갑작스럽게 사망하였다. 사망 당시 갑에게는 부양해야 할 노모 C와 갑의 미혼인 누나 D가 한 집에 같이 살고 있었다. 워낙 갑작스럽게 사망하였기 때문에 갑은 유언을 하지 못했고 유산으로 5억 원의 부동산을 남겼다.

① A와 B는 C와 D의 유류분을 제외한 나머지를 공동 상속한다.

② A와 B가 공동상속하고, 상속분은 각각 2억 5천만 원이다.

③ A와 B가 공동상속하고, 상속분은 A는 3억 원, B는 2억 원이다.

④ B가 단독으로 상속하고, 상속분은 5억 원 전액이다.

> **NOTE** 유류분은 법정상속인이 상속분의 부족이 발생한 경우 유증을 통해 상속분을 침해한 사람에게 주장하는 권리이다. A의 경우 사실혼 배우자이므로 상속분과 유류분은 없다. A가 상속인이 된다고 한 부분은 모두 틀렸으며, B는 갑의 혼인 외 출생자이지만 갑의 직계비속이므로 1순위 법정상속인이 되며, 선순위 상속인이 있을 경우 후순위자인 노모와 누나는 상속을 받을 수 없다.

✦ **Answer.** 58.④   59.④

60 다음은 유언에 대한 설명이다. 올바른 것을 고르시오.

> ㉠ 만 17세 이상이면 유언이 가능하지만 피성년후견인은 유언이 불가능하다.
> ㉡ 유언은 유언자가 사망하여야 효력이 발생한다.
> ㉢ 유언은 요식행위의 절차를 거쳐야 효력이 발생한다.
> ㉣ 유언은 자필증서, 녹음, 공정증서 등 다양한 방식으로 할 수 있다.

① ㉠, ㉡, ㉢   ② ㉠, ㉡, ㉣

③ ㉠, ㉢, ㉣   ④ ㉡, ㉢, ㉣

NOTE 피성년후견인도 의사능력이 회복된 때에는 단독으로 유언이 가능하다.

61 다음 사례에 관한 설명으로 옳지 않은 것은?

> 사학 재단을 운영하는 철수는 불치의 질환으로 인하여 생명이 얼마 남지 않았음을 알고, 혼자서 자신의 재산 10억 중 8억을 사학 재단에 기증하는 내용의 유언장을 손으로 써서 날인하여 금고에 보관하였다. 철수는 영수에게 1억 원의 빚이 있으며, 철수의 가족으로는 철수의 어머니와 처, 그리고 미혼의 딸이 있다.

① 철수의 유언장 작성 행위는 자필 증서에 의한 유언으로서 법률상 유효하다.

② 철수는 그가 작성한 유언장의 내용을 변경하거나 유언을 철회할 수 있다.

③ 철수의 유언은 철수가 유언장을 작성한 때로부터 효력이 생긴다.

④ 상속이 개시되면 철수의 처와 딸은 먼저 유증 재산을 제외한 잔여 재산으로 상속하고, 법정 상속분의 1/2에 미달하는 부분을 유류분으로 취득할 수 있다.

NOTE ① 철수는 유언장을 자신의 손으로 직접 썼다. 이는 자필 증서에 의한 유언으로 법률상 유효하다.
② 유언은 언제든지 철회가 가능하고, 마지막 것만 유효하다.
③ 유언은 유언자가 사망한 후에 효력이 발생한다.
④ 유류분이라 함은 상속인을 위해 남겨 두어야 하는 재산의 몫으로, 직계 비속과 배우자는 법정 상속분의 1/2를 요구할 수 있다. 따라서 철수가 사학 재단에 기증한 8억 원의 유증 재산을 제외한 2억 원으로 처와 딸은 상속을 받고 법정 상속분의 1/2에 미달되는 부분은 유류분으로 취득할 수 있다.

Answer. 60.④ 61.③

62 다음 자료에 제시된 상황에 대한 법적 판단으로 옳은 것은?

> 불치병에 걸린 갑은 두 명의 증인이 참여한 공증인의 면전에서 잔여재산 10억 원 전액을 전처(前妻) A
> 에게 남긴다는 유언의 취지를 말하고, 공증인이 이를 필기 · 낭독하였다. 갑과 증인들은 그 정확함을
> 승인한 후 각자 기명 · 날인하였다. 갑은 그로부터 수일 후 사망하였다. 일정한 신분관계에 있는 자로는
> 아내인 을(병의 친생모), 병(갑의 친양자), 정(갑의 어머니), 무(병의 친생부)가 있다.

① 유언에 의해 A에게 상속권이 인정된다.

② 유류분권을 주장하여 을은 3억 원, 병은 2억 원을 받을 수 있다.

③ 정은 부양청구권을 주장하여 병과 동일한 금액을 상속받을 수 있다.

④ 유언의 효력이 인정되지 않기 때문에 을은 6억 원, 병은 4억 원을 상속받는다.

> **NOTE** 갑이 A에게 10억 원 전액을 준다고 유언을 하였지만, 상속인인 을과 병은 유류분을 청구할 수 있다. 피상속인의 직
> 계 비속과 배우자에게는 상속재산의 2분의 1이 유류분으로 인정된다. 따라서 을은 3억 원, 병은 2억 원을 받을 수
> 있다.
> ① A는 유증을 통해 재산을 물려받게 되는 것이지, 상속권을 갖는 것은 아니다. 상속권은 을과 병이 갖는다.
> ③ 정은 제2순위 상속인으로, 직계 비속인 병이 있기 때문에 상속을 받지 못한다.
> ④ 을과 정만이 상속받는다.

63 "기업적 생활관계를 규율하는 법규범"을 무엇이라 하는가?

① 민법   ② 상법

③ 형법   ④ 소송법

> **NOTE** 상법은 상인, 상업사용인, 상호, 상업장부, 상업 등기, 영업양도 등을 규율한다.

64 다음은 상법에 관한 내용이다. 잘못된 것은?

① 상인은 당연상인, 의제상인, 소상인으로 구분할 수 있다.

② 상업사용인은 지배인, 사용인 등으로 구분할 수 있다.

③ 타인이 부정한 목적으로 동일 또는 유사 상호를 사용할 경우 그 사용을 배제하는 권리로 상호전용권이 있다.

④ 상인은 모든 거래를 기록·정리하는 상업장부를 의무로 작성할 필요는 없다.

NOTE 상인의 장부 기록 및 유지는 의무사항이다.

65 상사에 관한 일반적인 법 적용순위가 바르게 연결된 것은?

㉠ 상관습법	㉡ 상사특별법	㉢ 민사조약	㉣ 상법전
㉤ 민법전	㉥ 민사자치법	㉦ 상사자치법	

① ㉡-㉣-㉠-㉢-㉤-㉦-㉥

② ㉡-㉣-㉠-㉦-㉢-㉤-㉥

③ ㉦-㉡-㉣-㉠-㉥-㉢-㉤

④ ㉠-㉡-㉣-㉦-㉢-㉤-㉥

NOTE 상사에 관해서는 상사자치법-상사특별법-상법전-상관습법-민사자치법-민사조약-민법전의 순서로 적용된다.

66 다음은 '회사'에 관한 설명이다. 올바른 것을 고르시오.

> ㉠ 회사는 영업 활동에 의해 이익을 추구하는데 이를 영리성이라고 한다.
> ㉡ 복수인의 공동 목적을 위한 결합체로서의 특징을 법인성이라고 한다.
> ㉢ 무한책임사원만으로 구성되는 회사는 합명회사이다.
> ㉣ 무한책임사원과 유한책임사원으로 구성된 회사를 합자회사라고 한다.

① ㉠, ㉡, ㉢   ② ㉠, ㉡, ㉣

③ ㉠, ㉢, ㉣   ④ ㉡, ㉢, ㉣

> **NOTE** 복수인의 공동 목적을 위한 결합체로의 특징은 사단성이라고 한다.

67 다음 중 상법의 법원에 관한 설명 중 틀린 것은?

① 주식회사의 정관은 상법의 법원으로서의 효력을 가진다.

② 자본시장과 금융투자업에 관한 법률은 상법의 법원이다.

③ 상업등기규칙은 상법의 법원이다.

④ 판례에 따르면 보통거래약관은 상관습법으로서 상법의 법원이 된다.

> **NOTE** 이른바 보통거래약관이 계약 당사자에게 구속력을 갖게 되는 근거는 그 자체가 법규범 또는 법규적 성질을 갖기 때문이 아니라 계약당사자가 이를 계약의 내용으로 하기로 하는 명시적 또는 묵시적 합의를 하였기 때문이라는 것이 판례의 견해이다.

68 다음 중 상법상의 상인이 아닌 것은?

① 타인의 명의로 부동산 임대업을 하는 자

② 출자금 총액이 1000만 원 미만인 합자회사

③ 부모의 동의 없이 자기 명의로 광고주선업을 하는 18세의 고등학생

④ 모텔을 짓고 자기명의로 숙박업을 하는 자

> **NOTE** 상인이란 자기명의로 상행위를 하는 자를 말하므로 타인의 명의로 상행위를 하는 자는 상법상의 상인이 아니다. 한편 미성년자라고 하더라도 상인능력이 있으며 다만 영업능력에 제한이 있을 뿐이다.

Answer. 66.③ 67.④ 68.①

69 다음 중 지배인에 관한 설명 중 가장 옳지 않은 것은?

① 지배인은 자연인이여야 하지만 반드시 행위능력자임을 요하는 것은 아니며, 주식회사나 유한회사의 이사도 지배인이 될 수 있다.

② 지배인은 다른 지배인을 선임 또는 해임할 수 없으므로 본점의 총지배인이라고 하더라도 지점의 지배인을 선임 또는 해임할 권한은 없다.

③ 공동 지배인은 공동으로만 영업주를 대리할 수 있으므로, 등기된 공동지배인 중 1인에 대하여만 의사표시를 한 경우에는 영업주에게 효력이 발생하지 않는다.

④ 본점 또는 지점의 본부장, 지점장, 그 밖에 지배인으로 인정될 만한 명칭을 사용하는 자는 본점 또는 지점의 지배인과 동일한 권한이 있는 것으로 본다.

> **NOTE** 공동지배인이 능동대리를 하는 경우에는 공동으로 하여야만 그 법률효과가 발생한다. 그러나 공동지배인이 수동대리를 하는 경우에는 그 중 1인에 대하여도 그 법률효과가 발생한다.

70 다음 중 상법상 상호에 관한 설명으로 옳은 것은?

① 합명회사의 영업을 양수한 경우에는 비록 합명회사가 아니더라도 상호에 합명회사임을 표시하는 문자를 사용할 수 있다.

② 합자회사 또는 합명회사를 설립하고자 할 때에는 본점의 소재지를 관할하는 등기소에 상호의 가등기를 신청할 수 있다.

③ 개인 상인이 수 개의 영업을 영위하는 경우에는 그 영업의 수만큼 서로 다른 상호를 선정하여 쓸 수 있지만 회사의 경우는 수 개의 영업이 있는 때라도 상호는 하나만 사용할 수 있다.

④ 영업을 폐지하는 경우에는 상호만 따로 양도하는 것이 허용되지 않는다.

> **NOTE** ① 회사가 아닌 경우 상호에 회사임을 표시하는 문자를 사용하지 못한다. 회사의 영업을 양수한 경우에도 같다.
> ② 주식회사 또는 유한회사를 설립하는 경우 본점의 소재지를 관할하는 등기소에 상호의 가등기를 신청할 수 있다.
> ④ 상호는 영업을 폐지하거나 영업과 함께 하는 경우에 한하여 이를 양도할 수 있다.

71 상법상 명의대여자의 책임에 관한 설명 중 틀린 것은?

① 상법이 명의대여자의 책임을 인정한 것은 영업의 외관을 믿고 거래한 제3자를 보호하기 위한 것이다.

② 명의대여자는 명의차용인의 거래와 무관한 사실행위적 불법행위로 인한 제3자의 손해에 대해서도 명의차용인과 연대하여 변제할 책임이 있다.

③ 명의대여자의 책임발생요건으로서 대여하는 명의는 반드시 성명 또는 상호에 국한되는 것은 아니다.

④ 판례에 따르면 면허 없는 자가 면허를 타인에게 빌려서 영업을 하는 것과 같은 위법한 명의대여에 대해서도 명의대여자의 책임이 인정된다.

> **NOTE** 상법이 명의대여자의 책임을 인정하는 것은 거래행위에 의하여 생긴 채무에 관하여 명의대여자를 진실한 상대방으로 신뢰하고 거래한 제3자를 보호하기 위한 것으로, 불법행위의 경우 설령 피해자가 명의대여자를 영업주로 오인하고 있었더라도 그와 같은 오인과 피해의 발생 사이에 아무런 인과관계가 없으므로 명의대여자에게 책임을 지울 수 없다는 것이 판례의 태도이다.

72 회사합병과 구별되는 영업양도의 특징에 관한 설명 중 틀린 것은?

① 영업양도의 당사자는 회사 이외의 자연인도 될 수 있다.

② 영업의 일부양도가 인정된다.

③ 영업양도의 양도인은 경업금지의무가 인정된다.

④ 영업양도의 무효는 소송을 통해서만 주장할 수 있다.

> **NOTE** 회사합병의 무효는 소로써만 주장할 수 있으나, 영업양도의 무효는 민법 및 민사소송법의 일반원칙에 따라 소송 이외의 방법을 통해서도 주장할 수 있다.

Answer. 71.② 72.④

73 다음 중 기본적 상행위가 아닌 것은?

① 동산·부동산·유가증권 기타의 재산의 매매를 영업으로 하는 행위

② 오로지 임금을 받을 목적으로 물건을 제조하거나 노무에 종사하는 자의 행위

③ 기계·시설·그 밖의 재산의 금융리스에 관한 행위

④ 광고·통신 또는 정보에 관한 행위

NOTE 상법은 제46조에서 기본적 상행위를 규정하고 있는데, 오로지 임금을 받을 목적으로 물건을 제조하거나 노무에 종사하는 자의 행위는 기본적 상행위가 아니라고 본다.

74 다음은 회사에 관한 일반적인 설명이다. 잘못된 것은?

① 상법상 모든 회사는 일률적으로 법인격을 부여 받는다.

② 상법이 규정한 회사란 상행위나 그 밖의 영리를 목적으로 하여 설립한 법인을 말한다.

③ 회사의 종류에는 합명회사, 합자회사, 유한책임회사, 주식회사, 유한회사의 5종류가 있다.

④ 영리사업을 하는 재단법인은 상법상의 회사이다.

NOTE 상법상의 회사는 상법 규정에 의하여 설립등기를 하여야 하므로, 재단법인이 영리사업을 하는 경우 상인자격을 취득할 수는 있으나 상법상의 회사가 되는 것은 아니다.

75 상법상 회사에 관한 다음 설명 중 가장 옳지 않은 것은?

① 주식회사의 사원인 주주는 그가 인수한 주식금액을 한도로 회사에 대하여만 책임을 진다.

② 합명회사는 무한책임사원만으로 구성된 회사이다.

③ 합자회사는 무한책임사원과 회사에 대하여만 책임을 지고 회사의 채권자에 대하여는 아무런 책임을 지지 않는 유한책임사원으로 구성된 회사이다.

④ 유한회사의 사원은 주식회사의 주주와 같이 회사에 대하여 일정한 범위의 출자의무만을 부담하는 것이 원칙이나, 예외적으로 자본금에 대한 전보책임을 지는 경우가 있다.

NOTE 합자회사의 유한책임사원은 회사의 채권자에 대해서 인적, 연대, 유한, 직접의 책임을 부담한다. 단지 책임의 범위가 유한하다는 점에서 무한책임사원과 차이가 있을 뿐이다.

Answer. 73.② 74.④ 75.③

76 다음은 민사소송에 관한 설명이다. 잘못된 것은?

① 민사소송은 사법상·공법상의 법률관계를 쟁송의 대상으로 한다.

② 민사소송은 구체적 법률관계에서 개인의 권리를 보호하는 동시에 사법질서의 유지를 목적으로 한다.

③ 법원은 소송절차가 공정·신속하고 경제적으로 진행되도록 노력하여야 한다.

④ 민사소송은 일반적·강제적·공권적 분쟁해결제도이다.

> **NOTE** 민사소송은 사법상의 법률관계를 대상으로 하며, 공법상의 법률관계에 대한 쟁송은 행정소송의 대상이 된다.

77 다음은 민사소송의 이상을 실현하기 위한 제도들에 대한 설명이다. 잘못된 것은?

① 적정 이상을 실현하기 위한 제도에는 변호사대리의 원칙, 구술주의, 석명권 행사, 법관자격 제한과 신분보장 제도, 직접주의 등이 있다.

② 공평 이상을 보장하기 위한 제도로 재판 심리의 공개, 법관에 대한 제척, 기피제도, 대등한 쌍방심리제도, 소송절차의 중단, 중지, 제3자의 소송 참가 등의 제도가 허용된다.

③ 독촉절차, 제소 전 화해절차, 소액사건 심판절차, 변론준비절차, 기일연장의 제한 등은 신속 이상을 실현하기 위한 제도들이다.

④ 경제 이상을 실현하기 위해서는 구술신청제, 소의 병합, 직권증거조사, 불복신청제도(3심제도·재심제도) 등이 있다.

> **NOTE** 직권증거조사와 불복신청제도는 적정 이상을 실현하기 위한 제도이다.

78 법관의 제척 및 기피에 관한 설명 중 옳지 않은 것은?

① 변론종결 후 법관에 대한 기피신청이 있는 경우에는 소송절차를 정지하지 아니하고 종국판결을 선고할 수 있다.

② 법관이 다른 법원의 촉탁에 따라 불복사건의 이전심급의 직무를 수행한 경우에는 불복사건의 직무집행에서 제척된다.

③ 당해 사건의 사실관계와 관련이 있는 다른 형사사건에 관여한 경우는 법관이 사건에 관하여 불복신청된 전심재판에 관여하였던 때에 해당하지 아니한다.

④ 법관이 불복사건의 이전 심급의 재판 중 판결 선고에만 관여한 경우에는 불복사건의 직무를 집행할 수 있다.

NOTE 다른 법원의 촉탁에 따라 그 직무를 수행한 경우에는 불복사건의 이전심급의 재판에 관여하였을 때에 해당하지 않으며, 제척사유가 아니다.

79 다음 중 재판권에 관한 설명으로 가장 옳지 않은 것은?

① 재판권의 존부 여부는 직권조사사항이다.

② 재판권의 부존재를 간과하고 본안판결을 하여 그 판결이 확정된 경우 재심청구를 할 수 없다.

③ 소장 심사 시 재판권 없음이 명백하면 재판장은 명령으로 소장을 각하할 수 있다.

④ 재판권의 부존재를 간과하고 본안판결을 하여 그 판결이 확정된 경우 그 판결에 기판력이 발생한다.

NOTE 재판권의 부존재를 간과하고 본안판결을 한 경우에는 상소에 의하여 다툴 수 있으나 그 판결이 확정되더라도 무효이므로 기판력이 발생하지 않는다.

80 관할에 관한 다음 설명 중 옳지 않은 것은?

① 민사소송의 관할에는 법정관할로서 직분관할, 사물관할, 토지관할이 있고 재정관할, 합의관할, 변론 관할이 있다.

② 법원은 관할에 관한 사항에 대하여 직권으로 증거조사를 할 수 있다.

③ 당사자는 합의로 제1심 관할법원을 정할 수 있으며 이 경우 관할의 합의는 서면으로 하여야 한다.

④ 전속관할 위반 시 상고와 재심의 사유가 된다.

NOTE 전속관할 위반 시 상고의 대상은 되지만 재심의 사유는 되지 않는다.

81 당사자 능력에 관한 설명 중 틀린 것은?

① 법인 아닌 사단 등은 그 사단 등의 이름으로 당사자가 될 수 없다.

② 판례는 학교에 대하여 법인도 아니고 법인격 없는 사단 또는 재단도 아닌 교육시설의 명칭에 불과 하다고 보아 당사자능력을 부정하고 있다.

③ 청산종결등기가 있어도 청산사무가 종료하지 않은 이상 그 한도에서 청산법인은 당사자 능력이 있다.

④ 국가의 기관인 행정청과 지방자치단체의 하부행정구역에 불과한 읍·면은 물론, 법인의 기관에 불 과한 경우, 노동조합선거관리위원회 등은 당사자 능력이 없다.

NOTE 법인 아닌 사단 등은 대표자 또는 관리인이 있으면 법인 아닌 사단 등의 이름으로 당사자가 될 수 있다.

82 소송능력에 대한 다음 설명 중 틀린 것은?

① 민법상의 행위능력자는 소송능력자이므로, 미성년자는 소송 무능력자이다.

② 혼인한 미성년자, 무능력자라도 독립적으로 법률행위가 가능한 경우에는 소송능력이 인정된다.

③ 미성년자의 법정대리인이 범위를 정하여 처분을 허락한 재산과 관련한 소송에서 소송능력이 인정된다.

④ 소송무능력자의 행위는 절대적 무효가 아니고 소송능력을 회복한 본인이나 법정대리인의 추인이 있 는 경우에는 행위 시에 소급하여 효력이 있다.

NOTE 민법에서는 법정대리인이 범위를 정하여 처분을 허락한 재산에 대하여 행위능력이 인정되지만, 이와 관련된 소송에 서 소송능력이 인정되는 것은 아니다.

Answer. 80.④ 81.① 82.③

83 다음 중 소송대리권의 소멸사유가 아닌 것은?

① 소송대리인의 사망

② 법무법인의 해산

③ 소송위임계약의 해지

④ 제3자의 소송담당의 경우 그 소송담당자의 자격상실

NOTE 제3자의 소송담당의 경우 그 소송담당자의 자격이 상실되었다고 해서 대리권이 소멸하는 것은 아니다.

84 다음 중 소장의 필수 기재사항이 아닌 것은?

① 소송대리인

② 당사자 · 법정대리인

③ 청구의 취지

④ 청구의 원인

NOTE 소송대리인의 표시는 소장의 필수적 기재사항이 아니다.

85 소의 이익에 관한 설명 중 틀린 것은?

① 소송물에 대하여 당사자 사이에 부제소 특약이나 중재계약이 존재하는 경우 피고는 그 합의의 존재를 주장 입증하면 소의 이익이 없는 것으로 부적법 각하된다.

② 장래에 이행할 것을 청구하는 소는 미리 청구할 필요가 있어야 한다.

③ 확인의 소에 있어서 단순한 사실관계나 과거의 권리 또는 법률관계의 존부는 확인의 대상이 되지 않는다.

④ 확인의 소는 법률관계를 증명하는 서면이 진정한지 아닌지를 확정하기 위하여서는 제기할 수 없다.

NOTE 확인의 소는 법률관계를 증명하는 서면이 진정한지 아닌지를 확정하기 위하여서도 제기할 수 있다.

Answer. 83.④ 84.① 85.④

86 소 제기의 효과에 관한 설명 중 가장 옳지 않은 것은?

① 소 제기에 의한 시효중단의 효력은 소를 제기한 때에 발생한다.

② 소의 변경에 의한 시효중단의 효과는 소 변경의 서면을 법원에 제출한 때에 발생한다.

③ 중복제소에 해당하면 법원은 피고의 항변을 기다릴 필요 없이 원고의 청구를 기각한다.

④ 판례에 의하면 전소가 소송요건을 구비하지 못한 경우에도 후소의 변론종결일까지 전소의 소송계속이 소멸되지 않으면 후소는 중복소송에 해당한다.

> **NOTE** 중복제소는 소극적 소송요건으로 중복제소에 해당할 경우 법원은 피고인의 항변을 기다릴 필요 없이 후소를 부적법 각하하여야 한다.

87 다음 중 소송의 종류에 대한 설명을 잘못된 것은?

① 원고의 피고에 대한 이행청구권의 주장과 법원에 대하여 그 이행을 명하는 판결의 요구를 청구하는 소송을 이행의 소라고 한다.

② 권리관계 또는 법률관계의 존부를 주장하고, 법원에 대하여 이를 확인하는 판결을 요구하는 소송을 확인의 소라고 한다.

③ 권리관계의 변동을 위한 일정한 법률요건의 존재를 주장하고 권리관계 또는 법률관계의 변동을 선언하는 판결을 요구하는 소송을 형성의 소라고 한다.

④ 소송의 계속 중에 피고가 원고에 대하여 본소의 청구 또는 이에 대한 방어 방법과 관련되는 새로운 청구를 하기 위하여 동일 소송 절차에서 제기하는 소송을 중간확인의 소라고 한다.

> **NOTE** ④번 지문은 반소에 관한 설명이다. 중간확인의 소란 소송의 진행 중에 본래의 소송 목적인 권리관계의 선결 문제가 되는 법률관계의 존부에 대한 다툼이 있을 때, 원고 또는 피고가 그 소송 절차를 이용하여 제기하는 확인의 소를 말한다.

Answer. 86.③ 87.④

88 구술심리주의에 대한 설명 중 틀린 것은?

① 변론에 있어서 원칙적으로 구술에 의한 소송자료만이 판결의 기초가 될 수 있다.

② 판결은 구술변론에 관여한 법관이 하지 않으면 안 되며, 선고도 말로 하여야 한다.

③ 변론은 법원이 당사자에게 구술로 해당사항을 확인하는 방식으로 할 수 있다.

④ 관할의 합의, 소송구조의 신청, 소의 변경 등도 구술로 하여야 한다.

NOTE 관할의 합의, 소송구조의 신청, 소의 변경은 서면으로 하여야 한다.

89 다음 중 변론주의가 적용되는 주요사실에 해당하는 것은?

① 기본사실의 경위·내력 등에 관한 사실　　② 소멸시효의 기산일

③ 취득시효의 기산일　　④ 차량 충돌사고의 경위

NOTE 판례가 주요사실로 인정한 경우… 상계항변, 소멸시효완성, 시효의 중단사유, 동시이행항변, 해제조건의 성취, 채무불이행의 항변, 철회의 주장, 대리행위

90 준비서면과 관련된 다음 설명 중 타당하지 않은 것은?

① 준비서면에 기재하지 않은 사실은 상대자가 출석하지 않으면 변론에서 주장할 수 없다.

② 피고는 본안에 관한 준비서면을 제출한 이후에는 소 취하에 대한 동의권을 가진다.

③ 준비서면은 변론의 내용을 풍부하게 하여 사건을 확대하는 것을 목적으로 한다.

④ 준비서면이 제출된 경우 당사자가 변론기일에 불출석하여도 그 기재내용이 진술·간주되는 이익이 있다.

NOTE ③ 준비서면은 변론의 집약화를 목적으로 한다.

91 다음은 증거에 관한 설명이다. 잘못된 것은?

① 증거방법이란 법관이 조사할 수 있는 유형물을 말한다. 증거방법에는 증인·감정인·당사자 등의 인증과 문서·검증물·기타 증거와 같은 물증이 있다.

② 증거방법을 조사한 내용을 증거자료라 하며 증언, 문서의 기재내용, 검증결과, 감정결과, 당사자 신문결과 등이 있다.

③ 다툼이 있는 사실에 대해 법관으로 하여금 확신을 갖게 하는 입증행위를 소명이라고 한다.

④ 증거자료가 요증사실 인정에 기여하는 정도를 증명력이라고 한다. 자유심증주의에서는 논리와 경험칙에 따라 판단하게 된다.

> **NOTE** 다툼이 있는 사실에 대해 법관으로 하여금 확신을 갖게 하는 입증행위를 증명이라고 하며, 법관에게 그럴 것이라는 추측을 할 수 있을 정도의 심증을 주는 증명행위를 소명이라고 한다.

92 다음은 판결의 효력에 대한 설명이다. 잘못된 것은?

① 일단 판결이 선고되면 판결을 한 법원 자신도 이에 구속되며 스스로 판결을 철회하거나 변경하는 것이 허용되지 않는다는 것을 기속력이라고 한다.

② 확정된 종국판결은 당사자의 불복으로 상소법원이 취소할 수 없다. 이러한 확정판결의 취소불가능성을 형식적 확정력이라고 한다.

③ 확정된 종국판결에 대하여 당사자는 그에 반하여 다투는 소송이 허용되지 아니하며, 어느 법원도 재심사하여 그와 다른 판단을 해서는 안된다. 이러한 확정판결의 효력을 기판력(=실질적 확정력)이라고 한다.

④ 형성판결이 확정됨으로써 판결 내용대로 법률관계가 발생·변경·소멸하는 효력을 집행력이라고 한다.

> **NOTE** 이행판결의 경우 강제집행절차에 의하여 실현할 수 있는 효력을 집행력이라고 한다. 형성판결이 확정됨으로써 판결 내용대로 법률관계가 발생·변경·소멸하는 효력은 형성력에 대한 설명이다.

93 판결의 선고와 관련한 다음 설명 중 가장 옳지 않은 것은?

① 판결의 선고는 기일에 공개된 법정에서 하여야 하고, 당사자가 출석하여야 할 수 있다.

② 재판장이 판결원본에 따라 주문을 읽어 선고하며, 필요한 때에는 이유를 간략히 설명할 수 있다.

③ 판결의 선고는 소송절차가 중단된 경우에도 할 수 있다.

④ 답변서를 제출하지 않는 경우에는 자백으로 판단하여 변론을 거치지 아니하고 판결을 선고할 수 있다.

NOTE 판결의 선고는 기일에 공개된 법정에서 하여야 하고, 당사자가 출석하지 아니하여도 선고할 수 있다.

94 다음은 민사 소송의 절차와 유형에 관한 설명이다. 잘못된 것은?

① 판결절차 : 원고의 제소에 의하여 게시되고 변론을 거쳐 심리되어 종국 판결에 의하여 종료되는 법원의 절차를 의미한다.

② 강제집행절차 : 채무자의 권리를 확보하기 위해 국가 권력으로부터 채무자의 의무이행을 강제하는 방법을 의미한다.

③ 소액사건 : 소송물가액이 5,000만 원을 초과하지 않는 민사사건에 관해 경제적 해결을 도모하고자 인정되는 절차이다.

④ 가사소송절차 : 혼인·친자 등 신분관계의 확정·형성에 관하여 사건을 해결하기 위한 절차이다.

NOTE 소액사건은 3,000만 원을 초과해서는 안 된다.

95 소송구조에 대한 다음 설명 중 옳지 않은 것은?

① 소송구조 신청은 서면으로 하여야 하고, 그 신청서에는 신청인 및 그와 같이 사는 가족의 자금능력을 적은 서면을 첨부하여야 한다.

② 소송구조에 대한 재판은 소송기록을 보관하고 있는 법원이 한다.

③ 법원은 소송비용을 지출할 자금능력이 부족한 사람의 신청에 의하여서만 소송구조를 할 수 있다.

④ 재판비용의 납입유예, 소송비용의 담보면제 등이 소송구조의 범위에 포함된다.

NOTE 소송구조는 각 심급마다 구조받을 자의 신청 또는 법원의 직권에 의한다.

Answer. 93.① 94.③ 95.③

PART

04

형법 · 형사소송법

형법

check

▶ **상법의 적용순서**
상사자치법(정관) → 상사특별법 · 상사조약 → 상법전 → 상관습법 → 상사판례법 → 민사자치법 → 민사특별법 · 민사조약 → 민법전 → 민사관습법 → 민사판례법 → 조리

(1) 서설

① **형법의 의의**: 형법은 범죄를 법률요건으로 하고, 형벌 및 보안처분을 법률효과로 하는 법규범의 총체이다. 형식적 의미의 형법은 '형법(刑法)'의 명칭을 가진 형법전을 의미하고, 실질적 의미의 형법은 법의 명칭과 상관없이 범죄와 형벌 및 보안처분을 규정하고 있는 법규범 일체를 의미한다. 형법전은 형법총칙과 각칙으로 구성되어 있으며, 형법총칙은 형벌법규에 공통적으로 적용되는 원칙을 규정하고 있으며, 형법각칙은 개별적인 형벌법규를 규정하고 있다.

② **형법의 개념 구별**: 형식적 의미 · 협의의 형법이란 형법이라는 명칭이 붙여진 형법전을 의미한다. 실질적 의미 · 광의의 형법이란 형식과 명칭을 불문하고 범죄와 그에 대한 법적 효과로서 형벌과 보안처분을 규정한 모든 법규범의 총체이다. 예를 들어 폭력행위 등 처벌에 관한 법률, 도로교통법, 조세범 처벌법과 같은 행정형법, 국가보안법 등이 포함된다.

(2) 형법의 발달

① **의의**: 지금의 형식적, 실질적 의미의 형법이 있기 전부터 일정한 형태로 발달되어 왔으며 형법은 원시시대부터 존재했다고 볼 수 있다.

② **복수시대**: 원시시대와 고대국가가 형성되기 이전에는 복수의 시대였으며, 대표적으로 함무라비 법전을 예로 들 수 있다. 이 시기는 Talio법칙이 지배하던 시대였으며, 사적 집행이 허용되던 시대였다.

③ **위하시대**: 고대국가에서 17세기까지를 위하의 시대로 분류하는데, 이 시기에는 형벌의 국가화가 이루어졌으며, 일반예방주의가 강조되어 준엄한 형벌의 집행을 통해 일반인에 대한 위협과 경고를 하는 형태였다.

④ **박애시대**: 시민 혁명기를 거치며 나타난 양상으로 계몽주의, 민주주의, 법치주의 등을 기반으로 하며 개인의 자유와 인권을 중시하게 된다. 또한 범죄행위를 처벌하기 위해서는 법률이 반드시 있어야 한다는 죄형법정주의가 확립되었고 응보형 주의를 강조하던 시기이다.

▶ **경업피지의무**
특정자의 영업과 동종의 영업을 하거나 서로 경쟁하지 아니할 부작위 의무를 말한다. 상법은 영업주와 상업사용인 간 신뢰관계유지와 영업주의 이익보호를 위하여 영업주의 허락없이 자기 또는 제삼자의 계산으로 영업주의 영업부류에 속한 거래를 하지 못하도록 규정하고 있다(상법 제17조).

⑤ 과학시대 : 범죄의 양상이 다양화됨에 따라 범죄원인에 대한 실증적 연구가 강조되고 있다. 또한, 형법은 처벌보다는 범인을 재사회화시켜 사회로 복귀시켜야 한다는 특별예방 주의가 강조되고 있다.

(3) 형법의 성격

① 가설적 규범 : 일정한 범죄를 조건으로 하여 이에 대한 법률 효과로서 일정한 형벌을 과할 것을 가설적으로 규정하는 규범이다.
② 평가규범 · 의사결정규범 : 범죄에 대해 형벌을 과할 것을 규정함으로써 그러한 범죄행위를 무가치하고 위법한 것으로 평가하고, 이러한 행위를 할 것을 결의해서는 아니 된다는 의사결정에 있어서의 기준을 준다.
③ 행위규범 · 재판규범 : 국민의 행위의 준칙이 되며, 법관의 재판준칙으로 작용한다.

(4) 형법의 기능

① 법익 보호기능 : 범죄라는 법익 침해행위에 대하여 형벌을 과함으로써 국민의 법익을 보호한다.
② 보장적 기능 : 국가 형벌권의 한계를 명확히 하여, 국가형벌권의 자의적 행사로부터 국민의 자유와 권리를 보장하는 기능을 말한다.
③ 사회윤리적 행위가치 보호기능 : 형법에서 금지하는 행위를 하는 경우에 이러한 행위는 이미 보호받을 가치가 없으므로 처벌을 가하게 된다.

(5) 죄형법정주의

① 법언 : "법률 없으면 범죄 없고 형벌 없다."는 법언이 죄형법정주의를 나타내고 있다.
② 개념 : 아무리 사회적으로 비난받아 마땅한 행위를 저질렀다 하더라도 법률이 없으면 처벌할 수 없다. 즉, 죄형법정주의란 어떤 행위가 범죄가 되는지, 그러한 범죄를 저지르면 어떤 처벌을 받는지가 미리 성문의 법률에 규정되어 있어야 한다는 원칙을 말한다.
③ 죄형법정주의 기능 : 국가 형벌권의 확장을 막고 형벌권의 자의적인 행사로부터 국민의 자유와 인권을 보장하기 위한 형법의 최고 원리이다.
④ 죄형법정주의의 내용 : 죄형법정주의의 내용은 다섯 가지로 구성되어 있다. 관습형법 금지의 원칙(성문법주의), 명확성의 원칙, 유추해석 금지의 원칙, 형벌불소급의 원칙, 적정성의 원칙이 그것이다.
⑤ 관습형법 금지의 원칙
　㉠ 개념 : 성문법주의와 같은 의미이다. 법관이 적용할 형벌에 관한 법은 국회에서 제정한 성문의 법률뿐이고 관습법과 같은 불문법에 적용해서는 안 된다는 원칙이다.

▶ 법익 보호기능과 사회윤리적 행위가치 보호기능의 비교

	법익 보호기능	사회윤리적 행위가치 보호기능
형법	평가규범	의사결정규범
범죄	법익침해	의무위반
불법	결과반가치	행위반가치

check

▶ 관습법이 허용되는 경우
• 수리방해죄의 수리권의 근거
• 부진정부작위범의 보증인 지위
• 위법성의 판단
• 형법 제20조의 사회상규
• 배임죄에서 타인의 사무를 처리하는 원인
• 관습법에 의한 성문형법규정의 폐지·구성요건의 축소, 형의 감경, 위법성 조각사유, 인적 처벌 조각사유의 인정

▶ 명확성 원칙의 위반
'건전한 국민감정을 해치는 행위', '민주주의적 사회질서의 원칙을 침해하는 행위', 형벌의 종류와 형기를 정하지 않은 '처벌한다.' '징역에 처한다.' 등

ⓛ 쟁점(위임입법의 한계와 유리한 관습법의 허용) : 사회현상은 복잡하게 변하기 때문에 법률이 그때마다 계속 추가·수정된다면 법적안정성이 보장될 수 없다. 따라서 명령·규칙 등 하위법규에 위임할 필요성이 있다. 위임입법이 허용되기 위해서는 긴급한 필요가 있거나 미리 법률로 자세히 정할 수 없는 부득이한 사정이 있는 경우에 한하여 위임하는 법률이 어떤 행위가 처벌 대상인지 명확히 정하고, 형벌의 종류 및 그 사항과 폭을 명확히 규정하는 것을 전제로 허용되며 포괄위임 입법은 금지된다. 또한 관습형법 금지의 원칙은 관습법에 의하여 새로운 구성요건을 창설하거나 형벌과 보안처분을 가중하는 즉, 행위자에게 불리한 경우에는 금지된다는 것을 의미한다. 관습법이 성문형법규정의 해석에 영향을 미치는 보충적 관습법과 행위자에 유리한 관습법을 적용하는 것은 죄형법정주의의 취지에 반하지 않으므로 허용된다.

⑥ 명확성의 원칙

㉠ 개념 : 명확성의 원칙이란 법관의 자의적 해석이 작용하지 않도록 범죄의 구성요건과 형사제재에 관한 규정을 구체적으로 명확하게 규정하여야 한다는 원칙이다.

㉡ 명확성의 판단기준 : 통상의 판단능력을 가진 일반인이 합리적으로 판단할 때 무엇이 금지되어 있는가를 예견할 수 있어야 한다.

㉢ 쟁점(절대적 부정기형 금지) : 절대적 부정기형이란 형의 장기와 단기가 전혀 정해지지 않은 형벌로 법적 안정성과 인권을 침해할 요소가 있기 때문에 죄형법정주의에 위배된다.

⑦ 유추해석 금지 원칙

㉠ 개념 : 형벌과 관련하여 법률에 규정이 없는데도 불구하고 그것과 유사한 성질을 갖는 사항에 관한 법률을 적용시켜서는 안 되며, 엄격하게 해석하여 해석자인 수사기관, 재판기관이 자의적으로 해석을 하여서는 안 된다는 원칙이다.

㉡ 쟁점(유리한 유추해석) : 유추해석을 금지하는 것은 피고인에게 불리한 경우에만 해당되고 유리한 유추적용은 허용된다. 또한 소송법 규정의 경우 유추해석이 인정된다.

⑧ 형벌 불소급의 원칙

㉠ 개념 : 형벌 법규는 그 시행 이후에 이루어진 행위에 대해서만 적용되고, 시행 이전의 행위에까지 소급하여 적용할 수 없다는 원칙이다. 소급효 금지의 원칙은 법적 안정성과 법률의 예측 가능성을 담보하는 법치국가의 이념에 그 근거가 있다.

ⓛ 쟁점(유리한 소급효) : 소급효 금지의 원칙은 행위자에게 불리한 사후법의 소급효를 금지함을 그 내용으로 한다. 따라서 행위자에게 유리한 법률의 소급효는 인정된다. 또한 이 원칙은 실체법에만 적용되는 원칙이므로 절차법인 소송법에는 적용되지 않으며, 보호관찰의 경우에도 과거의 불법에 대한 제재가 아니라 장래의 위험성으로부터 행위자와 사회를 보호하기 위한 조치이므로 소급효 금지의 원칙이 적용되지 않는다. 형법 제1조 제2항 "범죄 후 법률의 변경에 의하여 그 행위가 범죄를 구성하지 아니하거나 형이 구법보다 경한 때에는 신법에 의한다."와 제3항 "재판확정 후 법률의 변경에 의하여 그 행위가 범죄를 구성하지 아니하는 때에는 형의 집행을 면제한다."라는 규정에서 보듯, 유리한 법률의 소급효는 가능하다는 것을 알 수 있다.

⑨ **적정성의 원칙** : 범죄행위와 형벌 간에는 적당한 균형이 맞아야 한다는 원칙이다. 이는 실질적 의미의 죄형법정주의를 실현하기 위한 것으로 입법자의 자의에 의한 형벌권의 남용을 방지하는 역할을 하고 있다. 이 원칙은 헌법의 과잉금지의 원칙, 비례의 원칙에서 도출될 수 있다.

(6) 형법 이론

① **고전학파(구파)의 이론** : 구파는 범죄인의 행위에 중점을 두고 발전시킨 이론으로 18세기 계몽철학의 산물인 개인주의, 자유주의 사상을 배경으로 하고 있다. Beccaria 내지 Kant의 학설을 바탕으로 한 개인본위의 형법이론으로 응보형주의와 객관주의를 기초로 한다. 대표적 학자로는 Hegel, Feuerbach, Binding이 있다.

② **근대학파(신파)의 이론** : 구파가 범죄인의 행위에 중점을 두었다면, 신파는 범죄인의 성격을 대상으로 연구하였다. 19세기 중엽 이후 자본주의의 모순이 심화됨에 따라 범죄 중에서도 특히 누범과 소년범이 급증하자, 당시 발달한 자연과학적 방법을 사용하여 범죄인을 실증적으로 연구함으로써 범죄원인을 규명하고 형사정책에 새로운 국면을 개척한 학파로서, 목적형주의와 주관주의를 기초로 한다. 대표적 학자로는 Lombroso, Ferri, Garofalo 등이 있다.

(7) 형벌 이론

① **응보형주의와 목적형주의**

ⓘ **응보형주의** : 응보형주의에 의하면 형벌의 목적은 범죄라고 하는 과거의 사실에 대하여 응보를 하는 데 있다고 본다. 응보형주의는 형벌은 다른 목적을 가지고 부과되는 것이 아닌 그 자체가 목적이라는 견해로 절대주의라고도 한다.

ⓛ **목적형주의** : 목적형주의에 의하면 형벌은 범죄라고 하는 법익침해 사실에 대하여 공동생활의 안전을 확보하는 데 있다고 주장한다. 형벌을 범죄에 대한 사회방위의 수단으로 보기 때문에 사회방위설이라고도 하며, 결국 형벌에 의한 사회방위는 범죄인을 교육하여 선량한 사회인으로 만드는 것을 가장 좋은 방법으로 본다.

② **일반예방주의와 특별예방주의**

구분	일반예방주의	특별예방주의
범죄원인	인간에게는 자유의사가 있기 때문	사회적, 심리적, 신체적 요인의 변화에 따라 자유의사와는 무관하게 환경에 의해 결정
목적	범죄행위에 대한 처벌	범죄인의 교정, 교화
처벌강도	범죄가 초래한 객관적 손해의 정도에 따라 나타난 결과 중시	행위자의 주관적 악성 정도 고려
처벌시각	응보형	교육형
처벌	정기형 부과 강조	집행유예, 선고유예, 가석방 활용

(8) 범죄이론

① **객관주의** : 범죄는 자유의사에 의한 법익침해이며, 자유의사는 개개인이 평등하게 구비하고 있으므로 형벌은 범죄라고 하는 외부에 나타난 행위에 의하여 결정되어야 한다는 입장이다.

② **주관주의** : 범죄란 범죄인의 소질과 환경에 의하여 이미 결정된 반사회적 성격의 징표라고 본다. 따라서 행위자의 반사회적 성격, 범죄적 위험성을 형벌적 평가의 대상으로 하고 형벌의 종류와 경중도 이에 상응해야 한다고 본다.

---

02 범죄론

(1) 서설

① **범죄의 의의** : 법에 의하여 보호되는 이익을 침해하고(법익침해성), 사회의 안전과 질서를 문란하게 하는 반사회적 행위(반사회성)로 법에 규정되어 있는 것을 범죄라고 하고 이러한 범죄를 행한 사람을 범죄자라고 한다.

② **범죄의 개념 유형**

ⓛ **형식적 범죄 개념** : 법률에 규정된 구성요건에 해당하며, 위법성이 있고 책임이 있는 인간의 행위를 형식적 의미의 범죄라 한다.

ⓛ 실질적 범죄 개념 : 사회에 해롭고 사회 공동체의 유지에 본질적인 법익을 침해하는 행위를 실질적 의미의 범죄라 한다. 실질적 범죄 개념은 범죄의 구체적 기준을 정의내리기 힘들다는 단점이 있다.

ⓒ 양자의 관계 : 형식적 범죄 개념은 범죄에 대해 형식적이고 구체적인 정의를 내려줌으로써 체계화를 가능하게 하며 실질적 범죄개념은 형식적 범죄개념에서 빠진 부분을 보충해 줌으로써 상호 보완적 기능을 하게 된다.

③ 처벌법규 : 형법에 규정된 각종의 행위가 대표적인 범죄가 되는 것은 사실이지만, 그 외의 경범죄처벌법, 도로교통법, 폭력행위 등 처벌에 관한 법률, 특정범죄 가중처벌법 등의 개별 법률에서도 형벌이 규정되어 있으면 해당 법에 규정된 그러한 행위는 모두 범죄가 된다.

④ 범죄 유형

ㄱ 의의 : 형법에는 수많은 범죄와 그에 대한 처벌절차에 대해 규정해 놓고 있는데, 이것을 몇 가지 유형으로 분류할 수 있다.

ⓛ 개인적 법익에 관한 범죄 : 개인의 법익을 침해하는 범죄이다.

유형	주요 내용
생명과 신체에 대한 죄	살인죄, 상해죄, 폭행죄, 과실치사죄, 낙태죄, 유기죄, 학대죄
자유에 관한 죄	협박죄, 강요죄, 체포·감금죄, 강간죄, 강제추행죄, 유괴죄
명예와 신용에 관한 죄	명예훼손죄, 모욕죄
사생활의 평온에 대한 죄	비밀침해죄, 주거침입죄
재산에 대한 죄	절도죄, 강도죄, 공갈죄, 횡령죄, 배임죄, 장물죄, 재물·문서 손괴죄, 권리행사방해죄

ⓒ 사회적 법익에 관한 범죄 : 개인의 법익을 넘어서 사회 전체의 질서를 위협하는 범죄이다. 방화죄, 폭발물사용죄, 교통방해죄, 통화 위조·변조죄, 유가증권 위조·변조죄, 사문서 위조·변조죄, 공문서 위조·변조죄 등이 있다.

ⓔ 국가적 법익을 침해하는 범죄 : 국가의 기강을 어지럽히거나 국가의 존립을 위태롭게 하는 범죄로서 내란죄, 외환유치죄 등이 해당한다.

ⓜ 친고죄와 반의사불벌죄 : 친고죄란 공소제기를 하기 위해서 피해자 기타 고소권자의 고소가 있을 것을 요하는 범죄로 모욕죄, 사자명예훼손죄, 비밀침해죄, 업무상 비밀누설죄가 해당된다. 반의사불벌죄란 피해자의 의사와 관계없이 공소제기를 할 수 있으나, 피해자가 처벌을 원하지 않는다는 의사를 명시적으로 밝힌 경우에는 처벌을 할 수 없는 범죄를 의미한다. 반의사불벌죄에는 폭행죄, 협박죄, 과실치상죄, 명예훼손죄가 해당된다.

▶ 범죄성립요건
어떤 행위에 대하여 범죄가 성립
되었다고 규범적 평가를 하기 위
하여서는 구성요건해당성, 위법
성, 책임이 있어야 하는데, 이를
범죄성립의 3요소라고 한다.

▶ 진정부작위범
부작위로써 명령규범을 내용으로
하는 부작위범의 구성요건을 실
현하는 범죄를 말한다. 예) 다중
불해산죄, 퇴거불응죄

▶ 부진정부작위범
부작위로써 금지규범을 내용으로
하는 작위범의 구성요건을 실현
하는 범죄를 말한다. 예) 살인죄

▶ 보증인 지위
일정한 법익과 특수하고도 밀접
한 관계를 맺고 있어서 그 법익
이 침해되지 않도록 보증 또는
보장해 주어야 할 지위.
형법 제18조는 보증인을 "위험의
발생을 방지할 의무가 있는자"라
고 표현하고 있다.

▶ 보증인 의무
보증인의 지위로부터 발생하는 결
과 발생 방지의무를 말한다. 보
증인 의무는 법적 의무여야 하며,
행위자의 신분상의 지위로 인하여
주어진 특별한 의무여야 한다.

(2) 구성요건 해당성

① 의의 : 구체적인 행위사실이 추상적인 법조(法條)에 부합하는 성질을 말한다.

② 구성요건적 행위

  ㉠ 행위의 개념 : 행위라 함은 행위자의 의사에 기한 신체적 동작 내지 태도를 말하고 의사의 객관화 또는 외부적 실현이라 할 수 있다. 행위에는 작위와 부작위가 포함된다.

  ㉡ 부작위범

    • 의의 : 법규범이 요구하는 일정한 행위를 이행하지 않음으로써 성립하는 범죄를 부작위범이라 한다.

    • 종류

      – 진정부작위범 : 부작위 그 자체로 성립하는 범죄이다. 예를 들면 퇴거불응죄가 진정부작위범에 해당한다.

      – 부진정부작위범 : 구성요건 그 자체가 작위에 의하여 범할 것을 예상하고 규정되어 있음에도 불구하고 부작위에 의하여 그 구성요건을 실현하는 범죄를 말한다. 예를 들면 부모가 물에 빠진 아기를 구하지 않거나 젖을 주어야 할 유아를 굶겨 사망한 경우 부작위에 의한 살인이 된다. 부진정부작위범이 성립하기 위해서는 부작위에 의한 범행이 작위에 의한 구성요건의 실현과 같이 평가될 수 있는 동치성과 보증인 지위, 보증인 의무가 있어야 한다.

③ 고의

  ㉠ 의의 : 고의란 지적 요소로는 객관적 행위상황을 인식하고 의지적 요소로서는 구성요건을 실현하려는 의사를 말한다. 행위의 방향을 결정하는 행위의 사로서의 고의는 구성요건 요소가 되며, 법질서에 반하여 잘못된 결정을 하였다는 심정반가치로서는 책임요소가 된다. 구성요건적 고의가 인정되면 원칙적으로 책임고의는 추정된다.

  ㉡ 고의의 형태

    • 확정적 고의 : 범죄사실에 대한 확정적 인식·예견이 있는 경우의 고의를 의미한다.

    • 불확정적 고의 : 범죄사실에 대한 인식·예견이 불확실한 경우의 고의를 의미한다.

      – 개괄적 고의 : 일정한 범위 내에서, 객체 중에서 어느 하나 또는 그 이상에 대한 인식·예견이 있는 경우의 고의를 의미한다.

      – 택일적 고의 : 두 개의 객체 중에서 어느 하나에 대한 인식·예견이 있는 경우의 고의를 의미한다.

      – 미필적 고의 : 결과의 발생 그 자체는 불확정하나 행위자가 결과발생의 가능성을 인식하는 경우의 고의를 의미한다.

  ㉢ 효과 : 고의 없는 행위는 원칙적으로 범죄가 성립하지 않는다.

④ 과실

　　㉠ 의의 : 정상의 주의를 태만히 한 부주의로 범죄사실을 인식하지 못한 것을 말한다. 즉, 범죄사실의 인식이 없고 따라서 사실의 발생에 대한 의욕도 없지만 부주의로 인하여 결과를 발생케 하였을 때 성립한다.

　　㉡ 과실의 형태

　　　• 사실적 과실과 법률적 과실 : 사실적 과실은 범죄사실을 부주의로 인하여 인식하지 못한 경우이며, 법률적 과실은 부주의로 위법임을 인식하지 못한 경우의 과실을 의미한다.

　　　• 일반의 과실과 업무상 과실 : 일반의 과실은 사회 평균인들의 기준에서의 과실을 의미하고, 업무상 과실은 일정한 업무에 종사하는 자가 그 업무상 요구되는 주의를 태만히 하는 경우의 과실을 의미한다.

　　　• 경과실과 중과실 : 주의의무 위반의 정도가 보통인 경우의 과실을 경과실, 주의의무 위반의 정도가 큰 경우의 과실은 중과실을 의미한다.

　　　• 인식 있는 과실과 인식 없는 과실 : 인식 있는 과실은 범죄사실의 일부를 인식한 경우의 과실이며, 인식 없는 과실은 범죄사실을 전혀 인식하지 못한 경우의 과실을 의미한다.

　　㉢ 객관적 주의의무의 제한 원리

　　　• 허용된 위험 : 일정한 생활범위에 있어서는 비록 예견할 수 있고 회피할 수 있는 위험이라고 할지라도 행위자가 결과를 회피하기 위한 조치를 충분히 하였다면 비록 법익침해의 결과가 발생하였을지라도 전적으로 이를 금지할 수 없는 것이 있는데 이를 허용된 위험이라고 한다. 예를 들어 공장시설의 운용, 과학실험, 광산의 채굴 등이 있다.

　　　• 신뢰의 원칙 : 교통규칙을 준수하는 운전자는 다른 관여자들도 교통규칙을 준수할 것을 신뢰해도 좋고, 다른 관여자들이 교통규칙을 위반하는 경우까지 예상하여 이에 대한 방어조치를 할 의무는 없다는 원칙을 말한다. 이는 허용된 위험의 특별한 경우에 해당하며 최근에는 교통사고뿐만 아니라 의료사고 등 다수의 협력이 필요한 분야에도 확대 적용되고 있다. 신뢰의 원칙은 과실범의 구성요건 해당성을 배제하는 원칙으로서 기능하는데, 상대방의 규칙위반을 이미 인식한 경우, 유아 노인 등 상대방의 규칙준수를 신뢰할 수 없는 경우, 운전자가 스스로 교통규칙을 위반하는 경우에는 적용이 제한된다.

　　㉣ 효과 : 과실범은 원칙적으로 처벌되지 않으며 법률에 특별한 규정이 있는 경우에만 예외적으로 처벌한다.

⑤ 인과관계 : 결과범에 있어서 발생된 결과를 그에 선행하는 일정한 행위에 의해 발생한 것이라고 귀속시키는 데 필요한 행위와 결과 간의 관계를 인과관계라 한다.

---

check

▶ 상당 인과관계설
사회생활상 일반적인 생활 경험에 비추어 그러한 행위로부터 그러한 결과가 발생하는 것이 인정될 때, 그 행위와 결과 사이의 인과 관계를 인정하는 것
[사례]
교사가 학생을 훈계하는 과정에서 뺨을 때렸는데 평소 허약한 체질이고 두개골의 두께가 정상적인 사람보다 얇은 피해 학생은 그로 인해 뒤로 넘어져 사망한 사건에 대해서 법원은 "교사가 행위 당시에 사망의 결과를 예측할 수 없었다."고 판시하여 인과관계를 인정하지 않음

(3) 위법성

① **개념**: 구성요건에 해당하는 행위가 사회전체의 법질서에 비추어 보았을 때 부정적 행위라고 평가되는 것이다.

② **위법성 평가 방법**: 위법성이 있는지를 평가할 때는 구성요건에 해당하는 행위에 정당성이 있었는지를 검토하게 된다. 즉, 위법성 조각 사유가 있다면 위법성이 배제된다. 위법성에 대한 판단은 구성요건 해당성과는 달리 죄형법정주의의 엄격한 구속을 받지 않으며, 관습법도 기준이 될 수 있다.

③ **위법성 조각사유**: 구성요건에 해당하는 행위의 위법성을 배제하는 특별한 사유를 의미하며 정당행위, 정당방위, 긴급피난, 자구행위, 피해자의 승낙 등이 있다.

④ **정당방위**

구분(형법)	내용
정당방위 (제21조 제1항)	자기 또는 타인의 법익에 대한 현재의 부당한 침해를 방지하기 위한 상당한 이유가 있는 행위로 위법성이 조각된다. 법은 불법에 양보할 필요가 없다는 명제를 기본사상으로 하고 있으며, 자기보호의 원리와 법수호의 원리에 근거하고 있다. 정당방위가 성립하기 위해서는 객관적으로는 자기 또는 타인의 법익에 대한 현재의 부당한 침해가 있어야 하며 주관적으로는 방위의사가 필요하며 상당성을 갖춘 방위행위일 것이 필요하다. 여기서 상당성은 방위행위의 필요성과 요구성이 있어야 한다. 정당방위에서 방위행위의 상대방은 침해자 및 그 도구에 대해서만 가능하며, 제3자에 대한 반격은 긴급피난만이 가능하다는 것이 통설이다.
과잉방위 (제21조 제2항, 제3항)	방위행위가 그 정도를 초과한 경우는 정황에 의하여 그 형을 감경 또는 면제하며 이때 야간, 기타 불안스러운 상태에서 공포, 경악, 흥분 또는 당황으로 인한 때에는 벌하지 아니함
오상방위	정당방위의 객관적 전제사실이 존재하지 않음에도 불구하고 행위자는 그것이 존재하는 것으로 오인하여 방위행위를 한 경우로 과실범으로 처벌될 수 있음
오상과잉방위	오상방위에 과잉방위가 결합한 형태로 방위자가 현재의 부당한 침해가 없었음에도 불구하고 있다고 오인하였고, 상당성도 초과한 경우로 과실범으로 처벌될 수 있음

▶ 과잉방위와 오상방위

	과잉방위	오상방위
정당방위 상황	존재	부존재
상당성	결여	인정
법적 효과	책임 감소 소멸	과실범

⑤ 긴급피난

구분(형법)	내용
긴급피난 (제22조 제1항, 제2항)	자기 또는 타인의 법익에 대한 현재의 위난을 피하기 위한 행위로 상당한 이유가 있는 행위는 위법성이 조각되는 경우이다. 위난을 피하지 못한 책임이 있는 자에 대하여는 적용하지 않는다.
과잉피난 (제22조 제3항)	피난행위가 그 정도를 초과한 경우는 정황에 의하여 그 형을 감경 또는 면제하며 이때 야간, 기타 불안스러운 상태에서 공포, 경악, 흥분 또는 당황으로 인한 때에는 벌하지 아니함
의무의 충돌	여러 개의 의무를 동시에 이행할 수 없는 긴급상태에서 그 중 한 의무를 이행하고 다른 의무를 불이행한 결과 방치한 의무불이행이 구성요건에 해당하는 가벌적 행위가 된 경우를 말한다. 의무의 충돌의 요건을 구비한 경우 부작위가 범죄의 구성요건에 해당하지만 위법성이 조각된다.

check

▶ 과잉피난과 오상피난

	과잉피난	오상피난
긴급피난 상황	존재	부존재
상당성	결여	인정
법적 효과	책임 감소 소멸	과실범

⑥ 자구행위

구분(형법)	내용
개념 (제23조 제1항)	권리자가 권리에 대한 불법한 침해를 받고 법정절차에 의하여 청구권을 보전하기 불가능한 경우 자력에 의하여 그 권리를 구제 보존하는 행위를 말한다. 자구행위의 요건을 구비한 경우 위법성이 조각된다.
과잉자구행위 (제23조 제2항)	자구행위가 그 정도를 초과한 경우는 정황에 의하여 그 형을 감경 또는 면제할 수 있음

⑦ 피해자의 승낙

구분(형법)	내용
개념(제24조)	법익의 주체가 타인에게 자기의 법익을 침해할 것을 허용할 경우 일정한 요건하에서 위법성을 조각시키는 경우이다. 피해자의 승낙이 성립하기 위해서는 법익을 처분할 수 있는 자의 유효한 승낙이 존재하고, 승낙에 의한 법익침해 행위가 있어야 하며, 침해행위는 상당성을 갖춰야 하며, 법률에 특별한 규정이 존재하지 않아야 한다.
양해	승낙이 구성요건 해당성 자체를 조각하는 경우로 주거침입죄, 절도죄 등은 양해를 구하면 구성요건 해당성이 없음
승낙으로 형이 감경되는 경우	보통살인죄에 비해 촉탁·승낙 살인죄의 감경, 일반 방화죄에 비해 자기소유물 방화죄의 감경 등

▶ 피해자의 승낙 성립 여부
ㄱ 진단상의 과실이 없었으면 당연히 설명 받았을 자궁 외 임신에 관한 내용을 설명 받지 못한 부녀의 수술승낙을 받았다면 이는 수술의 위법성을 조각할 유효한 승낙이라고 볼 수 없다.
ㄴ 동거중인 피해자의 지갑에서 현금을 꺼내 가는 것을 현장에서 목격하고도 만류하지 않은 경우 피해자의 승낙이 성립한다.

check
▶ 정당행위가 성립하지 않는 경우

㉠ 법정 절차 없이 피의자를 경찰서 보호실에 구금한 경우

㉡ 대공수사관이 상관의 명령에 따라 참고인을 고문 치사한 경우

㉢ 4세인 아들이 대소변을 못 가린다고 닭장에 가두고 전신을 구타한 경우

㉣ 피해자를 정신병원에 강제 입원시킨 경우

㉤ 종교적 신념에 반한다는 이유로 공공의 시설 내에 설치된 단군상을 철거한 경우

⑧ 정당행위

구분(형법)	내용
개념(제20조)	법령에 의한 행위, 업무로 인한 행위, 기타 사회상규에 위배되지 않는 행위
법령에 의한 행위	공무원의 직무집행행위(사형집행, 구속 등), 징계행위(학교장의 처벌, 친권자의 징계 등), 일반인의 현행범인 체포, 근로자의 쟁의행위
사회상규에 위배되지 않는 행위	판례는 사회상규에 대해 극히 정상적인 생활형태의 하나로 역사적으로 생성된 사회질서의 범위 안에 있는 의례적 행위라고 판시하였으며 개별적으로 판단함

⑨ 정당방위, 긴급피난, 자구행위 비교

구분	정당방위	긴급피난	자구행위
특징	현재의 침해(사람의 행위일 것)	현재의 위난(사람+동물 포함)	이미 침해된 청구권 보전
대응양상	위법한 침해에 대한 대응	위법·적법 침해 불문	위법한 침해에 대한 대응
상대방	직접적 침해자에게 행사	직접적 침해 당사자는 물론 제3자에게 가능	직접적 침해자에게 행사
보호대상	자신의 보호법익은 물론, 타인의 보호까지 포함		자신의 청구권 보전

(4) 책임성(유책성)

① **개념** : 책임성이란 사회규범이 요구하는 방향에 맞게 합법적으로 행동할 수 있었음에도 불구하고 불법을 결의하고 위법하게 행위하였다는 데 대하여 행위자에게 가해지는 비난가능성을 의미한다.

② **책임의 성질** : 행위자의 책임문제는 위법성이 확정된 후에 검토되며, 위법성이 사회전체의 법질서에 비추어 평가된다면 책임은 행위자에 대한 주관적 판단으로 개인적 특수성이 고려된다.

③ **책임주의** : 책임주의란 책임 없으면 범죄는 성립하지 않고, 형량도 책임의 크기에 따라 결정하여야 한다는 원칙을 의미하며 "책임 없으면 형벌 없다."로 표현할 수 있다.

④ **책임능력과 책임조각사유** : 책임능력이란 행위자가 법의 의미를 이해할 수 있는 판단능력과 이러한 판단에 따라 행동할 수 있는 의지적 능력을 의미한다. 책임을 질 수 없는 사유, 즉 책임조각사유가 있다면 범죄가 성립하지 않거나 형벌을 감경하게 된다.

⑤ 책임조각사유

구분(형법)	내용	효과
형사미성년자	만 14세 미만자의 행위	벌하지 않음
심신장애인	심신장애로 사물을 변별할 능력이 없거나 의사를 결정할 능력이 없는 자의 행위	벌하지 않음
	사물을 변별하거나 의사를 결정할 능력이 미약한 자	형을 감경
	위험의 발생을 예견하고 자의로 심신장애를 야기한 자의 행위	처벌
청각 및 언어 장애인	청각과 발음기능에 장애가 있는 자	형을 감경
강요된 행위	저항할 수 없는 폭력이나 자기 또는 친족의 생명, 신체에 대한 위해를 방어할 방법이 없는 협박에 의하여 강요된 행위	벌하지 않음
법률의 착오	자기의 행위가 법령에 의하여 죄가 되지 않은 것으로 오인한 경우	정당한 이유 있으면 벌하지 않음

(5) 미수범

① **미수와 예비** : 범죄의 실행에 착수하여 행위를 종료하지 못하였거나 결과가 발생하지 아니한 때, 이를 미수범이라 한다(제25조). 미수는 예비와 구별된다. 예비는 범의를 가지고 있으나 아직 실행의 착수에 이르지 않는 경우를 말한다. 다시 말하면 범죄를 행할 의사로써 그 준비를 하는 것인데, 원칙적으로 처벌되지 않으나 예외적으로 중대한 법익을 침해하려고 예비하는 경우에는 처벌된다.

② **형태**

　　㉠ **착수미수** : 범죄의 실행에 착수하였으나 실행행위를 종료하지 못한 경우

　　㉡ **실행미수** : 범죄의 실행행위를 종료했으나 결과가 발생하지 않은 경우

　　㉢ **장애미수** : 자의 이외의 원인에 의하여 실행에 착수한 행위를 실행하지 못하였거나 결과가 발생하지 않은 경우

　　㉣ **중지미수** : 자의로 실행에 착수한 행위를 실행하지 않았거나 결과의 발생을 방지한 경우

③ **처벌** : 미수범은 형법 각 본조에 처벌한다는 규정이 있는 경우에만 처벌되며(제29조), 그 형은 기수범보다 경감될 수 있다(제25조 제2항). 그러나 행위를 자의로 중지하거나 결과의 발생을 자의로 방치한 경우에는 형이 감경 또는 면제된다(제26조).

check

▶ 제9조(형사미성년자)
　14세 되지 아니한 자의 행위는 벌하지 아니한다.

▶ 제10조(심신장애인)
　① 심신장애로 인하여 사물을 변별할 능력이 없거나 의사를 결정할 능력이 없는 자의 행위는 벌하지 아니한다.
　② 심신장애로 인하여 전항의 능력이 미약한 자의 행위는 형을 감경한다.
　③ 위험의 발생을 예견하고 자의로 심신장애를 야기한 자의 행위에는 전2항의 규정을 적용하지 아니한다.

▶ 제11조(청각 및 언어 장애인)
　듣거나 말하는 데 모두 장애가 있는 사람의 행위에 대해서는 형을 감경한다.

▶ 제12조(강요된 행위)
　저항할 수 없는 폭력이나 자기 또는 친족의 생명 신체에 대한 위해를 방어할 방법이 없는 협박에 의하여 강요된 행위는 벌하지 아니한다.

(6) 불능범

① **의의** : 범죄의 실행에 착수하였으나 행위 그 자체의 성질상 또는 행위의 대상인 객체의 성질상 결과의 발생이 불가능한 경우를 말한다. 예를 들어 독약을 먹여 살해한다는 것을 실수로 음료수를 먹였다든가(수단의 착오), 남성을 여성이라고 착각하여 강간하려 하는 경우(대상의 착오)가 이에 속한다.

② **처벌** : 불능범은 처벌하지 않는 것이 원칙이지만 위험성이 있는 경우에는 처벌한다. 단, 형을 감경 또는 면제할 수 있다(제27조).

(7) 공범

① **공범의 의의** : 공범이란 구성요건상 단독범으로 규정되어 있는 범죄를 2인 이상이 협력·가공하여 범죄를 실현하는 경우를 말한다.

② **공범의 종류** : 공범의 종류에는 수인이 공동하지 않으면 범죄가 성립될 수 없는 경우를 필요적 공범(내란죄, 도박죄, 소요죄, 다중불해산죄 등)이라 하고, 단독으로 구성될 수 있는 범죄에 대하여 두 사람 이상이 공동하는 것을 임의적 공범이라 한다. 이때, 임의적 공범은 다시 공동정범·교사범·종범 등으로 구분한다.

③ **공동정범**(제30조)

ㄱ **공동정범의 의의** : 공동정범이란 2인 이상이 공동으로 범죄를 실행하는 것을 의미한다.

ㄴ **공동정범의 요건** : 주관적으로는 범죄의 실행을 공동으로 한다는 의사의 존재가 필요하고, 객관적으로는 실행행위의 공동이라는 사실의 존재가 필요하다.

ㄷ **공동정범의 처벌** : 각자를 그 죄의 정범으로 처벌한다.

④ **교사범**(제31조)

ㄱ **교사범의 의의** : 교사범이란 타인을 교사하여 범죄를 실행하게 하는 경우이다.

ㄴ **교사범의 요건** : 타인을 교사함을 요하고, 피교사자가 교사에 의하여 범죄의 실행을 결의하고 또 이 결의에 의하여 범죄의 실행으로 나아갈 것을 요한다.

ㄷ **교사범의 처벌** : 범죄를 실행한 자와 동일한 형으로 처벌한다.

⑤ **종범**(제32조)

ㄱ **종범의 의의** : 타인의 범죄실행을 방조하는 경우를 말하고, 방조범이라고도 한다.

ㄴ **종범의 요건** : 종범이 성립하기 위하여는 먼저 방조행위가 있어야 하고, 다음으로 정범, 즉 피방조자가 범죄의 실행행위를 할 것이 필요하다.

ㄷ **종범의 처벌** : 정범의 형보다 감경한다.

⑥ 동시범(제263조)
  ㉠ 동시범의 의의 : 동시범이란 2인 이상의 행위자가 그들 사이의 공동의 행위결의 없이 각자 같은 행위객체에 대하여 구성요건적 결과를 실현한 경우를 말한다.
  ㉡ 동시범의 요건
    • 2인 이상의 실행행위가 있어야 한다.
    • 행위자들 사이에는 범행을 공동으로 실행하려는 의사의 연락이 없어야 한다.
    • 행위객체가 동일할 것을 요한다.
    • 행위의 장소와 시간이 반드시 동일할 필요는 없다.
    • 결과발생의 원인된 행위가 판명되지 아니하여야 한다(미수범으로서 처벌한다).
  ㉢ 동시범의 특례 : 독립행위가 경합하여 상해의 결과를 발생하게 한 경우에 있어서 원인된 행위가 판명되지 아니한 때에는 공동정범으로 처벌한다(제263조).
⑦ 간접정범(제34조)
  ㉠ 의의 : 일반적으로 범죄로 인하여 처벌되지 않는 책임무능력자 또는 고의 없는 자를 이용하여 범죄를 실행하는 경우를 말한다.
  ㉡ 성립요건
    • 처벌되지 않는 자 또는 과실범으로 처벌되는 자를 이용할 것을 요한다.
    • 교사 또는 방조할 것
    • 범죄행위의 결과가 발생할 것
  ㉢ 처벌 : 간접정범은 교사·방조의 예에 의하여 처벌한다.

(8) 죄수(罪數)론

① 죄수론의 의의 : 범죄의 수가 1개인가 수 개인가는 형의 적용상 중대한 차이를 가져오고 형사소송법상으로도 공소의 효력, 기판력의 범위 등과 관련하여 중요한 의미를 갖는다. 이러한 필요성에 따라 범죄의 단·복과 그 법적 취급의 문제를 논하는 이론이 죄수론이다.

② 죄수결정의 표준
  ㉠ 행위표준설 : 자연적 의미의 행위가 1개인가 수 개인가에 따라 범죄의 단·복을 결정하려는 견해이다.
  ㉡ 법익표준설 : 범죄의 본질이 법익침해라는 관점에서 범죄의 수를 침해되는 법익의 수에 따라 결정하려는 견해이다.
  ㉢ 의사표준설 : 범죄의사의 수를 표준으로 하여 죄수를 결정하려는 견해이다.
  ㉣ 구성요건표준설 : 구성요건 해당사실의 단·복에 의하여 죄수를 결정하려는 견해이다.

③ **죄수취급의 제원칙**

  ㉠ **병과주의** : 각 죄에 대하여 독자적인 형을 확정한 후 이를 합한 형을 과하는 원칙을 의미한다.

  ㉡ **가중주의** : 각 범죄에 대한 개별적 형벌을 확인한 후 이들을 병과하려는 것이 아니라 개개의 형벌 중 가장 중한 죄에 정한 형을 가중하는 방법이다.

  ㉢ **흡수주의** : 여러 죄 중 가장 중한 죄에 정한 형을 적용하고 여타의 다른 죄에 정한 형은 이에 흡수시키는 원칙을 의미한다.

④ **경합범(실체적 경합범)(제37조)**

  ㉠ **의의** : 판결이 확정되지 아니한 수 개의 죄 또는 판결이 확정된 죄와 그 판결 확정 전에 범한 죄를 경합범이라 한다. 그러므로 수 개의 범죄가 동일 심급에서 같이 발각되어 동시에 심판의 목적이 되었을 때 이 수 개의 범죄는 경합범이 되고 또한 어떤 죄가 발각되어 확정판결이 있은 후에 그 확정판결 전에 범한 다른 죄가 발각되었을 때에도 경합범이 성립한다. 이와 같이 경합범은 1인이 죄를 범한 경우에 그 수죄가 법원에서 동시심판의 가능성이 있을 때에는 그것을 전체적으로 관찰하여 형의 적용에 있어서 적절한 고려를 하는 것이 타당하기 때문이다.

  ㉡ **처벌**
    • **경합범을 동시에 판결할 경우**
    - **원칙적 가중주의** : 사형 · 무기징역 · 무기금고 이외의 동종의 형인 때에는 가장 중한 죄에 정한 형의 장기 또는 다액의 2분의 1까지 가중한다.
    - **흡수주의** : 가장 중한 죄에 정한 형이 사형 · 무기징역 · 무기금고인 때에는 가장 중한 죄에 정한 형으로 처벌한다.
    - **병과주의** : 각 죄에 정한 형이 무기징역이나 무기금고 이외의 이종의 형인 때에는 병과한다. 또한 과료와 과료, 몰수와 몰수는 병과할 수 있다.
    • **경합범을 동시에 판결하지 않을 경우**
    - **판결을 받지 아니한 경합범** : 그 죄에 대하여 형을 선고
    - **경합범에 의한 판결의 선고를 받은 자가 경합범 중의 어떤 죄에 대하여 사면 또는 형의 집행이 면제된 때** : 다른 죄에 대하여 다시 형을 정하며, 형의 집행에 있어서는 이미 집행한 형기 통산

⑤ **상상적 경합(제40조)**

  ㉠ **의의** : 상상적 경합이란 1개의 행위가 수 개의 죄에 해당하는 경우를 의미한다.

  ㉡ **형태**
    • **이종의 상상적 경합** : 수 개의 죄가 그 죄명을 달리하는 경우
    • **동종의 상상적 경합** : 수 개의 죄가 그 죄명이 동일한 경우

  ㉢ **처벌** : 가장 중한 죄에 정한 형으로 처벌한다. 상상적 경합범은 실질적으로 수죄일 것이나 그것이 1개의 행위로 인하였다는 점에 착안하여 과형상(또는 처분상)의 일죄로서 그 중한 형으로 처벌된다.

⑥ 누범

    ㉠ 의의 : 확정판결을 종료한 범죄에 대하여 그 이후에 범한 범죄로써 일정한 요건하에 형이 가중되는 경우의 범죄를 말한다. 즉, 금고 이상의 형을 받아 그 집행을 종료하거나 면제를 받은 후 3년 이내에 금고 이상에 해당하는 죄를 범한 경우에 이를 누범이라 한다(제35조).

    ㉡ 요건
- 금고 이상의 형을 받을 것
- 집행을 종료하거나 면제를 받을 것
- 3년 이내에 금고 이상에 해당되는 죄를 범할 것

    ㉢ 처벌 : 동종의 범죄를 반복하느냐 이종의 범죄를 반복하느냐에 따라서 동종의 누범과 이종의 누범으로 구분된다. 누범의 형은 그 죄에 정한 형의 장기의 2배까지 가중한다.

03 형벌론

(1) 형벌의 의의

① 형벌의 개념 : 형벌이란 범죄의 구성요건을 충족한 자에 대하여 국가가 일정한 절차(형사 소송법)에 따라 부과하는 제재를 의미한다.

② 형벌의 본질 : 형벌이란 국가가 범죄행위에 대한 법률적 효과로서 범죄자에게 과하는 법익의 박탈이다. 즉, 형벌은 첫째로 국가가 범죄행위자에 대하여 권력으로써 강행하는 제재이므로 사인 간에 발생하는 손해배상이나 친자ㆍ사제 간의 징계 등과 구별되며, 둘째로 범죄에 대하여 과하는 것이므로(법률 없으면 형벌 없다) 행정법상의 의무위반에 대한 제재인 행정벌이나 특별권력관계에 있는 자에 대한 제재인 징계벌 등과도 구별된다.

③ 형벌의 목적

    ㉠ 범죄자에 대한 응징 : 고전주의에서 강조했던 내용으로, 일반예방주의와 맥락을 같이 한다.

    ㉡ 범죄자에 대한 교육 : 현대에 강조되는 목적으로, 범죄자를 건전한 사회인을 만들어 사회에 복귀시키려는 것으로 특별예방주의와 맥락을 같이 한다.

ⓒ 일반예방주의와 특별예방주의

구분	일반예방주의	특별예방주의
범죄원인	인간에게는 자유의사가 있기 때문	사회적·심리적·신체적 요인의 변화에 따라 자유의사와는 무관하게 환경에 의해 결정
목적	범죄 행위에 대한 처벌	범죄인의 교정·교화
처벌강도	범죄가 초래한 객관적 손해의 정도에 따라 나타난 결과 중시	행위자의 주관적 악성 정도 고려
처벌시각	응보형	교육형
처벌	정기형 부과 강조	집행유예, 선고유예, 가석방 활용

(2) **형벌의 종류**

① **형법규정** : 형법 제41조에 따라 사형, 징역, 금고, 구류, 자격상실, 자격정지, 벌금, 과료, 몰수가 있다.

② **형의 분류** : 사형은 생명형이라 하며, 징역, 금고, 구류를 자유형이라고 한다. 벌금, 과료, 몰수를 재산형이라 하며, 자격상실과 자격정지를 명예형이라 한다.

③ **생명형**

　ㄱ 개념 : 사형(死刑)을 의미하며 범죄자의 생명을 박탈하는 형벌로 사형집행은 교수로서 행하게 된다. 최고로 중한 형이며 그 존폐 여부가 쟁점이 된다.

　ㄴ 사형존폐논쟁

사형폐지론	사형찬성론
• 야만적, 잔혹한 형벌로 인간의 존엄과 가치를 박탈하여 헌법이념에 반함 • 일반인에 대한 경고적 효력 미약 • 오판에 대한 회복 불가능 • 형벌의 목적이 교육에 있다고 할 때, 목적에 부합하지 않음	• 생명 박탈에 대한 범죄 억제 효과 인정 • 극악한 범죄에 대한 사형은 적절 • 응보주의와 정의 관념에 합치

④ **자유형**

　ㄱ 개념 : 신체의 자유를 박탈하는 형벌로 징역, 금고, 구류가 있다.

ⓛ 징역, 금고, 구류의 구별

구분	징역	금고	구류
공통점	수형자를 교도소 내에 구치		
차이점	정역 부과	정역 부과 없음	
	유기(최대 50년), 무기		1일 이상 30일 미만

⑤ 재산형

  ㉠ 개념 : 재산의 박탈을 내용으로 하는 형벌로 벌금, 과료, 몰수가 있다.

  ㉡ 벌금, 과료, 몰수의 구별 : 벌금과 과료는 거의 흡사하지만 벌금은 과료보다 금액이 다액이다. 몰수란 유죄 판결을 선고할 때, 범죄 행위에 제공하였거나 제공하려고 한 물건, 또는 범죄로 말미암아 생겼거나 범죄로 인해 취득한 물건, 그 밖에 이러한 물건의 대가로 취득한 일체의 물건을 강제적으로 국가에 귀속시키는 것으로, 불가능한 경우에는 가액을 추징한다.

⑥ 명예형

  ㉠ 개념 : 명예 또는 자격을 박탈하는 형벌로 자격상실과 자격정지가 있다.

  ㉡ 자격상실과 자격정지 : 자격상실이란 법원으로부터 사형·무기징역이나 무기금고의 형을 선고 받으면 당연히 일정한 자격이 상실되는 형벌이다. 상실이 되는 자격은 형법에 규정되어 있다. 자격정지는 유기징역 또는 유기금고의 판결을 받을 경우 자격을 완전히 상실시키는 것이 아니라 일정기간 정지시킨다.

---

check

[자유형 관련 형법규정]

제42조 징역 또는 금고는 무기 또는 유기로 하고 유기는 1월 이상 30년 이하로 한다. 단, 유기징역 또는 유기금고에 대하여 형을 가중하는 때에는 50년까지로 한다.

제46조 구류는 1일 이상 30일 미만으로 한다.

제67조 징역은 교정시설에 수용하여 집행하며, 정해진 노역에 복무하게 한다.

제68조 금고와 구류는 교정시설에 수용하여 집행한다.

[명예형 관련 형법규정]

제43조 제1항 사형, 무기징역 또는 무기금고의 판결을 받은 자는 다음에 기재한 자격을 상실한다.

  1. 공무원이 되는 자격

  2. 공법상의 선거권과 피선거권

  3. 법률로 요건을 정한 공법상의 업무에 관한 자격

  4. 법인의 이사, 감사 또는 지배인 기타 법인의 업무에 관한 검사역이나 재산관리인이 되는 자격

제43조 제2항 유기징역 또는 유기금고의 판결을 받은 자는 그 형의 집행이 종료하거나 면제될 때까지 전항 제1호 내지 제3호(1-3호까지)에 기재된 자격이 정지된다. 다만, 다른 법률에 특별한 규정이 있는 경우에는 그 법률에 따른다.

[재산형 관련 형법규정]

제45조 벌금은 5만 원 이상으로 한다. 다만, 감경하는 경우에는 5만 원 미만으로 할 수 있다.

제47조 과료는 2천 원 이상 5만 원 미만으로 한다.

제48조 제1항 다음 각 호의 물건은 전부 또는 일부를 몰수할 수 있다.
1호 범죄행위에 제공하였거나 제공하려고 한 물건
2호 범죄행위로 인해 생긴 물건이거나 범죄행위로 취득한 물건
3호 범죄행위의 대가로 취득한 물건

제48조 제2항 전항에 기재한 물건을 몰수하기 불능한 때에는 그 가액을 추징한다.

제48조 제3항 특수기록매체 또는 유가증권의 일부가 몰수의 대상이 된 경우에는 그 부분을 폐기한다.

▶ 과료(科料)

범인으로부터 일정액의 금액을 징수하는 형벌로 벌금보다는 금액이 적고 비교적 경미한 범죄에 대해서 과해진다는 점에서 벌금과 다르다. 과료를 납입하지 아니한 자는 30일 미만의 기간 노역장에 유치하여 작업에 복무하게 한다(형법 제69조).

▶ 과태료(過怠料)

과료(過料)라고도 함. 과태료란 행정상의 질서위반행위에 대한 제재로서 일종의 금전벌을 말함.

예 전입한 날로부터 14일 이내에 신거주지 동사무소에 전입신고를 마쳐야 한다. 정당한 사유 없이 14일 이내 신고하지 않을 경우 2만 원 이상 4만 원 이하의 과태료가 부과된다.

⑦ 집행유예, 선고유예, 가석방

㉠ 집행유예

구분	내용
개념	유죄를 인정하여 형을 선고하되 일정한 요건 아래 형의 집행을 유예하고 문제없이 유예기간을 경과한 때에는 형 선고의 효력을 상실시키는 제도
요건	1. 3년 이하의 징역이나 금고 또는 500만 원 이하의 벌금의 형을 선고할 경우일 것 2. 정상에 참작할 만한 사유가 있을 것 3. 금고 이상의 형을 선고한 판결이 확정된 때부터 그 집행을 종료하거나 면제된 후 3년을 경과했을 것
보안처분	보호관찰, 사회봉사, 수강명령 가능
효과	집행유예의 선고를 받은 자가 유예기간 중 고의로 범한 죄로 금고 이상의 실형을 선고받아 그 판결이 확정된 때에는 집행유예의 선고는 효력을 잃는다. 집행유예의 선고를 받은 후 그 선고의 실효 또는 취소됨이 없이 유예기간을 경과한 때에는 형의 선고는 효력을 잃는다.
선고	1. 1년 이상 5년 이하의 범위 내에서 법원의 재량으로 집행유예 선고 2. 하나의 형의 일부에 대한 집행유예 불가. 단, 형을 병과할 경우에 그 형의 일부에 대하여 집행유예 가능
기간경과의 효과	실효 또는 취소됨이 없이 유예기간을 경과한 경우 형의 집행이 면제되고, 처음부터 형 선고의 법률적 효과가 없어지므로 전과자가 되지 아니함
실효 및 취소	1. 실효 : 유예기간 중 금고 이상의 실형을 선고받아 그 판결이 확정된 때 2. 취소 ① 집행유예선고 후 금고 이상의 형을 선고한 판결이 확정된 때부터 그 집행을 종료하거나 면제된 후 3년을 경과하지 아니한 사실이 발각된 때 ② 보호관찰, 사회봉사 또는 수강명령을 명한 집행유예를 받은 자가 준수사항이나 명령을 위반하고 그 정도가 무거운 때

ⓛ 선고유예

구분	내용
개념	경미한 범죄에 대하여 일정기간 형의 선고를 유예하고 문제없이 기간이 경과하면 면소된 것으로 간주하는 제도
요건	1. 1년 이하의 징역이나 금고, 자격정지 또는 벌금의 형을 선고할 경우일 것 2. 정상을 참작하여 개전의 정상이 현저한 때 3. 자격정지 이상의 형을 받은 전과가 없을 것
보안처분	재범방지를 위해 지도 및 원호가 필요한 때에는 보호관찰을 명할 수 있음
효과	형의 선고유예를 받은 날로부터 2년을 경과한 때에는 면소된 것으로 간주함
선고	판결여부는 법원의 재량에 속하며, 유예기간은 언제나 2년으로서 단축 불가
기간경과의 효과	형의 선고유예를 받은 날로부터 2년을 경과한 때에는 면소된 것으로 간주
실효 및 취소	1. 실효 : 유예기간 중 자격정지 이상의 형에 처한 판결이 확정되거나 자격정지 이상의 형에 처한 전과가 발견된 때에는 유예한 형을 선고 2. 취소 : 보호관찰을 명한 선고유예를 받은 자가 보호관찰기간 중에 준수사항을 위반하고 그 정도가 무거운 때 유예한 형을 선고

check

▶ 면소판결(免訴判決)
범죄는 성립하나 소송추행의 실익이 없어 소송을 종결시키는 형식재판을 말한다. 이에 대하여 무죄판결은 공소사실이 범죄로 되지 않거나 범죄사실의 증명이 없는 때 선고하는 실체판결이라는 점에서 서로 구별된다.

ⓒ 가석방

구분	내용
개념	자유형을 집행 받고 있는 자에게 조건부로 석방하고 문제없이 일정 기간 경과 시 형의 집행을 종료한 것으로 간주하는 제도
요건	1. 징역 또는 금고의 집행 중에 있는 자가 무기에 있어서는 20년, 유기에 있어서는 형기의 1/3을 경과할 것 2. 행상이 양호하여 개전의 정이 현저할 것 3. 벌금 또는 과료의 병과가 있는 때에는 그 금액을 완납할 것
보안처분	가석방 기간 동안 보호관찰을 받음
효과	형의 집행만 면제하기 때문에 형의 선고나 유죄판결 자체는 영향이 없음
가석방기간	무기형은 20년, 유기형은 남은 형기로 하되, 그 기간은 10년을 초과할 수 없다.
기간경과의 효과	가석방처분이 실효 또는 취소되지 않고 가석방기간을 경과한 때에는 형의 집행을 종료한 것으로 간주
실효 및 취소	1. 실효 : 가석방 중 금고 이상의 실형을 선고받아 그 판결이 확정된 때(단, 과실범 예외) 2. 취소 : 감시에 관한 규칙을 위배하거나 보호관찰의 준수사항을 위반하고 그 정도가 무거운 때

⑧ 보안처분

ⓐ 의의 : 보안처분이란 범죄인에 대해 형벌을 부과하기보다는 재범자가 되는 것을 방지하기 위해 범죄인을 교육하고 개선하며 치료하기 위한 처분으로, 형벌과는 구별된다.

ⓑ 보안처분의 종류 : 형법상 보안처분에는 집행유예 시의 보호관찰과 사회봉사·수강명령, 선고유예 및 가석방 시의 보호관찰이 있다. 형법 이외의 보안처분으로는 보안관찰법상 보안관찰처분, 치료감호법상의 치료감호처분, 소년법상 보호처분이 있다.

ⓒ 치료감호 : 심신장애 상태, 마약류·알코올이나 그 밖의 약물중독 상태, 정신성적(精神性的) 장애가 있는 상태 등에서 범죄행위를 한 자로서 재범(再犯)의 위험성이 있고 특수한 교육·개선 및 치료가 필요하다고 인정되는 자에 대하여 적절한 보호와 치료를 함으로써 재범을 방지하고 사회복귀를 촉진한다.

ⓓ 보호관찰 : 보호관찰이란 의무사항을 지킬 것을 조건으로 하여 자유로운 생활을 허용하는 대신 보호관찰기관의 지도나 감독을 받도록 함으로써 개선과 사회복귀를 도모하는 보안 처분을 의미한다.

▶ 보안처분
보안처분은 형벌이 아니므로 일사부재리나 법률 불소급의 원칙이 적용되지 않는다.

▶ 형법 제62조의 2(보호관찰, 사회봉사·수강명령)
① 형의 집행을 유예하는 경우에는 보호관찰을 받을 것을 명하거나 사회봉사 또는 수강을 명할 수 있다.

ⓜ **사회봉사 · 수강명령** : 사회봉사 명령이란 범인에게 일정시간 동안 무보수로 사회에 유익한 근로를 하도록 명령하는 것으로 고아원, 노인복지회관 등에서 무보수로 봉사하는 조건으로 형을 면제시켜 주는 예가 바로 그것이다. 수강명령이란 범죄인을 교화시키고 교육시키기 위해 일정한 기관에서 교육을 받도록 명하는 것이다. 마약사범이나 성폭력사범 등에게 주로 부과한다.

(3) 형의 양정

① 의의
  ㉠ 개념 : 형의 양정을 양형이라고도 하며 형법에 규정된 형벌의 종류와 범위 내에서 법관이 선고할 형벌의 종류와 양을 정하는 것을 의미한다.
  ㉡ 양형의 단계 : 양형은 법정형을 검토하고, 처단형을 통해 범위를 정하며 선고형으로 구체화된다.

② **법정형** : 형법상의 구성요건에 규정되어 있는 형벌을 의미한다. 즉, 법전에 규정된 조문이 법정형이다.

③ **처단형** : 법정형에 규정된 형벌의 종류가 선택되고 가중이나 감경이 행하여져서 '장기 5년 6개월 ~ 단기 1년 4개월의 징역' 등이 그 예이다. 처단의 범위가 구체화된 형을 의미한다.

④ **선고형** : 처단형의 범위가 정해졌기 때문에 범인의 연령, 지능, 환경, 피해자에 대한 관계, 동기, 수단, 결과, 범행 후의 정황 등 여러 정상을 참작하여 법관이 선고하는 형을 의미한다.

(4) 정보화 시대의 사이버 범죄

① **사이버 범죄의 개념** : 인터넷과 같은 정보 통신망으로 연결된 컴퓨터 시스템이나 이들을 매개로 한 사이버 공간을 이용하여 공공복리를 저해하고, 건전한 사이버 문화에 해를 끼치는 행위를 의미한다.

② **사이버 범죄의 특징** : 빠른 시간 안에 불특정 다수에게 많은 악영향을 미치며 사이버 공간이라는 특성상 정보 발신자의 특정이 어렵고, 전자 정보의 증거인멸 및 수정이 간단하기 때문에 범죄 수사에 어려움이 많다는 특징이 있다.

③ **사이버 범죄의 양상** : 인터넷을 통한 타인의 정보 누출, 각종 불법 음란 사이트, 명예 훼손, 전자 상거래를 이용한 사기, 저작권 침해 등 다양한 양상을 보이고 있다.

④ **사이버 범죄의 예방 기관** : 사이버 테러와 일반 사이버 범죄예방을 위해 사이버 범죄 수사대가 활동하고 있으며, 정보통신 매체로 인한 명예훼손에 대한 분쟁을 조정하기 위해 방송통신심의위원회에 명예훼손분쟁조정부를 운영하고 있다. 또한, 인터넷을 통한 각종 권리침해, 불법스팸에 대한 대응을 주 업무로 하는 한국인터넷진흥원이 활동하고 있다.

형사소송법

01 형사소송법의 기본 원리와 구조

(1) 형사소송법의 의의

① **형사사건과 형사소송법** : 형사사건이란 형법에 규정된 범죄를 적용하고 형벌을 부과하기 위한 사건을 의미하며 이러한 절차를 규율하는 법률이 형사소송법이다.

② **형사소송의 목적**

ㄱ. **실체적 진실 발견** : 실체적 진실주의란 법원이 당사자의 사실주장에 구속되지 않고 소송의 실체에 관하여 진상을 명백히 밝혀 올바른 사실을 규명하자는 원칙을 의미한다.

ㄴ. **적정한 소송절차의 확립** : 국가 형벌권의 행사는 헌법정신을 구현한 공정한 법정절차에 따라야 한다는 원칙으로 형사피고인의 인권보호와도 직결된다.

ㄷ. **신속한 재판의 원칙** : 재판은 가능한 한 신속히 진행되고 종료하여야 한다는 원칙으로 헌법 제27조 제3항에도 신속한 재판을 받을 권리를 보장하고 있다.

(2) 형사소송법의 원칙과 구조

① **형사소송법의 제원칙**

ㄱ. **실체적 진실주의와 형식적 진실주의**

- **실체적 진실주의** : 재판의 기초가 되는 사실의 인정에 대하여 객관적 진실을 추구하는 원칙으로 법원이 당사자의 사실에 대한 주장과 제출한 증거에 구속되지 않고 사실관계에 대한 진상을 규명하여 객관적으로 진실한 사실을 찾아내고자 하는 원칙을 의미한다.
- **형식적 진실주의** : 당사자가 주장하는 사실과 증거에 법원이 구속되어 이러한 내용을 기초로 사실을 인정하는 원칙을 의미한다.

ㄴ. **규문주의 · 탄핵주의**

- **규문주의** : 법원이 스스로 절차를 개시하여 심리 · 재판하는 원칙을 의미한다. 이때는 재판기관과 소추기관이 분리되지 않아 재판기관이 소추 없이 직권으로 절차를 개시하여 심리 및 재판을 진행한다.
- **탄핵주의** : 소추기관의 공소제기에 의하여 법원이 절차를 개시하는 원칙을 의미한다. 이때는 재판기관과 소추기관이 분리되어 소추기관의 소추가 있어야만 재판이 진행된다.

© 직권주의 · 당사자주의
- **직권주의** : 소송절차의 진행에 있어서 법관이 주도권을 가지고 적극적으로 소송행위를 하는 것을 말한다.
- **당사자주의** : 소송당사자에게 소송의 주도적 지위를 인정하여 당사자 사이의 공격과 방어를 통해 심리가 진행되고, 법원은 공평한 제3자적 입장에서 당사자의 주장과 입증을 판단하는 소송구조를 의미한다.

② **현행 형사소송법의 기본구조** : 우리 형사소송법은 실체적 진실발견주의를 원칙으로 하고 있으며 탄핵주의 소송구조를 취하고 있다. 또한 직권주의를 채택하면서도 영미법계통의 당사자주의를 도입하여 절충적 소송구조를 취하고 있다.

02 형사소송의 주체 및 절차

(1) 형사소송의 주체

① **의의** : 형사소송의 주체란 소송절차를 진행하는 과정에 있어서 주체적인 지위를 갖는 자로서 법원, 검사, 피고인, 변호인을 중심으로 전개된다.

② **법원** : 최고법원인 대법원과 고등법원, 지방법원으로 구성되어 있고, 특별법원으로는 군사법원이 있다. 법원의 구성은 1인의 법관으로 구성되는 단독제와 2인 이상으로 구성되는 합의제가 있다.

③ **검사** : 공소권을 행사하는 공익의 대표자로서 검사의 역할은 다음과 같다.
　㉠ 범죄수사, 공소제기와 그 유지에 필요한 행위
　㉡ 범죄수사에 관한 사법경찰관리의 지휘 및 감독
　㉢ 법원에 대한 법령의 정당한 적용의 청구
　㉣ 재판의 집행에 대한 지휘 및 감독

④ **피고인** : 피고인이란 검사에 의하여 법원에 공소가 제기된 자로 형사책임을 지게 되는 주체를 의미한다. 피고인은 공소제기 전의 지위인 피의자와는 구별된다.

⑤ **변호인** : 피고인 또는 피의자의 방어력을 보충하기 위하여 선임된 보조자를 의미한다. 다음의 경우에는 법원의 직권으로 국선변호인을 선정한다.
　㉠ 피고인이 미성년자인 때
　㉡ 피고인이 70세 이상인 때
　㉢ 피고인이 농아자인 때
　㉣ 피고인이 심신장애의 의심이 있는 때
　㉤ 피고인이 사형, 무기 또는 단기 3년 이상의 징역이나 금고에 해당하는 사건으로 기소된 때
　㉥ 피고인이 구속된 때

(2) 형사소송의 절차

① 형사소송절차 개요

단계	세부내용
범죄발생	사실관계 발생
수사	• 수사기관의 활동 : 현행범 체포, 불심 검문, 변사체 검시, 기사 • 타인의 제보 또는 자수 : 고소, 고발, 자수 • 체포 및 구속 적부 심사 청구 가능 • 구속된 경우 보증금 납입조건부 석방 가능
공소	공소에 의해 피의자는 피고인으로 지위 변경, 불고불리의 원칙
1심 공판	재판장의 신문과 증거 수집·증거조사, 판결
상소	1심 공판에 대한 불복 절차, 불이익 변경금지의 원칙

② 수사단계에서의 절차

㉠ 수사의 개념 : 수사란 수사기관이 형사사건에 관하여 범죄혐의의 유무를 명백히 하여 공소제기 여부를 결정하기 위해 범인을 발견·확보하고 증거를 수집 및 보전하는 활동을 의미한다.

㉡ 수사기관

구분	내용
개념	법률상 수사권한이 부여된 국가 기관
종류	• 검사 : 수사의 주재자 • 사법경찰관리 : 일반사법경찰관리, 특별사법경찰관리

▶ 고소와 고발의 비교

	고소	고발
주체	고소권자	제3자
대리	허용	불허
기간	친고죄 : 6개월 비친고제 : 제한없음	제한없음

㉢ 수사 개시 원인

원인	내용
수사 기관의 활동	• 현행범 체포 : 범죄 실행 및 실행 직후인 자 • 변사자 검시 : 사망이 범죄로 인한 것인지 여부가 불분명한 시체에 대한 조사 • 불심검문 : 거동이 수상한 자에 대해 질문을 통한 조사 • 기사 : 언론보도를 통한 수사 개시
타인의 제보, 자수	• 고소 : 피해자 또는 그와 일정한 관계에 있는 고소권자가 범죄사실을 신고하여 범인의 처벌을 구하는 의사표시를 하는 경우로 자기 또는 배우자의 직계존속에 대해서는 고소하지 못함 • 고발 : 누구든지 범죄가 있다고 판단되면 수사기관에 신고할 수 있음 • 자수 : 범인이 자신의 범죄사실을 신고하여 처벌을 희망하는 경우

㉣ 영장주의 : 체포, 구금, 압수·수색의 경우 검사의 신청에 의하여 법관이 발부한 영장을 제시해야 한다.

ⓜ 체포·구속 적부 심사 : 수사기관의 피의자에 대한 체포와 구속의 위법여부 또는 구속 계속의 필요성 유무를 법관이 심사하는 제도를 말한다.

ⓑ 보증금 납입 조건부 피의자 석방 제도 : 법원은 구속된 피의자에 대하여 구속 적부심사의 청구가 있는 경우 출석을 보증할 만한 보증금의 납입을 조건 으로 피의자의 석방을 명할 수 있다. 석방결정을 하는 경우 주거의 제한, 법원 또는 검사가 지정하는 장소에 출석할 의무 기타 적당한 조치를 부과 할 수 있다.

ⓢ 구속기간

• **수사기관의 구속기간** : 사법경찰관이 피의자를 구속한 때에는 10일 이내 에 피의자를 검사에게 인치하여야 한다. 검사가 피의자를 구속한 때 또는 사법경찰관으로부터 피의자의 인치를 받은 때에는 10일 이내에 공소를 제기하지 아니하면 석방해야 한다. 그러나 지방법원 판사의 허 가를 얻어 10일의 범위에서 구속기간을 연장할 수 있다.

• **법원의 구속기간** : 법원의 피고인 구속 기간은 2개월이지만, 특히 구속을 계속할 필요가 있는 경우에는 심급마다 2개월 단위로 2차에 한하여 결 정으로 갱신할 수 있다. 다만, 상소심(항소심, 상고심)만은 피고인 또 는 변호인이 신청한 증거의 조사, 상소이유를 보충하는 서면의 제출 등으로 추가심리가 필요한 부득이한 경우에는 3차에 한하여 갱신할 수 있다. 결국 법원이 피고인에 대하여 최장으로 구속할 수 있는 기간은 각 심급별로 6개월이 되어 총 18개월이다.

③ 공소제기

㉠ 공소의 개념 : 공소란 형벌부과를 위해 심판을 요구하는 행위를 의미한다.

㉡ 공소의 주체

구분	개념
국가소추주의	공소제기는 국가기관만 할 수 있음
기소독점주의	국가기관 중에서 검사만이 공소를 제기할 수 있음
기소편의주의	기소·불기소 여부는 재량으로 결정할 수 있음

㉢ 공소시효

구분	내용
개념	범죄행위가 종료한 후 공소가 제기되지 않고 일정기간 경과하 면 공소권을 소멸시키는 제도
인정이유	시간 경과로 사회적 관심 감소, 장기간 도피로 인한 범죄인의 고통 인정, 입증 곤란, 장기간 계속된 평온상태 존중

check

구분	내용
공소시효 기간	• 사형에 해당하는 범죄에는 25년 • 무기징역 또는 무기금고에 해당하는 범죄에는 15년 • 장기 10년 이상의 징역 또는 금고에 해당하는 범죄에는 10년 • 장기 10년 미만의 징역 또는 금고에 해당하는 범죄에는 7년 • 장기 5년 미만의 징역 또는 금고, 장기 10년 이상의 자격정지 또는 벌금에 해당하는 범죄에는 5년 • 장기 5년 이상의 자격정지에 해당하는 범죄에는 3년 • 장기 5년 미만의 자격정지, 구류, 과료 또는 몰수에 해당하는 범죄에는 1년

ⓔ 공소제기 효과 : 검사의 지배하에서 법원의 관할로 넘어가며 범인은 피의자에서 피고인으로 지위가 변경됨에 따라 방어권자로서 일정한 권리가 부여된다.

ⓜ 불고불리의 원칙 : 검사의 공소제기가 없다면 법원이 심판할 수 없으며 공소가 제기되어 심판을 하는 경우에도 검사가 공소제기한 사실에 한정되어야한다는 원칙을 의미한다.

④ 1심 공판절차

구분	내용
인정신문	재판장은 피고인의 성명, 연령, 등록기준지, 주거, 직업을 물어 피고인이 틀림없음을 확인
검사의 모두 진술	검사는 공소장에 기재된 공소사실·죄명 및 적용 법조를 낭독
피고인신문	피고인에게 이익이 되는 사실을 진술할 기회 부여
증거조사	각종 증거를 조사하여 범죄사실의 유무를 결정

⑤ 유죄와 무죄판결

ㄱ 개념 : 유죄판결이란 피고사건에 대하여 범죄의 증명이 있다고 판단되는 경우이며 무죄란 피고사건이 범죄를 구성하지 않거나 범죄사실의 증명이 없는 경우이다.

ㄴ 유죄판결의 형식 : 유죄판결에는 반드시 재판의 이유를 명시해야 하며, 형을 선고한 때에는 범죄사실, 증거의 요지, 적용되는 법령을 명시해야 한다.

⑥ 상소

ㄱ 상소의 의의 : 상소라 함은 미확정인 재판에 대하여 상급법원에 불복신청을 하여 구제를 구하는 소송절차를 말한다.

ⓛ 상소의 종류
- 항소 : 제1심법원의 판결에 대하여 불복이 있는 경우에 지방법원 단독판사가 선고한 사건에 대하여는 지방법원 본원합의부에, 지방법원 본원합의부가 선고한 사건에 대하여는 고등법원에 각각 항소할 수 있다. 항소를 함에는 선고일로부터 7일 이내에 항소장을 원심법원에 제출하여야 한다.
- 상고 : 상고는 제2심판결에 대하여 불복이 있는 경우의 상소이다. 제2심판결에 대하여 불복이 있는 자는 판결을 선고한 날로부터 7일 이내에 대법원에 상고할 수 있으며, 이때 상고장을 원심법원인 항소심법원에 제출하여야 한다. 상고는 법령의 해석을 통일하고 오판을 시정하는 데 주목적이 있다.
- 항고 : 항고는 법원의 판결이 아닌 결정에 대하여 불복이 있는 때 하는 상소이다. 항고를 함에는 항고장을 원심법원에 제출하여야 한다. 법원의 명령에 대하여 불복이 있을 때에는 일정한 경우에 준항고를 할 수 있다.
- 비약상고 : 제1심판결에 대하여 항소를 거치지 않고 바로 상고할 수 있는 것을 비약상고라 한다. 원심판결이 일정한 사실에 대하여 법령을 적용하지 아니하였거나 법령의 적용에 착오가 있을 때, 원심판결이 있은 후 형의 폐지나 변경 또는 사면이 있는 경우 등이 비약상고의 원인이 된다.
- **불이익변경 금지의 원칙**
- 개념 : 피고인이 항소 또는 상고한 사건이나 피고인을 위하여 항소 또는 상고한 사건에 관하여 상소심은 원심판결의 형보다 중한 형을 선고하지 못한다는 원칙을 의미한다.
- 원칙의 적용과 배제

구분	내용
적용되는 경우	피고인만 상소하는 경우
배제되는 경우	검사만 또는 검사와 피고인 모두 상소하는 경우

⑦ 비상구제 절차
ⓘ 재심 : 확정된 판결에 대하여 주로 사실인정의 부당을 시정하고자 인정된 절차로서 법이 정하는 일정한 사유가 있는 경우에 확정된 원판결을 한 법원에 청구하여 다시 심리를 고쳐하는 제도이다. 재심사유는 제420조에서 제한적으로 규정하고 있으며 청구를 받은 법원은 재심사유의 유·무를 따져 청구가 타당하다고 인정되는 경우 확정된 사건에 대한 당해 심급에 따라 다시 심판한다. 재심절차는 확정판결에 대한 시정제도라는 점에서 상소와 구별되고 청구권자가 검찰총장에 제한되지 않는다는 점에서 비상상고와 구별된다.

check

　　ⓒ 비상상고 : 비상상고는 확정판결에 대하여 그 심판의 법령위반을 이유로 인정되는 비상구제절차이다. 비상상고는 법령해석의 통일을 목적으로 하는 제도로서 신청권자는 검찰총장에 한정되고 판결의 효력은 직접적으로 피고인에게 미치지 않는다. 비상상고는 확정판결의 시정제도인 점에서 미확정판결의 시정제도인 상소, 특히 상고와 다르다. 또한 비상상고는 신청의 이유가 심판의 법령위반이고 신청권자가 검찰총장에 국한되며, 관할법원이 원판결을 한 법원이 아닌 대법원이고 그 판결의 효력은 원칙적으로 피고인에게 미치지 아니한다는 점에서 재심과도 다르다. 비상상고가 허용되는 경우는 판결이 확정된 사건의 심판이 법령에 위반된 때이다.

⑧ 특수한 소송절차

　　㉠ 약식명령 : 약식명령은 지방법원의 관할에 속하는 사건에 관하여 공판절차에 의하지 아니하고 서면심리에 의하여 벌금·과료 또는 몰수를 과하는 절차이다. 지방법원은 그 관할에 속하는 사건에 관하여 검사의 청구가 있는 때에는 공판절차를 거치지 않고 피고인을 벌금·과료 또는 몰수의 형에 처할 수 있다. 검사의 약식명령청구가 있는 때에는 법원은 약식명령이 부적당하다든가 또는 할 수 없는 경우에 공판절차에 의하여 심판할 수 있다. 검사 또는 피고인은 약식명령의 고지를 받은 날로부터 7일 이내에 정식재판을 청구할 수 있다. 약식명령의 청구기간이 경과하거나 그 청구의 취하 또는 기각의 결정이 확정된 때에는 확정판결과 동일한 효력이 있다.

　　㉡ 즉결심판 : 경미한 범죄사건에 대하여 법원과 검찰의 부담을 줄이고 당사자의 편의를 도모하고자 정식수사와 재판을 거치지 않고 간략하고 신속한 절차로 처벌하는 절차이다. 즉결심판은 경찰서장의 청구로 지방법원의 순회판사가 처리한다.

　　㉢ 배상명령 : 배상명령절차는 형사재판 과정에서 민사소송절차를 접목시킨 것이다. 형사사건의 피해자에게 손해가 발생한 경우 법원의 직권 또는 피해자의 신청에 의해 신속하고 간편한 방법으로 피고인에게 민사적 손해배상을 명하는 절차로 소송촉진 등에 관한 특례법 등에 따라 규율된다. 배상명령을 신청할 수 있는 형사사건으로는 제1심 또는 제2심 형사공판절차에서 상해, 중상해, 특수상해, 강간, 추행, 상해치사, 폭행치사상, 과실치사상, 절도, 강도, 사기, 공갈, 횡령, 배임, 손괴죄 등이 있다.

1 다음 중 죄형법정주의의 내용으로 옳지 않은 것은?

① 법관이 적용할 형벌에 관한 법은 국회에서 제정한 성문의 법률뿐이고 관습법과 같은 불문법에 적용
해서는 안 된다.

② 법관의 자의적 해석이 작용하지 않도록 범죄의 구성요건과 형사제재에 관한 규정을 구체적이고 명
확하게 규정하여야 한다.

③ 형벌 법규는 그 시행 이후에 이루어진 행위에 대해서만 적용되며 시행 이전의 행위에까지 소급하여
적용할 수 없다.

④ 사실과 증거의 수집·제출의 책임을 당사자에게 맡기고, 당사자가 수집하여 변론에서 제출한 소송
자료만을 재판의 기초로 삼는다.

> **NOTE** ④는 변론에 관한 원칙 중 변론주의에 대한 설명이다.
> ① 관습형법 금지의 원칙
> ② 명확성의 원칙
> ③ 형벌불소급의 원칙
> • 죄형법정주의의 내용은 크게 관습형법 금지의 원칙(성문법주의), 명확성의 원칙, 유추해석 금지의 원칙, 형벌불소
> 급의 원칙, 적정성의 원칙으로 구성되어 있다.

2 다음 중 집행유예에 대한 설명으로 옳지 않은 것은?

① 1년 이하의 징역이나 금고, 자격정지 또는 벌금의 형을 선고할 경우에 한한다.

② 유죄를 인정하여 형을 선고하되 일정한 요건 아래 형의 집행을 유예하고 문제없이 유예기간을 경과
한 때에는 형 선고의 효력을 상실시키는 제도이다.

③ 보호관찰, 사회봉사, 수강명령 등의 보안처분을 내릴 수 있다.

④ 형 선고의 효력이 상실되기 때문에 형의 집행이 면제되고, 처음부터 형 선고의 효과가 없는 것이므
로 전과자가 되지 않는다.

> **NOTE** ① 집행유예는 3년 이하의 징역 또는 금고의 형을 선고할 경우이어야 하며 정상에 참작할 만한 사유가 있어야 가능
> 하다.

3 다음 중 동시범의 요건에 해당하지 않는 것은?

① 행위객체가 동일할 것을 요한다.

② 2인 이상의 실행행위가 있어야 한다.

③ 처벌되지 않는 자 또는 과실범으로 처벌되는 자를 이용할 것을 요한다.

④ 행위자들 사이에는 범행을 공동으로 실행하려는 의사의 연락이 없어야 한다.

> **NOTE** 동시범의 요건
> • 행위객체가 동일할 것을 요한다.
> • 2인 이상의 실행행위가 있어야 한다.
> • 행위의 장소와 시간은 반드시 동일할 필요는 없다.
> • 행위자들 사이에는 범행을 공동으로 실행하려는 의사의 연락이 없어야 한다.
> • 결과 발생의 원인된 행위가 판명되지 아니하여야 한다(미수범으로서 처벌한다).

4 다음은 형법 이론에 관한 설명이다. 잘못된 것은?

① 형법이론은 고전학파(구파)와 근대학파(신파)로 분류될 수 있다.

② 구파는 범죄인의 행위에 중점을 두었다면 신파는 범죄인의 성격을 연구하였다.

③ 신파는 응보형주의와 객관주의를 기초로 한다.

④ 신파에는 Lombroso, Ferri, Garofalo 등이 있다.

> **NOTE** 응보형주의와 객관주의는 구파의 특징이며 신파는 목적형주의와 주관주의를 기초로 한다.

5 다음은 형법에 관한 다양한 입장이다. 맞는 것은?

①	응보형주의	범죄라는 법익침해 사실에 대해 공동생활의 안전을 확보할 것을 강조한다.
②	목적형주의	형벌의 목적을 범죄에 대한 응보라고 본다.
③	객관주의	범죄는 자유의사에 의한 법익침해라고 본다.
④	주관주의	범죄는 범죄인의 사회적 환경에 영향을 받지만 형벌의 경중과는 상관이 없다.

NOTE ① 응보형주의 : 응보형주의에 의하면 형벌의 목적은 범죄라고 하는 과거의 사실에 대하여 응보를 하는 데 있다고 본다.
② 목적형주의 : 목적형주의에 의하면 형벌은 범죄라고 하는 법익침해 사실에 대하여 공동생활의 안전을 확보하는 데 있다고 주장한다.
③ 객관주의 : 범죄는 자유의사에 의한 법익침해이며, 자유의사는 개개인이 평등하게 구비하고 있으므로 형벌은 범죄라고 하는 외부에 나타난 행위에 의하여 결정되어야 한다는 입장이다.
④ 주관주의 : 범죄란 범죄인의 소질과 환경에 의하여 이미 결정된 반사회적 성격의 징표라고 본다. 따라서 행위자의 반사회적 성격, 범죄적 위험성을 형벌적 평가의 대상으로 하고 형벌의 종류와 경중도 이에 상응해야 한다고 본다.

6 다음은 일반예방주의와 특별예방주의에 대한 설명이다. 잘못된 것은?

	구분	일반예방주의	특별예방주의
①	범죄원인	인간에게 자유의사가 있기 때문	사회적, 심리적, 신체적 요인에 영향 받음
②	목적	범죄인의 교정, 교화	범죄 행위에 대한 처벌
③	처벌강조	객관적 손해의 정도를 고려	행위자의 주관적 악성 정도 고려
④	처벌시각	응보형	교육형

NOTE 일반예방주의는 범죄 행위에 대한 처벌에 목적을 두고 있으며 특별예방주의는 범죄인의 교정과 교화에 목적을 두고 있다.

7 다음은 범죄에 관한 설명이다. 잘못된 것은?

① 법에 의해 보호되는 이익을 침해하며 사회의 안전과 질서를 문란하게 만드는 행위를 범죄라고 한다.

② 범죄는 형식적 범죄 개념과 실질적 범죄 개념으로 유형화할 수 있다.

③ 경범죄처벌법, 도로교통법 등은 형식적 의미의 형법이다.

④ 특정범죄 가중처벌법은 특별법 우선의 원칙을 적용할 수 있다.

NOTE 경범죄처벌법, 도로교통법 등은 실질적 의미의 형법으로서 이를 어기는 행위는 범죄로 구분할 수 있다.

8 '구체적인 행위 사실이 추상적인 법조에 부합하는 성질'을 무엇이라 하는가?

① 구성요건
② 부작위
③ 인과관계
④ 행위

NOTE 구체적인 행위사실이 추상적인 법조(法條)에 부합하는 성질을 구성요건(해당성)이라 하며 행위, 부작위, 인과관계를 포함한다.

9 다음은 위법성 조각사유에 관한 설명이다. 잘못된 것은?

① 정당방위는 과잉방위나 오상방위하고 구분된다.

② 긴급피난은 과잉피난과 구분된다.

③ 촉탁·승낙 살인죄, 자기 소유물 방화죄는 피해자의 승낙이기 때문에 위법성이 조각된다.

④ 사형집행, 구속, 학교장의 처벌, 친권자의 징계 등은 정당행위에 속한다.

NOTE 촉탁–승낙 살인죄, 자기 소유물 방화죄 등은 감경사유가 될 수 있다.

Answer. 7.③ 8.① 9.③

10 '결과의 발생 그 자체는 불확정하나 행위자가 결과 발생의 가능성을 인식하는 경우의 고의'를 무엇이라 하는가?

① 확정적 고의   ② 개괄적 고의

③ 택일적 고의   ④ 미필적 고의

NOTE ① 확정적 고의 : 행위자가 그 일을 행하면 틀림없이 어떤 결과가 일어나는 것이라는 사실을 인식하면서 행동을 하는 마음의 상태를 의미한다.
② 개괄적 고의 : 일정한 범위 내에서 객체 중에서 어느 하나 또는 그 이상에 대한 인식·예견이 있는 경우의 고의를 의미한다.
③ 택일적 고의 : 두 개의 객체 중에서 어느 하나에 대한 인식·예견이 있는 경우의 고의를 의미한다.

11 구성요건적 착오에 관한 〈구체적 부합설〉과 〈법정적 부합설〉 중 어느 학설에 의하더라도 동일한 결과에 이르는 사례는 모두 몇 개인가?

> ㉠ 甲은 乙을 향하여 돌을 던졌는데 옆에 지나가던 행인 丙이 맞아 머리에 상처를 입었다.
> ㉡ 甲은 乙을 향하여 돌을 던졌는데 丙의 자동차에 맞아 유리창이 깨졌다.
> ㉢ 乙을 살해하고자 하는 甲은 어둠 속에서 丙을 乙로 알고 총을 쏘아 살해하였다.
> ㉣ 甲은 乙을 살해할 고의로 총을 발사하였는데 乙에게 상해를 입히고 옆에 있던 丙이 맞아 사망하였다.
> ㉤ 사냥을 나온 甲은 어둠 속에서 움직이는 물체를 동료 乙로 알고 乙을 살해하기 위해 총을 쏘았으나 사실은 乙의 사냥개였다.

① 1개   ② 2개

③ 3개   ④ 4개

NOTE ㉠㉣ 구체적 사실의 착오 중 방법의 착오, ㉡ 추상적 사실의 착오 중 방법의 착오, ㉢ 구체적 사실의 착오 중 객체의 착오, ㉤ 추상적 사실의 착오 중 객체의 착오이다. 구체적 부합설과 법정적 부합설은 구체적 사실의 착오 중 방법의 착오에서만 견해가 대립하고 나머지는 모두 동일한 결과에 이르므로 ㉡㉢㉤이 여기에 해당한다.

✦Answer.   10.④   11.③

※ 다음 사례를 읽고 물음에 답하시오. [12~13]

> (가) 갑은 심야에 흉기를 들고 침입한 강도를 밀쳐 부상을 입혔다.
> (나) 갑은 불량배에게 각목으로 구타당하고 있는 친구를 구하려고 불량배에게 폭행을 가하였다.
> (다) 갑은 거액의 빚을 갚지 않고 외국으로 이민가려는 채무자를 추격하여 공항에서 비행기에 오르지 못하도록 붙잡았다.
> (라) 갑은 좁은 인도로 돌진하는 자동차로부터 자신의 생명을 보호하기 위하여 어쩔 수 없이 길 옆 가게로 피하던 중 진열창을 깨뜨렸다.

12 위의 사례에서 갑의 행위가 범죄로 성립되지 않는 공통적인 근거는?

① 범죄의 고의가 인정되지 않는다.

② 인과관계가 존재하지 않는다.

③ 구성요건에 해당되지 않는다.

④ 위법성이 인정되지 않는다.

> **NOTE** (가)와 (나)의 경우 정당방위, (다)의 경우 자구행위, (라)의 경우 긴급피난에 해당한다. 주어진 사례는 모두 위법성 조각 사유이다.

13 위의 사례에서 갑의 행위 중 동일한 유형에 속하는 것을 바르게 짝지은 것은?

① (가), (나)　　　　② (가), (다)

③ (나), (다)　　　　④ (나), (라)

> **NOTE** 정당방위에 해당하는 (가)와 (나)는 동일한 행위 유형에 속한다.

Answer. 12.④　13.①

14 다음 중 책임조각사유에 해당하지 않는 것은?

① 형사 미성년자

② 심신미약자

③ 강요된 행위

④ 심신상실자

NOTE 심신미약자와 농아자는 감경 대상자이다.

15 다음은 과실에 대한 여러 설명이다. 잘못된 것은?

① 부주의로 범죄사실을 인식하지 못한 경우의 책임조건을 과실이라 한다.

② 과실은 사실적 과실과 법률적 과실, 일반 과실과 업무상 과실 등으로 구분할 수 있다.

③ 중과실과 인식 있는 과실의 경우에는 처벌을 받지만 경과실과 인식 없는 과실은 처벌을 받지 않는다.

④ 원칙적으로 처벌되지 않으며 법률의 특별한 규정이 있는 경우에만 예외적으로 처벌한다.

NOTE 과실의 경우는 고의가 없으므로 원칙적으로 처벌을 받지 않으나 법률의 규정이 있을 경우 처벌한다.

16 '타인의 범죄 실행을 방조하는 경우'를 말하며 '방조범'이라고도 하는 범인을 무엇이라 하는가?

① 종범   ② 불능범

③ 동시범   ④ 교사범

NOTE ① 종범(방조범) : 타인의 범죄실행을 방조하는 경우를 말하며, 정범의 형보다 감경한다.

17 다음은 죄수 결정의 표준에 관한 설명이다. 올바른 것을 고르면?

㉠	행위표준설	자연적 의미의 행위가 1개인가 수 개인가에 따라 범죄의 단·복을 결정하려는 견해
㉡	법익표준설	구성요건 해당사실의 단·복에 의해 죄수를 결정하려는 견해
㉢	의사표준설	범죄의사의 수를 표준으로 하여 죄수를 결정하려는 견해
㉣	구성요건표준설	범죄의 본질이 법익침해라는 관점에서 법익의 수에 따라 결정하려는 견해

① ㉠, ㉡   ② ㉠, ㉢

③ ㉠, ㉣   ④ ㉡, ㉣

> **NOTE** ㉠ **행위표준설** : 자연적 의미의 행위가 1개인가 수 개인가에 따라 범죄의 수를 결정하려는 견해이다.
> ㉡ **법익표준설** : 범죄의 본질이 법익침해라는 관점에서 범죄의 수를 침해되는 법익의 수에 따라 결정하려는 견해이다.
> ㉢ **의사표준설** : 범죄의사의 수를 표준으로 하여 죄수를 결정하려는 견해이다.
> ㉣ **구성요건표준설** : 구성요건 해당사실의 단·복에 의하여 죄수를 결정하려는 견해이다.

18 다음 설명 중 틀린 것을 고르면?

① 미수범은 기수범보다 형이 경감될 수 있다.

② 2인 이상이 공동으로 범죄를 실행하는 경우를 동시범이라 한다.

③ 종범의 형은 정범의 형보다 감경한다.

④ 책임무능력자나 고의 없는 자를 이용하여 범죄를 실행하는 자를 간접정범이라 한다.

> **NOTE** 동시범이란 2인 이상의 행위자가 그들 사이의 공동의 행위 결의 없이 각자 같은 행위객체에 대하여 구성요건적 결과를 실현한 경우를 말한다.

Answer. 17.② 18.②

19 다음은 죄수에 관한 설명이다. 잘못된 것은?

① 죄수 취급에는 병과주의, 가중주의, 흡수주의 등의 원칙이 있다.

② 상상적 경합이란 1개의 행위가 수 개의 죄에 해당하는 경우를 의미한다.

③ 경합범을 동시에 판결할 경우에는 원칙적 가중주의, 흡수주의, 병과주의 등의 방법이 있다.

④ 징역 이상의 형을 받아 그 집행을 종료하거나 면제를 받은 후 3년 내에 징역 이상에 해당하는 죄를 범한 경우를 누범이라 한다.

NOTE ④ 누범은 금고 이상의 형을 받아 그 집행을 종료하거나 면제를 받은 후 3년 이내에 금고 이상에 해당하는 죄를 범한 경우를 말한다.

20 다음은 '자유형에 관한 형법규정'이다. 잘못된 것은?

① 유기징역 또는 유기금고에 대하여 형을 가중하는 때에는 50년까지로 한다.

② 구류는 30일 이상 90일 미만으로 한다.

③ 징역은 형무소 내에 구치하여 정역에 복무하게 한다.

④ 금고와 구류는 형무소에 구치한다.

NOTE 구류는 1일 이상 30일 미만으로 한다.

21 다음은 '재산형에 관련된 형법규정'이다. 잘못된 것은?

① 벌금은 5만 원 이상으로 하며 감경하는 경우에는 5만 원 미만으로 할 수 있다.

② 과료는 1천 원 이상 5만 원 미만으로 한다.

③ 범죄 행위에 제공하였거나 제공하려고 한 물건은 몰수할 수 있다.

④ 물건 몰수가 불가능한 때에는 그 가액을 추징한다.

NOTE 과료는 2천 원 이상 5만 원 미만으로 한다.

Answer. 19.④ 20.② 21.②

22 '자의 이외의 원인에 의하여 실행에 착수한 행위를 실행하지 못했거나 결과가 발생하지 않은 경우'를 무엇이라 하는가?

① 착수미수　　　　　　　　　　　② 장애미수
③ 실행미수　　　　　　　　　　　④ 중지미수

> **NOTE** ① 착수미수 : 범죄의 실행에 착수하였으나 실행행위를 종료하지 못한 경우
> ② 장애미수 : 자의 이외의 원인에 의하여 실행에 착수한 행위를 실행하지 못하였거나 결과가 발생하지 않은 경우
> ③ 실행미수 : 범죄의 실행행위를 종료했으나 결과가 발생하지 않은 경우
> ④ 중지미수 : 자의로 실행에 착수한 행위를 실행하지 않았거나 결과의 발생을 방지한 경우

23 다음은 '선고유예'에 관한 설명이다. 잘못된 것은?

①	개념	경미한 범죄에 대하여 일정 기간 형의 선고를 유예하고 문제없이 기간이 경과하면 면소된 것으로 간주하는 제도
②	요건	1년 이하의 징역이나 금고, 자격정지 또는 벌금의 형을 선고할 경우
③	보안처분	재범방지를 위해 지도 및 원호가 필요할 때에는 보호 관찰을 명할 수 있음
④	효과	형의 선고 유예를 받은 날로부터 1년이 경과한 때에는 면소된 것으로 간주

> **NOTE** 선고유예를 받은 날로부터 2년을 경과해야 면소된 것으로 간주한다.

24 다음은 '가석방'에 관한 설명이다. 잘못된 것은?

①	개념	자유형을 집행 받고 있는 자에게 조건부로 석방하고 문제없이 일정 기간 경과 시 형의 집행을 종료한 것으로 간주
②	요건	징역 또는 금고의 집행 중에 있는 자가 그 행실이 양호하여 개선하려는 노력이 현저한 경우
③	보안처분	자유인과 동일한 상태
④	효과	형의 집행만 면제하기 때문에 형의 선고나 유죄판결 자체는 영향이 없음

> **NOTE** 보안처분이란 범죄인에 대해 형벌을 과하기보다는 재범자가 되는 것을 방지하기 위해 범죄인을 교육하고 개선하며 치료하기 위한 처분으로 형벌과는 구별된다. 가석방 기간 동안은 보호관찰을 받게 된다.

Answer. 22.② 23.④ 24.③

25 '범죄인에 대해 형벌을 과하기보다는 재범자가 되는 것을 방지하기 위해 범죄인을 교육하고 치료하기 위한 처분'을 무엇이라 하는가?

① 치료감호   ② 보호관찰

③ 사회봉사   ④ 보안처분

NOTE 보안처분의 종류로 치료감호, 보호관찰, 사회봉사, 수강명령 등이 있다.

26 다음과 같은 내용을 가진 형사정책 수단은?

> • 일정 시간을 무보수로 사회에 유익한 근로를 하게 한다.
> • 사회에 대한 범죄 피해 배상 및 속죄의 기회를 제공한다.
> • 범죄자에 대한 처벌효과를 거두면서도 구금에 필요한 예산을 절감할 수 있다.

① 선고유예   ② 집행유예

③ 손해배상   ④ 사회봉사 명령

NOTE 사회봉사 명령은 사회에 유익한 근로 행위를 통해 범죄자에게 속죄의 기회를 제공하는 형사 제도를 보완하는 형사 정책 수단의 하나이다.

27 다음은 '보안처분'에 대한 설명이다. 잘못된 것은?

① 치료감호란 심신장애자, 알코올 중독자 등을 적절히 보호·치료하는 조치를 말한다.

② 보호관찰이란 의무사항을 지킬 것을 조건으로 하여 자유로운 생활을 허용하는 것을 말한다.

③ 사회봉사 명령이란 범인을 일정 시간 동안 무보수로 사회에 유익한 근로를 하도록 명령하는 것이다.

④ 보안처분은 형벌의 일종으로 전과가 남는다는 특징이 있다.

NOTE 보안처분은 범죄인이 재범자가 되는 것을 방지하기 위해 범죄인을 교육하고 개선하며 치료하기 위한 처분으로 형벌과는 구별된다.

Answer. 25.④ 26.④ 27.④

28 다음은 개인의 법익을 침해하는 범죄의 유형이다. 잘못된 것은?

①	생명과 신체에 관한 죄	비밀침해죄, 주거침입죄
②	자유에 관한 죄	협박죄, 강요죄, 체포 · 감금죄, 강간죄, 추행죄
③	명예와 신용에 관한 죄	명예훼손죄, 모욕죄
④	재산에 대한 죄	절도죄, 강도죄, 공갈죄, 배임죄, 재물손괴죄 등

NOTE 비밀침해죄, 주거침입죄는 사생활의 평온에 대한 죄이다.

29 다음은 각종 법익과 관련한 범죄들이다. 잘못된 것은?

① 사회적 법익에 관한 범죄로 방화죄, 교통방해죄, 통화 위조 · 변조죄 등이 있다.
② 국가적 법익을 침해하는 범죄로는 내란죄, 외환유치죄 등이 있다.
③ 친고죄란 공소제기를 하기 위해 피해자 기타 고소권자의 고소가 필요로 하는 경우를 말한다.
④ 비밀침해죄, 모욕죄 등은 반의사불벌죄에 속한다.

NOTE 반의사불벌죄에는 폭행죄, 협박죄, 과실치상죄, 명예훼손죄 등이 있다.

30 다음 중 판례의 견해에 따를 때 사람으로 인정되는 시기는 언제인가?

① 태아가 산모로부터 전부 노출된 때
② 태아가 독립하여 호흡을 하는 때
③ 태아가 산모로부터 일부 노출된 때
④ 태아가 분만을 위해 진통을 시작하는 때

NOTE 형법은 낙태죄와 살인죄를 구별하기 위해서 분만을 위한 진통을 시작하는 때를 사람이 되는 시기로 보고 있다.

Answer. 28.① 29.④ 30.④

31 다음은 살인의 죄에 대한 판례의 견해이다. 그 내용이 잘못된 것은?

① 갑을 살해할 목적으로 총을 발사한 이상 그것이 의도하지 아니한 을에게 명중되어 사망한 경우 을에 대한 살인의 고의가 있다.

② 자살도중인 자를 살해한 경우에는 자살방조죄가 아니라 살인죄가 성립한다.

③ 혼인 외의 출생자가 인지하지 않은 생모를 살해하면 보통살인죄가 성립한다.

④ 사람을 살해한 다음 범죄의 흔적을 은폐하기 위해서 그 사체를 다른 장소로 옮겨 유기한 경우 살인죄와 사체유기죄의 경합범이 성립한다.

> **NOTE** 혼인 외의 출생자와 생모 간에는 그 생모의 인지나 출생신고를 기다리지 않고 자의 출생으로 당연히 법률상의 친족관계가 생기는 것이라 해석된다.(대판 1980.9.9. 80도1731)

32 다음은 상해의 죄에 대한 대법원의 견해이다. 잘못된 것은?

① 타인의 신체를 폭행하여 보행불능, 수면장애, 식욕감퇴 등 기능의 장애를 일으킨 경우 형법상의 상해죄에 해당한다.

② 교통사고로 인하여 피해자가 입은 요추부 통증이 굳이 치료할 필요가 없이 자연적으로 치유될 수 있는 것일 경우 상해에 해당한다고 할 수 없다.

③ 가해행위를 한 것 자체가 분명하지 않은 사람도 상해죄의 동시범이 된다.

④ 소위 군대에서의 기합의 정도가 상해행위에 이르면 이미 정당행위라고는 볼 수 없다.

> **NOTE** 상해죄의 동시범의 특례를 적용하기 위해서는 두 사람 이상이 가해행위를 하여 상해의 결과를 가져온 경우이어야 하므로, 가해행위를 한 것 자체가 분명하지 않은 경우에는 상해죄의 동시범의 특례를 적용할 수 없다는 것이 판례의 견해이다.

33 다음 중 판례가 폭행죄의 폭행이라고 본 경우는?

① 욕설을 하고, 피해자 집의 대문을 발로 찼다.

② 귀찮게 싸움을 걸어오는 것을 막으려고 멱살을 잡고 밀어 넘어뜨렸다.

③ 상대방의 시비를 만류하면서 조용히 얘기나 하자며 그의 팔을 2~3회 끌었다.

④ 먼저 덤벼들고 뺨을 꼬집고 주먹으로 쥐어박는 자를 부둥켜안았다.

> **NOTE** 피해자가 피고인을 따라다니면서 귀찮게 싸움을 걸어오는 것을 막으려고 멱살을 잡고 밀어 넘어뜨렸다면 이는 폭행죄의 폭행에는 해당하지만 사회통념상 용인되는 행위로 위법성이 조각된다.(대판 1983.5.24. 83도942)

34 명예훼손죄와 모욕죄의 구별 기준이 되는 것은?

① 공연성의 여부

② 허위성의 여부

③ 진실성의 여부

④ 사실의 적시여부

> **NOTE** 명예훼손죄와 모욕죄는 사실의 적시여부에 의하여 구별된다. 전자는 구체적 사실의 적시로 인해 타인의 명예를 훼손하는 것이며, 후자는 추상적 판단이나 감정의 표현으로 타인의 사회적 평가를 저해할 때 성립하는 것이다.

35 갑은 거액의 채무를 지고 있는 을이 해외로 도피하는 것을 막기 위하여 을을 협박하여 겁을 먹게 한 후 을 소유의 여권을 내놓게 하여 이를 강제로 회수하였다. 판례에 의할 때 갑의 죄책은?

① 강도죄

② 공갈죄

③ 강요죄

④ 자구행위로서 무죄

> **NOTE** 형법상의 강요죄는 폭행 협박에 의하여 권리행사가 현실적으로 방해되어야 할 것인 바, 판례는 이 사안에서 피해자가 해외여행을 할 권리가 사실상 침해되었다고 보아 강요죄의 기수를 인정하였다.

Answer. 33.② 34.④ 35.③

36 다음은 협박에 대한 판례의 태도이다. 잘못된 것은?

① 협박죄의 고의는 행위자가 해악을 고지한다는 것을 인식, 인용하는 것 이외에 고지한 해악을 실현할 의도나 욕구를 그 내용으로 한다.

② 공갈죄의 수단으로서의 협박은 사람의 의사결정의 자유를 제한하거나 의사실행의 자유를 방해할 정도로 겁을 먹게 할 만한 해악을 고지하는 것을 말한다.

③ 강간죄가 되기 위하여는 가해자의 협박으로 인해 피해자가 항거 불능 또는 현저하게 곤란할 정도의 것이어야 한다.

④ 강도죄에서의 협박의 정도는 사회통념상 객관적으로 상대방의 반항을 억압하거나 항거가 불능할 정도의 것이라야 한다.

> **NOTE** 협박죄에서의 협박의 정도는 사람으로 하여금 공포심을 일으킬 정도의 해악을 고지하는 것으로 족하며 고지한 해악을 실제로 실현할 의도나 욕구는 필요하지 아니하다는 것이 판례의 견해이다.

37 다음 중 판례에 의할 때 절도죄가 성립하지 않는 것은?

① 소유자의 승낙 없이 오토바이를 타고 가서 다른 장소에 버린 경우

② 승객이 놓고 내린 지하철의 전동차 바닥이나 선반 위에 있던 물건을 지하철 승무원이 가지고 간 경우

③ 결혼식장에 축의금 접수인으로 행세함으로써 결혼식 축의금을 교부받아 착복한 경우

④ 타인의 토지 위에 권원 없이 식재한 감나무에서 감을 수확한 경우

> **NOTE** 절도죄는 타인이 점유하는 재물을 절취함으로써 성립하는 범죄이다. 판례는 이 사건에서 지하철 승무원의 점유가 개시되었다고 볼 수 없으므로 점유이탈물횡령죄에 해당함은 별론으로 하고 절도죄는 성립하지 않는다고 판시하였다.
> (대판1999.11.26. 99도3963)

Answer. 36.① 37.②

38 다음 중 체포 감금죄에 관한 판례의 견해로 잘못된 것은?

① 감금된 특정구역 내에서 일정한 생활의 자유가 허용되었다고 하더라도 감금죄가 성립된다.

② 감금죄에서의 감금행위의 방법은 반드시 물리적·유형적 장애를 사용하는 경우이어야 하므로, 심리적·무형적 장애에 의하는 경우는 강요죄에 해당한다.

③ 미성년자를 유인한 자가 계속하여 미성년자를 불법하게 감금하였을 때에는 미성년자 유인죄 외에 감금죄가 별도로 성립한다.

④ 감금행위가 강간죄나 강도죄의 수단이 된 경우에도 감금죄는 강간죄나 강도죄에 흡수되지 아니하고 별죄를 구성한다.

> **NOTE** 감금죄는 사람의 행동의 자유를 보호법익으로 하는 것이므로, 감금행위가 물리적·유형적 장애를 사용하는 경우는 물론, 심리적·무형적 장애를 이용하는 경우에도 사람의 행동의 자유를 구속하였다면 감금죄가 성립한다는 것이 판례의 견해이다.

39 갑은 11세의 자신의 딸이 교통사고를 당해 많은 피를 흘리자 생명을 건지기 위해서는 수혈을 해야 한다는 의사의 권유가 있었음에도 불구하고, 종교적인 이유로 이를 완강하게 거부하여 결국 딸을 사망하게 하고 말았다. 판례의 견해에 따를 때 갑의 죄책은?

① 살인죄

② 과실치사죄

③ 유기치사죄

④ 무죄

> **NOTE** 생모가 사망의 위험이 예견되는 딸에 대하여 수혈이 최선의 방법이라는 의사의 권유를 자신의 종교적 신념을 이유로 완강하게 거부하고 방해하였다면 이는 결과적으로 요부조자를 위험한 장소에 두고 떠난 경우와 다름이 없다 할 것이므로 유기치사죄가 성립한다. (대판 1980.9.24. 79도1387)

Answer. 38.② 39.③

40 다음 중 주거침입죄에 대한 판례의 태도로 잘못 기술된 것은?

① 일반인의 출입이 허용된 음식점이라고 하더라도 영업주의 명시적 또는 추정적 의사에 반하여 들어간 것이라면 주거침입죄가 성립한다.

② 다가구용 단독주택이나 공동주택 내부의 공용계단 및 복도 역시 주거침입죄의 객체에 해당한다.

③ 권리자가 그 권리를 실행하기 위해서 그 건조물 등에 침입한 경우에는 비록 법이 정한 절차에 의하지 않았다고 하더라도 주거침입죄가 성립하지 않는다.

④ 잠금장치가 있는 문을 부수거나 문을 여는 등의 행위가 있었다면 주거침입죄의 실행의 착수가 있었다고 보아야 한다.

NOTE 주거침입죄는 사실상의 주거의 평온을 보호법익으로 하고 있으므로 권리자가 그 권리를 실행함에 있어 법에 정해진 절차에 의하지 아니하고 그 건조물 등에 침입한 경우 주거침입죄가 성립한다는 것이 판례의 태도이다.

41 재산죄의 분류에 관한 다음 설명 중 옳지 않은 것은?

① 절도죄, 횡령죄, 손괴죄, 장물죄는 소유권을 보호법익으로 하는 죄이다.

② 강도죄, 사기죄, 공갈죄, 배임죄는 전체로서의 재산권을 보호법익으로 하는 죄이다.

③ 절도죄, 강도죄, 사기죄, 공갈죄, 횡령죄, 장물죄는 불법영득의사를 요하는 죄이다.

④ 사기죄와 공갈죄는 탈취죄이다.

NOTE 사기죄와 공갈죄는 타인의 하자 있는 의사에 기한 처분행위에 의하여 재산을 취득하는 편취죄이다. 탈취죄에는 절도죄, 강도죄, 장물죄, 횡령죄가 있다.

Answer. 40.③ 41.④

42 다음 사례 중 판례에 의할 때 갑의 죄책이 틀리게 표시된 것은?

① 갑이 동거 중인 을의 지갑에서 현금을 꺼내가는 것을 을이 현장에서 목격하고도 만류하지 아니하였다.(무죄)

② 갑은 을이 수산업법에 의하여 양식어업권을 가지고 있는 구역 내에 자연 서식하는 바지락을 몰래 채취하였다.(절도죄 불성립)

③ 종중 소유의 분묘를 간수하고 있는 산지기 갑은 분묘에 설치된 석등과 문관석을 반출하여 갔다.(횡령죄)

④ 갑은 주점 점원 을의 초청을 받고 병의 주점에 잠겨 있는 셔터문을 열고 들어가 그곳 주방 안에 있던 맥주 등을 꺼내 마셨다.(절도죄)

> **NOTE** 산지기로서 종중 소유의 분묘를 간수하고 있는 자는 그 분묘에 설치된 석등이나 문관석 등을 점유하고 있다고는 할 수 없으므로 이러한 물건 등을 반출하여 가는 행위는 횡령죄가 아니고 절도죄를 구성한다는 것이 판례의 태도이다.

43 다음은 강도죄에 관한 판례의 태도이다. 잘못 기술된 것은?

① 채무면탈의 목적으로 피해자를 살해하면 강도살인죄가 성립한다.

② 반항을 억압할 정도의 폭행 협박을 가하였으나 상대방은 연민의 정으로 재물을 교부한 경우에는 강도미수가 된다.

③ 사람을 살해한 직후에 영득의사가 생겨 재물을 영득한 경우에는 살인죄와 점유이탈물횡령죄의 경합범이 된다.

④ 강간 후에 강도의 범의가 생겨 그 부녀의 재물을 취득한 경우에는 강간죄와 강도죄의 경합범이 된다.

> **NOTE** 판례는 피해자를 살해한 후 피해자가 소지하던 물건을 영득의 의사로 가지고 나온 경우 피해자가 생전에 가진 점유는 사망 후에도 여전히 계속되는 것으로 보아 살인죄와 절도죄의 경합을 인정했다.

44 다음은 사기죄에 대한 판례의 태도이다. 잘못 기술된 것은?

① 사기죄에 있어서의 처분행위라 함은 주관적으로 피기망자가 처분의사 즉 처분결과를 인식하고 객관적으로 이러한 의사에 지배된 행위가 있을 것을 요한다.

② 기망으로 인한 재물의 교부가 있으면 피해자의 전체 재산상에 손해가 없다고 하여도 사기죄의 성립에는 영향이 없다.

③ 기망행위가 사회통념상 권리행사의 수단으로서 용인할 수 없는 정도라면 그 권리행사에 속하는 행위는 사기죄를 구성한다.

④ 사기죄에 있어서 그 대가가 일부 지급된 경우에 그 편취액은 피해자로부터 교부된 재물의 가치로부터 그 대가를 공제한 차액이다.

> **NOTE** 사기죄는 기망으로 인한 재물의 교부가 있으면 그 자체로서 성립하는 것이므로, 비록 상당한 대가가 지급되었거나 전체 재산상에 손해가 없다고 하더라도 사기죄의 성립에는 영향이 없다. 사기죄에서의 편취액은 피해자로부터 교부된 재물의 가치로부터 그 대가를 공제한 차액이 아니라 교부받은 재물 전부라 할 것이다.(대판 2000.7.7. 2000도1899)

45 다음은 손괴죄에 관한 판례의 태도이다. 잘못된 것은?

① 재물손괴의 범의를 인정함에 있어서는 반드시 계획적인 손괴의 의도가 있거나 물건의 손괴를 적극적으로 희망하여야 하는 것은 아니다.

② 타인이 점유, 사용 중인 재물을 그 소유자의 승낙하에 손괴한 경우에는 손괴죄가 성립한다.

③ 피고인 자신의 점유하에 있는 문서라 할지라도 타인 소유인 이상 이를 손괴하는 행위는 문서손괴죄에 해당한다.

④ 재물의 효용을 해한다고 함은 그 물건 본래의 사용목적에 공할 수 없게 하는 상태로 만드는 것은 물론 일시 그것을 이용할 수 없는 상태로 만드는 것도 포함된다.

> **NOTE** 타인의 점유, 사용 중인 재물을 그 소유자의 승낙하에 손괴한 경우에는 재물손괴죄가 성립하지 않는다는 것이 판례의 태도이다.

Answer. 44.④ 45.②

46 형사소송법에 대한 일반적인 설명으로 잘못된 것은?

① 국가의 형벌권을 구체화하기 위한 절차법이다.

② 인권보장과 실체적 진실의 발견을 그 이념으로 한다.

③ 평균적 정의를 지도이념으로 한다.

④ 법적 안정성이 요구된다.

> **NOTE** 형사소송법은 국가와 국민 간의 법률관계를 규율하는 공법으로 배분적 정의실현을 목적으로 한다. 이에 비하여 민법 등 사법은 사인 간의 평균적 정의의 실현을 목적으로 한다.

47 형사소송법의 법원에 대한 설명 중 틀린 것은?

① 형사소송법은 성문법이다.

② 대법원은 법률에 저촉되지 아니하는 범위 안에서 소송에 관한 절차, 법원의 내부규율과 사무처리에 관한 규칙을 제정할 수 있다.

③ 관습법은 형사소송법의 법원이 될 수 없다.

④ 대통령령으로 형사소송에 관한 규정을 정할 수 있는데 이 역시 형사소송법의 법원이 된다.

> **NOTE** 대통령령 등이 형사소송법의 법원이 될 수 있는가에 관하여 학설의 대립이 있으나 헌재는 이를 형사소송법의 법원이 될 수 없다고 판시하였다.

48 형사소송법의 효력에 관한 설명 중 틀린 것은?

① 대한민국 영역 내에서만 효력을 갖는다.

② 약식명령도 형사소송법의 규율대상이 된다.

③ 대통령, 국회의원, 외국원수 등은 인적 적용범위에 대한 예외자이다.

④ 소급효금지의 원칙이 적용된다.

> **NOTE** 형사소송법은 시행된 날로부터 법이 폐지될 때까지 효력을 가지며, 형법과는 달리 소급효금지의 원칙은 적용되지 않는다.

Answer. 46.③ 47.④ 48.④

49 다음 중 수소법원에 대한 설명으로 틀린 것은?

① 즉결심판의 청구를 받은 법원은 수소법원이 아니다.
② 증거보전의 청구를 받은 법원은 수소법원이 아니다.
③ 수소법원은 법원이 사건을 맡아서 재판하고 있는 법원이다.
④ 약식명령의 청구를 받은 법원은 수소법원이다.

> **NOTE** ①④ 즉결심판과 약식명령의 청구를 받은 법원은 수소법원이다.
> ② 증거보전의 청구는 관할 지방법원에 해야 하므로, 증거보전의 청구를 받은 법원은 수소법원이 아니다.
> ③ 수소법원은 검사로부터 공소가 제기되어 법원이 사건을 맡아서 재판하고 있는 법원이다.

50 관할에 관한 설명으로 옳지 않은 것은?

① 토지관할을 달리하는 수 개의 관련 사건이 각각 다른 법원에 계속된 때에는 공통되는 직근 상급법원은 검사 또는 피고인의 신청에 의하여 결정으로 1개 법원으로 하여금 병합심리하게 할 수 있다.
② 법원은 피고인이 그 관할구역 내에 현재하지 아니하는 경우에 특별한 사정이 있으면 결정으로 사건을 피고인의 현재지를 관할하는 동급법원에 이송할 수 있다.
③ 동일사건이 사물관할을 같이하는 수 개의 법원에 계속된 때에는 원칙적으로 먼저 공소를 받은 법원이 심판한다.
④ 관할지정의 신청과 마찬가지로 관할이전의 신청도 검사만이 할 수 있다.

> **NOTE** 관할이전의 신청은 검사, 피고인이 할 수 있으나 관할지정의 청구는 검사만이 할 수 있다.

51 다음 중 검사에 대한 설명으로 옳지 않은 것은?(다툼이 있으면 판례에 의함)

① 검사는 검찰사무에 관하여 소속 상급자의 지휘 감독에 따른다.
② 즉결심판사건을 제외하고는 고소·고발사건이 아니라도 검사만이 수사를 종결할 권한을 가진다.
③ 검사는 피고인에게 유리한 증거를 수집한 경우 이를 제출할 의무가 있다.
④ 검사의 출석은 공판개정의 요건이므로 검사가 출석하지 않으면 반드시 공판절차를 연기하여야 한다.

> **NOTE** 검사가 공판기일의 통지를 2회 이상 받고 출석하지 아니하거나 판결만을 선고하는 때에는 검사의 출석없이 개정할 수 있다.

Answer. 49.① 50.④ 51.④

52 변호인의 의의에 대한 설명 중 타당하지 않은 것은?

① 피고인의 이익을 위해서라도 진실을 은폐하거나 허위진술을 해서는 안된다.

② 피고인의 보조자이므로 피고인에게 이익이 되는 것이면 반드시 피고인의 의사에 구속되지 않고 주장할 수 있으나, 변호인도 피고인의 자백에는 구속된다.

③ 변호인은 피고인의 방어권을 보완하기 위해서 특별히 선임된 자이다.

④ 공판정에 제출된 증거만으로 유죄가 될 수 없는 경우에는 비록 변호인이 유죄로 인정하더라도 유죄의 증거를 제출할 의무가 없다.

NOTE 변호인은 피고인의 자백에도 구속되지 않는다. 피고인의 자백이 사실과 다르다고 믿은 때에도 변호인은 당연히 무죄의 변론을 해야 한다.

53 피고인의 당사자능력에 관한 설명 중 옳지 않은 것은?

① 당사자능력은 소송조건이므로 법원은 직권으로 그 유무를 조사하여야 한다.

② 심신상실자는 당사자능력이 없다.

③ 당사자적격이 있는 자는 모두 당사자능력을 갖는다.

④ 다수설에 따르면 법인도 당사자능력을 갖는다.

NOTE 자연인은 연령이나 책임능력의 여하를 불문하고 언제나 당사자능력을 가진다.

54 다음은 형사소송의 목적이다. 올바른 것은?

㉠ 실체적 진실 발견	㉡ 적정한 소송 절차의 확립
㉢ 신속한 재판의 원칙	㉣ 법원의 업무편의

① ㉠

② ㉠, ㉡

③ ㉠, ㉡, ㉢

④ ㉠, ㉡, ㉢, ㉣

NOTE 형사소송의 목적에는 실체적 진실 발견, 적정한 소송절차의 확립, 신속한 재판의 원칙 등이 있다.

Answer. 52.② 53.② 54.③

55 다음은 형사소송의 절차이다. 잘못된 것은?

①	범죄발생	사실관계의 발생
②	수사	체포 및 구속 청구는 가능하나 구속된 경우 석방 불가
③	공소	공소에 의해 피의자는 피고인으로 지위 변경
④	1심 공판	재판장의 신문과 증거 수집, 증거 조사, 판결

NOTE 구속된 경우 보증금 납입조건부 석방이 가능하다.

56 다음은 형사소송법의 원칙이다. 올바른 것은?

① 형사소송의 제원칙은 실체적 진실주의와 형식적 진실주의로 구분할 수 있다.
② 법원이 스스로 절차를 개시하여 심리, 재판하는 원칙을 탄핵주의라 한다.
③ 소추기관의 공소제기에 의해 법원이 절차를 개시하는 원칙을 규문주의라고 한다.
④ 법관이 소송절차의 주도권을 가지고 적극적으로 소송행위를 하는 것을 당사자주의라고 한다.

NOTE 법원이 스스로 절차를 개시하여 심리, 재판하는 원칙을 규문주의라 하고 소추기관의 공소제기에 의해 법원이 절차를 개시하는 것을 탄핵주의라 한다. 법관이 적극적으로 소송행위를 하는 것은 직권주의이다.

57 다음 형사소송법의 이념에 대한 설명으로 잘못된 것은?

① 현대 자유민주주의 국가의 형사소송에서는 소극적 · 실체적 진실주의가 강조된다.
② 적극적 · 실체적 진실주의는 '의심스러울 때는 피고인의 이익으로(in dubio pro reo)'라는 법언을 반영한 것이다.
③ 적극적 · 실체적 진실주의는 범죄사실을 밝혀 죄 있는 자는 빠짐없이 벌해야 한다는 원리로 대륙법계의 직권주의 소송구조에서 강조되었다.
④ 현행 형사소송법의 해석은 소극적 · 실체적 진실주의에 우선적 의미를 부여하고 있다.

NOTE '의심스러울 때는 피고인의 이익으로(in dubio pro reo)'라는 법언은 소극적 · 실체적 진실주의의 표현이다. 오늘날 형사소송법의 해석은 100명의 범죄자를 잡기보다는 1명의 죄 없는 자를 범인으로 만들어서는 안 된다는 소극적 · 실체적 진실주의를 중시한다.

Answer. 55.② 56.① 57.②

58 현행 형사소송법의 태도로 옳은 설명을 모두 고른 것은?

> ㉠ 피의사실공표죄에 대하여는 피공표자의 명시한 의사에 반하여 재정신청을 할 수 없다.
> ㉡ 사법경찰관은 범죄의 혐의가 있다고 사료하는 때에는 범인, 범죄사실과 증거에 관하여 수사를 개시·진행하여야 한다.
> ㉢ 압수수색영장에 압수·수색할 물건이 전기통신에 관한 것인 경우 작성기간을 기재하여야 한다.
> ㉣ 정보저장매체 등을 압수할 때에는 원칙적으로 기억된 정보의 범위를 정하여 출력하거나 복제하여 제출받아야 한다.

① ㉠, ㉡, ㉢
② ㉠, ㉢, ㉣
③ ㉡, ㉢, ㉣
④ ㉠, ㉡, ㉢, ㉣

NOTE ㉠ 제260조 제1항 ㉡ 제197조 제1항 ㉢ 제114조 제1항 ㉣ 제106조 제3항

59 부산에 주소를 둔 甲은 대전에서 독극물이 든 음식을 乙에게 먹였는데, 乙은 대구에서 사망하였다. 그 후 甲은 광주로 도주하여 그곳에서 체포되었다. 이 경우 토지관할권을 가진 법원을 모두 고른 것은?

① 부산, 대전, 대구, 광주의 지방법원
② 대전, 대구, 광주의 지방법원
③ 부산, 대전, 대구의 지방법원
④ 대전, 대구의 지방법원

NOTE 토지관할권의 결정기준으로는 범죄지와 피고인의 주소·거소·현재지 등이 있다.(제4조) 부산은 주소이고 대전과 대구는 범죄지이고, 광주는 현재지이므로 모든 법원에 토지관할이 인정된다.

Answer. 58.④ 59.①

60 다음 설명 중 옳지 않은 것은?

① 피의자란 범죄의 혐의를 받고 수사의 대상이 되어 있는 자를 말한다.

② 무죄추정의 원리는 피의자에게 인정된 헌법상의 기본권이다.

③ 피의자는 수사단계에서 당사자로서의 지위를 갖는다.

④ 변사자의 검시는 수사개시의 단서가 된다.

> **NOTE** 피의자는 수사의 객체 또는 준당사자로 보는 것이 일반적이다.

61 다음 중 고소불가분의 원칙에 대한 설명으로 옳지 않은 것은?

① 주관적 불가분의 원칙만 형사소송법에 규정되어 있다.

② 과형상 1죄의 일부분만이 친고죄인 때에 비친고죄에 대한 고소의 효력은 친고죄에 대하여 효력이 미치지 아니한다.

③ 절대적 친고죄에 있어서는 언제나 고소의 주관적 불가분의 원칙이 적용된다.

④ 상대적 친고죄의 경우 신분관계에 있는 자에 대한 피해자의 고소취소는 비신분자에게도 효력이 있다.

> **NOTE** 절대적 친고죄에 있어서는 언제나 주관적 불가분의 원칙이 적용된다. 따라서 공범 중 1인에 대한 고소의 효력은 전원에 대하여 미친다.

62 긴급체포에 관한 설명 중 틀린 것은?

① 피의자가 사형·무기 또는 장기 3년 이상의 징역이나 금고에 해당하는 죄를 범하였다고 의심할 만한 상당한 이유가 있어야 한다.

② 체포한 때로부터 48시간 이내에 구속영장을 청구하지 아니하거나 발부받지 못하면 즉시 피의자를 석방하여야 한다.

③ 사법경찰관이 피의자를 긴급체포한 경우에는 즉시 검사의 승인을 얻어야 한다.

④ 구속의 사유는 모두 긴급체포의 사유가 될 수 있다.

> **NOTE** 긴급체포의 사유는 '피의자가 증거를 인멸할 염려가 있는 때', '피의자가 도망하거나 도망할 우려가 있는 때'이므로, 구속의 사유 중 '피고인이 일정한 주거가 없는 때'는 해당하지 않는다.

Answer. 60.③ 61.④ 62.④

63 다음 중 구속에 대한 설명으로 틀린 것은?

① 법원이 구속한 피고인이 구속기간의 만료로 석방된 경우 법원은 피고인에 대하여 유죄의 실형을 선고하더라도 피고인을 다시 구속할 수 없다.

② 검사의 청구에 의하지 아니하고 법원이 구속영장을 발부한 경우에도 구속영장의 집행은 원칙적으로 검사가 하여야 하나, 예외가 있다.

③ 피고인을 구속함에 있어서는 피고인에게 범죄사실의 요지, 구속의 이유와 변호인을 선임할 수 있음을 알려주고 변명할 기회를 준 후에만 할 수 있다.

④ 구속이란 구인과 구금을 포함하는 개념이다.

> **NOTE** 재구속의 제한은 수사기관이 피의자를 구속하는 경우에 적용될 뿐이며, 법원이 피고인을 구속하는 경우에는 적용되지 않는다.

64 변호인의 접견교통권에 대한 판례의 태도에 부합하지 않는 것은?

① 피의자에 대한 변호인의 접견이 부당하게 제한되고 있는 동안에 검사에 의하여 작성된 피의자신문조서는 증거능력이 없다.

② 변호인접견 전에 작성된 검사의 피고인에 대한 피의자신문조서는 증거능력이 없다.

③ 변호인과의 접견교통권이 위법하게 제한된 상태에서 얻어진 피의자의 자백은 증거능력이 부인된다.

④ 피의자에 대한 접견이 신청일로부터 상당한 기간이 경과하도록 허용되지 않는 것은 접견불허처분과 동일시된다.

> **NOTE** 변호인접견 전에 작성된 검사의 피고인에 대한 피의자신문조서가 당연히 증거능력이 없다고 할 수 없다.(대판 1990.9.25. 90도1613)

65 구속은 적법하나 그 집행의 필요성이 없기 때문에 피고인을 석방시키는 제도는?

① 법원의 직권에 의한 구속취소　　　　② 변호사의 직권에 의한 구속취소

③ 피고인 보석　　　　④ 구속적부심

> **NOTE** 구속취소는 구속의 사유가 없거나 소멸된 때에 법원 또는 수사기관의 결정으로 하는 것으로, 피고인과 피의자 모두에게 구속의 사유가 처음부터 부존재한 경우나 구속사유가 사후적으로 소멸한 경우에 인정된다.

⚡Answer. 63.① 64.② 65.①

66 다음은 상소에 대한 설명이다. 잘못된 것은?

① 상소는 미확정인 재판에 대해 상급법원에 불복신청을 하여 구제를 구하는 소송절차이다.

② 항소를 함에는 선고일로부터 7일 이내에 항소장을 원심법원에 제출해야 한다.

③ 제2심판결에 대해 불복이 있을 경우의 상소는 항고이다.

④ 법원의 명령에 대하여 불복이 있을 경우에 일정한 경우 준항고를 할 수 있다.

NOTE 제2심판결에 대한 불복이 있을 경우의 상소는 상고이다.

67 다음 중 구속집행정지와 보석의 차이라고 볼 수 있는 것은?

① 구속영장의 효력 상실의 여부

② 보증금의 납부를 요하는지의 여부

③ 직권으로 할 수 있는지의 여부

④ 결정을 함에 있어 조건(제한)을 붙일 수 있는지의 여부

NOTE 구속의 집행정지와 보석의 차이는 보증금을 조건으로 하는가의 여부에 있다.

68 다음 중 경찰관 갑이 강도사건의 접수를 받고 현장에 출동한 경우에 취하여야 할 조치내용에 대한 설명 중에서 틀린 것은?

① 범행 직후의 장소이므로 영장 없이 압수 수색 검증을 할 수 있다.

② 영장 없이 압수 수색 검증을 하는 데 있어 범인의 체포 또는 구속이 전제가 되는 것은 아니다.

③ 현장에 대하여 영장 없이 압수 수색 검증을 하기 위해서는 범인이 범행현장에 있을 것을 요한다.

④ 영장 없이 압수 수색 검증을 한 경우는 지체 없이 사후영장을 발부받아야 한다.

NOTE 현장에 대한 압수 수색 검증을 하기 위한 조건은 범행 중 또는 범행 직후의 범죄 장소이면 족하며, 피의자가 현장에 있거나 체포되었을 것을 요건으로 하지 않는다.

69 다음 중 감정유치에 대한 설명으로 틀린 것은?

① 감정유치기간은 미결구금산입에 있어 구속기간에 산입한다.

② 판사는 기간을 정하여 병원 기타 적당한 장소에 피의자를 유치할 수 있으며 감정유치는 구속에 관한 규정이 준용된다.

③ 유치처분이 취소되거나 유치기간이 만료된 때에는 구속의 집행정지가 취소된 것으로 간주한다.

④ 구속 중인 피의자에 대해서는 감정유치를 할 수 없으며 감정유치기간은 구속을 집행한 것으로 간주한다.

> **NOTE** 구속 중인 피의자에 대하여도 감정유치를 할 수 있으며, 구속 중인 피의자에 대하여 감정유치가 집행되었을 때에는 유치되어 있는 기간 동안 구속은 그 집행이 정지된 것으로 간주한다.

70 다음 중 공소권의 남용에 관한 설명으로 틀린 것은?

① 공소제기가 형식적으로 부적법한 경우는 공소권의 남용이 아니다.

② 공소권의 불행사가 실질적으로 부적법한 경우도 공소권의 남용이다.

③ 공소권의 남용이란 공소권의 행사가 형식적으로는 적법하나, 실질적으로는 부당한 경우를 말한다.

④ 공소권의 남용의 예로는 소추재량일탈의 기소, 차별적 기소 등을 들 수 있다.

> **NOTE** 공소권의 불행사는 공소권의 남용에 해당하지 않는다.

71 다음 중 공소취소에 대한 설명으로 옳지 않은 것은?

① 공소취소는 원칙적으로 서면으로 하여야 하지만, 공판정에서 구술로 할 수 있다.

② 상소심의 파기환송, 파기이송 후의 원심에 있어서도 공소취소가 가능하다.

③ 공소취소는 검사만이 할 수 있으며, 이는 기소편의주의를 인정하는 것과 동일한 법리에 기인하고 있다.

④ 공소취소에 의한 공소기각의 결정이 확정된 경우라도 그 범죄사실에 대한 다른 중요 증거를 발견한 경우에는 다시 공소를 제기할 수 있다.

> **NOTE** 공소취소는 1심판결 선고 전까지 취소할 수 있으므로, 제1심판결에 대하여 상소심의 파기환송이나 이송의 판결이 있는 경우에는 공소를 취소할 수 없다.

Answer. 69.④ 70.② 71.②

72 다음 중 재정신청에 관한 설명 중 옳은 것은?

① 재정신청을 취소한 자도 1회에 한하여 다시 재정신청을 할 수 있다.

② 기소유예처분에 대하여도 재정신청을 할 수 있다.

③ 불기소처분의 통지를 받은 고소인·고발인·피의자는 재정신청을 할 수 있다.

④ 재정신청사건의 관할법원은 불기소처분을 한 검사가 소속된 지방검찰청에 대응한 지방법원의 본원이다.

NOTE 재정신청의 대상이 되는 불기소처분에는 협의의 불기소처분뿐만 아니라 기소유예처분도 포함된다.

73 다음 중 공판절차에 관한 설명으로 잘못된 것은?

① 공판이 개정된 후 판사의 경질이 있는 경우 공판절차를 갱신하는 것은 직접심리주의의 요청이라고 할 수 있다.

② 제1심 공판에 법원이 사건 심리를 집중시키는 것이 이상적이다.

③ 광의의 공판절차에는 수사절차가 포함되며, 협의로는 공판기일에서의 절차만을 의미한다.

④ 공판절차는 형사절차의 핵심이며 정점이다.

NOTE 광의의 공판절차에는 공소제기 이후 공판절차가 종결될 때까지의 모든 과정을 의미하므로 수사절차는 공판절차에 포함되지 않는다.

74 다음 중 공소장변경에 관한 설명으로 옳지 않은 것은?

① 판례는 항소심에서의 공소장 변경도 허용하고 있다.

② 공소사실의 동일성을 해하지 않는 한도에서 이루어져야 한다.

③ 공소장변경허가결정에 대하여 독립하여 상소할 수 없다는 것이 판례의 태도이다.

④ 구속된 피고인에 대하여 공소장 변경을 이유로 공판절차가 정지될 경우 그 정지된 기간은 구속기간에 산입된다.

NOTE 공소장의 변경으로 인하여 공판절차가 정지된 기간은 피고인의 구속기간에 산입되지 않는다.

Answer. 72.② 73.③ 74.④

75 다음 중 공판절차의 일반적인 순서로 가장 타당한 것은?

① 인정신문→진술거부권의 고지→검사의 모두진술→증거조사→피고인신문→최종변론→판결의 선고

② 진술거부권의 고지→인정신문→검사의 모두진술→증거조사→피고인신문→최종변론→판결의 선고

③ 진술거부권의 고지→인정신문→증거조사→검사의 모두진술→피고인신문→최종변론→판결의 선고

④ 인정신문→검사의 모두진술→증거조사→피고인신문→진술거부권의 고지→최종변론→판결의 선고

> **NOTE** 공판기일의 절차 … 진술거부권의 고지→인정신문→검사의 모두진술→증거조사→피고인신문→최종변론→판결의 선고

76 다음 중 간이공판절차에 의하여 심판할 수 있는 것은?

① 피고인이 수사기관에서 범행을 자백한 사건

② 법원에서 직권으로 간이공판절차에 의함이 상당하다고 결정한 사건

③ 피고인이 공판정에서 공소사실에 대하여 자백한 사건

④ 피고인이 간이공판절차에 의할 것을 청구한 사건

> **NOTE** 간이공판절차란 피고인이 공판정에서 자백하는 때에 증거조사절차를 간이화하고, 증거능력의 제한을 완화하여 심리를 신속하게 하기 위하여 마련된 공판절차를 말한다.

77 다음 중 증거에 관한 설명으로 틀린 것은?

① 증거서류와 증거물인 서면을 합하여 서증이라고 한다.

② 범행현장에 있는 범인의 지문은 정황증거이다.

③ 범행현장에 배회하는 것을 보았다는 목격자의 증언은 직접증거이다.

④ 거증책임자가 제출하는 증거를 본증이라고 한다.

> **NOTE** 범행현장을 목격한 증인의 증언은 직접증거이나 범행현장을 배회하는 것을 보았다는 목격자의 증언은 간접증거이다.

Answer. 75.② 76.③ 77.③

78 증거능력에 관한 설명 중 틀린 것은?

① 증거능력은 미리 법률에 의하여 형식적으로 결정되어 있다.

② 증거능력이란 증거가 엄격한 증명의 자료로 사용될 수 있는 법률상의 자격을 말한다.

③ 자유로운 증명의 자료가 되기 위해서는 증거능력을 요하지 않는다.

④ 증명력이 강한 증거는 증거능력이 없더라도 자유심증주의의 원칙상 사실인정의 자료가 될 수 있다.

NOTE 증거능력이 없는 증거는 사실인정의 자료가 될 수 없다.

79 형사소송에서의 거증책임에 관한 설명 중 틀린 것은?

① 명예훼손죄에 있어서의 적시된 사실이 진실이고 공공의 이익에 관한 것인지의 여부에 대한 거증책임은 피고인이 부담한다.

② 상해죄의 동시범의 경우 상해가 발생한 사실이 있는지의 여부에 대한 거증책임은 피고인측에서 부담한다.

③ 형사소송에서의 거증책임은 원칙적으로 원고에게 있다.

④ 상해죄에 있어 정당방위에 해당하는지의 여부에 대한 거증책임은 피고인측에서 부담한다.

NOTE ④ 피고인이 위법성조각사유나 책임조각사유를 주장하는 경우 검사는 그 부존재에 대한 거증책임을 진다.

80 증거재판주의에 관한 설명으로 옳지 않은 것은?

① 증거재판주의에 대한 위반은 상소이유에 해당된다.

② 소송법적 사실을 증명하는 경우에도 합리적인 의심을 넘어서는 정도의 증명을 해야 한다.

③ 친고죄의 고소가 있는지의 여부에 관해서는 증거능력이 있는 증거에 의하여 증명하여야 한다.

④ 엄격한 증명이란 증거능력이 있고 적법한 증거조사를 거친 증거에 의한 증명을 말한다.

NOTE 엄격한 증명이란 형사소송법의 규정에 따른 증거능력이 있고, 법정된 절차에 의한 증거조사를 겪은 증거에 의한 증명을 말하며, 자유로운 증명이란 증거능력의 제한이 없고 적절한 방식의 증거조사를 겪지 않은 증거에 의한 증명을 말한다. 친고죄의 고소유무는 자유로운 증명의 대상이 된다.

Answer. 78.④ 79.④ 80.③

81 다음 중 피의자신문조서가 증거능력이 인정되는 것은?

① 피의자신문조서에 날인만 있고 기명이 없는 검사작성의 피의자신문조서

② 피의자신문조서에 기명만 있고 서명이나 날인이 없는 검사작성의 피의자신문조서

③ 간인이 없는 경우 피의자신문조서

④ 피의자에게 조서의 내용을 읽어주지 않은 피의자신문조서

> **NOTE** 수사기관이 피의자신문조서를 작성함에 있어서 피의자에게 열람하거나 읽어주지 않았다 하더라도 형사소송법 소정의 요건이 갖추어지면 증거능력이 인정된다.(대판1993.5.14. 93도739)

82 전문법칙의 예외를 인정하기 위해 원 진술이 '특히 신빙할 수 있는 상태하에서 행해질 것'을 요하는 경우에 해당하지 않는 것은?

① 증인이 피고인에게서 들은 내용을 공판정에서 진술하는 경우

② 증인이 사망한 경우 당해 증인의 진술을 기재한 참고인 진술조서

③ 다른 사건에 대한 참고인 진술조서

④ 피고인이 자신의 범행을 자백한 진술서

> **NOTE** ③ 다른 피고사건의 공판조서는 형사소송법 소정의 특히 신용할 만한 정황에 의하여 작성된 문서에 해당하므로 당연히 증거능력이 인정된다.

83 증거능력에 관한 설명 중 옳은 것은?

① 증거능력에 관한 법관의 판단은 자유심증에 의하되 경험칙과 논리법칙의 제약을 받는다.

② 임의성 없는 자백은 피고인의 동의가 있으면 탄핵증거로 사용할 수 있다.

③ 형사소송법은 위법수집증거배제법칙을 명시하고 있다.

④ 공판조서에 기재된 진술도 타 법원에 증거로 제출되면 전문법칙의 적용대상이 된다.

> **NOTE** ① 증거능력이란 증거가 엄격한 증명의 자료로 사용될 수 있는 법률상의 자격을 말한다.
> ② 임의성 없는 자백은 탄핵증거로도 사용할 수 없다.
> ③ 위법수집증거배제법칙은 형사소송법에 명문의 규정은 없으나 이론상 인정되는 것이다.

Answer. 81.④ 82.③ 83.④

84 자유심증주의에 관한 설명 중 틀린 것은?

① 법관은 증거능력이 있는 증거라도 증명력이 없을 경우 이를 배척할 수 있다.

② 자백의 증명력을 제한하는 형사소송법의 규정은 자유심증주의에 대한 예외에 해당한다.

③ 증거가 가분적일 경우 그 증거의 일부만을 유죄의 증거로 채택할 수 있다.

④ 피고인이 자백을 한 경우라도 법관이 그 자백의 진실성을 심리한 후 자백과 다른 사실을 인정하는 것은 허용되지 아니한다.

NOTE 자유심증주의 원칙상 자백의 증명력도 법관이 자유롭게 판단할 수 있다.

85 자백의 보강법칙에 관한 설명 중 옳지 않은 것은?

① 즉결심판절차에는 자백의 보강법칙이 적용되지 않는다.

② 정황증거도 보강증거가 될 수 있다.

③ 보강증거는 자백 내용의 진실성을 담보할 수 있으면 족하다.

④ 피고인의 공판정 외에서의 자백은 공판정에서의 자백에 대한 보강증거가 될 수 있다.

NOTE 보강증거는 피고인의 자백과 실질적으로 독립한 가치를 지닌 것이라야 한다. 따라서 피고인의 공판정에서의 자백을 공판정 외의 자백으로 보강할 수 없다.

86 다음 중 특수한 소송절차가 아닌 것은?

① 약식명령   ② 과태료 처분

③ 즉결심판   ④ 배상명령

NOTE 약식명령, 즉결심판, 배상명령은 특수한 소송절차에 속한다.

Answer. 84.④ 85.④ 86.②

87 재판의 확정시기에 관한 설명 중 옳지 않은 것은?

① 피고인만이 항소한 제1심의 유죄판결은 피고인이 항소를 취하한 때에 확정된다.

② 공소장변경신청에 대한 허가의 결정은 고지 시에 확정된다.

③ 상고심 판결의 확정시기에 관해서는 판결정정신청기간이 경과한 때나 정정신청에 대한 기각결정을 고지한 때 확정된다는 견해가 있다.

④ 항소기각의 결정은 고지 시에 확정된다.

> **NOTE** 항소, 상고 및 즉결심판의 경우에는 재판을 선고 또는 고지받은 날로부터 7일이 경과되면 재판은 확정된다.

88 다음 중 기판력에 관한 설명으로 틀린 것은?

① 기판력이 미치는 시적 범위는 사실심의 구두변론종결시까지라고 보는 것이 판례의 입장이다.

② 재심사유에 해당하여 재심재판을 하게 되는 경우에는 기판력이 배제된다.

③ 기판력은 피고사건과 단일성 및 동일성이 있는 범죄사실의 전부에 미친다.

④ 이미 유죄의 확정판결이 있는 사건이 공소 제기된 경우에는 기판력이 있으므로 면소판결을 선고하여야 한다.

> **NOTE** 기판력의 시적 범위에 대해서는 변론종결시설, 판결선고시설, 판결확정시설이 대립하고 있으나, 사실심판결선고시설이 통설과 판례의 입장이다.

89 상소에 대한 설명 중 틀린 것은?

① 상소권자는 검사 또는 피고인이고, 피고인의 법정대리인은 피고인을 위하여 상소할 수 있다.

② 상소는 재판의 일부에 대해 할 수 있고 이 경우 일부에 대한 상소는 그 일부에만 미치고 그와 불가분의 관계에 있는 부분이 있더라도 이에는 상소의 효력이 미치지 않는다.

③ 상소는 상소장을 원심법원에 제출한 때에 상소제기의 효력이 발생한다.

④ 상소의 제기는 그 기간 내에 서면으로 해야 하며 상소의 제기기간은 재판을 선고 또는 고지한 날부터 진행한다.

> **NOTE** 상소불가분의 원칙에 따라 일죄의 일부에 대한 상소는 그 일부와 불가분의 관계에 있는 부분에 대해서도 효력이 미친다.

Answer. 87.④ 88.① 89.②

90 다음 중 형사소송법 제17조 제척사유에 관한 설명으로 옳은 것은 모두 몇 개인가? (다툼이 있으면 판례에 의함)

> ㉠ 공소제기 전에 검사의 증거보전 청구에 의하여 증인신문을 한 법관은 전심재판 또는 그 기초되는 조사, 심리에 관여한 법관이라고 할 수 없다.
> ㉡ 약식명령을 발부한 법관이 그 정식재판 절차의 항소심판결에 관여함은 법관이 사건에 관하여 전심재판 또는 그 기초되는 조사, 심리에 관여한 때에 해당하여 제척, 기피의 원인이 될 수 있다.
> ㉢ 제척사유가 있는 법관이 재판에 관여하는 때에는 절대적 항소이유와 상고이유가 된다.
> ㉣ 법관이 사건에 관하여 사법경찰관의 직무를 행한 때에도 당해 사건에 대한 제척사유가 된다.

① 1개
② 2개
③ 3개
④ 4개

NOTE ㉠ 대판 1971.7.6. 71도974
㉡ 대판 2011.4.28. 2011도17
㉢ 제361조의5 제7호, 제383조 제1호
㉣ 제17조 제6호

91 국선변호인에 관한 설명 중 틀린 것은? (판례에 의함)

① 필요적 변호사건에 있어서 선임된 사선변호인에 대한 기일통지를 하지 아니함으로써 사선변호인의 출석 없이 제1회 공판기일을 진행하였다면 그 공판기일에 국선변호인이 출석하였더라도 그 공판절차는 위법하다.
② 국선변호인선임청구를 기각한 결정에 대하여는 재항고를 할 수 없다.
③ 피고인이 별건으로 구속되어 있거나 다른 형사사건에서 유죄로 확정되어 수형 중인 경우는 형사소송법 제33조 제1항 제1호의 '피고인이 구속된 때'에 해당하지 아니한다.
④ 필요적 변호사건에서 변호인이 없거나 출석하지 아니한 채 공판절차가 진행된 경우 그 절차에서의 소송행위 외에 다른 절차에서 적법하게 이루어진 소송행위까지 모두 무효로 된다고 볼 수는 없다.

NOTE ① 본 사안의 경우 변호인 없이 재판한 것이라 할 수 없고, 사선변호인이 제2회 공판기일부터는 계속 출석하여 변호권을 행사하였다면 사선변호인으로부터의 변호를 받을 기회를 박탈하였다거나 사선변호인의 변호권을 제한하였다 할 수 없다.(대판 1990.9.25. 90도1571)
② 국선변호인선임청구를 기각한 결정은 판결 전의 소송절차이므로, 그 결정에 대해 즉시항고를 할 수 있는 근거가 없는 이상 그 결정에 대하여 재항고도 할 수 없다.(대법원 1993.12.3. 92모49 결정)
③ 대판 2009.5.28. 2009도579
④ 대판1999.4.23. 99도915

Answer. 90.④ 91.①

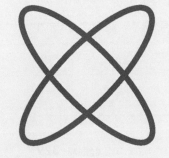

PART

05

행정법 · 행정구제법

행정법

01 행정과 행정법

(1) 행정의 의의

① **국가의 권력작용** : 입법부(국회)는 법률을 제정하는 입법기관의 역할을 하고, 행정부는 법을 구체화시키는 작용으로써 각종 정책을 집행하며 사법부는 법적분쟁 발생 시 재판을 통해 해결을 도모한다.

② **현대적 의미의 행정** : 절대군주 시대의 왕은 법도 만들고 집행도 하고 자의적으로 해석도 함으로써 3권의 영역이 명확하지 않았다. 행정이라는 개념은 근대 입헌국가(立憲國家)의 권력분립 원칙이 확립되면서 본격적으로 논의되었다.

③ **행정의 개념** : 행정이란 공익의 적극적 실현을 위해 국가가 법에 대한 내용을 구체화시키는 적극적인 작용을 의미한다. 그렇기 때문에 행정은 사법(법 선언, 법 판단), 입법(법 제정)작용과 구별된다.

④ **행정의 유형**
　㉠ **형식적 의미의 행정** : 행정부라는 기관이 행하는 모든 작용을 형식적 의미의 행정이라고 한다.
　㉡ **실질적 의미의 행정** : 국가의 목표를 설정하고 적극적으로 실현하며, 법률의 토대 위에서 사회제도를 형성하는 작용을 실질적 의미의 행정이라고 한다.

⑤ **행정에 관한 헌법규정** : 헌법 제66조에서는 "행정권은 대통령을 수반으로 하는 정부에 속한다."라고 하여 입법부와 사법부에 대한 조항을 별도로 규정함으로써 권력분립의 원칙을 선언하는 동시에 행정권은 대통령을 정점으로 하는 행정부에 속함을 규정하고 있다.

⑥ **과거와 현대의 행정 비교** : 근대국가에서는 정부의 권력남용 등의 폐단이 잦았기 때문에 최소한의 정부가 최선의 정부라는 인식하에 국가는 치안과 국방에만 전념하고 경제질서 등을 포함하여 나머지 작용에는 개입하지 말라는 논리가 지배적이었으나 현대로 오면서 국민 모두의 인간다운 생활을 보장하기 위한 복지정책을 필요로 하는 관계로 정부의 권한과 조직이 비대해지는 모습을 볼 수 있다. 즉, 복지국가에서는 정부의 도움을 사회 곳곳에서 필요로 하고 있다.

(2) 행정법의 의의

① 행정법의 개념 : 행정법이란 여러 행정 조직에 의하여 행해지는 일체의 행정 작용과 절차, 그로 인한 피해 발생 시 구제에 관한 공법을 통틀어 말한다.

② 행정법의 법률 규정 체계

구분	관련 법률
행정조직	정부조직법, 지방자치법
행정작용	국세징수법, 경찰관 직무집행법, 행정대집행법
행정절차	행정절차법(청문, 공청회, 의견제출, 입법예고)
행정구제	국가배상법, 행정심판법, 행정소송법

(3) 행정법의 특질

① 형식상의 특수성

  ㉠ 성문성 : 행정법은 성문법주의를 원칙으로 하고 있다.

  ㉡ 형식의 다양성 : 행정법은 통일적 법전이 없기 때문에 규정의 형식이 다양하다.

② 성질상의 특수성 : 행정법은 강행성을 갖고, 개인의 이익과 공익 간의 공정한 조절을 도모하는 합목적성과 합리성을 중심으로 하는 면에서 기술성이 강하다.

③ 내용상의 특수성

  ㉠ 행정주체의 우월성 : 행정주체가 국민에 대한 지배권과 행정주체의 지배권의 발동인 행위에 대하여 공정력을 인정하고 행정권의 자력집행권을 승인하는 것을 그 내용으로 하고 있다.

  ㉡ 공익우선성 : 행정법은 행정목적을 효율적으로 달성하기 위하여 개인의 이익보다는 공공의 이익에 더 우월적인 가치를 두고 있다.

  ㉢ 집단성·평등성 : 국민 개개인보다는 집단 전체를 획일적으로 규율하는 성격이 강하다.

(4) 우리나라 행정법의 기본 원리

① 의의 : 행정법의 기본원리로 민주행정의 원리, 법치행정의 원리, 복지행정의 원리, 사법국가주의, 지방분권주의를 대표적으로 꼽을 수 있다.

② 민주행정의 원리

구분	내용
개념	행정이 민주주의에 따라 행해져야 하며 국민의 의사를 반영하여 국민의 이익증진에 이바지해야 한다는 원리
구현양상	행정활동의 투명성, 입법예고제도

check

③ 법치행정의 원리

구분	내용
개념	행정은 법의 테두리 내에서 행해져야 한다는 것으로 국가가 국민의 자유와 권리를 제한하거나, 새로운 의무를 부과할 때에는 국회가 제정한 법률에 근거가 있어야 하고 국가는 이러한 법률에 구속을 받으며 국민에게 피해 발생 시 법적인 구제절차가 확립되어야 한다는 원리
구현양상	과거에는 법률규정을 통해 국민을 통제하는 규제적 기능에 중점을 두었으나 현대는 정당한 활동을 규정하고 해당 활동을 촉진하는 유도적 기능으로 전환

④ 복지행정의 원리

구분	내용
개념	행정작용은 적극적으로 국민의 인간다운 생활을 보장하고, 국민들의 삶의 질을 향상시키는 데 있어야 한다는 원리
구현양상	각종 보험제도, 환경보호, 생활배려, 문화시설 확충

⑤ 사법국가주의

구분	내용
개념	행정권이 우위에 있는 행정국가주의를 지양하고, 행정에 대한 사법심사를 인정해야 한다는 원리
구현양상	헌법재판소의 헌법소원 심판, 법원의 행정소송, 명령·규칙·처분 심사

⑥ 지방분권주의

구분	내용
개념	권력이 중앙정부에 집중된 중앙집권주의를 지양하고, 각 지역마다 관할지방자치단체에 권한을 부여하여 지역의 사무는 주민참여와 주민의 여론에 따라 처리해야 한다는 원리
구현양상	지방자치단체의 권한을 규정한 헌법 제117조 제1항, 주민소송, 주민소환, 주민투표 등의 주민참여제도

(5) 행정법의 일반원칙

① 의의 : 행정법의 일반원칙은 헌법 및 정의의 관념에서 도출되는 행정법 해석의 기준이 되는 원칙을 말한다. 행정법의 일반원칙은 법원(法源)의 성질이 있으므로 재판의 기준이 되며, 이를 위반하는 행위는 당연히 위법하게 된다.

② **행정의 자기구속의 원칙** : 행정의 자기구속의 원칙은 재량행위에 있어서 그 재량의 행사에 관한 일정한 관행이 형성되어 있는 경우 행정청은 동일한 사안에 대하여 이전에 제3자에게 한 처분과 동일한 처분을 상대방에게 하도록 스스로 구속당하는 원칙을 뜻한다. 이 원칙은 기속행위에서는 원칙적으로 문제되지 않는다.

③ **비례원칙** : 비례원칙이란 행정의 목적과 그 목적의 실현을 위한 수단과의 관계에서 수단은 목적을 실현하는 데 적합하고(적합성 원칙), 또한 권익침해가 가장 적은 방법을 선택하여 행사하여야 하며(필요성의 원칙), 그 달성하려는 공익과 침해되는 사익 사이에 적절한 균형이 이루어져야 한다(상당성 원칙)는 원칙을 말한다.

④ **신뢰보호의 원칙** : 신뢰보호의 원칙은 행정청이 행한 선행조치의 정당성 또는 계속성에 대하여 사인이 신뢰하여 행위한 경우에 보호가치 있는 개인의 신뢰를 보호하는 법원칙을 말한다.

⑤ **부당결부금지의 원칙** : 부당결부금지의 원칙은 행정기관이 어떠한 행정작용을 함에 있어서 그와 실질적인 관련이 없는 반대급부와 결부시켜서는 안 된다는 원칙을 말한다.

02 | 행정상의 법률관계

(1) 행정상의 법률관계의 의의 및 성질

행정상의 법률관계란 행정주체가 법률행위의 당사자가 되는 관계라 할 수 있다. 따라서 민사상의 관계와는 다른 특징을 갖게 되는데, 구체적으로 공법관계, 특별권력관계, 행정조직, 공무원관계 등을 중심으로 논의가 된다.

(2) 공법관계

① **권력관계** : 권력관계란 국가 또는 공공단체 등 행정주체가 공권력의 주체로서 국민에 대하여 일방적으로 명령 · 강제하거나 일방적으로 법률관계를 발생 · 변경 · 소멸시키는 법률관계를 의미한다.

② **관리관계** : 국가나 공공단체 등 행정주체가 공권력의 주체가 아니라 재산관리권의 주체로서 공공의 이익과 관련된 영역을 관리 및 경영하는 법률관계를 말한다.

(3) 공법관계에 있어서의 사법의 적용(행정상의 사법관계)

국가·공공 단체와 같은 행정주체가 국·공유재산의 매각이나 물품의 구입 등의 경우처럼 사인(私人) 상호 간의 법률관계와 유사한 양상을 보이기 때문에 사법규정이나 사법상의 법원리가 지배하는 법률관계를 의미한다.

(4) 행정상의 특별권력관계

공법관계의 연장선상에서 살펴보면, 일반권력관계와 특별권력관계를 구분할 수 있다. 국민은 국가 또는 지방공공단체의 일반적 통치권 또는 공권력에 복종해야 하는 관계가 성립하는데, 이를 일반권력관계라 한다. 또한 공무원이 국가에 대하여 복종의무를 지고 수형자가 교도소에서 복종해야 하듯, 특별한 법률원인에 의하여 공법상의 특별목적에 필요한 한도 내에서 일방이 타방을 포괄적으로 지배할 수 있고, 타방이 이에 복종하여야 할 것을 내용으로 하는 관계를 특별권력관계라고 한다.

(5) 행정의 주체, 객체

① 행정의 주체 : 행정법 관계에서 행정권을 행사하고 그 행위의 법적 효과가 궁극적으로 귀속되는 당사자를 말하며 행정기관과는 구별된다. 행정주체는 법인격이 인정되는 것으로 국가나 공공단체, 공무수탁사인이 행정주체로 인정되고 있다.

② 행정의 객체 : 행정권을 행사하고 그 행위의 법적 효과가 귀속되는 당사자가 행정주체라면, 이러한 행정주체가 행정권을 행사하는 상대방인 개별 국민 또는 집단 등이 객체가 된다.

(6) 행정조직

① 의의 : 행정조직은 국가가 직접 행정을 담당하는 국가행정과 지방자치단체가 행하는 자치행정으로 구분된다. 따라서 행정조직법의 체계는 국가행정조직법과 지방행정조직법으로 구분할 수 있다.

② 행정기관
  ㉠ 개념 : 행정기관이란 행정을 실현하는 주체로서 국가 또는 지방자치단체의 행정사무를 담당하는 기관을 의미한다.

ⓛ 행정기관의 종류 : 행정기관은 담당업무와 권한의 범위에 따라 여러 종류로 구분할 수 있다.

구분	개념	유형
행정관청	권한의 범위 내에서 의사를 결정하고, 외부에 표시하는 권한을 가진 행정기관	행정각부의 장(장관), 처(처장), 청(청장)
보조기관	행정관청의 의사결정을 보조하거나 명을 받아 사무 집행	차관, 국장, 과장
보좌기관	행정 각부의 장, 보조기관을 정책기획·연구 조사를 통해 보좌하는 기관	차관보
의결기관	외부로 표시할 수 있는 권한은 없지만 전문성을 발휘하여 내부적으로 의사결정만 할 수 있는 기관	위원회, 심의회
집행기관	행정관청의 명을 받아 실력행사를 통해 필요한 상태를 실현하는 기관	경찰, 소방, 세무 공무원
감독(감사)기관	행정기관의 업무나 회계를 감독하고 조사하는 기관	감사원
현업기관	공익사업을 경영하고 관리하는 기관	공기업

(7) 공무원법

① 공무원의 개념과 종류

ㄱ 공무원의 의의 : 일반적으로 공무원이라 함은 국가 또는 공공단체의 기관으로서 지위를 가지고 공무를 담당하며 공법상의 근무의무를 지는 사람을 의미한다.

ⓛ 공무원의 종류 : 크게 국가공무원과 지방공무원, 경력직공무원과 특수경력직공무원으로 구분할 수 있다.

② 공무원의 권리와 의무

ㄱ 공무원의 의무 : 공무원의 의무는 공무원의 종류 또는 직무의 성질에 따라 그 내용이 각각 다르며 일률적으로 정할 수 없고, 각종의 법령에서 개별적으로 규정하고 있다. 성실의 의무, 품위유지의 의무, 법령준수와 복종의 의무, 직무전념의무, 친절·공정의 의무, 비밀 준수의 의무 등이 있다.

ⓛ 공무원의 권리
- **신분상의 권리** : 공무원은 신분보장을 받지 아니하는 자를 제외하고는 법령이 정하는 사유와 절차에 의하지 아니하고는 그 신분과 직위로부터 배제되거나 그 직위에 속하는 직무의 수행을 방해당하지 아니하는 권리로서, 신분이 보장되고 그의 직명을 사용하며, 제복이 있는 공무원은 제복을 착용할 권리가 있다.
- **재산상의 권리** : 공무원은 국가 또는 지방자치단체에 대하여 각종의 재산상의 권리 즉, 봉급·수당·연금·실비변상 등의 보수를 받을 권리를 가진다.

03 행정작용법 총론

(1) 행정입법

① **의의** : 행정입법이란 행정주체가 일반적·추상적인 법규범을 정립하는 작용을 말한다.

② **행정입법의 필요성** : 현대 복지국가에서 국민에 대한 정부의 행정수요가 증가함에 따라 행정기능이 확대되고 있고 행정의 전문화·기술화, 지방의 변화에 따른 탄력성 있는 입법의 필요성에 의해 더욱 더 증가하고 있는 실정이다.

③ **행정입법의 종류** : 행정입법의 종류에는 법규성 여부에 따라 크게 법규명령과 행정명령으로 나뉘고, 법규명령에는 법률대위명령과 법률종속명령으로 나뉜다. 법률대위명령에는 긴급재정경제명령과 긴급명령이 포함되고, 법률종속명령에는 위임명령과 집행명령이 포함된다. 또한, 행정명령(행정규칙)에는 훈령, 고시, 예규, 일일명령 등이 포함된다.

(2) 행정행위

① **행정행위의 의의** : 행정행위의 개념은 학문상의 개념으로, 실정법상으로는 '행정처분' 또는 '처분'이라는 단어로 표현된다. 행정행위란 통설과 판례에 따라 행정주체가 구체적 사실에 대한 법집행을 행하는 권력적·단독적인 공법행위를 말한다.

② **행정행위의 특수성** : 행정행위는 공권력 내지는 법률상 승인된 우월한 행정의사의 발동이므로 행정주체의 다른 행위나 민법상의 법률행위에 대하여 법률적합성·공정력·실효성·불가쟁성 및 불가변성·행정행위에 대한 구제 제도의 특수성을 갖는다.

③ 행정행위 종류
  ㉠ 법률행위적 행정행위
    • 명령적 행위 : 명령적 행위란 국민에 대하여 어떤 일정한 의무를 부과하거나 그 의무를 해제하는 것을 내용으로 하는 행정행위를 말한다. 명령적 행위에는 하명, 허가, 면제 등이 있다.
    – 하명 : 하명이란 국민에 대해 작위·부작위·급부·수인 등의 의무를 명하는 행정행위를 말한다.
    – 허가 : 허가란 일반적으로 금지되어 있는 행위를 특정한 경우에 해제하여 적법하게 할 수 있도록 하는 행정행위를 말한다.
    – 면제 : 법령에 의하여 일반적으로 부과되어 있는 의무를 특정한 경우에 해제하는 행정행위를 말한다.
    • 형성적 행위 : 형성적 행위라 함은 행정행위의 상대방인 국민에게 새로운 권리·능력·포괄적 법률관계 기타 법률상의 힘이나 법률상의 지위를 발생·변경·소멸시키는 행위를 의미한다.
    – 특허 : 특허란 특정인의 이익을 위하여 일정한 권리·능력을 창설하는 행정행위를 말한다.
    – 인가 : 인가란 당사자의 법률적 행위를 국가가 동의하여 그 법률상의 효력을 완성시켜 주는 행정행위를 말한다. 인가를 보충행위라고도 한다.
    – 공법상 대리행위 : 제3자가 해야 할 행위를 행정주체가 대신 행함으로써 제3자가 행한 것과 동일한 법적효과를 발생시키는 행정행위를 말한다.
  ㉡ 준법률행위적 행정행위
    • 확인 : 확인이란 당선인의 결정이나 행정심판청구에 대한 재결처럼 특정한 법률관계의 존부에 관하여 분쟁이 있을 때 행정청이 이를 공법적으로 판단해서 확인하는 행위를 말한다.
    • 공증 : 공증이란 면허증의 교부나 각종 증명서의 교부와 같이 어떤 사실이나 법률관계의 존부를 공적으로 증명하는 행정행위를 말한다.
    • 통지 : 통지라 함은 공고와 독촉과 같이 특정인 또는 불특정다수인에게 특정한 사실을 알리는 행정행위를 말한다.
    • 수리 : 수리라 함은 행정청이 다른 사람의 행위를 유효한 것으로서 받아들이는 행정행위를 말한다.
  ㉢ 행정행위의 부관(附款)
    • 부관의 의의 : 행정행위의 효과를 제한 또는 보충하기 위하여 주된 행정행위에 부가된 종(從)된 의사표시를 행정행위의 부관이라고 한다. 행정행위의 부관은 부종성을 그 특질로 하기 때문에 원칙적으로 부관만이 독립하여 강제집행의 대상이 될 수 없다. 행정행위의 부관은 행정청의 의사표시에 의한 것이므로 법령이 직접 특정한 행정행위의 효력을 제한하기 위해 붙인 법정부관과 구별된다.

check

▶ 법규명령의 특징
  • 행정주체와 일반 국민 모두를 구속한다.(일반적·양면적 구속력)
  • 법규명령에 위반하는 행위는 위법한 행위로서 무효 또는 취소사유가 되고, 이로 인해 자신의 권익이 침해된 국민은 행정쟁송을 통하여 무효확인이나 취소를 청구하거나 손해배상을 청구할 수 있다.

▶ 기속행위와 재량행위
  기속행위란 법률이 법규상 구성요건으로 정한 요건이 충족되면 행정청이 그 법률을 기계적으로 적용 집행해야 한다는 행위를 말하고, 재량행위란 법률이 행정청에 그 요건의 판단 또는 효과의 결정에 있어 일정한 독자적 판단권을 인정하고 있는 행위를 말한다. 기속행위의 경우에 법원은 행정청의 판단과 결정 모두를 심사대상으로 하여 행정청의 판단이 법원의 판단과 다른 경우 법원의 판단을 행정청의 판단에 갈음하여 행정청의 행위를 위법한 것으로 판단할 수 있다. 그러나 재량행위에 있어서는 행정청의 판단이 재량권의 일탈, 남용이 있는 경우가 아닌 한 법원은 당해 행정청의 결정을 위법하다고 판단할 수 없다.

• **부관의 종류** : 행정행위 부관의 종류에는 조건, 기한, 부담, 법률효과의 일부배제 등이 있다.

(3) 행정상의 계약

공법적 효과의 발생을 목적으로 하는 복수 당사자의 반대 방향의 의사의 합치에 의하여 성립되는 법률행위를 의미한다.

(4) 행정계획

행정계획이란 행정주체가 달성해야 할 목표와 실현을 위한 과정이나 수단을 포함한 행정의 구상이나 지침, 활동기준을 설정하는 행위를 의미한다.

(5) 행정지도

행정기관이 행정목적의 달성을 위하여 상대방의 임의의 협력을 기대하여 행하는 비권력적 사실행위를 의미한다.

(6) 행정강제

행정법상의 의무이행확보수단으로 행정강제와 행정상의 제재로 나눌 수 있다. 행정강제란 행정법규 또는 행정처분에 의하여 일정한 의무가 있는 자가 그 의무를 이행하지 않는 경우에 행정권의 주체가 강제력으로써 그 의무를 이행시키거나 또는 그 이행이 된 것과 같은 상태를 실현시키는 행정작용을 의미한다.

(7) 행정행위의 효력

행정행위는 내용상 구속력, 공정력, 구성요건적 효력, 존속력, 강제력 등 구속력이 있는데, 이를 행정행위의 효력이라고 한다.

① **내용상 구속력** : 행정행위는 일정한 내용의 권리 · 의무관계를 발생시키는데, 그 내용에 관하여 당사자를 구속하는 효력을 말한다.

② **공정력** : 행정행위가 유효하기 위한 적법요건을 갖추지 못하여 위법하더라도 당연무효가 아닌 한, 권한 있는 기관에 의해 취소될 때까지 상대방이나 제3자를 구속하는 효력을 말한다.

③ **구성요건적 효력** : 유효한 행정행위가 존재하는 경우 다른 행정기관과 법원이 결정 시 그 행정행위의 존재와 효과에 구속되는 효력을 말한다.

④ **존속력** : 쟁송기간의 행정행위가 발령되면 이에 근거하여 새로운 법률관계가 형성되므로 행정행위를 변경하지 않고 계속적으로 존속시킬 필요성에서 인정되는 개념으로서 형식적 존속력(불가쟁력)과 실질적 존속력(불가변력)을

▶ 행정강제의 종류
  • 행정상 강제집행 : 대집행, 집행벌, 직접강제, 강제징수
  • 행정상 즉시강제 : 대인적 강제, 대물적 강제, 대가택적 강제

▶ 행정상 제재
  • 행정벌, 행정형벌, 행정질서벌
  • 기타 : 공급거부, 공표, 과징금, 관허사업제한 등

포함한다. 불가쟁력은 행정행위의 상대방이나 기타 관계인이 행정행위의 효력을 더이상 다툴 수 없게 하는 구속력을 말하고, 불가변력은 행정청이 직권으로 행정행위를 자유로이 취소, 변경, 철회할 수 없는 효력을 말한다.

⑤ **강제력** : 강제력은 제재력과 자력집행력으로 나뉜다. 행정법상 의무위반자에게 처벌을 할 수 있는 힘을 제재력이라고 하고, 행정법상 의무불이행자에 대하여 강제로 의무를 이행시킬 수 있는 자력집행력이라고 한다.

---

04 행정작용법 각론

(1) 행정작용법 각론의 범주

행정법 각론은 특별 행정법의 영역으로 학자에 따라 범주를 다르게 분류할 수 있으나 지방자치법, 경찰법(질서행정), 공용부담법, 토지행정법, 재무행정법, 환경행정법을 포함한다.

(2) 경찰(질서)행정론

사회 공공의 질서를 유지하고 범죄로부터 국민의 생명과 재산을 보호하며 다양한 사회적 구성원을 원조 및 응원하는 공공서비스를 경찰행정이라고 한다.

(3) 공용부담법

공용부담이란 공익사업 등의 복리작용을 위한 경우, 또는 물건의 효용을 확보하기 위하여 행정주체가 법규에 근거하여 강제적으로 사인에게 가하는 인적·물적 부담을 의미한다.

(4) 재무행정법

국가의 세입과 세출을 중심으로 재산 또는 재정과 관련된 행정작용을 재무행정이라고 한다. 재무행정법의 기본원칙으로는 재정의회주의, 엄정관리주의, 건전재정주의가 있다.

 check

01 행정구제법의 의의 및 절차

(1) 행정구제법의 의의

① **필요성**: 행정작용은 국민을 대상으로 발해지기 때문에 권리침해의 요소를 내포하고 있다. 행정구제에 관련된 각종 법률은 권리 침해의 경우 구제받는 절차를 규율하고 있다.

② **행정구제 양상**

구분	종류	내용
사전적 구제 수단	청문	행정관청이 특정 처분을 하기 전에 이해관계자의 의견을 듣고 증거를 조사하는 절차
	민원처리	민원인이 행정기관에 특정 행위를 요구하는 경우 민원사무의 공정한 처리를 통해 국민의 권익을 보호
	청원	국민이 문서로 국가기관에 자신의 의사나 희망을 진술할 수 있는 권리
	입법예고	법령 등을 제정·개정·폐지하는 경우 미리 이를 예고하는 것
사후적 구제 수단	행정상 손해전보 (국가배상)	행정상의 손해배상, 행정상의 손실보상
	행정쟁송	행정심판, 행정소송

ⓐ **행정상의 손해전보**: 행정작용으로 발생한 국민의 재산상 손해 또는 손실을 국가·지방자치단체가 금전으로 배상(보상)하는 제도를 의미한다.

ⓑ **행정쟁송**: 행정작용으로 분쟁 발생 시 정부기관 또는 법원이 심판하여 해결을 도모하는 절차를 의미한다.

(2) 행정절차

① **행정절차의 의미**: 행정절차란 일반적으로 행정활동이 시작되어서 끝날 때까지의 과정을 말한다. 이 과정을 규율하는 법을 행정절차법이라 한다.

② **행정절차의 내용**
   ⓐ **사전통지**: 사전통지란 행정결정을 하기 전에 이해관계인에게 행정작용의 내용이나 청문 등의 일시·장소 등을 알리는 준법률행위적 행정행위를 의미한다.

ⓒ 청문 : 청문이란 행정에 관한 정책이나 구체적인 조치의 결정 등에 의하여 불이익을 입게 될 당사자 또는 이해관계인에게 자신의 의견을 진술하거나 자기에게 유리한 증거를 제출할 기회를 제공하는 것을 의미한다.

ⓒ 서면결정과 결정이유의 명시 : 확인적 행정행위 또는 부담적 행정행위를 하는 경우 행정청이 그 결정의 이유를 명시한 문서로써 행정행위를 하도록 의무화하는 것을 의미한다.

ⓔ 입법예고 : 행정절차법은 행정에 대한 예측가능성의 확보 및 국민의 행정에의 참여와 행정시책에 대한 이해를 도모하기 위하여 국민생활에 중요한 영향을 끼치는 일정한 행정시책에 대하여는 이를 미리 예고하도록 하고 있다.

check

02 행정구제의 유형(사후적 구제 수단)

(1) 행정상 손해배상

① 의의

ⓐ 개념 : 위법한 공무원의 직무집행행위와 공공시설물로 인한 손해 발생 시 국가가 피해자에게 금전으로 배상하는 제도를 의미한다.

ⓑ 손해배상 원인 : 국가가 손해를 배상하는 원인은 공무원의 직무상 불법행위로 손해가 발생한 경우와 공공시설물의 설치 또는 관리상의 하자로 손해가 발생한 경우이다.

② 공무원의 직무상 불법행위로 인한 배상

ⓐ 배상요건 : 손해가 공무원의 위법한 행위로 인해 발생했다는 인과관계를 필요로 한다.

ⓑ 공무원의 책임

구분	국가배상책임의 성질	공무원의 배상책임
대위 책임설	피해자 구제를 위해 공무원을 대신해서 국가가 책임을 짐	• 고의·중과실 : 공무원에게 책임이 있기 때문에 공무원이 국민에게 직접 손해배상을 해줘야 하며, 국가가 배상을 했을 경우 가해공무원에게 구상권 행사 가능 • 경과실 : 국가가 직접 책임지므로 공무원 개인 책임은 없음
자기 책임설	공무원을 사용한 데 대해 국가가 직접 자기 행위로써 책임을 짐	
절충설 (판례)	공무원의 위법행위가 고의나 중과실로 인한 경우는 대위책임, 경과실로 인한 경우는 자기책임	

ⓒ **공무원의 범위**: 공무원의 배상책임에서 말하는 공무원에는 국가공무원, 지방공무원(도청, 시청, 구청, 동사무소 공무원), 공무를 위임받아 그에 종사하는 모든 자를 의미한다.

    ⓔ **직무행위**: 공무원의 직무행위라고 할 때의 직무행위란 공무원이 행하는 직무 그 자체는 물론, 객관적으로 볼 때 직무 범위 내에 속하는 행위라고 인정되거나 직무와 밀접하게 관련된 행위를 포함한다.

    ⓜ **위법성**: 공무원의 직무상 행위에 위법성이 있다는 것은 법률이나 명령에 위반하는 직접적인 경우뿐만 아니라, 객관적으로 볼 때 부당한 행위까지도 의미한다.

    ⓗ **손해**: 손해란 직무상의 위법행위와 인과관계가 있는 물질적인 피해는 물론 정신적인 모든 손해를 의미한다.

③ **영조물의 관리 및 설치 하자로 인한 배상요건**

    ㉠ **의의**: 국가배상법에는 공무원의 직무상의 불법행위로 인한 피해뿐만 아니라 공공 시설물의 설치·관리상의 하자로 피해를 입은 경우에도 손해를 배상하도록 규정하고 있다.

    ㉡ **공공의 영조물의 개념**: 공공의 영조물(營造物)이란 어떤 특정한 시설만을 의미하는 것이 아니라 도로나 다리, 하천시설 등과 같이 국가나 지방자치단체가 공공목적에 이용하기 위해 만들어 놓은 일체의 물건 및 설비를 의미한다.

    ㉢ **하자의 개념**: 영조물의 설치 또는 관리의 하자란 영조물이 용도에 따라 통상 갖추어야 할 안정성을 갖추지 못한 것을 의미한다.

    ㉣ **인과관계**: 하자와 손해 사이에 인과관계가 있어야 한다.

④ **배상절차**

    ㉠ **배상신청**: 법무부와 국방부 소속의 배상심의회가 심의하고 결정한다.

    ㉡ **행정소송과 민사소송**: 배상심의회를 거치지 않고 법원에 행정처분의 취소를 구하는 행정소송과 경우에 따라 손해배상을 청구하는 민사소송을 제기하여 구제받을 수 있다.

(2) 행정상의 손실보상

① **의의**

    ㉠ **개념**: 국가나 지방자치단체의 적법한 행위로 특정인의 재산권에 희생을 가한 경우 보상을 하는 제도이다.

ⓛ 행정상의 손해배상과의 차이점

구분	행정상의 손해배상	행정상의 손실보상
특징	위법한 행위를 대상으로 함	적법한 행위를 대상으로 함
책임 발생	공무원의 직무상 불법행위, 공공의 영조물의 설치 및 관리상 하자	공공의 필요에 의한 사유재산권의 특별한 희생
구제 양상	상당한 인과관계가 있는 모든 손해배상. 법무부와 국방부 소속의 배상심의회가 배상금을 결정하며 불복할 경우 법원에 행정소송 제기, 이때 배상심의회를 거치지 않아도 무방.	법률에 의한 정당한 보상(재산권 침해의 이전 상태를 보상해주는 완전한 보상)을 해야 하며 개별법에 따라 절차는 다르게 규율하고 있으나, 보통은 협의, 행정심판, 행정소송 등 다양한 방법이 인정됨.
	재산상 + 정신상의 손해	재산상 손실

② 손실보상의 요건

　　㉠ 헌법규정 : 헌법 제23조 제3항 공공필요에 의한 재산권의 수용·사용 또는 제한 및 그에 대한 보상은 법률로써 하되 정당한 보상을 지급하여야 한다.

　　㉡ 재산권의 수용·사용·제한

구분	내용
공용수용	공공의 필요를 위하여 개인의 재산권을 강제로 취득하는 국가의 행위
공용사용	공공의 필요를 위하여 개인의 재산권을 일시적·강제적 사용
공용제한	공공의 필요를 위하여 개인의 토지나 재산권 이용에 제한을 가하는 행위

　　㉢ 재산권에 대한 침해 : 수용, 사용, 제한으로 개인의 사유재산권에 대한 침해가 있어야 한다.

　　㉣ 특별한 희생 : 일반적인 사회적 제약을 넘어 사유 재산권의 특별한 희생이 발생해야 한다.

③ 보상의 원칙과 기준

　　㉠ 보상의 원칙 : 현금으로 지급하는 것이 원칙이며 예외적으로 현물보상으로 지급한다.

　　㉡ 보상의 기준 : 법률에 의한 정당한 보상에 따라 재산권 침해 이전 상태를 보상해주는 완전한 보상이 되어야 한다.

④ 보상절차

　　㉠ 협의 : 사업시행자는 토지 등에 대한 보상에 관하여 토지소유자 및 관계인과 성실하게 협의하여야 하며, 사업시행자는 협의가 성립된 때에는 토지소유자 및 관계인과 계약을 체결하여야 한다.

ⓒ 협의가 이루어지지 않은 경우
- 행정청의 재결에 의한 결정
- 재결에 대한 이의 신청
- 행정소송

(3) 행정상 쟁송

① 행정심판(行政審判)

ⓐ 의의
- **개념** : 행정작용으로 인한 분쟁 발생 시 다른 기관이 아닌 행정기관이 해당 분쟁을 조사하고 조치를 취하기 위한 결정을 내리는 구제 방법이다.
- **제도의 취지** : 행정부의 자기반성의 기회를 주고 자율적으로 잘못을 시정하는 기회를 부여하며, 행정기관 자체의 전문적인 지식을 활용함으로써 사법적인 절차보다는 간단한 방법으로 분쟁을 해결할 수 있는 제도가 행정심판이다.

ⓑ 용어의 정의
- **행정처분** : 특정한 사실관계에 관한 법집행 행위로서 공권력을 행사하거나 거부하는 행위를 처분이라 한다.
- **부작위** : 특정 신청에 대해 처분을 해야 할 의무가 있음에도 인용 또는 거절의 의사표시를 하지 않는 경우를 의미한다. 이때 신청을 거부했다고 부작위가 아니라 거부든 인용이든 특정 행위를 해야 함에도 묵묵부답인 경우를 부작위라 한다.
- **재결** : 법원의 재판과정에서 대외적으로 결론을 내리는 절차를 판결이라고 하는 데 비해 행정심판위원회가 행하는 판단을 재결이라고 한다.
- **심리** : 분쟁의 대상이 되고 있는 사실관계와 법률관계를 명확히 하기 위해 당사자나 관계자의 주장을 듣고, 각종 증거와 자료를 수집하고 조사하는 절차를 의미한다.
- **행정심판위원회** : 행정심판 청구에 대해 심리하고 의결하는 합의제 기관을 의미한다. 행정심판위원회의 결정은 재결청을 구속한다. 곧, 재결청은 행정심판위원회가 결정한 대로 재결을 해야 한다.

© 행정심판의 종류

종류	개념
취소심판	행정청의 위법 또는 부당한 처분의 취소나 변경을 구하는 심판
무효 등 확인심판	행정청의 처분의 효력 유무 또는 존재 여부에 대한 확인을 하는 심판
의무이행심판	행정청의 위법 또는 부당한 거부처분이나 부작위에 대하여 일정한 처분을 하도록 하는 심판

> 2008년 이전까지는 심판청구에 대해 재결을 하는 기관은 처분 행정청의 1차적 감독기관인 재결청이었다. 그러나 법이 개정되어 재결청이라는 용어는 쓰지 않고 행정심판위원회가 재결을 하게 된다.

② 행정심판의 청구 요건 : 행정심판은 아무나 청구할 수 없고 처분이나 부작위의 직접 상대방 또는 심판을 구할 법률상의 이익이 있는 자가 청구해야 한다. 이때, 대통령의 처분 또는 부작위에 대하여는 다른 법률에 특별한 규정이 있는 경우를 제외하고는 행정심판을 제기할 수 없다.

⑩ 행정심판의 절차
  • 행정심판 청구 : 국민은 처분청 또는 부작위청에 행정심판을 청구한다.

구분	내용
방식	서면으로 해야 하며 기명날인해야 함
기간	처분이 있음을 안 날로부터 90일 이내, 정당한 이유가 없는 한 처분이 있은 날로부터 180일 이내 제기해야 함

  • 행정심판위원회의 재결 : 행정심판 청구에 대해 심리하고 재결하는 합의제 기관으로 개정법에서 재결청을 폐지함에 따라 접수부터 처리결과 통보까지 신속성을 도모하고 있다.
  • 재결

종류	개념
각하재결	청구의 요건에 흠결이 있어 내용을 심사하지 않는 경우
기각재결	청구요건을 적합하게 갖추어 심리한 결과, 이유가 없어 받아들이지 않는 경우
인용재결	청구의 내용이 이유가 있어 받아들여진 경우
사정재결	인용재결을 할 사항인데도 불구하고 인용할 경우 공공복리에 적합하지 않는 경우로, 위원회는 해당 처분 또는 부작위가 위법 또는 부당함을 명시해야 하고 손해배상 등의 구제방법을 취해야 함

② 행정소송(行政訴訟)

㉠ 개념 : 행정작용 또는 행정법 적용과 관련하여 위법하게 권리가 침해된 경우 법원이 심리·판단하여 구제하는 제도를 의미한다.

㉡ 행정심판과 행정소송

구분	행정심판	행정소송
판정기관	행정기관(행정심판위원회)	법원
대상	위법행위, 부당행위	위법행위
심리방법(절차)	서면심리, 구두변론 병행	원칙적으로 구두변론주의
적용법률	행정심판법	행정소송법

㉢ 행정소송의 절차 : 행정심판에서는 서류 심리를 원칙으로 하되 구두 심리를 병행하지만 행정소송은 법원이 행하는 재판작용인 관계로 구술심리가 원칙이다. 이때 구술심리란 법정에서 말로 질문과 답변을 하는 절차를 의미한다.

㉣ 행정소송의 종류 : 행정소송법에는 항고소송, 당사자소송, 민중소송, 기관소송에 대해 규정하고 있는데 이것들을 총칭하여 행정소송이라고 한다.

구분	세부내용	성질
항고소송	행정청의 처분 등이나 부작위에 대하여 제기하는 취소소송, 무효 등 확인 소송, 부작위 위법 확인소송	• 주관적 소송 : 침해된 당사자의 권리 구제
당사자소송	행정청의 처분 등을 원인으로 하는 법률관계에 관한 소송 또는 공법상 법률관계에 관한 소송	
민중소송	국가 또는 지방자치단체의 기관이 법률에 위반한 행위를 했을 때, 직접 자신의 법률상의 이익여부와 관계없이 그 시정을 구하려고 제기하는 소송	• 객관적 소송 : 개인의 권리구제가 아닌 권력의 적법한 행사와 행정법규의 바른 정립이 목적
기관소송	공공단체 또는 국가 기관 상호 간에 권한의 존재 여부나 권한의 행사에 관한 다툼이 있을 때에 제기하는 소송	

㉤ 행정소송의 제기 요건 : 일정한 자격 혹은 요건이 있어야만 제기할 수 있다. 첫째로, 소송을 제기할 만한 법률상의 이익이 있어야 하며 두 번째로 처분청을 피고로 해야 한다.

㉥ 항고소송(抗告訴訟)

• 개념 : 항고소송이란 행정청의 위법한 처분이나 부작위에 대하여 제기하는 소송이다. 즉, 행정기관에 어떠한 청구 혹은 신청을 했는데 법에 위반되는 형태로 처분하거나 처분의무가 있음에도 아무런 처분도 하지 않는 행위(부작위)에 대해 법원에 그 시정을 구하는 일체의 소송을 일컬어 항고소송이라고 한다.

- 항고소송의 종류 : 항고소송에는 취소소송, 무효 등 확인소송, 부작위 위법 확인소송이 있다.

구분	취소소송	무효 등 확인소송	부작위 위법 확인소송
개념	행정청의 위법한 처분을 취소 또는 변경하는 소송	행정청의 처분에 대한 효력 유무 또는 존재 여부를 확인하는 소송	당사자의 신청에 대해 행정청이 상당한 기간 내에 일정한 처분을 해야 할 법률상 의무가 있음에도 이를 행하지 않는 경우(부작위), 그러한 부작위가 위법하다는 확인을 구하는 소송
청구권자 (요건)	처분 등의 취소 또는 변경을 구할 법률상 구체적 이익이 있는 자	처분 등의 효력 유무 또는 존재 여부의 확인을 구할 법률상 이익이 있는 자	처분의 신청을 한 자로서 부작위의 위법의 확인을 구할 법률상의 이익이 있는 자
유의	행정심판의 경우 의무이행심판이 있으나, 행정소송의 경우 의무이행 소송은 인정하지 않고 있다.		

- 항고소송의 특징 : 특히 당사자 소송과 비교하여 행정주체가 우월한 지위에서 갖는 공권력의 행사, 불행사와 관련된 분쟁을 대상으로 한다.

ⓐ 당사자소송
- 개념 : 당사자소송이란 행정청의 처분 등을 원인으로 하는 법률관계에 관한 소송 또는 공법상 법률관계에 관한 소송으로서 그 법률관계의 한쪽 당사자를 피고로 하는 소송이다.
- 개념의 해설과 사례 : 공법상의 법률관계에 관한 소송이란 사법상의 법률관계가 아니라는 의미이며, 한쪽 당사자를 피고로 하는 소송이란 민사소송의 경우처럼 대등한 원고·피고 관계를 의미한다. 대표적 당사자소송 사례로 조세과오납금 반환 청구 소송, 공무원의 봉급이 지급되지 않는 경우 청구하는 소송이 있다.

ⓑ 민중소송
- 개념 : 민중소송이란 국가 또는 공공단체의 기관이 법률에 위반되는 행위를 했을 때, 직접 자신의 법률상의 이익여부와 관계없이 그 시정을 구하려고 제기하는 소송이다.
- 성질 : 항고소송, 당사자소송은 자신의 이익 또는 권리가 침해될 경우 제기하는 데 비해 민중소송은 자신의 직접적 이익이나 권리 침해를 이유로 하지 않기 때문에 객관성을 갖는다. 또한 아무 때나 제기할 수 있는 것이 아니며 법률에 특별히 규정이 있어야 한다.

• 사례 : 국민투표법에 규정된 국민투표무효소송, 공직선거법에 규정된 선거 무효소송, 당선 무효소송, 지방자치법에 규정된 주민소송, 주민투표법에 규정된 주민투표소송이 있다.

ⓩ 기관소송

• 개념 : 국가나 공공단체의 기관 상호 간에 권한의 존재 여부 또는 권한의 행사에 관한 다툼이 있을 때에 제기하는 소송이다.

• 성질 : 국민과 행정기관 간의 소송이 아니라 국가 또는 공공단체의 다툼이므로 민중소송과 마찬가지로 객관적 소송에 속하며 법에 규정이 있어야 한다.

• 헌법재판소의 권한쟁의심판과의 관계 : 헌법재판소법 제2조와 제62조에 따라 헌법재판소는 국가기관 상호 간, 국가기관과 지방자치단체 및 지방자치단체 상호 간의 다툼이 있는 경우 권한쟁의심판을 하게 되며, 이러한 다툼은 기관소송에서 제외된다.

• 사례 : 헌법재판소의 권한쟁의심판 대상은 기관소송 대상에서 제외되기 때문에 사실상 사례는 그렇게 많지 않다. 결과적으로 동일 지방자치단체의 기관 간에서만 문제가 될 수 있다. 예를 들면, 지방자치단체의 장이 지방의회를 상대로 소송을 제기하는 경우, 관할 교육감이 시의회 · 도의회를 상대로 소송을 제기하는 경우가 대표적이다.

ⓩ 판결

• 의의 : 판결의 종류는 행정심판에서의 재결과 동일하다.

• 각하판결

• 기각판결

• 인용판결

• 사정판결 : 원고의 청구가 이유 있다고 인정하는 경우에도(처분 등이 위법한 경우임에도) 취소하는 것이 공공복리에 적합하지 않은 경우는 원고의 청구를 기각하는 판결을 한다. 사정재결과 마찬가지로, 판결에서 처분이 위법함과 손해배상 등 구제방법을 명시해야 한다.

1 다음 중 복지행정의 원리에 대한 구현양상으로 옳지 않은 것은?

① 문화시설 확충

② 주민투표 등의 주민참여제도

③ 각종 보험제도

④ 생활배려

NOTE 복지행정의 원리에 대한 구현양상 : 환경보호, 생활배려, 각종 보험제도, 문화시설 확충 등

2 행정기관의 종류 중 의결기관에 대한 설명으로 옳은 것은?

① 행정관청의 명을 받아 실력행사를 통해 필요한 상태를 실현하는 기관

② 정책기획, 연구 조사를 통해 행정 각부의 장 및 보조기관을 보좌하는 기관

③ 권한의 범위 내에서 의사를 결정하고 외부에 표시하는 권한을 가진 행정기관

④ 외부로 표시할 수 있는 권한은 없지만 전문성을 발휘하여 내부적으로 의사결정만 할 수 있는 기관

NOTE ① 집행기관 ② 보좌기관 ③ 행정관청

3 다음 중 행정법의 법률 규정 체계 중 나머지 셋과 다른 하나는?

① 행정소송법

② 행정대집행법

③ 국세징수법

④ 경찰관 직무집행법

NOTE ①은 행정구제와 관련된 법률이고 ②③④는 행정작용과 관련된 법률이다.

Answer. 1.② 2.④ 3.①

4 다음 중 공무원의 종류가 다른 하나는?

① 안동시청의 행정직 공무원

② 수원지검 검사

③ 경기도 선거관리위원회 상임위원

④ 서현고등학교 국어 교사

> **NOTE** ③ 특수경력직 공무원(별정직 공무원)
> ① 경력직 공무원(일반직 공무원)
> ②④ 경력직 공무원(특정직 공무원)

5 행정법의 법원에 관한 설명 중 옳은 것은?

① 국가 상호 간의 관계를 규율하는 공법으로서의 국제법은 행정법의 법원이 되지 못한다.

② 실정법상 조약이 국내법보다 우선적으로 적용된다고 명문으로 규정한 경우는 없다.

③ 행정선례법의 존재를 명문으로 인정한 경우도 있다.

④ 선례구속의 원칙은 영미법계 국가보다는 대륙법계 국가에서 인정된다.

> **NOTE** ① 헌법에 의해 체결·공포된 조약과 일반적으로 승인된 국제법규는 국내법과 같은 효력을 가질 수 있어 국제법도 행정법의 법원이 될 수 있다.
> ② 특허법 제26조는 특허에 관하여 조약에 이 법에서 규정한 것과 다른 규정이 있는 경우에는 그 규정에 의한다고 규정하여 조약이 국내법보다 우선하여 적용됨을 명문으로 규정하고 있다.
> ④ 선례구속의 원칙은 영미법계에서 인정되는 원칙이다.

6 다음 중 우리나라 행정법의 기본원리는?

㉠ 민주행정의 원리	㉡ 법치행정의 원리
㉢ 복지행정의 원리	㉣ 사법국가주의

① ㉠

② ㉠, ㉡

③ ㉠, ㉡, ㉢

④ ㉠, ㉡, ㉢, ㉣

> **NOTE** 우리나라 행정법의 기본원리에는 민주행정의 원리, 법치행정의 원리, 복지행정의 원리, 사법국가주의, 지방분권주의가 있다.

Answer. 4.③ 5.③ 6.④

7 '행정작용은 적극적으로 국민의 인간다운 생활을 보장해야 한다.'는 원리는?

① 복지행정의 원리
② 사법국가주의
③ 지방분권주의
④ 법치행정의 원리

> **NOTE** 복지행정의 원리는 행정작용은 적극적으로 국민의 인간다운 생활을 보장하고, 국민들의 삶의 질을 향상시키는 데 있어야 한다는 원리이다.

8 '행정권이 우위에 있는 (   )를 지양하고 행정에 대한 사법심사를 인정해야 한다.'에서 빈칸에 들어갈 알맞은 말은?

① 사법국가주의
② 행정국가주의
③ 민주행정의 원리
④ 지방분권 원리

> **NOTE** 사법국가주의는 행정권이 우위에 있는 행정국가주의를 지양하고, 행정에 대한 사법심사를 인정해야 한다는 원리이다.

9 실질적 법치주의의 내용으로 옳지 않은 것은?

① 법률의 법규창조력이 강화되었다.
② 법률우위원칙이 철저해진다.
③ 법률유보원칙의 적용범위가 확대된다.
④ 권력의 규제보다는 국민의 준법정신이 강조된다.

> **NOTE** 실질적 법치주의는 법률에 의한 법률유보원칙 및 법률우위원칙을 통한 권력을 규제하는 데 실질적 의미가 있다. 따라서 합헌적 법률우위, 법률유보범위의 확대(침해유보설에서 전부유보설로의 확대), 법률의 법규창조력 확대, 법의 기속의 확대, 행정에 대한 절차적 확대, 법치주의 기능변화의 모습을 보인다.

Answer. 7.① 8.② 9.④

10 다음 중 권력분립의 원칙과 관련이 없는 것은?

① 견제와 균형을 기본원리로 한다.
② 법치국가의 전제조건을 이룬다.
③ 자유주의적 정치조직원리의 표현이다.
④ 위임입법에 대한 통제와 관련하여 발전되었다.

> **NOTE** 권력분립원칙 … 자유주의의 이념에 의하여 소극적으로 상호견제를 통한 국민의 기본권보장을 근본목적으로 하는 이념으로, 법치국가의 전제조건을 이루며 자유주의적 정치조직원리의 표현이다. 권력분립원칙에 의할 때 위임입법은 제한되어야 하나, 현대국가에서 위임입법이 확대되는 경향에서 이에 대한 통제의 수단으로 대두되고 있다.

11 대법원은 "원고가 운전한 오토바이는 이륜자동차로서 제2종 소형면허를 가진 사람만이 운전할 수 있는 것이고, 이륜자동차의 운전은 제1종 대형면허와는 아무런 관련이 없는 것이므로 오토바이를 음주운전 하였음을 이유로 제1종 대형면허를 취소한 피고의 이 사건 처분은 위법하다."고 판시하였다. 이 사건에 적용되는 행정법의 일반원칙은?

① 비례의 원칙
② 필요성의 원칙
③ 신뢰보호의 원칙
④ 부당결부금지의 원칙

> **NOTE** 부당결부금지의 원칙은 행정기관이 행정법상 의무위반자 또는 의무불이행자에 대하여 조치를 취함에 있어 의무위반 또는 불이행과 실제적 관련이 없는 반대급부를 조건으로 하여서는 아니된다는 것으로, 제1종 대형면허와 오토바이의 음주운전 간에는 아무런 실질적 관련이 없으므로 문제의 경우는 부당결부금지의 원칙과 관련이 있다(대판 1992.9.22, 91누8289 참조).

12 형식적 의미의 행정에 속하나, 실질적 의미의 행정이 아닌 것은?

① 조세의 부과
② 영업의 허가
③ 행정심판의 재결
④ 토지수용

> **NOTE** ①②④ 실질적 의미와 형식적 의미의 행정작용이다.
> ③ 형식적 의미의 행정작용이나 실질적 의미의 사법작용이다.

Answer. 10.④ 11.④ 12.③

13 판례법에 대한 내용 중 옳은 것은?

① 영미법계에서는 그 법원성이 부정된다.

② 일반법원의 판례의 법률상 구속력은 우리나라에서도 인정된다.

③ 법률규정의 공백에 대하여 스스로 규율하는 기능도 수행할 수 있다.

④ 헌법재판소 결정은 행정기관도 구속한다.

> **NOTE** ① 영미법계에서는 판례의 절대적 구속력이 인정되어 그 법원성이 인정된다.
> ② 우리나라의 경우 판례의 실질적 구속력은 인정되나, 형식적 구속력은 인정되지 않는다.
> ③ 판례의 기능으로 일반 법률규정의 해석은 가능하나, 공백에 대하여 스스로 규율하는 것은 실질적으로 입법작용을 하는 것으로 권력분립원칙에 의해 불가능하다.
> ④ 헌법재판소 결정에 일반적 구속력이 인정된다.

14 다음 중 행정법의 기본요소는?

① 행정에 관한 법, 국내법, 공법

② 행정에 관한 법, 국내법, 사법

③ 행정에 관한 법, 국내법, 성문법

④ 행정에 관한 법, 공법, 성문법

> **NOTE** 행정법은 통치권 중 행정부분에 관한 법이며, 외국에 대해서는 구속력을 가지지 않는 국내법이다.

15 다음 중 판례상 행정법의 법원성이 인정되지 아니하는 것은?

① 헌법   ② 조리

③ 조례   ④ 훈령

> **NOTE** 훈령은 행정규칙의 법규성을 부인하는 판례에 의해 행정법의 법원으로 인정되지 않는다. 다만, 행정법의 법원의 개념을 광의로 보는 입장에서는 법원성을 인정한다.

16 "특정한 국가작용은 법적 근거를 필요로 한다."라는 요구는 법치행정의 원리의 중요한 내용 중 하나이다. 이것을 무슨 원칙이라 하는가?

① 법률의 법규창조력의 원칙　　　② 법률의 우위원칙

③ 법률의 유보원칙　　　④ 실질적 법치주의의 원칙

> **NOTE** 법률유보이론에는 사회유보설, 침해유보설, 급부행정유보설, 권력행정유보설, 중요사항유보설 등이 있다.
> ※ **법률의 법규창조력** … 국회에서 제정하는 형식적 의미의 법률만이 법규를 창조하는 힘을 갖는다는 원칙

17 다음 중 신뢰보호원칙의 일반적 요건이 아닌 것은?

① 행정청에 선행조치가 있어야 한다.

② 행정청이 이익형량을 하였을 것이다.

③ 선행조치의 정당성에 대한 관계인의 신뢰에 보호가치가 있어야 한다.

④ 행정청의 조치와 신뢰에 대해 상대방의 조치가 있어야 한다.

> **NOTE** 신뢰보호의 일반적 요건
> ㉠ 선행조치 : 국민에게 무엇을 믿게 하는 행정청의 언동이 있어야 하는 바, 이에는 법령, 처분, 약속, 행정계획 등이 포함 된다.
> ㉡ 보호가치 있는 신뢰 : 선행조치의 정당성 또는 존속성에 대한 관계자의 신뢰가 보호할 만한 것이어야 한다. 따라서 상대방에게 귀책사유가 있는 경우에는 이를 보호할 필요가 없다.
> ㉢ 처리행위 : 행정기관의 선행조치를 신뢰한 상대방이 이에 근거하여 어떤 처리행위, 예컨대 자본투자 등을 한 경우 이어야 한다.
> ㉣ 인과관계 : 행정기관의 선행조치에 대한 국민의 신뢰와 처리 사이에 인과관계가 있어야 한다.
> ㉤ 선행조치에 반하는 처분의 존재 : 신뢰보호는 행정청의 선행조치에 반하는 행정청의 처분 또는 부작위에 의하여 선행행위를 신뢰한 개인의 권익이 침해된 경우에 인정된다.

18 다음 행정법의 일반법 원칙 중 재량준칙의 대외적 구속력과 밀접한 관련이 있는 것은?

① 신의성실의 원칙　　　② 평등의 원칙

③ 비례의 원칙　　　④ 부당결부금지의 원칙

> **NOTE** 평등원칙을 매개로 한 행정의 자기구속의 법리에 의하여 재량준칙이 대외적 구속력을 가지게 된다.

Answer. 16.③ 17.② 18.②

19 행정의 자기구속의 원칙은 다음 어느 원칙에서 파생한 것인가? (통설의 견해)

① 부당결부금지의 원칙　　　　　　　　② 평등의 원칙

③ 비례의 원칙　　　　　　　　　　　　④ 신뢰보호의 원칙

> **NOTE** 행정의 자기구속의 원칙은 신뢰보호원칙에서 파생된다는 학설도 있으나, 통설은 평등원칙에서 근거를 구하고 있다. 한편 헌재(헌재 1990.9.3, 90헌마13)와 대법원은 '평등의 원칙 또는 신뢰보호의 원칙'을 근거로 자기구속의 원칙을 인정하고 있다(대판 2009.12.24, 2009두7967).

20 행정의 자기구속(自己拘束)의 법리와 관련이 없는 것은?

① 재량권의 행사　　　　　　　　　　　② 평등의 원칙

③ 법률적합성의 원칙　　　　　　　　　④ 행정규칙

> **NOTE** 행정의 자기구속의 법리는 행정규칙에 대해 평등의 원칙을 매개로 법규성을 가지는 계기가 되게 하는 데 그 의의가 있다.

21 행정법의 시간적 효력에 관한 설명으로 옳지 않은 것은?

① 행정법은 원칙적으로 법률불소급원칙을 취하고 있는데, 이는 법적 안정성과 기득권 존중, 예측가능성의 보호를 위한 것이다.

② 대법원은 아직 종결되지 않고 계속되고 있는 사실에 대하여 새로운 행정법규를 적용해도 무방하다는 견해를 취한 바 있다.

③ 공포한 날이란 신문이나 관보가 발행된 날을 의미하며, 통설과 판례는 발행된 날을 최초구독가능시설로 본다.

④ 경과규정은 기득권의 보호보다는 새로운 법의 완전한 시행을 위하여 강제력을 인정받기 위해서 존재하는 것이 원칙이다.

> **NOTE** ④ 경과규정은 신법과 구법이 서로 저촉되는 경우 주로 구법에 의하여 취득한 기득권을 보호해 주기 위하여 규정되는 것이고 새로운 법 시행을 위한 강제력 확보를 위한 것은 아니다(대판 1999.9.3, 98두15788).

Answer. 19.② 20.③ 21.④

22 다음 중 건축법 위반의 건축물에 대한 수도, 전기, 전화의 공급 거부에 대한 위법성 판단의 근거로서 가장 타당한 것은?

① 신뢰보호의 원칙

② 보충성의 원칙

③ 부당결부금지의 원칙

④ 소극성의 원칙

> **NOTE** 건축법 위반에 대한 전기 등의 공급 거부는 건축법상 의무이행과 전혀 관계없는 부문에서의 행정의 급부를 관련시켜 그 급부를 거절하는 것이므로 그 위법성의 판단에 있어서 부당결부금지의 원칙이 근거로 될 수 있다.

23 다음은 행정상의 법률관계에 관한 설명이다. 올바른 것은?

① 행정상의 법률관계란 행정주체가 법률행위의 당사자가 되는 관계인데 민사상의 관계와 동일하다.

② 재산관리권의 주체로서 공공의 이익과 관련된 영역을 관리 및 경영하는 법률관계를 권력관계라 한다.

③ 공법관계는 일반권력관계와 특별권력관계로 구분할 수 있다.

④ 행정은 법적 효과와 관련하여 주체와 객체가 구분될 수 없다.

> **NOTE** ① 행정상의 법률관계란 행정주체가 법률관계의 당사자가 되는 관계를 말하며, 민사상의 관계와는 공법관계, 특별권력관계, 행정조직, 공무원 관계 등에서 다른 특징을 갖는다.
> ② 재산관리권의 주체로서 공공의 이익과 관련된 영역을 관리 및 경영하는 법률관계를 '관리관계'라고 한다.
> ④ 행정의 주체란 행정법 관계에서 행정권을 행사하고 그 행위의 법적 효과가 궁극적으로 귀속되는 당사자를 말하며, 행정의 객체란 행정주체가 행정권을 행사하는 상대방인 개별 국민 또는 집단 등을 의미한다.

Answer. 22.③ 23.③

24 행정법관계에 대한 설명으로 옳은 것은?

① 개인은 행정법관계의 주체가 될 수 없다는 것이 다수설의 견해이다.

② 행정법관계는 국가의 공권력 발동으로 인해 이루어지는 것이므로 행정법관계에는 사법적 법률관계는 존재하지 않는다.

③ 행정법관계는 행정청과 일반국민 간의 관계이므로 공무원에 대한 징계행위는 행정법관계라고 할 수 없다.

④ 공무원이 직무수행 중 고의로 타인의 재물을 손괴한 때에도 행정법상의 법률관계가 성립된다.

> **NOTE** ① 공무수탁사인의 경우에는 개인도 행정주체가 될 수 있다.
> ② 공법상 계약관계에는 원칙적으로 사법규정이 적용되나 예외적으로 공법규정이 적용되기도 한다.
> ③ 행정법관계(공법관계)는 광의적으로 보면 행정조직법적 관계도 포함하므로 공무원에 대한 징계행위도 행정법 관계로 볼 수 있다.
> ④ 국가배상법상 손해배상관계(행정법상 법률관계)가 성립한다.

25 행정행위의 존속력(또는 확정력)에 관한 설명 중 옳지 않은 것은?

① 존속력에는 불가쟁력과 불가변력이 있다.

② 무효인 행정행위에는 불가쟁력이 발생하지 않는다.

③ 불가쟁력이 발생한 행정행위로 인하여 손해를 입은 국민은 국가배상청구를 할 수 있다.

④ 행정행위에 불가쟁력이 발생하면 취소권을 가진 행정청이라도 직권으로 불가쟁력이 발생한 행정행위를 취소 또는 철회할 수 없다.

> **NOTE** 행정행위의 확정력(존속력)
> ㉠ **불가쟁력**(형식적 확정력) : 일정한 기간의 경과 기타의 사유로 말미암아 행정행위의 상대방 기타 관계인 측에서 더 이상 행정행위의 효력을 다툴 수 없게 되는 바, 그 다툴 수 없게 되는 힘을 불가쟁력이라 한다. 불가쟁력은 원칙적으로 모든 행정행위에서 발생하나, 절대무효인 행정행위에 대하여는 불가쟁력이 생기지 않는다. 불가쟁력이 생긴다고 하여 행정행위의 하자가 치유되어 위법성이 제거되는 것은 아니므로, 따로 국가배상청구를 하거나 행정청이 직권으로 취소하는 것은 가능하다.
> ㉡ **불가변력**(실질적 확정력) : 행정행위는 그 하자를 이유로 행정청의 직권에 의하여 취소·변경·철회가 가능하지만, 일정한 경우에는 행정청 자신도 자유로이 그것을 취소·변경·철회할 수 없는 효력을 발생하는 것이 있다. 이를 불가변력이라 한다.

26 특별권력관계에 대한 설명 중 가장 옳지 않은 것은?

① 특별권력관계는 공법상의 포괄적인 지배복종의 관계이다.

② 특별권력의 발동은 목적달성을 위하여 필요한 최소한도로 그쳐야 한다.

③ 특별권력관계에는 법치주의의 적용이 배제된다는 것이 오늘날의 통설이다.

④ 특별권력주체는 명령권을 발동할 수 있다.

> **NOTE** 특별권력관계에서도 법치주의가 원칙적으로 적용됨이 현재의 통설이다.

27 다음 중 공법관계가 아닌 것은?

① 농지개량조합과 조합원과의 관계

② 예산 회계법 또는 지방재정법에 따라 지방자치단체가 체결하는 계약

③ 서울시 무용단원 위촉

④ 조세채무관계

> **NOTE** ② 판례는 이를 사법작용으로 파악한다(대판 1996.12.20, 96누14708).
> ① 대판 1995.6.9, 94누10870
> ③ 대판 1995.12.22, 95누4636
> ④ 대판 2007.12.24, 2005다11848

28 공법관계에 관한 설명 중 옳지 않은 것은?

① 관리관계는 원칙적으로 공법에 의해 규율된다.

② 법의 일반원리적 규정은 권력관계에도 적용될 수 있다.

③ 관리관계에는 공정력이 인정되지 않는다.

④ 공법관계에는 권력관계와 관리관계가 있다.

> **NOTE** 관리관계는 다수설에서 원칙적으로 사법규정이 적용된다고 보고 있다.

Answer. 26.③ 27.② 28.①

29 다음 중 개인적 공권이 아닌 것은?

① 환경권
② 공무원의 연금청구권
③ 행정개입청구권
④ 형벌권

NOTE ③ 행정개입청구권은 개인적 공권의 확대경향으로 새롭게 인정된 공권이다.
④ 형벌권은 국가적 공권이다.
※ 개인적 공권… 개인이 직접 자기의 이익을 위하여 행정주체에게 일정한 행위를 할 것을 요구할 수 있는 법적인 힘

30 관세법이 개정되어 1998년 9월 3일 공포되었다. 개정법률 부칙에는 "이 법은 공포 후 3월이 경과한 날로부터 시행한다."고 규정하고 있다. 이 개정 법률의 시행시점으로 옳은 것은?

① 1998년 12월 3일 오전 0시
② 1998년 12월 4일 오전 0시
③ 1998년 12월 5일 오전 0시
④ 1998년 12월 6일 오전 0시

NOTE 기간의 계산은 초일 불산입 원칙으로 기산점은 9월 4일이 되므로 3월의 기간은 12월 3일 오후 12시가 되면 만료하게 된다. 시행시점은 이 기간의 만료점이 경과한 시점인 12월 4일 오전 0시가 되는 것이다.

31 다음 설명 중 옳은 것은?

① 공법상 채권의 소멸시효는 원칙적으로 10년이다.
② 조세의 과오납은 공법상 사무관리에 해당한다.
③ 일정 연령에 도달하여 선거권을 취득하는 것은 공법상 사건이다.
④ 사인과 국가 간의 공사도급계약은 공법행위에 해당한다.

NOTE ① 민법상 채권의 소멸시효는 10년이나, 공법상 채권의 소멸시효는 5년이다.
② 조세의 과오납은 공법상 부당이득이다.
③ 공법상 사건 중 자연적 사실이다.
④ 사인과 국가 간의 공사도급계약은 사법상 계약이다.

Answer. 29.④ 30.② 31.③

32 다음은 행정기관의 종류이다. 틀린 것은?

①	행정관청	권한의 범위 내에서 의사를 결정하고, 외부에 표시하는 권한을 가진 행정기관
②	보조기관	전문성을 발휘하여 내부적으로 의사 결정만 할 수 있는 기관
③	보좌기관	행정 각부의 장을 보좌하거나 연구조사를 하는 기관
④	집행기관	행정관청의 명을 받아 실력행사를 통해 필요한 상태를 실현하는 기관

> **NOTE** 보조기관은 행정관청의 의사결정을 보조하거나 명을 받아 사무를 집행하는 기관을 의미한다. 외부로 표시할 권한은 없지만 전문성을 발휘하여 내부적으로 의사결정만 할 수 있는 기관은 의결기관에 해당한다.

33 무효와 취소의 구별실익이 아닌 것은?

① 소송의 형태
② 쟁송의 대상 여부
③ 공정력의 인정 여부
④ 사정판결의 인정 여부

> **NOTE** 행정쟁송의 대상으로는 행정심판법 제2조의 처분과 행정소송법 제2조의 처분 등을 대상으로 하는바 무효와 취소의 구별실익과 관련이 없다.

34 취소할 수 있는 행정행위와 무효인 행정행위를 구별하는 실익과 가장 관련이 있는 것은?

① 부관의 한계
② 소멸시효의 기간
③ 행정쟁송의 제소기간
④ 행정쟁송에 있어서 소의 이익

> **NOTE** 취소소송에서는 제소기간의 제한이 있으나, 무효 등 확인소송에서는 제소기간의 제한이 없다.

35 다음 중 부관에 대한 설명으로 옳지 않은 것은?

① 부관은 해제조건 성취 시에는 당연히 효력이 소멸한다.
② 판례에 의할 때 사후에 부관을 붙일 수 없다.
③ 부담만 취소소송이 가능하다.
④ 부관이 위법 시 부관만을 취소할 수 없는 경우도 있다.

> **NOTE** ① 해제조건 성취 시 그때부터 당연히 효력이 소멸한다.
> ② 일반적으로 법령에 근거가 있거나, 상대방의 동의가 있거나, 부담이 유보되어 있는 경우에는 사후부관이 허용된다고 보며, 그 외에도 사정변경으로 인하여 당초에 부담을 부가한 목적을 달성할 수 없게 된 경우 그 목적달성에 필요한 범위에서는 사후부관이 예외적으로 허용된다고 보고 있다(대판 1997.5.30, 97누2627).
> ③④ 위법한 부관에 대한 쟁송이 가능한가에 대하여 견해가 대립한다. 다수설과 판례의 입장은 부관은 행정행위의 일부이기 때문에 독립하여 쟁송대상으로 할 수 없지만 예외적으로 부담의 경우에는 내용상 독자적 행위성을 지니기 때문에 독자적 쟁송대상성을 인정한다.

36 부관에 대한 설명으로 옳은 것은?

① 기한이란 행정행위의 효력의 발생 또는 소멸을 불확실한 장래의 사실에 의존하게 하는 부관을 말한다.
② 조건이란 행정행위의 효과의 발생 또는 소멸을 도래가 확실한 장래의 사실에 의존하게 하는 부관을 말한다.
③ 부담이란 행정행위의 주된 내용에 부가하여 상대방에게 작위·부작위·급부·수인을 명하는 행정청의 의사표시로서, 독립된 행정행위로 볼 수 없다.
④ 법률효과의 일부배제란 행정행위의 주된 내용에 부가하여 그 법적 효과 발생의 일부를 배제하는 행정청의 의사표시를 말한다.

> **NOTE** ① 조건에 대한 설명이다.
> ② 기한에 대한 설명이다.
> ③ 부담은 다른 부관과 달리 그 자체가 독립된 하나의 행정행위이다.

Answer. 35.② 36.④

37 다음 중 기속행위와 재량행위에 대한 설명으로 옳지 않은 것은?

① 재량행위라 할지라도 재량권 일탈·남용행위는 위법으로 간주되며, 취소의 대상이 된다.

② 재량행위에 있어 재량권의 행사를 잘못함에 그친 경우를 부당이라고 한다.

③ 단순한 부당에 그치는 행정행위는 행정심판을 제기하여 취소를 구할 수 없다.

④ 재량권의 일탈이란 재량권의 외적 한계를, 재량권의 남용이란 재량권의 내적 한계를 위반한 것을 말한다.

> **NOTE** 행정소송은 위법만을 그 대상으로 하는 데 반하여(행정소송법 제4조), 행정심판은 행정소송과 달리 부당한 처분과 위법한 처분 모두를 그 대상으로 한다(행정심판법 제5조).

38 중대하고 명백하지 않은 하자를 지닌 위법한 조세부과처분에 의하여 조세를 납부한 자가 그 처분의 취소를 구하지 아니하고 바로 납부한 금액의 반환을 청구할 수 없는 이유는?

① 행정행위의 구속력 ② 행정행위의 공정력

③ 행정행위의 불가쟁력 ④ 행정행위의 불가변력

> **NOTE** 행정행위 하자에 대한 학설 중 통설인 중대명백설에 의하면 중대하고 명백한 흠이 아닌 경우에는 취소사유에 해당하여 행정행위의 공정력에 의거, 타 기관이 그 효력을 부인할 수 없어 과오납청구를 할 수 없다.

39 무효인 행정행위가 유효한 행정행위로 전환되기 위한 요건으로 옳지 않은 것은?

① 무효인 행정행위가 전환될 행정행위에 요구된 법적 요건을 갖추어야 한다.

② 당초의 행정행위가 전환될 행정행위와 그 목적과 효과를 달리하여야 한다.

③ 상대방 기타 관계인의 권익을 침해하지 않아야 한다.

④ 당초의 행정행위와 전환될 행정행위에 대하여 동일한 행정기관이 권한을 갖고 있어야 한다.

> **NOTE** 전환의 요건으로는 하자 있는 행정행위와 전환하려는 행정행위 사이에 형식적·실질적 공통성이 있어야 하고 전환하려는 행정행위의 성립요건과 발효요건을 갖추고 있어야 하며, 행정청 및 상대방의 의도에 반하지 않아야 한다. 또한 당사자에게 원처분보다 불이익을 부과하는 것이 아니어야 하며, 제3자의 이익을 침해하는 것이 아니어야 한다.

Answer. 37.③ 38.② 39.②

40 다음은 행정법의 법률 규정 체계이다. 올바른 것을 고르시오.

㉠	행정조직	정부조직법, 지방자치법
㉡	행정작용	국세징수법, 경찰관직무집행법, 행정대집행법
㉢	행정절차	행정절차법, 행정소송법
㉣	행정구제	국가배상법, 행정심판법

① ㉠
② ㉠, ㉡
③ ㉠, ㉡, ㉣
④ ㉠, ㉡, ㉢, ㉣

NOTE 행정구제에는 국가배상법, 행정심판법, 행정소송법이 있다.

41 다음은 공무원법과 관련된 설명이다. 잘못된 것은?

① 국가 또는 공공단체의 기관으로 공법상 근무의무를 지는 사람을 공무원이라 한다.
② 공무원은 국가공무원, 경력직공무원, 특수경력직공무원을 포함하지만 지방공무원은 제외한다.
③ 공무원은 법령준수와 복종, 비밀 준수의 의무 등을 지닌다.
④ 공무원은 봉급, 수당, 연금, 실비변상 등의 보수를 받을 권리를 가진다.

NOTE 지방공무원 역시 공무원이다.

42 '행정주체가 일반적, 추상적인 법규범을 정립하는 작용'을 무엇이라 하는가?

① 행정입법
② 행정행위
③ 행정지도
④ 행정강제

NOTE 행정입법의 필요성은 현대 복지국가에서 국민에 대한 정부의 행정수요가 증가함에 따라 행정기능이 확대되고 있고 행정의 전문화·기술화, 지방의 변화에 따른 탄력성 있는 입법의 필요성에 의해 더욱 더 증가하고 있다.

Answer. 40.③ 41.② 42.①

43 다음은 행정작용법에 관한 설명이다. 잘못된 것은?

① 현대 복지국가에서 국민에 대한 행정수요가 증가하고 행정기능이 확대되고 있다.
② 행정입법의 종류는 법규명령과 행정명령으로 나뉜다.
③ 행정행위는 실정법상 행정처분 또는 처분이라는 용어로 표현된다.
④ 행정행위는 공권력의 발동이므로 민법상의 법률 행위와는 상관이 없다.

> **NOTE** 행정작용과 관련하여 행정에 관한 공법상의 원칙이 지배하나 법률에 규정이 없거나 계약, 손해배상의 영역은 민법이 준용될 수 있다.

44 '국민에 대해 작위, 부작위, 급부, 수인' 등의 의무를 명하는 행위는?

① 하명
② 허가
③ 면제
④ 인가

> **NOTE** 하명은 명령적 행위의 하나로 국민에 대해 작위·부작위·급부·수인 등의 의무를 명하는 행정행위를 말한다.

45 '당사자의 법률적 행위를 국가가 동의하여 그 법률상의 효력을 완성시켜 주는 행정행위'는?

① 인가
② 공법상 대리행위
③ 특허
④ 수리

> **NOTE** 인가는 형성적 행위의 하나로 보충행위라고도 한다.

46 '면허증의 교부 등 법률관계의 존부를 공적으로 증명하는 행정행위'는?

① 통지
② 공증
③ 확인
④ 수리

> **NOTE** 문제에서 설명하는 것은 공증이며, 확인, 공증, 통지, 수리는 모두 준법률행위적 행정행위에 속한다.

Answer. 43.④ 44.① 45.① 46.②

47 '행정행위의 효과를 제한 또는 보충하기 위하여 주된 행정행위에 부가된 종(從)된 의사표시'를 무엇이라 하는가?

① 행정상의 계약　　　　　　　　② 행정계획

③ 행정지도　　　　　　　　　　　④ 행정행위의 부관

　　　NOTE 행정행위 부관에는 조건, 기한, 부담, 법률효과의 일부배제 등이 있다.

48 '공익사업 등의 복리작용을 위한 경우 행정주체가 법규에 근거하여 강제적으로 사인에게 가하는 인적·물적 부담'을 무엇이라 하는가?

① 경찰행정　　　　　　　　　　　② 공용부담

③ 재무행정　　　　　　　　　　　④ 토지행정

　　　NOTE 문제에서 설명하는 것은 공용부담이며, 행정작용법은 보통 지방자치법, 경찰법, 공용부담법, 재무행정법, 환경행정법을 포함한다.

49 '행정작용으로 발생한 국민의 재산상 손해 또는 손실을 국가·지방자치단체가 금전으로 배상하는 제도'를 무엇이라 하는가?

① 행정쟁송

② 행정심판

③ 행정상 손실보상

④ 행정상의 손해전보

　　　NOTE 행정작용으로 발생한 국민의 재산상 손해 또는 손실을 국가·지방자치단체가 금전으로 배상하는 제도는 행정상의 손해전보를 말하며, 행정상의 손해전보에는 공무원의 위법한 직무행위 또는 영조물의 설치 및 관리의 하자로 인한 손해배상을 의미하는 '행정상의 손해배상'과, 적법한 공권력 행사로 인해 개인의 재산에 가하여진 특별한 손실에 대한 보상인 '행정상의 손실보상'이 있다.

Answer. 47.④　48.②　49.④

50 다음은 행정구제에 관한 설명이다. 올바른 것을 고르시오.

㉠	청문	행정관청이 특정 처분을 하기 전에 이해 관계자의 의견을 듣고 증거를 조사하는 절차
㉡	민원처리	국민이 문서로 국가기관에 자신의 의사나 희망을 진술할 수 있는 권리
㉢	청원	민원인이 행정기관에 특정 행위를 요구하는 경우 민원사무의 공정한 처리를 통해 국민의 권익을 보호
㉣	입법예고	법령 등을 제정·개정·폐지하는 경우 미리 이를 예고하는 것

① ㉠, ㉡
② ㉠, ㉢
③ ㉠, ㉣
④ ㉡, ㉢

> **NOTE** 청원…국민이 문서로 국가기관에 자신의 의사나 희망을 진술할 수 있는 권리이다.

51 다음은 행정절차에 관한 설명이다. 잘못된 것은?

① 행동결정을 하기 전에 이해관계인에게 행정작용의 내용 등을 알리는 준법률행위적 행정행위를 '사전통지'라고 한다.
② 행정에 관한 정책이나 구체적인 조치의 결정 등에 의해 불이익을 당하게 될 자 등이 자신의 의견을 진술할 기회를 제공하는 것을 '청문'이라 한다.
③ 확인적 행정행위를 하는 경우 행정청이 그 결정의 이유를 명시하는 것을 '서면 결정'이라 한다.
④ 행정에 대한 예측가능성 확보를 위한 입법예고는 국민의 행정참여보다는 행정 운영의 효율성을 기하기 위해 만들어졌다.

> **NOTE** 입법예고는 행정에 대한 예측성 확보와 국민의 행정참여, 행정시책에 대한 이해를 도모하기 위해 만들어졌다.

52 스웨덴에서 유래한 제도로 의회로부터 광범위한 독립성을 부여 받은 공무원으로 국민의 권리 보호를 임무로 하는 제도는?

① 청문
② 청원
③ 입법예고
④ 옴부즈만

> **NOTE** 옴부즈만 제도는 호민관 제도라고도 하며 특징은 입법부 소속의 공무원, 직무상의 독립성, 시정권고는 인정되지만, 직접적으로 처분을 하거나 변경할 수 있는 권리는 없다는 점에 있다.

Answer. 50.③ 51.④ 52.④

53 다음은 '배상책임'에 관한 설명이다. 올바른 것은?

① 공무원을 사용한 데 대해 국가가 직접 자기 행위로 책임을 지는 것을 '대위책임설'이라 한다.
② 피해자 구제를 위해 공무원을 대신해서 국가가 책임을 지는 것을 '자기책임설'이라 한다.
③ 공무원의 직무행위, 위법성 등 인과관계가 성립될 때 배상요건이 형성된다.
④ 공무원의 책임 유무와 상관없이 국가가 국민에게 배상했을 경우에는 구상권이 행사된다.

NOTE ④ 고의·중과실의 경우 공무원에게 책임이 있으므로 공무원이 국민에게 직접 배상해주어야 하며, 국가가 배상한 경우 공무원에게 구상권을 행사할 수 있다. 경과실의 경우에는 국가가 직접 책임지므로 공무원 개인의 책임은 없다.
※ 공무원의 배상책임
ⓐ 대위책임설 : 피해자 구제를 위해 공무원을 대신해서 국가가 책임을 짐
ⓑ 자기책임설 : 공무원을 사용한 데 대해 국가가 직접 자기 행위로써 책임을 짐
ⓒ 절충설(판례) : 공무원의 위법행위가 고의나 중과실로 인한 경우는 대위책임, 경과실로 인한 경우는 자기책임

54 도로나 다리, 하천시설 등 국가나 지방자치단체가 공공목적에 이용하기 위해 만든 일체의 물건과 설비를 무엇이라 하는가?

① 공공시설물　　　　　　　　　　② 공공영조물
③ 공공건축물　　　　　　　　　　④ 공공구조물

NOTE 공공영조물은 특정한 시설만을 의미하는 것이 아니라 도로나 다리, 하천시설 등 공공목적을 위해 만들어 놓은 일체의 물건 및 설비를 말한다.

55 다음은 공무원의 직무상 불법행위에 관한 내용이다. 올바른 것을 고르시오.

㉠	공무원의 범위	중앙공무원, 지방공무원, 공무를 위임받아 그에 종사하는 모든 자
㉡	직무행위	직무 그 자체에 속하는 행위
㉢	위법성	법률이나 명령에 위반하는 직접적인 경우
㉣	손해	직무상의 위법행위와 인과관계가 있는 물질적 피해

① ㉠　　　　　　　　　　　　　② ㉠, ㉡
③ ㉠, ㉡, ㉢　　　　　　　　　④ ㉠, ㉡, ㉢, ㉣

NOTE 직무행위는 직무 범위뿐 아니라 직무와 밀접한 관련 행위까지 포함하며, 위법성은 객관적 부당 행위도 포괄한다. 또한 손해는 정신적 손해도 포함한다.

Answer. 53.③ 54.② 55.①

56 다음은 행정상의 손해배상과 손실보상에 관한 설명이다. 올바른 것은?

	행정상의 손해배상	행정상의 손실보상
①	적법한 행위를 대상으로 함	위법한 행위를 대상으로 함
②	공공의 필요에 의한 사유재산의 특별한 희생	공무원의 직무상 불법행위, 공공영조물 하자
③	상당한 인과관계가 있는 모든 손해배상	법률에 의한 정당한 보상
④	재산상 손실	재산상 + 정신상의 손해

NOTE 행정상의 손해배상은 위법한 행위를 대상으로 하고, 공무원의 직무상 불법행위, 공공영조물의 설치 및 관리상 하자가 있는 경우 책임이 발생하게 된다. 이에 대한 구제로 재산상·정신상의 손해에 대한 배상을 한다.

57 '공공의 필요를 위해 개인의 재산권을 강제로 취득하는 국가행위'를 무엇이라 하는가?

① 공용수용   ② 공용사용
③ 공용제한   ④ 공공사용

NOTE ② 공용사용은 공공의 필요를 위하여 개인의 재산권을 일시적, 강제적으로 사용하는 것이다.
③ 공용제한은 공공의 필요를 위하여 개인의 토지나 재산권 이용에 제한을 가하는 행위이다.
④ 공공사용은 재산권에 대한 내용에 속하지 않는다.

58 다음은 '보상의 원칙과 기준'에 대한 설명이다. 잘못된 것은?

① 현금으로 지급하는 것이 원칙이며 예외적으로 현물보상을 한다.
② 법률에 의한 정당한 보상에 따라 재산권 침해 이전 상태를 보상해주는 완전한 보상이어야 한다.
③ 관계자의 협의가 되면, 관할 행정기관에 행정심판을 제기한다.
④ 행정심판에 불복할 경우 법원에 행정소송을 제기한다.

NOTE 협의가 성립되지 않을 경우 행정심판이나 행정소송을 제기한다.

Answer. 56.③ 57.① 58.③

59 '행정기관이 해당 분쟁을 조사하고 조치를 취하기 위한 결정'을 내리는 구제 방법은?

① 행정쟁송   ② 행정심판
③ 행정소송   ④ 행정처분

NOTE 행정부의 자기반성의 기회를 주고 자율적으로 잘못을 시정하는 기회를 부여하며 행정기관 자체의 전문적인 지식을 활용함으로써 사법적인 절차보다는 간단한 방법으로 분쟁을 해결할 수 있는 제도가 행정심판이다.

60 '특정한 사실 관계에 관한 법집행 행위로 공권력을 행사하거나 거부하는 행위'는?

① 행정쟁송   ② 행정심판
③ 행정소송   ④ 행정처분

NOTE 행정처분에 대한 설명이다. 문제에서 행정쟁송은 넓은 의미로 행정심판과 행정소송을 포괄하는 심판절차의 총칭을 뜻한다.

61 '특정 신청에 대해 처분을 해야 할 의무가 있음에도 의사표시를 하지 않는 경우'를 무엇이라 하는가?

① 재결   ② 부작위
③ 심리   ④ 취소

NOTE 부작위는 특정 신청에 대해 처분을 해야 할 의무가 있음에도 인용 또는 거절의 의사표시를 하지 않는 경우를 말하며, 신청을 거부한 경우는 부작위에 해당하지 않는다.

Answer. 59.② 60.④ 61.②

62 다음은 '재결'에 관한 설명이다. 올바른 것을 고르시오.

㉠	각하재결	인용재결을 할 사항인데 공공복리에 적합하지 않은 경우
㉡	기각재결	청구요건을 적합하게 갖추었으나 이유가 없어 받아들이지 않은 경우
㉢	인용재결	청구의 내용이 이유가 있어 받아들여진 경우
㉣	사정재결	청구의 요건에 흠결이 있어 내용을 심사하지 않는 경우

① ㉠, ㉡   ② ㉠, ㉢
③ ㉠, ㉣   ④ ㉡, ㉢

> **NOTE** ㉠ 인용재결을 할 사항인데 공공복리에 적합하지 않은 경우는 사정재결이다.
> ㉣ 청구의 요건에 흠결이 있어 내용을 심사하지 않는 경우는 각하재결이다.

63 행정심판 청구에 대해 심리하고 재결하는 합의제 기관은?

① 행정심판위원회
② 처분청
③ 지방자치단체
④ 법원

> **NOTE** 행정심판위원회는 행정심판 청구에 대해 심리하고 재결하는 합의제 기관으로 재결청을 폐지함에 따라 접수부터 처리 결과통보까지 신속성을 도모하고 있다.

64 다음은 행정심판에 관한 설명이다. 잘못된 것은?

① 행정심판은 아무나 청구할 수 없고 법률상의 이익이 있는 자가 청구해야 한다.
② 청구인은 처분청 또는 부작위청에 행정심판을 청구한다.
③ 행정심판 청구 시 서면으로 기명날인해야 한다.
④ 처분이 있음을 안 날로부터 100일 이내에 제기해야 한다.

> **NOTE** 처분이 있음을 안 날로부터 90일 이내에 제기해야 한다.

Answer. 62.④ 63.① 64.④

65 다음은 행정소송에 관한 설명이다. 올바른 것을 고르시오.

㉠	항고소송	취소소송, 무효 등 확인소송, 부작위 위법 확인 소송
㉡	당사자소송	국가가 법률에 위반한 행위를 했을 때 자신의 법률상의 이익 여부와 상관없이 사정을 구하려고 제기하는 소송
㉢	민중소송	공법상 법률관계에 관한 소송
㉣	기관소송	공공단체 상호 간에 권한 행사에 관한 다툼이 있을 때 제기하는 소송

① ㉠, ㉡
② ㉠, ㉢
③ ㉠, ㉣
④ ㉡, ㉢

NOTE 행정청의 처분 등을 원인으로 하는 법률관계에 관한 소송 또는 공법상 법률관계에 관한 소송을 '당사자소송'이라 한다.

66 다음 중 항고소송이 아닌 것은?

① 취소소송
② 당사자소송
③ 무효 등 확인소송
④ 부작위 위법 확인소송

NOTE 항고소송에는 취소소송, 무효 등 확인소송, 부작위 위법 확인소송이 있다.

67 다음 중 민중소송이 아닌 것은?

① 국민투표무효소송
② 선거무효소송
③ 조세과오납금 반환 소송
④ 주민소송

NOTE 조세과오납금 반환 소송은 대표적인 당사자소송의 사례이다.

Answer. 65.③ 66.② 67.③

68 '권한쟁의심판'을 담당하는 기관은?

① 헌법재판소   ② 대법원

③ 재결청   ④ 행정심판위원회

> **NOTE** 헌법재판소는 국가기관 상호 간, 국가기관과 지방자치단체 및 지방자치단체 상호 간의 다툼이 있는 경우 권한쟁의심판을 하게 된다.

69 다음은 행정심판과 행정소송에 관한 설명이다. 잘못된 것은?

	구분	행정심판	행정소송
①	판정기관	행정심판위원회	법원
②	대상	위법행위	위법행위, 부당행위
③	심리방법	서면심리, 구두변론 병행	원칙적으로 구두변론
④	적용법률	행정심판법	행정소송법

> **NOTE** 행정심판은 위법행위와 부당행위를 대상으로 하나 행정소송은 위법행위를 대상으로 한다.

70 '행정청의 위법 또는 부당한 거부처분이나 부작위에 대하여 일정한 처분을 하도록 하는' 심판을 무엇이라 하는가?

① 취소심판   ② 무효 등 확인심판

③ 의무이행심판   ④ 행정심판

> **NOTE** ① 취소심판은 행정청의 위법 또는 부당한 처분의 취소나 변경을 하는 심판이다.
> ② 무효 등 확인심판은 행정청의 처분의 효력유무 또는 존재 여부에 대한 확인을 하는 심판이다.
> ④ 취소심판, 무효 등 확인심판, 의무이행심판은 모두 행정심판에 속하는 개념이다.

Answer. 68.① 69.② 70.③

71 다음 중 법치국가의 원리 중 성격이 다른 것은?

① 형식적 법치국가론

② 절차적 법치국가론

③ 시민적 법치국가론

④ 사회적 법치국가론

> **NOTE** 형식적 법치주의… 형식적 법률, 즉 국회에서 승인된 법형식에 기초한 모든 행정행위에 정당성을 부여하여 국민의 기본권 침해의 가능성이 많았던 법치국가론이다.
> ※ 절차적 · 시민적 · 사회적 법치국가론은 모두 실질적 법치국가론과 동일한 의미로 쓰이는 것이다.

72 다음 중 통치행위의 이론과 거리가 먼 것은?

① 행정청의 자유재량

② 고도의 정치성

③ 사법권의 내재적 한계

④ 행정권의 우월

> **NOTE** ④ 통치행위는 고도의 정치성을 띤 국가행위로, '사법부의 법률적 판단이 가능하는가'라는 재판상 한계가 문제된다. 그러나 이것이 행정권의 우월을 의미하는 것이라고 할 수 없다.

Answer. 71.① 72.④

73 다음은 법치 행정의 원리에 관한 '갑'과 '을'의 대화이다. 이와 관련한 설명으로 옳지 않은 것은?

> 갑 : 민주국가에서 주권은 국민에게 있고, 국민은 자신의 대표기관인 의회에 권력을 위임하고 있기 때문에, 행정기관은 의회가 제정한 법률의 근거가 있어야만 비로소 활동할 수 있다.
> 을 : 국민의 자유와 재산을 침해하는 행정의 경우에만 법률의 근거가 필요하고 그 외에는 행정의 자유로운 집행에 맡겨져 있다.

① '갑'에 따르면 반도체 산업의 육성을 위한 보조금 지급은 법률의 근거가 있어야 가능하다.
② '을'에 따르면 식품의 판매 금지나 폐기 처분은 법률의 근거가 있어야 가능하다.
③ '을'에 따르면 고속 전철 사업을 위한 토지 수용은 법률의 근거가 있어야 가능하다.
④ '갑'과 '을'에 따르면 중소기업의 기술 향상을 위한 정부의 기술 지도는 법률의 근거가 있어야 가능하다.

NOTE 갑은 국민주권주의에 근거하여 엄격한 법치 행정을 주장하는 반면, 을은 국민의 자유와 재산을 침해하는 경우 이외에는 행정의 자율성을 인정할 것을 주장한다.
① '갑'에 따르면 반도체 산업의 육성을 위한 보조금 지급 역시 행정 행위에 해당하므로 법률의 근거가 있어야 가능하다.
② 식품의 판매 금지나 폐기 처분은 국민의 자유와 재산을 침해하는 행위가 아니므로 을에 의하면 법률의 근거가 없어도 가능하다.
③ 고속 전철 사업을 위한 토지 수용은 개인의 재산을 침해하는 것이므로 '을'의 경우에도 법률의 근거가 있어야 가능하다.

74 다음 사례에서 김 씨가 입은 피해를 1차적으로 구제할 수 있는 행정 구제 방법은?

> S사는 교통 체증을 해결하기 위하여 지하 차도를 건설하기 시작하였다. 이를 위해 공사장 주변의 교통은 어쩔 수 없이 상당한 기간 동안 통제되었고, 공사 기간을 최대한 단축시키려는 시 당국의 노력에도 불구하고, 공사장 주변에서 가구점을 운영하는 김 씨는 고객이 줄어 도산 위기에 처하게 되었다.

① 행정 쟁송
② 행정 소송
③ 행정 심판
④ 행정상 손실 보상

NOTE 제시된 사례는 김 씨가 공공의 필요에 의해 받은 희생에 대해 행정 주체가 적절한 보상을 해주어야 할 필요성이 있음을 암시하고 있다. 이렇게 적법한 행정 작용으로 개인이 받은 특별한 희생에 대하여 사유 재산권의 보장과 공평 부담의 원칙에 의해 행정 주체가 그 손실을 보전하는 제도를 행정상 손실 보상이라고 한다.

Answer. 73.④ 74.④

75 다음 글의 밑줄 친 ㈎, ㈏ 각각의 구분을 위해 가장 적절한 질문을 〈보기〉에서 골라 바르게 짝지은 것은?

공법상의 분쟁에 대한 구제 방법은 크게 청원, 손해 전보, 행정 쟁송으로 나뉜다. 행정상 손해 전보에는 ㈎행정상 손해 배상과 행정상 손실 보상이 있고, 행정 쟁송 제도에는 ㈏행정 심판과 행정 소송이 있다.

〈보기〉

㉠ 행정 작용이 위법한 것인가, 적법한 것인가?
㉡ 행정 작용으로 말미암은 피해가 물질적인 것인가, 정신적인 것인가?
㉢ 행정 작용의 시정을 행정 기관에 청구하는가, 사법 기관에 청구하는가?
㉣ 행정 작용으로 말미암은 피해가 재산에 관한 것인가, 신체에 관한 것인가?

㈎	㈏		㈎	㈏
① ㉠	㉡		② ㉠	㉢
③ ㉠	㉣		④ ㉡	㉢

NOTE ㈎ 행정상 손해 배상과 손실 보상은 모두 국민이 입은 피해를 국가가 갚아주는 손해 전보 제도에 속하지만, 손해 배상은 위법한 행정 작용으로, 손실 보상은 적법한 행정 작용으로 말미암은 구제이다.
㈏ 행정 심판과 행정 소송은 모두 행정 처분의 취소·변경을 청구하는 행정 쟁송 제도에 속하지만, 행정 심판은 행정 기관에, 행정소송은 법원에 구제를 청구하는 것이다.

Answer. 75.②

76 다음 소장의 제출로 진행되는 소송에 대한 설명으로 옳은 것은?

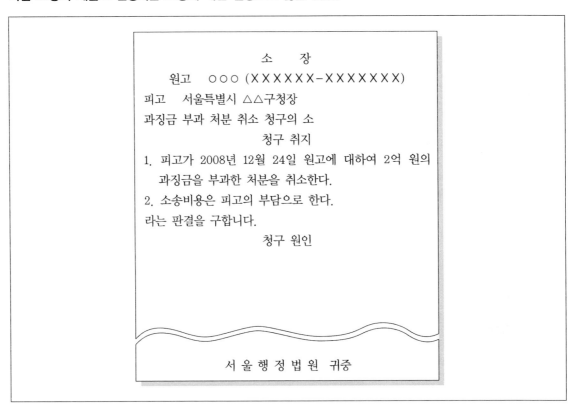

소　　장

원고　○○○ (ＸＸＸＸＸＸ-ＸＸＸＸＸＸＸ)

피고　서울특별시 △△구청장

과징금 부과 처분 취소 청구의 소

청구 취지

1. 피고가 2008년 12월 24일 원고에 대하여 2억 원의 과징금을 부과한 처분을 취소한다.
2. 소송비용은 피고의 부담으로 한다.

라는 판결을 구합니다.

청구 원인

서 울 행 정 법 원　귀중

① 행정 소송 중 부작위 위법 확인 소송에 해당한다.

② 행정 구제 제도 중 사전적 권리 구제 제도에 해당한다.

③ 피고의 처분이 위법한 것으로 인정될 경우 인용 재결이 내려진다.

④ 국가적 공권의 행사에 의한 사인(私人)의 권리 침해를 구제하는 수단이다.

> **NOTE** 행정 소송은 국가적 공권 중 행정권의 행사에 의한 사인의 권리 침해를 구제하기 위한 수단이다.
> ① 제시된 행정 소송은 항고 소송 중 취소 소송에 해당한다.
> ② 행정소송은 행정 구제 제도 중 사후적 권리 구제 제도에 해당한다.
> ③ 인용 재결이 아니라 인용 판결이 내려진다.

Answer. 76.④

77 다음 중 행정상 손해전보에 관한 설명으로 틀린 것은?

① 손해배상은 개인주의적인 사상에 기초를 두고 있는 반면에 손실보상은 단체주의적인 사상에 기초를 두고 있다.

② 재산권에 내재하는 사회적 제약의 범위 내의 침해에 대해서는 손실보상을 해주지 않아도 된다.

③ 손실보상은 비재산상의 손해에 대해서도 보상을 하여야 한다.

④ 공용제한으로 인해 발생한 손실은 보상해 주지 않아도 되는 경우가 많다.

> **NOTE** ③ 행정상 손실보상은 공공의 필요에 의한 적법한 공권력행사로 인하여 개인의 재산에 가해진 특별한 희생에 대하여 공평부담의 견지에서 행정주체가 행하는 조절적인 재산적 전보를 말한다. 원칙적으로는 비재산상의 손해에 대하여는 보상하지 않는다.

78 다음 각각의 경우에 행사할 수 있는 법적 구제 방법을 바르게 연결한 것은?

> • 시에서 관리 책임을 맡고 있는 가로등에 누전 위험이 있다는 신고가 있었다. 그러나, 담당 공무원은 개인 사정으로 신고를 받고도 필요한 조치를 취하지 않았다. 김 씨는 밤늦게 귀가하던 중, 이 가로등에 감전되어 입원하게 되었다. 그 당시 가로등 주위에는 아무런 경고 표지도 없었다.
> • 정부는 댐 건설을 위해 ○○하천 유역 농경지를 공공사업 시행 지구로 지정하였다. 이 씨의 농경지는 공공사업 시행 지구 밖에 있으나, 공공사업의 시행으로 인해 교통이 두절되고 경작이 불가능하게 되었다.

	김 씨	이 씨
①	손해 배상	손실 보상
②	민사 조정	가사 조정
③	손실 보상	민사 조정
④	손해 배상	상사 중재

> **NOTE** 김 씨의 경우는 가로등이라는 공공시설 관리의 흠으로 인한 손해이므로, 손해 배상을 받을 수 있다. 이 씨의 경우는 댐 건설이라는 적법한 행정 작용으로 인한 손실이므로, 손실 보상을 받을 수 있다.

Answer. 77.③ 78.①

79 다음 중 행정지도에 관한 내용으로 옳지 않은 것은?

① 행정지도는 반드시 법적 근거를 요하는 것은 아니다.
② 행정지도에도 비례원칙, 평등원칙은 적용된다.
③ 행정지도는 비권력적 행정수단에 속한다.
④ 행정지도는 법률행위적 행정행위이다.

> **NOTE** 행정지도는 일정한 의사표시를 요소로 대외적으로 일정한 효력을 발생시키는 법률행위적 행정행위가 아니라 비권력적인 사실행위이다.

80 밑줄 친 '이 제도'를 통해 해결할 수 있는 법적 분쟁의 사례로 옳은 것은?

> <u>이 제도</u>는 행정 기관에게 자기반성에 의하여 자율적으로 잘못을 시정하는 기회를 부여하고, 사법 절차보다 간편한 방법으로 분쟁을 해결할 수 있게 하며, 분쟁의 해결과정에서 행정 기관의 전문 지식을 활용할 수 있도록 하는 등의 많은 장점을 가진 쟁송 절차이다.

① 타인을 폭행하여 전치 4주의 상해를 입힌 혐의로 기소된 경우
② 대금을 완불한 매수인이 매도인의 이중매매로 소유권 이전등기를 받지 못하고 있는 경우
③ 시외버스 운송사업자가 동일 운행구간에 대해 새롭게 부여된 운송사업 면허의 부당성을 주장하는 경우
④ 목줄도 매지 않은 애완견에 물려 큰 상처를 입은 행인이 그 주인에게 손해배상을 청구하고자 하는 경우

> **NOTE** 제시문의 이 제도는 행정 심판이다. 행정 심판은 잘못된 행정 행위나 행정 처분의 시정을 행정 기관에 요구하는 것을 말한다. 운송 사업 면허를 부여하는 것은 행정 행위에 해당한다. 시외버스 운송 사업자는 행정 행위인 운송 사업 면허의 부당을 주장하면서, 행정 심판이나 행정 소송을 제기할 수 있다.
> ① 형사 소송이 적용될 수 있는 사례이다.
> ② 민사 소송이나 형사 소송이 적용될 수 있는 사례이다.
> ④ 민사 소송이 적용될 수 있는 사례이다.

Answer. 79.④ 80.③

81 행정지도의 원칙이 아닌 것은?

① 임의성의 원칙 ② 비례의 원칙

③ 평등의 원칙 ④ 불이익조치 금지의 원칙

> **NOTE** 행정지도의 원칙 … 임의성의 원칙, 비례의 원칙, 불이익조치 금지의 원칙

82 공법상 계약에 관한 설명으로 옳은 것은?

① 성질상 행정행위에 해당한다고 볼 수 있다.

② 실무상으로는 행정소송인 당사자소송으로 처리되고 있다.

③ 사인 상호 간에도 인정될 수 있다.

④ 법령의 명문규정하에서만 인정된다고 본다.

> **NOTE** 공법상 계약은 실무상으로 민사소송으로 행하고 의사합치를 개념요소로 하므로 행정행위와 무관하며, 법령의 규정 없이도 자유로이 가능함이 통설이다. 공법상 계약은 행정주체 간, 행정주체와 사인 간, 사인 상호 간에 모두 인정된다.

83 행정절차의 필요성에 대한 설명으로 옳지 않은 것은?

① 행정의 민주화를 위해 필요하다.

② 행정의 적정성과 공정성 확보를 할 수 있다.

③ 국민의 행정에의 능동적 참여기회를 제공한다.

④ 행정권의 위법·부당한 권한의 행사에 대한 철저한 사후구제를 보장한다.

> **NOTE** 행정절차의 필요성
> ㉠ 행정의 민주화 : 행정절차는 행정과정에 이해관계인을 참여시킴으로써 행정작용의 민주화에 기여한다.
> ㉡ 행정작용의 적정화 : 행정절차는 행정청이 독자적으로 의사결정을 하지 않고, 이해관계인에게 의견 및 자료제출의 기회를 줌으로써 행정작용의 적정화에 기여할 수 있다.
> ㉢ 행정의 능률화 : 복잡·다양한 현대 행정에 있어서 행정권의 통일적 행사를 위하여 필요한 기준을 절차적으로 표준화하여 명확히 함으로써 행정의 능률화에 이바지한다.
> ㉣ 행정작용에 대한 사전적 구제수단 : 한 번 권리가 침해되면 회복하기 어려우므로 사전에 권리침해를 방지하는 것으로, 행정에 대한 효과적인 권리구제방법이다.
> ㉤ 사법(司法)기능의 보완 : 행정의 전문성·기술성으로 말미암아 사법심사가 부적당할 수 있으므로 행정과정단계에서 권리침해가 되지 않도록 해야 한다.

Answer. 81.③ 82.③ 83.④

84 위임명령과 집행명령의 차이점을 설명한 것으로 옳은 것은?

① 전자는 국민의 권리·의무에 관하여 새로운 사항을 규정할 수 있으나, 후자는 불가능하다.

② 명령을 발할 수 있는 기관이 다르다.

③ 전자는 법규성을 가지나, 후자는 법규성이 없다.

④ 전자는 국무회의의 심의를 요하나, 후자는 요하지 않는다.

> **NOTE** 위임명령과 집행명령은 발령기관이 같고 법규성을 가진다. 위임명령과 집행명령이 대통령령인 경우 국무회의의 심의를 요하나, 총리령이나 부령인 경우 국무회의의 심의를 요하지 않는다.

85 다음 중 행정예고에 관한 설명으로 옳지 않은 것은?

① 예고로 인하여 공공의 안전 또는 복리를 현저히 해할 우려가 있는 경우에는 예고하지 아니할 수도 있다.

② 법령 등이 입법을 포함하는 행정예고의 경우에는 입법예고로 행정예고를 갈음할 수 있다.

③ 행정예고를 하여야 하는 예로는 국민생활에 매우 큰 영향을 주는 사항 등이 포함된다.

④ 행정예고기간은 예고내용의 성격 등을 고려하여 정하되 특별한 사정이 없는 한 15일 이상으로 한다.

> **NOTE** 행정예고기간은 특별한 사정이 없는 한 20일 이상으로 한다〈행정절차법 제46조 제3항〉.

86 다음 중 「공공기관의 정보공개에 관한 법률」의 내용으로 옳은 것은?

① 불복구제절차로는 행정심판을 제외하는 대신 이의신청을 규정하고 있다.

② 적용범위에 아무런 제한이 없다.

③ 외국인도 정보공개청구권자에 해당한다.

④ 공공기관은 정보공개의 청구를 받은 날부터 20일 이내에 공개 여부를 결정하여야 한다.

> **NOTE** ① 청구인이 정보공개와 관련한 공공기관의 결정에 대하여 불복이 있는 때에는 이의신청, 행정심판, 행정소송을 할 수 있다(공공기관의 정보공개에 관한 법률 제18조 내지 제20조).
> ② 국가안전보장에 관련되는 정보 및 보안업무를 관장하는 기관에서 국가안전보장과 관련된 정보분석을 목적으로 수집되거나 작성된 정보에 대하여는 적용되지 않는다(동법 제4조 제3항).
> ③ 동법 제5조 제2항
> ④ 청구를 받은 날부터 10일 이내에 공개 여부를 결정하여야 한다(동법 제11조 제1항).

Answer. 84.① 85.④ 86.③

87 다음 중 행정대집행에 대한 설명으로 옳지 않은 것은?

① 전염병 예방주사를 맞지 않는 경우 이를 대집행할 수 없다.

② 대집행에 필요한 비용은 국가나 지방자치단체가 부담한다.

③ 대집행의 성격상 주택의 명도는 대집행의 대상이 될 수 없다.

④ 위험이 절박한 경우 당해 행위의 급속한 실시를 요하여 계고 및 대집행영장에 의한 통지를 할 여유가 없을 경우에는 계고 및 대집행영장에 의한 통지를 생략할 수 있다.

NOTE 대집행으로 인해 소요된 모든 비용은 당해 행정청이 의무자로부터 징수할 수 있다(행정대집행법 제2조).

88 집행벌(이행강제금)에 관한 설명 중 옳은 것은?

① 집행벌은 행정벌과 병과될 수 없다.

② 집행벌은 일사부재리의 원칙이 적용된다.

③ 집행벌의 근거법으로 건축법 등을 들 수 있다.

④ 집행벌은 작위의무 또는 대체적 작위의무를 이행하지 아니하는 경우에 그 이행을 강제하기 위한 수단으로서 부과하는 금전부담이다.

NOTE ①② 집행벌은 형벌이 아니므로 병과될 수 있고 일사부재리의 원칙도 적용되지 않는다.
③ 건축법 제80조의 이행강제금은 집행벌의 근거이다.
④ 비대체적 작위의무인 경우에 인정되는 간접적 수단이다.

89 다음 중 행정상 대집행에 대한 설명으로 옳지 않은 것은?

① 의무자는 대집행의 실행행위에 대해서 수인의무를 진다.

② 대집행의 실행행위는 권력적 사실행위로서의 성질을 갖는다.

③ 대집행의 주체는 당해 행정청이 되나, 대집행의 실행행위는 행정청에 의한 경우 이외에 제3자에 의해서도 가능하다.

④ 대집행의 소요비용은 행정청이 스스로 부담한다.

NOTE 대집행의 소요비용은 당해 행정청이 의무자로부터 징수한다.

Answer. 87.② 88.③ 89.④

90 행정상 강제집행에 대한 설명 중 옳지 않은 것은?

① 행정상 강제집행의 수단에는 대집행, 직접강제, 집행벌, 행정상 강제징수 등이 있다.

② 대집행은 대체적 작위의무의 불이행에 대한 강제수단으로 그 근거법에는 행정대집행법이 있다.

③ 국세징수법이 정하는 강제징수의 절차는 독촉 및 체납처분으로 이루어지고, 체납 처분은 재산압류, 매각, 청산의 3단계로 행해진다.

④ 압류재산의 매각대금은 국세관계 채권 중에서도 국세, 가산금, 체납처분의 순위로 배분된다.

> **NOTE** 압류재산의 매각대금은 체납처분비에 우선적으로 배분되며 이후 국세에 배분된다(가산금 제도는 2018년 폐지). 매각 대금이 남을 경우 잔액은 체납자에게 반환되며, 채권의 총액에 부족한 경우에는 민법에 의해 배분순위가 결정된다 (국세징수법 제81조).

91 신고에 대한 설명 중 옳지 않은 것은?

① 인·허가 의제 효과를 수반하는 건축신고는 수리를 요하는 신고이다.

② 수리를 요하는 신고의 수리거부는 처분에 해당하며 항고소송의 대상이 된다.

③ 신고요건을 갖추지 못한 신고서가 제출된 경우 행정청은 즉시 거부할 수 있다.

④ 행정절차법은 수리를 요하지 않는 신고에 대하여 규정하고 있다.

> **NOTE** 신고요건을 갖추지 못한 신고서가 제출된 경우 행정청은 상당한 기간을 정하여 보완을 요구하여야 하고, 신고인이 그 기간 내에 보완을 하지 아니한 때에는 그 이유를 명시하여 신고서를 되돌려 보내야 한다.(행정절차법 제40조 제3 항, 제4항)

Answer. 90.④ 91.③

92 행정계획에 관한 설명으로 옳은 것은?

① 계획을 수립하는 행정청에게 인정되는 행정계획의 내용이나 수단에 대한 광범위한 형성의 자유를 판단여지라고 한다.

② 행정계획을 근거지우는 수권규범은 통상적으로 목적-수단프로그램이 아니라 조건-결과프로그램으로 이루어져 있다.

③ 판례에 의하면 도시관리계획을 입안·결정함에 있어 이익형량의 고려대상에 포함시켜야 할 중요한 사항을 누락한 경우에는 재량권을 일탈·남용한 것으로 본다.

④ 도시관리계획은 지형도면의 고시일로부터 1년이 경과하여야 그 효력이 발생한다.

NOTE ① 행정계획에서의 재량은 판단여지가 아니라 계획재량이라고 한다.
② 행정계획의 수권규범은 조건-결과프로그램이 아니라 목적-수단프로그램의 형식을 갖는다.
③ 대판 1996.11.29. 96누8567
④ 도시·군관리계획 결정의 효력은 제32조 제4항에 따라 지형도면을 고시한 날부터 발생한다(국토의 계획 및 이용에 관한 법률 제31조 제1항).

93 다음 중 행정절차법이 규정하고 있지 않은 것은?

① 행정집행절차
② 신고절차
③ 행정상 입법예고
④ 행정예고절차

NOTE 행정절차법이 규정하고 있는 절차와 원칙… 신의성실의 원칙, 신뢰보호의 원칙, 처분절차, 신고절차, 행정상 입법예고절차, 행정예고절차, 행정지도절차

Answer. 92.③ 93.①

94 행정예고에 관한 설명으로 옳지 않은 것은?

① 행정청은 예고 내용을 신문·방송·인터넷 등의 방법으로 공고하여야 한다.
② 행정예고를 입법예고로 갈음할 수는 없다.
③ 예고기간은 특별한 사정이 없는 한 20일 이상으로 하여야 한다.
④ 예고된 사항에 대하여는 누구든지 의견을 제출할 수 있다.

> **NOTE** 법령 등의 입법을 포함하는 행정예고의 경우에는 입법예고로 이를 갈음할 수 있다(행정절차법 제46조 제2항).

95 행정절차에 대한 설명으로 옳지 않은 것은?

① 기속행위의 경우 절차위반만으로 취소사유가 되지 않는다는 것이 판례의 태도이다.
② 전자공청회는 통상의 공청회와 병행하여서만 실시할 수 있다.
③ 공무원임용신청에 대한 거부는 특별한 사정이 없는 한 행정절차법 제21조의 처분의 사전통지대상이 되지 않는다는 것이 판례의 태도이다.
④ 절차상 하자의 치유시기에 대해서 판례는 쟁송제기이전시설을 취하고 있다.

> **NOTE** 행정처분이 기속행위인지 재량행위인지를 불문하고 당해 처분이 실체법상으로는 적법하더라도 절차법상의 하자만으로 독립된 취소사유가 된다는 것이 다수설과 판례의 태도이다(대판1984.5.9, 84누116).

96 다음 중 보상의 지급원칙이 아닌 것은?

① 물건별 보상의 원칙
② 사업시행자보상의 원칙
③ 사전보상의 원칙
④ 일시급의 원칙

> **NOTE** 물건별 보상이 아니라 개인별 보상이 원칙이다(공익사업을 위한 토지 등의 취득 및 보상에 관한 법률 제64조).

Answer. 94.② 95.① 96.①

97 행정소송과 행정심판에 대한 설명으로 틀린 것은?

① 행정심판이 행정소송보다 더 효율적인 구제수단이다.

② 행정소송은 법률문제 판단 및 행정의 당·부당도 판단의 대상으로 하며, 행정심판은 행정의 적법성·합목적성의 유무를 판단의 대상으로 한다.

③ 행정심판과 행정소송 모두 집행부정지를 원칙으로 한다.

④ 행정심판법은 행정심판의 종류로 취소심판, 무효 등 확인심판, 의무이행 심판을 규정하고 있다.

> **NOTE** ② 행정심판은 행정의 법률문제인 적법성·위법성뿐만 아니라 부당성(합목적성)까지 심판대상으로 하나(행정심판법 제1조) 행정소송은 위법성만을 심판대상으로 한다(행정소송법 제1조). 즉 행정소송은 행정의 당·부당에 대한 판단을 할 수 없다.

98 법규명령에 관한 설명으로 옳지 않은 것은?

① 현행 헌법은 법규명령에 대한 구체적 규범통제만을 인정하고 있다.

② 국회 전속적 입법사항의 위임이 금지된다는 것이 전적으로 법률로 규율되어야 한다는 것을 의미하지는 않는다.

③ 법규명령이 헌법이나 법률에 위반되는지 여부에 관한 심사권은 대법원의 배타적 권한이다.

④ 위임받은 사항에 관하여 대강을 정하고 그 중의 특정사항을 범위를 정하여 하위법령에 다시 위임하는 경우에만 재위임이 허용된다.

> **NOTE** 헌법 제107조 제2항은 명령 규칙 또는 처분에 대한 대법원의 최종심사권이란 재판의 전제성이 인정되는 경우를 의미하며, 명령·규칙 그 자체에 의하여 직접 기본권이 침해되었음을 이유로 하여 헌법소원심판을 청구하는 것은 위 헌법 규정과는 아무런 상관이 없는 문제이다(헌재 1990.10.15, 89헌마178)

Answer. 97.② 98.③

PART

06

사회법 · 국제법

01 사회법과 노동법

(1) 사회법의 역사적 배경과 원리

자본주의 사회의 폐단을 시정하기 위해 국가가 개인 또는 집단관계에 적극적으로 개입하여 국민의 생활과 기업의 노사관계를 규제하고 조정하는 일련의 작용을 법에 규정하게 되었는데 이러한 법을 사회법이라 한다. 사회법은 국가의 적극적 개입을 통한 사회적 약자를 보호하는 법의 총체라 할 수 있다. 사적 영역에 국가가 개입하는 공법과 사법의 융합현상이며, 공법도 사법도 아닌 제3의 영역이라고도 한다.

(2) 근로자와 노동법

① 근로자

　㉠ 개념 : 근로자(勤勞者)란 근로기준법 제2조에 따라 직업을 불문하고 사업 또는 사업장에서 임금을 목적으로 근로를 제공하는 자로 정의할 수 있다.

　㉡ 요소

　　• 근로 : 육체노동뿐 아니라 정신노동까지도 포함한다.

　　• 임금 : 근로기준법 제2조에 따라 사용자가 근로의 대가로 근로자에게 임금, 봉급, 기타 어떠한 명칭으로든지 지급하는 일체의 금품을 의미한다.

② 근로기본권(노동기본권)

　㉠ 의의

　　• 개념 : 근로기본권이란 근로자의 개별적 보호차원인 근로의 권리(근로권)와 집단적 활동의 보장을 위한 근로 3권(노동 3권)을 포괄하는 개념이다.

　　• 헌법규정

> 헌법 제32조 제1항 모든 국민은 근로의 권리를 가진다. 국가는 사회적·경제적 방법으로 근로자의 고용의 증진과 적정 임금의 보장에 노력하여야 하며, 법률이 정하는 바에 의하여 최저임금제를 시행하여야 한다.
> 헌법 제32조 제3항 근로조건의 기준은 인간의 존엄성을 보장하도록 법률로 정한다.
> 헌법 제32조 제4항 여자의 근로는 특별한 보호를 받으며, 고용, 임금 및 근로조건에 있어서 부당한 차별을 받지 아니한다.
> 헌법 제32조 제5항 연소자의 근로는 특별한 보호를 받는다.
> 헌법 제32조 제6항 국가유공자, 상이군경 및 전몰군경의 유가족은 법률이 정하는 바에 의하여 우선적으로 근로의 기회를 부여받는다.
> 헌법 제33조 제1항 근로자는 근로조건의 향상을 위하여 자주적인 단결권·단체교섭권 및 단체행동권을 가진다.

- **근로기본권 보장의 역사** : 근로기본권의 보장은 1919년 독일의 바이마르 헌법을 효시로 하고 있다. 여기서 바이마르 헌법이란 1919년 8월 11일에 공포된 독일의 헌법을 칭하는 것이다.

ⓛ 근로의 권리(근로권)

- **해고의 제한** : 근로기준법에 따라 사용자는 근로자에게 정당한 이유 없이 해고, 휴직, 정직, 전직, 감봉, 그 밖의 징벌 등(부당해고)을 할 수 없다.
- **적정임금 및 최저임금 보장** : 근로자는 인간으로서의 존엄성을 실현할 수 있는 건강하고 문화적 생활을 영위하는 데 필요한 임금수준을 보장받을 수 있다. 또한 국가는 임금의 최저한도를 정하고 그 이상의 임금을 받을 수 있도록 강제하는 최저임금제도를 시행하고 있다.
- **근로기준 법정주의** : 근로기준은 인간의 존엄성을 보장하도록 법률로 정해야 한다.
- **여성근로자의 보호와 차별대우 금지**
- **연소자의 근로에 대한 특별보호**
- **국가유공자 등의 우선적 근로기회보장**

ⓒ 근로 3권(노동 3권)

- **개념** : 가지지 못한 경제적 약자인 근로자들이 근로조건의 향상과 인간다운 생활을 확보하기 위해 사용자와 대등한 지위를 갖추도록 하기 위하여 보장된 단결권, 단체교섭권, 단체행동권의 총체이다.
- **단결권** : 단결권이란 근로자들이 주체가 되어 단체를 조직하고 가입하며 노동조합을 설립할 수 있는 권리까지 포함한다.
- **단체교섭권** : 단체교섭권이란 근로자가 단결권을 기초로 결성한 단체가 사용자 또는 사용자 단체와 자주적으로 교섭하는 권리로 노동조합과 사용자단체가 임금, 근로시간 등 근로조건에 관한 협약의 체결을 위하여 대표자를 통해 집단적으로 합의점을 찾아가는 절차를 말한다.
- **단체행동권** : 단체행동권이란 단체교섭 등 근로조건에 관한 근로자 측의 요구와 주장이 제대로 관철되지 못한 경우(노동쟁의가 발생한 경우) 쟁의행위(집단행위)를 할 수 있는 권리이다.

ⓡ 정당한 쟁의행위의 효과(면책)

- **헌법상의 면책 조항** : 헌법 제33조 제1항의 노동 3권 보장에 따라 근로조건의 개선을 목적으로 업무의 정상적인 운영을 저해하는 방법으로 행하여지는 한, 정당한 행위로 된다.
- **민사상·형사상 면책 조항** : 노동조합 및 노동관계 조정법에 따라 쟁의행위로 인한 손해에 대하여 사용자는 노동조합, 근로자에게 대하여 배상을 청구할 수 없다는 규정을 통해 민사상의 면책을 규정하고 있으며, 형법 제20조의 사회상규에 위반되지 않는 행위로 보아 이를 처벌하지 않는다는 형사상의 면책을 규정하고 있다.

▶ **최저 임금 제도**
고용노동부는 매년 최저임금을 고시하고 고시된 최저 임금은 근로자를 사용하는 모든 사업장에 적용되며 이를 위반한 사용자에겐 형사처벌이 가능하다. 최저 임금액 이하의 임금을 정한 계약은 그 부분에 한해 무효가 된다.

▶ 근로자의 쟁의행위
- 파업(strike) : 집단적인 작업 거부
- 태업(sabotage) : 의식적으로 작업 능률을 저하시키는 것
- 보이콧(boycott) : 사용자 또는 그와 거래하는 제3자의 상품 구입, 시설 이용 등을 거절하거나 그들과의 근로 계약의 체결을 거절 할 것을 호소하는 행위
- 피케팅(picketing) : 근로 희망자들의 사업장 또는 공장 출입을 저지하고 파업에 협력 할 것을 구하는 행위

▶ Union shop 조항
회사가 고용하는 노동자는 반드시 노동조합에 가입해야 하며 조합으로부터 제명·탈퇴한 자는 회사에서 해고하도록 정한 노동협약상의 조항이다.

- 사용자의 면책 : 쟁의행위에 참가하여 근로를 제공하지 않은 근로자에게 임금을 지급할 의무가 없으며 노동조합은 쟁의행위 기간에 대한 임금의 지급을 요구하여 이를 관철할 목적으로 쟁의행위를 하여서는 안 된다.
ⓜ 부당노동행위
- 개념 : 사용자가 정상적인 근로자의 노동조합 운동이나 운영을 방해하는 행위를 의미한다.
- 도입 배경 : 노동조합의 어용화를 방지하기 위해 1935년 미국의 와그너법(Wagner Act)에 처음으로 창설된 제도이며 사용자의 노동조합활동에 대한 간섭, 조합지배, 차별대우, 산업발전의 위협 등을 부당노동행위로 규정한 조항을 두었다.
- 부당노동 행위

구분	개념
불이익대우	근로자가 노동조합에 가입 또는 가입하려고 하였거나 기타 노동조합의 업무를 위한 정당한 행위를 한 것을 이유로 당해 근로자를 해고하거나 불이익을 주는 행위
황견계약 (비열계약)	근로자가 노동조합에 가입하지 아니할 것 또는 탈퇴할 것을 고용조건으로 하거나 특정 노동조합의 조합원이 될 것을 고용조건으로 하는 행위
단체교섭 거부	단체협약 체결, 기타 단체교섭을 정당한 이유없이 거부하거나 해태하는 행위
지배·개입 및 경비원조	근로자가 노동조합을 조직 또는 운영하는 것을 지배하거나 이에 개입하는 행위와 노동조합의 운영비를 원조하는 행위

③ 근로의 의무
ⓐ 헌법규정 : 헌법 제32조 제2항에서 "모든 국민은 근로의 의무를 진다. 국가는 근로의 의무의 내용과 조건을 민주주의 원칙에 따라 법률로 정한다"고 규정하고 있다.
ⓑ 법적 성격
- 윤리적 의무설 : 윤리적 의무설을 주장하는 학자들은 근로의 능력이 있는데도 근로하지 않는 사람에 대해서는 생활 보호의 혜택을 주지 않겠다는 선언적인 내용이라고 주장한다. 이 내용을 풀어보면 근로는 강제하지 않지만 보호해 주지도 않겠다는 것이다.
- 법률적 의무설 : 말 그대로 일은 반드시 해야 한다는 법률적 구속의 측면에서 파악한다. 이때는 근로한다면 그에 따른 법적인 권리가 반드시 따른다는 것을 내포하고 있다.

④ 노동법의 의의
  ㉠ 개념 : 노동자(노동조합)와 사용자(사용자단체)의 근로관계와 국가의 노동 정책을 규율하는 모든 법을 통틀어 노동법이라 한다.
  ㉡ 노동법의 체계 : 노동법은 최상위 법인 헌법상의 노동관련 규정과 관련 법률로 구성되어 있다.

⑤ 관련법
  ㉠ 헌법규정 : 근로의 권리와 근로 3권 규정이 대표적이다.
  ㉡ 근로기준법 : 노동력을 제공하는 한 명의 인간으로서 근로자 개인을 보호하기 위한 내용을 규정하고 있다. 구체적 내용을 보면 근로조건의 최저기준, 사용자와 근로자의 동등한 위치에서의 자유의사에 의한 계약, 근로자의 단체협약 · 취업규칙 · 근로 계약 준수 및 성실 이행의무, 사용자의 차별금지, 사용자의 폭행 · 구타금지 등이 규정되어 있다.
  ㉢ 노동조합 및 노동관계조정법 : 근로자 개인이 아닌 노동조합을 조직하고, 단체교섭을 행하며, 단체행동, 분쟁의 조정 등 단체로서의 권리 · 의무관계를 규정하고 있다. 특히 노동쟁의를 조정하는 절차는 빈번한 노사 간의 대립 속에 살고 있는 현 상황에서 반드시 알아야 할 내용이다. 노동쟁의를 해결하는 절차로 조정, 중재, 긴급조정을 살펴볼 수 있다.
  • 노동쟁의 조정 절차 : 관계 당사자의 신청을 전제로 하며 노동위원회 내에 구성된 조정위원회가 담당한다. 조정위원은 3명으로 구성하되, 사용자를 대표하는 자, 근로자를 대표하는 자 및 공익을 대표하는 자 각 1인으로 한다.

check

▶ 노동법의 적용 순서
  헌법→법률→명령→단체협약
  →취업규칙→근로계약

• 조정, 중재, 긴급조정의 비교

구분	특징
조정	• 임의 개시 원칙 : 관계 당사자 일방의 신청을 전제로 함 • 임의 개시의 예외 : 고용노동부장관의 긴급조정(조정절차의 자동적 개시) • 조정자가 노사 당사자의 의견을 들어 조정안을 작성 • 노사 당사자의 수락을 권고하되, 강제사항은 아니며 수락 여부는 당사자들이 결정 • 조정은 단체협약과 동일한 효력이 있다.
중재	• 일반사업과 공익사업에 대하여 당사자 쌍방이 함께 중재를 신청한 때 또는 일방이 단체협약에 의거 중재를 신청한 때 중재철차에 들어감 • 강제중재 : 필수공익사업의 경우 신청이 없더라도 노동위원회 위원장의 결정에 따라 중재절차를 개시 • 중재는 성립되면 단체협약과 동일한 효력이 있다. • 조정의 경우 당사자들의 임의 결정사항인 것에 비해 중재는 당사자를 구속한다는 특징이 있음 • 당사자는 중재 결정에 구속되지만 불복할 경우 재심이나 행정소송 등 구제수단이 마련되어 있음
긴급조정	• 일반 조정과는 달리 공익사업 또는 국민경제를 해치거나 국민의 일상생활을 위태롭게 할 때 고용노동부장관의 결정으로 긴급조정에 회부 • 긴급조정 결정이 공표되면 관계 당사자는 쟁의행위를 중지
사적조정	• 자주적 해결방식으로 분쟁 당사자가 합의하여 국가가 아닌 기타 제3자를 통한 조정 • 당사자가 합의한 사적조정절차는 일반 조정절차보다 우선적 효력 부여
특별조정위원회운영	공익사업에서 발생하는 노동쟁의를 조정하기 위하여 운영하는 기구로서 노동위원회에 둔다.

ⓐ 근로자참여 및 협력증진에 관한 법률 : 근로자와 사용자 쌍방이 참여와 협력을 통해 노사공동의 이익을 증진함으로써 산업평화를 도모하고 국민경제 발전에 이바지하기 위해 1997. 3. 13. 제정한 법이다. 이 법은 상시 근로자 30인 이상의 사업장은 근로조건의 결정권이 있는 사업장 단위로 근로자와 사용자가 참여와 협력을 통하여 근로자의 복지증진과 기업의 건전한 발전을 도모하기 위하여 구성하는 협의기구인 노사협의회를 설치하고 고충처리위원을 두도록 규정하고 있다. 노사협의회는 근로자와 사용자를 대표하는 같은 숫자의 위원으로 구성하며, 각각 3인 이상 10인 이내로 한다.

노사협의회는 생산성 향상과 성과배분, 근로자 채용·배치 및 교육훈련, 노동쟁의 예방, 근로자의 고충처리, 인사관리와 노무관리의 제도개선, 경영상 또는 기술상의 사정으로 인한 인력의 배치전환·재훈련·해고 등 고용조정의 일반원칙, 작업 및 휴게시간 운용, 임금의 지불방법·체계·구조 등의 제도 개선, 신기계·기술의 도입 또는 작업 공정의 개선, 작업 수칙의 제정 또는 개정, 종업원지주제와 그 밖에 근로자의 재산형성에 관한 지원, 직무발명 등과 관련하여 해당 근로자에 대한 보상에 관한 사항, 근로자의 복지증진, 사업장 내 근로자 감시 설비의 설치, 여성근로자의 모성보호 및 일과 가정생활의 양립을 지원하기 위한 사항 등에 관한 사항을 협의한다.

노사협의회에서 의결된 사항은 신속하게 근로자에게 공지시켜야 하고, 근로자와 사용자는 이를 성실하게 이행해야 한다. 협의회에서 협의회의 의결사항에 대하여 의결하지 못하거나 의결된 사항의 해석 또는 이행에 관해 의견이 일치하지 않는 경우에는 노동위원회나 제3자의 중재를 받을 수 있다. 중재결정이 내리면 노사협의회의 의결을 거친 것으로 간주하고 따라야 한다.

고충처리위원은 근로자로부터 고충사항을 청취한 경우에는 10일 이내에 조치사항과 그 밖의 처리결과를 해당 근로자에게 통보하여야 하고, 고충처리위원이 처리하기 곤란한 사항은 노사협의회의 회의에 부쳐 협의 처리한다.

02 사회보장기본법 및 경제법

(1) 사회보장기본법

① 의의 : 국민의 인간다운 생활을 보장하기 위한 생존권 확보와 생활상의 보호를 목적으로 제정된 법률로 사회보장에 관한 국민의 권리와 국가 및 지방자치단체의 책임을 정하고 사회보장제도에 관한 기본적인 사항을 규정함으로써 국민의 복지증진에 기여하기 위하여 우리나라는 사회보장기본법을 제정하였다.

② 사회보장기본법의 내용

   ⊙ 의의 : 사회보장제도란 사회 구성원의 부상, 질병, 출산, 실업, 노령화 등에 의해 곤궁한 상황에 처하게 될 경우 국가의 개입을 통해 최저생활을 보장해 주는 것으로 사회보장기본법은 사회보험, 공공부조, 사회서비스 및 각종 복지제도를 규정하고 있다.

ⓛ **사회보험** : 사회보험이란 국민에게 발생하는 사회적 위험을 보험방식에 의하여 대처함으로써 국민 건강과 소득을 보장하는 제도로, 예상치 못한 위험으로부터 국민의 생활안정을 도모하는 제도를 의미한다. 사회보험 관련 법률로는 국민건강보험법, 산업재해보상보험법, 고용보험법, 국민연금법 등이 있다.

ⓒ **공공부조** : 공공부조란 노령·질병 또는 기타 사유로 생활유지 능력이 없거나 생활이 어려운 국민을 위해 국가 및 지방자치단체의 책임하에 최저생활을 보장하고 자립을 지원하는 제도를 말한다. 대표적인 관련 법률로 국민기초생활 보장법이 있다.

ⓔ **사회서비스** : 사회서비스란 국가·지방자치단체 및 민간부문의 도움을 필요로 하는 모든 국민에게 인간다운 생활을 보장하고 다양한 지원을 통해 국민의 삶의 질이 향상되도록 지원하는 제도를 말한다.

ⓜ **복지제도** : 보건·주거·교육·고용 등의 분야에서 인간다운 생활이 보장될 수 있도록 지원하는 각종 복지제도를 말한다.

(2) 경제법

① **의의** : 경제법이라는 단일화된 법전은 존재하지 않으며, 경제와 관련된 헌법 조항 및 건전한 기업경영을 도모하는 독과점 규제 법률, 소비자 보호를 위한 법률 등 경제생활과 관련된 모든 법을 통틀어 경제법이라 한다.

② **소비자보호법**

ⓐ **소비자** : 소비자를 간단하게 정의하면 공급자(기업)의 공급물품을 구매하는 위치에 있는 사람을 말한다.

ⓑ **소비자의 지위와 쟁점** : 소비행위에 있어서 과장광고, 허위광고 등 정보력 부족에 따라 기업에 비하여 열악한 위치에 있을 수 있기 때문에 소비자보호가 중요하게 부각된다.

③ **소비자의 권리**

ⓐ **소비자 권리의 연혁** : 소비자 권리를 최초로 선언한 것은 1962년 미국 케네디 대통령이 의회에 보낸 "소비자의 권리보호에 관한 특별교서"로 안전의 권리, 알 권리, 선택할 권리, 의견을 반영시킬 권리를 규정하였다.

ⓑ **헌법 규정** : 헌법 제124조의 "국가는 건전한 소비행위를 계도하고 생산품의 품질 향상을 촉구하기 위한 소비자보호운동을 법률이 정하는 바에 의하여 보장한다"고 함으로써 소비자의 권리와 관련된 규정을 두고 있다.

▶ **쿨링오프(Cooling Off)**
매매 계약을 체결한 후 구입한 상품에 대해 7일 이내에 소비자가 계약을 취소할 수 있는 권리(방문 판매는 14일 이내)

▶ **리콜(recall)**
제조업체가 자신이 만든 제품의 흠을 발견하였을 때 그것을 숨기지 않고 공개적으로 제품의 결함을 인정하고 수리, 교환, 환급 등을 해주는 제도

ⓒ 소비자의 8대 권리 : 소비자기본법에서는 8대 권리를 규정하고 있는데 그 내용은 다음과 같다.

> **소비자기본법 제4조** 소비자는 다음 각호의 기본적 권리를 가진다.
> 1. 모든 물품 및 용역으로 인한 생명·신체 및 재산상의 위해로부터 보호받을 권리
> 2. 물품 및 용역을 선택함에 있어서 필요한 지식 및 정보를 제공받을 권리
> 3. 물품 및 용역을 사용 또는 이용함에 있어서 거래의 상대방·구입 장소·가격·거래조건 등을 자유로이 선택할 권리
> 4. 소비생활에 영향을 주는 국가 및 지방자치단체의 정책과 사업자의 사업활동 등에 대하여 의견을 반영시킬 권리
> 5. 물품 및 용역의 사용 또는 이용으로 인하여 입은 피해에 대하여 신속·공정한 절차에 의하여 적절한 보상을 받을 권리
> 6. 합리적인 소비생활을 영위하기 위하여 필요한 교육을 받을 권리
> 7. 소비자 스스로의 권익을 증진하기 위하여 단체를 조직하고 이를 통하여 활동할 수 있는 권리
> 8. 안전하고 쾌적한 소비생활 환경에서 소비할 권리

ⓓ 소비자의 의무 : 소비자는 상품에 대한 설명서를 충분히 읽어 올바른 사용법을 익혀야 하며, 안전하게 사용해야 하고, 문제점이 있다면 적시에 지적해야 한다. 또한 모든 거래에 정직하게 임해야 하고, 자원을 아껴 써야 할 책임이 있는 것이다. 즉, 소비자 자신의 행동에 대한 책임을 질 수 있는 합리적인 의사결정을 할 때 결론적으로는 생산자와 국가경제에 좋은 영향을 주게 되는 것이다.

④ 소비자보호기관
　ⓐ 정부 및 지방자치단체 : 제도적인 차원에서 소비자의 기본적 권리가 실현되도록 하기 위해서는 중앙정부 및 지방자치단체가 관계 법령 및 조례, 행정조직(공무원)의 정비 및 운영, 적절한 소비자보호정책 등으로 알맞게 조절을 해 주어야 한다.
　ⓑ 기업 : 사업자는 국가 및 지방자치단체의 소비자보호정책에 적극 협력하고, 각종의 피해 방지에 노력하며, 물품 또는 용역에 관하여 소비자의 불편사항을 반영하고, 그 피해를 보상해 주어야 한다.
　ⓒ 한국소비자원
　　• 기관의 성격 : 한국소비자원(구 소비자보호원)은 소비자 보호에 대한 정부정책을 효과적으로 추진하기 위하여 정부가 설립한 기관이다.

▶ 소비자 주권
소비자가 상품에 대한 정확한 이해와 분석을 통하여 상품에 대하여 사업자나 생산자에게 당당히 요구를 하고 그것을 생산에 반영하도록 영향력을 행사하는 것

▶ 공정거래위원회
공정거래위원회는 시장의 지배적 지위를 남용한 경우와 불공정한 거래행위를 한 경우, 특수관계인에게 부당이익 제공, 보복조치를 한 경우 시정조치를 명할 수 있으며,(제5조, 제24조) 과징금을 부과할 수 있다.(제6조, 제24조의2)

• 주요역할 : 소비자의 불만처리 및 피해구제, 소비자를 보호하고자 하는 물품 및 용역의 규격·품질, 안전성의 시험과 검사 또는 조사 실시, 소비자 보호와 관련된 정책의 연구와 건의, 소비생활의 합리화를 도모하기 위한 각종의 정보수집과 제공, 소비자 보호와 관련된 홍보, 국민생활을 향상하고자 종합적인 조사·연구를 주요 역할로 한다.

⑤ 소비자보호 법률

㉠ 소비자기본법

㉡ 독점규제 및 공정거래에 관한 법률(약칭 공정거래법)

• 의의 : 소비자를 위한 법규정에는 소비자기본법 외에도 독점규제 및 공정 거래에 관한 법률이 국민경제의 균형발전과 소비자를 보호하는 기능과 역할을 담당한다.

• 목적 : 대량생산에 따른 기업 간의 경쟁우위 확보를 위해 허위·과장 광고, 부정·불량 상품의 증가로 소비자의 보호가 필요하게 되었다.

• 규정내용

– 사업자의 시장 지배적인 지위의 남용과 과도한 경제력 집중 방지

– 담합행위 및 불공정거래행위 규제, 부당한 공동행위(담합행위) 및 불공정거래행위를 규제하여 자유롭고 공정한 경쟁을 촉진하여 창의적 기업활동을 조장하고 소비자를 보호할 수 있는 내용을 규정하고 있다.

⑥ 공정거래법 관련 규정

㉠ 시장 지배적 지위의 남용금지

• 상품의 가격이나 용역의 대가를 부당하게 결정·유지 또는 변경하는 행위

• 상품의 판매 또는 용역의 제공을 부당하게 조절하는 행위

• 다른 사업자의 사업 활동을 부당하게 방해하는 행위

• 새로운 경쟁사업자의 참가를 부당하게 방해하는 행위

• 부당하게 경쟁사업자를 배제하기 위하여 거래하거나 소비자의 이익을 현저히 저해할 우려가 있는 행위

㉡ 불공정 거래 행위의 금지

• 부당하게 거래를 거절하거나 거래의 상대방을 차별하여 취급하는 행위

• 부당하게 경쟁자를 배제하는 행위

• 부당하게 경쟁자의 고객을 자기와 거래하도록 유인하거나 강제하는 행위

• 자기의 거래상의 지위를 부당하게 이용하여 상대방과 거래하는 행위

• 거래의 상대방의 사업활동을 부당하게 구속하는 조건으로 거래하거나 다른 사업자의 사업활동을 방해하는 행위

• 부당하게 다음 각 목의 어느 하나에 해당하는 행위를 통하여 특수관계인 또는 다른 회사를 지원하는 행위

- 특수관계인 또는 다른 회사에 대하여 가지급금 · 대여금 · 인력 · 부동산 · 유가증권 · 상품 · 용역 · 무체재산권 등을 제공하거나 상당히 유리한 조건으로 거래하는 행위
- 다른 사업자와 직접 상품 · 용역을 거래하면 상당히 유리함에도 불구하고 거래상 실질적인 역할이 없는 특수관계인이나 다른 회사를 매개로 거래하는 행위
• 위의 행위로서 공정한 거래를 저해할 우려가 있는 행위

국제사법 · 국제법

check

01 국제사법

(1) 기본개념

국제사법이란 섭외적 생활관계(涉外的 生活關係)에 적용될 사법(私法), 즉 준거법(準據法)을 지정하는 법규범이다. 국제사법 총칙은 준거법의 결정과 재판관할권, 외국법의 적용 등 국제사법의 적용구조에 관하여 규정하고 있고, 각칙에서는 국제민법총칙, 국제재산법, 국제신분법, 국제상법을 규정하고 있다.

(2) 국제법과의 구별

구분	국제법	국제사법
주체	국가, 국제조직, 개인	사인, 사인지위의 국가, 공공단체 등
법원(法源)	조약, 국제관습법	각 국가의 국내법, 국내관습법
규율대상	국제법 주체 간의 공법관계	사인의 섭외적 사법(私法)관계
재판관할	국제재판소인 중재재판소 또는 국제사법재판소	국내재판소인 국내법원 또는 외국재판소

(3) 국제사법의 특징

① **국내법** : 국제사법은 사인 간의 섭외적 사법관계를 규율대상으로 하는 국내법이다.

② **사법** : 국제사법은 간접적으로 사인 간의 법률관계를 규율하는 사법이다.

③ **간접규범** : 국제사법은 섭외적 사법관계를 직접 규율하는 법규범이 아니라 섭외적 사법관계에 적용할 어느 나라의 사법규범(준거법)을 지정함으로써 간접적으로 섭외적 사법관계를 규율하는 간접규범이다.

④ **적용규범** : 국제사법은 각국의 사법의 장소적 적용범위를 결정하는 법이다.

(4) 준거법의 적용

① **적용방법** : 준거법은 하나의 섭외적 법률관계에 대하여 복수의 준거법이 누적적으로 적용되기도 하며, 또한 섭외적 법률관계의 일부분에 대하여 하나의 준거법이 적용되고, 다른 부분에 대하여서는 다른 준거법이 적용되는 경우가 있다.

▶ 준거법(準據法)
　준거법은 국제사법규정에 의하여 일정한 섭외적 사법관계에 적용되는 실질사법을 말하며, 섭외적 사법관계에 직접적으로 적용되는 직접법이고, 국제사법에 의해 지정되는 하위법이며, 사법이다.

▶ 연결점(連結點)
　연결점 또는 연결소(連結素)란 국제사법상 준거법을 결정함에 있어서 사법적 법률관계와 준거법을 연결해주는 요소를 말한다. 국제사법규정상 연결점으로는 국적, 주소, 거소, 행위지, 목적물소재지, 사실발생지(불법행위, 사무관리, 부당이득), 법정지(法廷地), 당사자의사, 서명지, 발행지, 지급지, 선적국이 있다.

② 배척조항 : 외국법에 의하여야 하는 경우에 그 규정의 적용이 대한민국의 선량한 풍속 그 밖의 사회질서에 명백히 위반되는 때에는 이를 적용하지 아니한다.

③ 반정(反定) : 각국의 국제사법의 내용이 동일하지 않기 때문에 동일한 법률관계에 대하여 법정지의 소재에 따라 준거법이 달라지는 경우가 발생함으로써 국제사법이 저촉되는 경우가 발생되는데, 어떤 섭외적 법률관계에 관하여 법정지의 국제사법규정에 의하면 외국법을 적용하도록 규정되어 있으나, 그 외국의 규정에 의해 법정지법 또는 제3국법을 적용하도록 규정하고 있는 경우 그에 따라 법정지법 또는 제3국법을 적용하는 것을 반정 또는 반치(反致)라고 한다.

(5) 외국법의 적용

- 외국법도 국내법과 동일한 법이며, 법원이 직권으로 조사, 적용하여야 하며, 당사자에게 그에 대한 협력을 요구할 수 있다.
- 입법목적에 비추어 준거법에 관계없이 해당 법률관계에 적용되어야 하는 대한민국의 강행규정은 이 법에 의하여 외국법이 준거법으로 지정되는 경우에도 이를 적용한다.
- 외국법을 적용하여야 할 경우에 내국법을 적용하거나 또는 외국법의 적용을 잘못한 경우 상고이유가 된다.

(6) 섭외사건의 재판관할권

섭외사건의 재판관할권은 어떤 섭외사건에 대하여 어느 국가의 법원이 가지는 재판권을 말한다. 법원은 당사자 또는 분쟁이 된 사안이 대한민국과 실질적 관련이 있는 경우에 국제재판관할권을 가진다.

▶ 반정의 유형
- **직접반정** : A국의 국제사법에 의하면 B국의 사법이 준거법으로 지정되나, B국의 국제사법에 의하면 A국의 사법이 준거법으로 지정되어 A국 법원에서 A국법을 적용하는 경우이다.
- **전정(轉定)** : A국의 국제사법에 의하면 B국의 사법이 준거법으로 지정되나, B국의 국제사법에 의하면 C국의 사법이 준거법으로 지정되어 A국 법원에서 C국법을 적용되는 경우이다.
- **간접반정** : A국의 국제사법에 의하면 B국의 사법이 준거법으로 지정되나, B국의 국제사법에 의하면 C국의 사법이 준거법으로 지정되고, C국의 국제사법에 의하면 A국의 사법이 준거법으로 지정되어 A국 법원에서 A국법을 적용되는 경우이다.
- **이중반정** : A국의 국제사법에 의하면 B국의 사법이 준거법으로 지정되고, B국의 국제사법에 의하면 A국의 사법이 준거법으로 지정되는데, B국의 국제사법에 반정규정이 존재하여 A국 법원에서 B국의 사법을 적용되는 경우이다.

02 국제법

(1) 국제법(國際法)의 의미

① **국제법의 개념** : 사회법, 행정법, 경제법처럼 국제법 역시 단일화된 법전을 의미하지 않는다. 국제사회의 기능과 조직, 구성 국가들의 상호관계를 규율하기 위한 법을 통틀어 국제법이라 한다.

② **국제사회의 특징**

㉠ 개별 주권 국가들의 영향력 행사 : 국제사회는 여러 주권을 가진 국가들이 상호 교류와 협력, 대립하기 때문에 명령과 통제를 하는 왕과 같은 존재가 없다.

ⓛ **통일된 권력기관의 부재** : 통일된 입법기관, 집행기관, 사법기관이 없어서 국제사회의 문제는 국내사건처럼 엄격한 법률에 근거하여 일도양단식의 해결이 불가능한 경우가 많다. 따라서 법의 논리도 중요하지만 정치적 영향력과 힘의 논리가 지배한다.

③ **국내법과 국제법의 관계**

    ㉠ **헌법 규정**

> 헌법 제6조 제1항 헌법에 의하여 체결·공포된 조약과 일반적으로 승인된 국제법규는 국내법과 같은 효력을 가진다.

    ⓛ **국제법의 효력** : 헌법에 정해진 절차에 따라 체결되고 공포된 조약과 일반적으로 승인된 국제법규는 국내의 법률과 같은 효력을 가지게 되며 헌법보다는 하위의 효력을 갖게 된다.

    ⓒ **헌법 제6조 제1항의 해석**

구분		내용
헌법에 의하여 체결·공포된 조약 (자국이 체결한 조약)		조약, 협약, 협정, 규약 등 명칭을 불문하고 국가 간 문서에 의한 합의를 의미하며 한미주둔군지위협정, 한일어업협정 등이 있음
일반적으로 승인된 국제법규	국제 관습법	포로의 살해금지와 그 인도적 처우에 관한 전시국제법상의 기본원칙, 외교관의 대우에 관한 국제법상의 원칙, 국내문제불간섭의 원칙, 민족자결의 원칙, 조약준수의 원칙
	일반적으로 승인된 조약	유엔헌장의 일부, 집단학살(Genocide)의 금지협정, 포로에 관한 제네바협정, 국제인권 규약

(2) 국제법의 법원(法源)

① **국제법의 법원**

    ㉠ **법원의 개념** : 법원이란 법의 인식근거 또는 법의 근원을 의미한다. 국제법의 법원은 국제법이 효력을 갖게 되는 근원 또는 근거가 무엇인지를 밝히는 작업이다.

    ⓛ **법원의 종류** : 국제법의 법원으로는 조약, 국제관습법, 일반적으로 승인된 조약 등이 있다.

② **조약**

    ㉠ **개념** : 조약이란 국가 상호 간의 문서로 명시한 합의 또는 약정이다.

    ⓛ **조약체결권자** : 우리나라의 조약 체결권은 대통령에게 있다. 그러나 대통령의 조약체결권 행사에 예외가 있는데, 그 내용은 헌법 제60조 제1항에 규정되어 있다.

▶ 국제 사법재판소에서 인정한 국제법의 법원
  조약, 국제 관습법, 법의 일반 원칙, 국제 판례, 국제법의 학설

ⓒ 대통령의 조약체결권에 대한 제한

> 헌법 제60조 제1항 국회는 상호원조 또는 안전보장에 관한 조약, 중요한 국제조직에 관한 조약, 우호통상항해조약, 주권의 제약에 관한 조약, 강화조약, 국가나 국민에게 중대한 재정적 부담을 지우는 조약 또는 입법사항에 관한 조약의 체결·비준에 대한 동의권을 가진다.

헌법 제60조 제1항에서 열거한 조약의 경우는 국회의 동의를 받아야 한다. 그런 일이 있을 수는 없겠지만, 대통령이 다른 나라의 식민지가 되는 조약을 체결하는 경우, 국내 경제상황을 고려하지 않는 막대한 자금원조 조약 같은 경우는 국가의 질서가 혼란해질 수 있기 때문에 이러한 경우를 고려한 통제장치이다. 이 말은 곧 헌법 제60조 제1항에서 열거한 사항 이외의 조약의 체결과 비준은 대통령의 권한이라는 것을 뜻한다.

ⓓ **조약의 비준** : 조약의 비준이란 조약체결권자인 대통령이 체결내용을 최종적으로 확인하여 동의하는 행위를 의미한다. 보통의 조약은 서명만으로 체결되지 않으며 최종적으로 확인했다는 비준의 절차를 거치게 된다.

③ **국제관습법** : 국내관습법의 의미를 국제사회에 대입시키시면 된다. 즉, 국제 사회에서 오래도록 관행이 지속되고 이러한 관행이 국제사회에서의 규범으로 자리잡혀 비록 성문의 법으로는 제정되지 않았더라도 국제사회의 법규범으로 승인되고 준수될 때, 국제관습법이 된다.

④ **일반적으로 승인된 조약** : 우리가 직접 체결한 조약뿐만 아니라 국제사회에 일반적으로 승인된 조약도 국제법의 법원이 된다.

⑤ **법의 일반원칙** : 신의성실, 권리남용금지 같은 국내법의 일반원칙은 해석이 분분하지만 국제법의 법원으로 거론되고 있는 실정이다.

(3) 국제법과 국내법의 관계

국제법과 국내법 간에 충돌, 모순이 발생되는 경우에 국제법과 국내법은 상호 독립적이고 우열관계가 없으므로, 국내 문제에는 국내법이 우선 적용된다는 국내법 우위설과 국제법이 우선 적용되어야 한다는 국제법 우위론이 논의되고 있으나, 국내법원이 국제법을 재판규범으로 삼을 수 있느냐에 그 논의의 실질적 의의가 있을 뿐이다.

(4) 국제법의 주체

① **의의** : 국제법의 주체는 국제법상 권리능력과 의무부담의 주체를 말한다. 오늘날에는 국가뿐만 아니라 국제기구와 개인에게도 국제적 법인격이 인정되고 있다.

---

check

▶ 조약의 체결 과정
 (1) 조약문의 교섭 및 채택 : 국가의 전권대사(전권대표)가 교섭하여 문안을 구성하고 채택함
 (2) 조약문의 인증 : 조약 본문을 채택하고 그 조약문을 최종적으로 확정하는 절차.
 (3) 조약의 구속을 받겠다는 동의 (서명과 비준) : 약식조약은 동의를 표시하는 방법이 서명이나, 정식조약은 서명 외에 비준이 필요하다. 비준이란 전권대사가 서명한 조약을 국가원수가 국제법상 유효함을 확인하는 것으로 정식조약의 동의를 표시하는 방법이다.
 (4) 조약에 대한 국회의 동의
  ⓐ 성격 : 조약에 대한 국회의 동의가 있으면 조약의 국내법적 효력이 발생한다.
  ⓑ 목적 : 조약에 대한 국민적 합의를 유도하고 대통령에 대한 민주적 통제를 한다.

▶ 국제관습법
외교관의 면책 특권, 정치범 불인도, 내정간섭 금지, 포로에 대한 인도적 대우, 민족 자결의 원칙 등

▶ 법의 일반원칙
신의성실의 원칙, 권리 남용 금지의 원칙, 기판력의 원칙

② **국가** : 국가는 국민, 영토, 주권을 구성요소로 한다. 국가는 국제법상 독립권, 평등권, 자위권이 있으며, 외국의 내정에 간섭하여서는 아니 된다. 국가는 국제법상 능력에 따라 독립국, 비독립국으로, 국가의 결합형태에 따라 단일국가와 복합국가(국가연합, 연합국가)로 분류할 수 있다. 이외에도 영국의 식민지로부터 자치가 인정된 영국자치령과 로마 교황청에서 1929년 라테란협정에 의하여 이탈리아가 국가로 인정한 바티간시국이 있다.

③ **교섭단체, 국제연합, 국제위원회** : 국내에서 내란을 일으킨 집단의 교전단체도 특정조건 아래에서는 교전에 관한 한 국제법의 주체로 인정되고, 국제연합, 국가 간의 합의로 일한 목적달성을 위하여 설치된 국제위원회도 국제법의 주체이다.

④ **개인** : 조약으로 외국인에게 권리를 부여하는 규정이 있거나 국제관습법에 의하여 개인이 국제법의 주체가 되는 경우 개인이 국제법의 주체가 될 수 있다(예: 외교사절에 대한 특권).

(5) 국가의 승인과 정부(政府)승인

① **국가의 승인**
- 국가의 승인은 기존 국제사회단체에 소속한 국가들이 사실상 존재하는 정치적 통일체를 국제법상 주체로 인정하는 단독적 의사표시를 말한다.
- 국가승인의 효과는 승인국과 피승인국 간에 승인의 법적 효력이 미치는 상대성, 국가가 성립한 후 나중에 승인하였다 하더라도 그 법적 효과는 실제로 국가성립한 시기로 소급하는 소급성, 한 번 국가로 승인하면 이를 철회할 수 없다는 철회불가능성을 특징으로 한다.
- 또한 일반적으로 국가승인으로 인해 피승인국은 국제법적으로 국가성립이 확인되고, 보통 외교관계를 수립하고 조약을 체결하는 등 국제법상의 권리의무 관계를 설정할 수 있는 효력이 발생된다.

② **정부승인** : 한 국가의 정부가 혁명이나 쿠데타 따위의 비합법적인 방법으로 바뀌었을 때에 다른 나라가 해당 정부를 그 국가의 합법적인 국제적 대표기관으로 승인하는 일방적 의사표시를 말한다.

(6) 외교사절과 영사

① **외교사절**
- ⊙ **개념** : 국가의 외교업무를 수행하기 위하여 외국에 파견되어 외교교섭을 행하는 국가의 대표자 또는 대표 기관을 말한다.
- ⊙ **종류** : 외교사절로 대사(大使), 공사(公使), 대리공사 등의 상주(常駐) 외교사절과 국제회의 따위에 참가하기 위하여 일시적으로 외국에 주재하는 사절이나 특파 전권 대사와 같은 임시 외교 사절이 있다.

ⓒ **직무** : 외교사절은 직접 외국과 외교교섭을 하고, 주재국의 군사 · 외교 · 경제 기타 중요한 사항을 관찰하고 본국에 이를 보고하며, 자국민의 보호 및 감독 등의 업무를 수행한다.

ⓔ **특권과 면제** : 외교사절은 신체 · 명예 · 공관지역 및 공관의 문서 · 통신, 사저, 개인서류 및 재산 등에 대한 불가침 특권이 있고, 주재국의 재판권, 경찰권, 과세권, 강제집행 등이 면제된다.

② **영사** : 영사는 외교적으로 국가를 대표하여 파견되는 국가의 대표기관이 아니며, 영사의 계급은 총영사, 영사, 부영사, 영사대리로 구분된다. 영사는 주로 자국의 경제적 이익, 특히 자국의 통상항해상의 이익보호 및 체류자국민의 보호를 위하여 선임되며, 여권과 입국사증 처리, 혼인 · 상속 등의 비정치적 · 상업적 업무를 주로 담당한다. 외교사절과 달리 주재국과의 외교교섭권이 없으며, 지방관헌과 교섭할 수 있을 뿐이다. 영사도 외교사절과 같이 일정한 외교적 특권이 있다.

(7) 국제기구

① **개념** : 국제기구는 둘 이상의 국가가 국제적 목적이나 활동을 위하여 회원국으로 결합한 조직체를 말하며, 국제법상 법인격으로 인정받고 있다. 제1차 세계대전 후 창설된 국제연맹이 국제기구의 발판이 되었다.

② **국제연합(UN)** : 국제연합은 국제평화 및 안전의 유지, 우호관계의 발전과 평화의 강화, 국제협력, 공동목적 달성 등 세계질서를 담당하기 위하여 제2차 세계대전 이후 국제연맹을 대신하여 창설된 국제기구로서, 원가맹국과 가입국으로 구성된다. 국제연합에는 총회, 안전보장이사회, 경제사회이사회, 신탁통치이사회, 국제사법재판소, 사무국 등 주요기관과 전문기구가 설치되어 있다. 유엔총회는 국제연합의 모든 회원국으로 구성되며, 총회에서 사무총장을 임명한다. 총회의 결의는 그 자체로 법적 구속력이 없고 다만 권고적 효력만 있다.

(8) 국제분쟁의 평화적 해결

① **UN헌장의 규정** : UN헌장은 어떠한 분쟁이라도 그 분쟁의 계속이 어떠한 분쟁도 그의 계속이 국제평화와 안전의 유지를 위태롭게 할 우려가 있는 것일 경우, 그 분쟁의 당사자는 우선 교섭, 심사, 중개, 조정, 중재재판, 사법적 해결, 지역적 기관 또는 지역적 약정의 이용 또는 당사자가 선택하는 다른 평화적 수단에 의한 해결을 구하도록 규정하고 있다. 비사법적 해결방법으로 주선, 중개, 심사, 조정이 있고, 사법적 해결방법으로 중재재판과 사법재판이 있다.

② **국제조정** : 통상 국제조정위원회가 분쟁당사국의 주장을 듣고 사실심사와 함께 그 타협조건을 제시함으로써 분쟁을 해결하는 비사법적 해결방법이다. 국제심사위원회, 국제조정위원회, 국제연합의 심사 세 종류가 있으며, 국제조정은 분쟁당사국을 구속할 수 없고, 당사국이 조정안에 동의하였을 때만 분쟁의 해결이 가능한 것이 특징이다.

③ **중재재판과 사법재판**

　㉠ **중재재판** : 중재재판은 분쟁당사국이 선임한 중재재판소를 통하여 분쟁을 해결하는 방법으로서, 분쟁당사국이 재판관과 재판의 준칙을 결정하지만 그 재결이 분쟁당사국에 대한 구속력이 있다는 점에서 조정과 구별된다.

　㉡ **사법재판** : 사법재판은 분쟁당사국과 독립된 재판관에 의해 구성되는 국제사법재판소(ICJ)가 국제재판으로 분쟁을 해결하는 방법이며, 해당 사건에 대하여 판결을 하거나 국제기구의 요청에 따라 특정사안에 대한 권고적 의견을 제시할 수 있으며, 국제사법재판소의 판결은 분쟁당사국에게만 효력이 미치는 것이 원칙이다.

(9) 국제분쟁의 실력적 해결

타국이 부당한 행위로써 자국의 이익을 침해하거나 불법행위로 권리를 침해하였을 때 이에 대하여 피침해국이 동일한 보복을 가하거나 또는 동등한 정도의 침해행위를 가하여 복구를 할 수 있고, 국제분쟁의 당사국 일방이 국제법을 위반하였을 때 제3국이 분쟁당사국의 일방에 대하여 간섭하여 강제하는 등 실력행위로 분쟁을 해결하는 것을 말한다. UN헌장은 안전보장이사회가 평화에 대한 위협, 평화의 파괴 또는 침략행위의 존재를 결정하고, 국제평화와 안전을 유지하거나 이를 회복하기 위하여 권고하거나, 또는 경제단교, 교통통신수단의 중단, 외교관계의 단절을 결정할 수 있고, 군사적 조치에 의한 무력을 사용할 수 있도록 규정하고 있다.

1 다음 중 헌법에 규정된 근로기본권에 관한 내용 중 옳지 않은 것은?

① 연소자의 근로는 특별한 보호를 받는다.

② 근로자는 근로조건의 향상을 위하여 자주적인 단결권, 단체교섭권, 단체행동권을 가진다.

③ 여자의 근로는 특별한 보호를 받으며, 고용·임금 및 근로조건에 있어서도 특별한 보호를 받는다.

④ 국가유공자, 상이군경 및 전몰군경의 유가족은 법률이 정하는 바에 의하여 우선적으로 근로의 기회를 부여받는다.

> **NOTE** ③ 여자의 근로는 특별한 보호를 받으며, 고용·임금 및 근로조건에 있어서 부당한 차별을 받지 아니한다.

2 근로기본권의 부당노동행위 중 황견계약에 해당하는 설명으로 옳은 것은?

① 근로자가 노동조합에 가입하지 아니할 것 또는 탈퇴할 것을 고용조건으로 하거나 특정 노동조합의 조합원이 될 것을 고용조건으로 하는 행위

② 단체협약 체결, 기타 단체교섭을 정당한 이유 없이 거부하거나 해태하는 행위

③ 근로자가 노동조합에 가입 또는 가입하려고 하였거나 기타 노동조합의 업무를 위한 정당한 행위를 한 것을 이유로 당해 근로자를 해고하거나 불이익을 주는 행위

④ 근로자가 노동조합을 조직 또는 운영하는 것을 지배하거나 이에 개입하는 행위, 노동조합의 운영비를 원조하는 행위

> **NOTE** ② 단체교섭 거부
> ③ 불이익 대우
> ④ 지배·개입 및 경비원조

3 근로자의 쟁의행위 중 보이콧에 해당하는 설명으로 옳은 것은?

① 집단적으로 작업을 거부하는 행위

② 의식적으로 작업 능률을 저하시키는 행위

③ 근로 희망자들이 사업장 또는 공장 출입을 저지하고 파업에 협력할 것을 요구하는 행위

④ 사용자 또는 그와 거래하는 제3자의 상품 구입, 시설 이용 등을 거절하거나 그들과의 근로 계약 체결을 거절할 것을 호소하는 행위

NOTE ① 파업(strike) ② 태업(sabotage) ③ 피케팅(picketing)

4 다음 중 노동법의 적용 순서로 옳은 것은?

① 헌법 → 명령 → 법률 → 단체협약 → 취업규칙 → 근로계약

② 헌법 → 법률 → 명령 → 단체협약 → 취업규칙 → 근로계약

③ 헌법 → 법률 → 명령 → 취업규칙 → 단체협약 → 근로계약

④ 헌법 → 법률 → 취업규칙 → 단체협약 → 명령 → 근로계약

NOTE 노동법의 적용 순서 : 헌법 → 법률 → 명령 → 단체협약 → 취업규칙 → 근로계약

5 다음은 노동 3권에 대한 설명이다. 잘못된 것은?

① 노동 3권은 단결권, 단체교섭권, 단체행동권이다.

② 단결권은 근로자가 단체를 조직할 수 있는 권리지만 노동조합 설립은 제외된다.

③ 단체교섭권은 근로자가 단결권을 기초로 사용자와 자주적으로 교섭하는 권리이다.

④ 단체행동권이란 노동쟁의가 발생한 경우 쟁의행위를 할 수 있는 권리이다.

NOTE 단결권은 노동조합을 설립할 수 있는 권리까지 포함한다.

6 다음은 쟁의행위의 효과에 대한 설명이다. 올바른 것은?

① 노동 3권은 근로조건의 개선을 목적으로 한 정당행위로 헌법상 면책이 보장된다.

② 근로자측은 파업, 태업, 보이콧, 피켓팅, 생산관리, 직장폐쇄 등을 할 수 있다.

③ 쟁의행위는 형사상 면책조항만을 가진다.

④ 사용자의 면책 행위는 존재하지 않는다.

> **NOTE** ② 직장폐쇄는 사용자측의 대항 행위이다.
> ③ 쟁의행위에 대한 손해에 대하여 민사상 면책을 규정하고 있다.
> ④ 쟁의행위로 근로에 참여하지 않은 근로자에게는 임금을 지급할 의무가 없다는 면책이 있다.

7 '사용자가 정상적인 근로자의 노동조합 운동이나 운영을 방해하는 행위'를 무엇이라 하는가?

① 부당노동행위　　　　　　　　　② 황견계약

③ 직장폐쇄　　　　　　　　　　　④ 파업

> **NOTE** 사용자가 정상적인 노동조합 운동이나 운영을 방해하는 행위를 부당노동행위라 한다. 구체적으로 불이익대우, 황견계약, 단체교섭 거부, 지배·개입 및 경비원조가 있다.

8 다음 중 부당노동행위에 속하는 사례는?

| ㉠ 불이익대우 | ㉡ 황견계약 |
| ㉢ 단체교섭 거부 | ㉣ 파업 |

① ㉠

② ㉠, ㉡

③ ㉠, ㉡, ㉢

④ ㉠, ㉡, ㉢, ㉣

> **NOTE** 부당노동행위에는 불이익대우, 황견계약, 단체교섭 거부, 지배·개입 및 경비원조가 있다.

Answer. 6.① 7.① 8.③

9 그림은 노동쟁의를 해결하는 과정의 일부를 나타낸 것이다. (A)와 (B)에 들어갈 내용으로 옳은 것은?

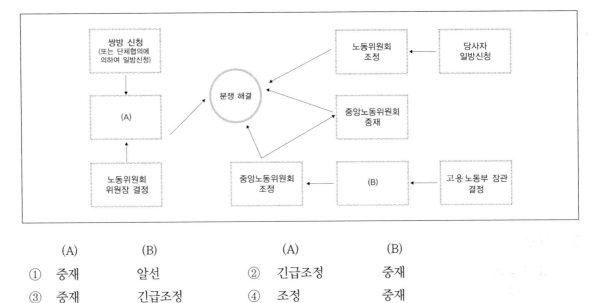

	(A)	(B)		(A)	(B)
①	중재	알선	②	긴급조정	중재
③	중재	긴급조정	④	조정	중재

NOTE (A)는 중재이며, (B)는 긴급 조정에 해당한다.
(A) 중재는 당사자 쌍방 또는 단체 협의에 의해 일방이 신청한 경우에 이루어진다.
(B) 긴급 조정은 쟁의 행위가 공익사업에 관한 것이거나 그 규모가 크거나 그 성질이 특별한 것으로서 국민 경제나 국민의 일상생활에 큰 영향을 주는 경우에 고용노동부 장관의 결정 통고에 의해 이루어진다. 긴급 조정이 결정되고 공표되면 즉시 쟁의 행위가 중지되고 30일이 지나지 않으면 쟁의 행위를 재개할 수 없다.

10 다음 중 노동관련 법규에 속하는 것은?

㉠ 헌법상 노동 관련 규정	㉡ 근로기준법
㉢ 노동조합 및 노동관계조정법	㉣ 근로자참여 및 협력증진에 관한 법률

① ㉠

② ㉠, ㉡

③ ㉠, ㉡, ㉢

④ ㉠, ㉡, ㉢, ㉣

NOTE 노동관련 법규에는 헌법상의 노동 관련 규정, 근로기준법, 노동조합 및 노동관계조정법, 근로자참여 및 협력증진에 관한 법률이 있다.

Answer. 9.③ 10.④

11 다음은 노동법에 관한 설명이다. 잘못된 것은?

① 노동자와 사용자의 근로관계와 국가의 노동정책을 규율하는 법을 노동법이라 한다.

② 헌법에서는 노동자와 관련하여 직접적인 규정을 두고 있지 않다.

③ 근로자 개인을 보호하기 위해 만들어진 법이 근로기준법이다.

④ 노동조합 및 노동관계조정법은 주로 노동쟁의를 해결하기 위해 만들어진 법률이다.

NOTE 헌법은 근로의 권리와 근로 3권 등을 규정하고 있다.

12 다음은 노동쟁의의 조정철자에 관한 설명이다. 올바른 것을 고르시오.

㉠	조정	관계 당사자의 쌍방 합의에 따라 신청을 해야 한다.
㉡	중재	필수공익사업의 경우 신청이 없더라도 노동위원장의 결정에 따라 중재가 가능하다.
㉢	긴급조정	국민의 일상생활이 위태로워질 때 고용노동부장관의 결정으로 회부된다.
㉣	사적조정	자주적인 해결방식이기 때문에 일반 조정 절차보다 우선적 효력을 갖고 있다.

① ㉠, ㉡, ㉢

② ㉡, ㉢, ㉣

③ ㉠, ㉢, ㉣

④ ㉠, ㉡, ㉣

NOTE 조정은 임의 개시를 원칙으로 하고 있다. 즉, 일방의 신청을 전제로 한다.

Answer. 11.② 12.②

13 다음 법 규정의 근로자에 해당하지 않는 사람은?

> 근로자라 함은 직업의 종류를 불문하고 임금·급료 기타 이에 준하는 수입에 의하여 생활하는 자를 말한다(노동조합 및 노동관계 조정법).

① 양복점 재봉공을 하며 부정기적 수입에 의하여 생활하는 최길동 씨
② 제철공장에 근무하며 월급 ○○만 원의 수입에 의하여 생활하는 이길동 씨
③ 보험회사에 근무하며 월급 ○○○만 원의 수입에 의하여 생활하는 김길동 씨
④ 소규모 가내공장을 운영하며 월 ○○만 원의 수입에 의하여 생활하는 박길동 씨

> **NOTE** 주어진 지문은 노동조합 및 노동관계 조정법에서 근로자를 정의한 것이다.
> ①②③은 직장이나 직업은 모두 다르지만 다른 사람이나 사업장에게 고용되어 노동을 제공하는 경우이다.
> ④ 소규모 가내 공장을 운영한다면 이는 근로자가 아니라 사업주라 할 수 있다. 따라서 박길동 씨는 근로자라 할 수 없다.

14 다음 내용을 실현하기 위한 법적 근거를 마련하고자 한다. 개정해야 할 법으로 적합한 것은?

> • 연차, 월차 휴가 일수를 조정한다.
> • 주당 근로 시간을 44시간에서 40시간으로 단축한다.
> • 휴가의 일부를 유급(有給)에서 무급(無給)으로 전환한다.
> • 주 5일 근무제를 업종과 사업장 규모에 따라 연차적으로 실시한다.

① 헌법
② 근로기준법
③ 최저임금법
④ 노동위원회법

> **NOTE** 제시된 내용은 근로 시간, 휴가 일수 등 근로자의 근로 조건과 관련된 내용이다. 그러므로 근로기준법을 개정해야 한다. 근로기준법은 개별적 근로관계에 있어서 근로자의 근로 조건과 그 밖의 생활 조건을 일정한 수준 이상으로 유지할 목적으로 최저 근로 조건을 정하고, 감독관청으로 하여금 근로 감독을 실시하게 함으로써 근로자를 보호하려는 법이다.

Answer. 13.④ 14.②

15 밑줄 친 '이 법'의 성격으로 가장 적절한 것은?

> '이 법'은 헌법에 의한 근로자의 단결권, 단체 교섭권 및 단체 행동권을 보장하여 근로 조건의 유지·개선과, 근로자의 경제적·사회적 지위의 향상을 도모하고, 노동관계를 공정하게 조정하여 노동 쟁의를 예방·해결함으로써 산업 평화의 유지와 국민 경제의 발전에 기여함을 목적으로 한다.

① 기본적으로 범죄와 형벌을 규정한다.
② 사적(私的)인 생활 관계를 규율한다.
③ 국가로부터의 자유를 보장하고자 한다.
④ 사회적 약자의 인간다운 생활을 보장하고자 한다.

NOTE 제시된 자료의 '이 법'은 사회법 영역에 속하는 노동법 관계 법령(노동조합 및 노동관계조정법)이다.
　① 형법
　② 사법(私法)
　③ '국가로부터의 자유'는 자유권을 말하는데, 사회법에서 보장하고자 하는 기본권은 '국가에 의한 자유'인 사회권이다.

16 다음에서 공통적으로 설명하고 있는 법률 용어에 해당하는 사례로 적절한 것은?

> • 노동 조합 활동을 억제하는 유력한 수단이다.
> • 우리나라에서는 헌법상의 단결권을 침해하는 것으로 금지된다.
> • 「노동조합 및 노동관계조정법」에서는 사용자의 부당 노동행위로 규정하고 있다.

① 노동자의 쟁의 행위에 대항하여 사용자가 직장을 폐쇄하는 것
② 하나의 사업 또는 사업장에 복수의 노동 조합의 설립을 허용하는 것
③ 근로기준법상의 법정 근로 시간을 초과하는 단체 협약을 체결하는 것
④ 근로자가 노동 조합에 가입하지 않을 것을 조건으로 근로 계약을 체결하는 것

NOTE 제시문에서 설명하고 있는 법률 용어는 황견 계약이다.
　① 사용자의 쟁의 대항 수단인 직장 폐쇄에 해당한다.
　② 현행법상 하나의 사업 또는 사업장에 복수 노동 조합의 설립은 가능하다.
　③ 황견 계약의 사례에 해당하지 않는다.

Answer. 15.④ 16.④

17 그림의 빗금 친 부분에 해당하는 사례로 적절한 것은?

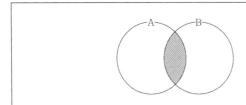

A={정당한 사유 없는 사용자의 해고 행위}
B={노동3권을 침해하고 노동조합 운영을 방해하는 사용자의 행위}

① 노동조합의 운영비를 원조하지 않는 행위
② 노동조합 전임자(專任者)에게 급여를 지급하지 않는 행위
③ 회사 기밀을 유출하였다는 이유로 노동조합에 가입할 수 없는 직위의 근로자를 해고하는 행위
④ 노동조합에 가입하지 않을 것을 조건으로 채용한 근로자를 노동조합에 가입하였다는 이유로 해고하는 행위

> **NOTE** A는 부당한 사용자의 해고 행위를 나타내며, B는 노동 3권을 침해하면서 노동조합의 운영을 방해하는 사용자의 부당 행위를 나타낸다.
> ④ 황견 계약에 해당하는 부당 노동 행위이고 노동조합에 가입할 수 있는 단결권을 침해하는 행위이다.
> ①② 사용자의 해고 행위가 아니다.
> ③ 정당한 사용자의 해고 사례이다.

18 '국민의 인간다운 생활을 보장하기 위한 생존권 확보와 생활상의 보호를 목적으로 제정된 법률은?

① 노동조합법
② 근로기준법
③ 사회보장기본법
④ 고용보험법

> **NOTE** 우리나라는 사회보장에 관한 국민의 권리와 국가 및 지방자치단체의 책임을 정하고 사회보장제도에 관한 기본적인 사항을 규정함으로써 국민의 복지증진에 기여하기 위하여 사회보장기본법을 제정하였다.

Answer. 17.④ 18.③

19 다음 자료에 대한 설명으로 옳지 않은 것은?

> 상시 근로자 50명인 사업장에 근무하는 갑(현재 17세)은 6개월 전인 2009년 2월 입사하면서 사용자인 을과 근로계약을 체결하였다. 다음은 계약서에 명시된 근로 조건의 일부이다.
> * 임금 : 시간당 3,800원
> * 근로시간 : 오전 8시부터 오후 6시까지(휴식 1시간)
> * 근무일 : 매주 6일 근무(휴일 : 매주 일요일)
> * 특기사항 : 노동조합에 가입하지 않기로 함.
>
> ※ 2009년 최저임금 시간당 4000원

① 을은 시간당 4,000원의 임금을 갑에게 지급하여야 한다.

② 갑은 법정대리인의 동의 없이 을에게 임금을 청구할 수 있다.

③ 갑과 을의 근로시간에 관한 약정은 법정근로시간에 위반된다.

④ 위 사업장에 대하여 법무부장관은 긴급조정의 결정을 할 수 있다.

NOTE ① 근로 기준법에 규정된 최저 임금은 반드시 지켜야 할 강행 규정이다. 임금이 2009년의 최저 임금액 4,000원보다 낮은 계약은 무효이며, 따라서 을은 시간당 4,000원의 임금을 갑에게 지급하여야 한다.
② 임금의 경우, 법정 대리인의 동의 없이 미성년자 본인이 단독으로 청구한다.
③ 근로 기준법에 규정된 근로 시간은 휴게시간을 제외하고 하루 8시간, 주 40시간을 초과할 수 없다.
④ 긴급 조정은 쟁위 행위가 공익사업에 관한 것이나, 그 규모가 크거나 그 성질이 특별한 것으로서 국민 경제나 국민의 일상생활에 큰 영향을 주는 경우에 고용노동부장관의 결정 통고에 의하여 이루어진다.

20 다음 사례에 대한 법적 판단으로 옳은 것은?

> 갑 회사는 긴박한 경영상의 필요가 없음에도 불구하고 부당하게 정리해고를 단행하기로 하였다. 대상자 50명에는 노동조합원 을과 병이 포함되어 있었다. 을은 입사 당시 결혼을 하면 퇴직한다는 조건으로 근로계약을 체결했었고, 병은 노동조합에 가입하지 않을 것을 조건으로 근로계약을 체결했었다. 노동조합은 절차에 따라 정리해고에 반대하는 정당한 쟁의행위를 하고 있다.

① 갑은 노동조합의 쟁의행위에 대응할 수 있는 방법이 없다.

② 을의 결혼퇴직조항은 효력이 있다.

③ 병의 노동조합 가입은 해고 사유이다.

④ 노동조합은 회사 앞에서 자사제품에 대한 불매운동을 할 수 있다.

NOTE 근로자가 행할 수 있는 쟁의 행위에는 파업, 태업, 감시 행위, 불매 운동, 생산 관리 등이 있다.
① 사용자가 행할 수 있는 쟁의 행위에는 직장 폐쇄가 있다.
② 결혼을 퇴직 조건으로 하는 근로 계약은 효력을 갖지 못한다.
③ 근로자에게 노동조합에 가입하지 아니할 것을 고용 조건으로 개별적으로 맺는 고용 계약을 황견 계약이라 한다. 이러한 황견 계약은 노동자들의 자주적 단결권을 침해하는 것으로, 법적 구속력을 갖지 못한다.

21 다음 신문 기사를 읽고 학생들이 나눈 대화 중 옳은 것은?

○○신문

○○ 시내 버스 노사 협상 극적 타결
노사 모두 노동 위원회의 중재안 수용키로

○○ 시내 버스 노동 조합(A)과 ○○시 버스 운송 사업 조합(B)은 26일 오후 4시부터 계속된 밤샘 협상에서 시급(時給) 5.8% 인상과 격주 주 5일제 도입, 무사고 수당 1만 원 인상 등을 내용으로 한 노동 위원회의 중재안을 수용키로 하였다.------------ ------------------------- ------------------------- ------------------------- -------------------------

---

① 갑 : 확정된 중재안은 단체 협약과 동일한 효력이 있어.

② 을 : 중재가 실패할 경우에는 긴급 조정권이 발동될 거야.

③ 병 : 공익 사업장의 파업만 노동 위원회가 중재할 수 있지.

④ 정 : A와 B의 요청이 없어도 노동 위원회가 개입할 수 있어.

> **NOTE** 노동 쟁의를 조정하는 방법 중에서 중재는 분쟁 당사자 일방 또는 쌍방이 중재 신청을 한 때에 노동 위원회에 설치된 중재 위원회의 직권으로 중재 재정(裁定)을 내림으로써 분쟁을 해결하는 방식이다. 이 중재안을 노사 양측이 수락하면 이 중재안은 확정되며, 단체 협약과 같은 효력을 가진다. 확정된 중재안을 위반할 경우 민·형사상 책임이 뒤따른다.

Answer. 21.①

※ 다음 자료를 읽고 물음에 답하시오. 【22-23】

근로 계약서

갑(△△주유소 대표)과 을(만17세)은 다음과 같이 근로 계약을 체결하고 이를 성실히 이행할 것을 약속한다.

제1조(목적) 갑은 주유소 주유 및 사무 보조를 위해 을을 고용하고 제4조에서 정한 임금을 지급하고 을은 갑을 위하여 필요한 근로를 제공함에 있어서 이에 관한 의무를 규정함을 목적으로 한다.

제2조(계약기간) 이 계약의 유효 기간은 2008년 1월 1일부터 2월 29일까지로 한다.

제3조(근로 시간) 근로 시간은 매일 오후 2시부터 9시까지로 한다.

제4조(임금) 시간당 임금은 5,000원으로 하되 연장 근로 시 50%를 가산한다.

제5조(특약 사항) (A   )

⋮

---

22 위 문서를 토대로 갑과 을의 법률 관계에 대한 옳은 설명을 〈보기〉에서 고른 것은?

〈보기〉

㉠ 을이 하루 8시간을 근로했을 경우 42,500원을 받는다.

㉡ 을이 반대하더라도 을의 부모는 이를 불리하다고 여기면 이 계약을 해지할 수 있다.

㉢ 갑은 을에게 야간 근로를 시킬 경우 을 부모의 동의를 얻어야 한다.

㉣ 갑은 을의 동의가 있을 경우 을의 부모와 이 계약을 체결할 수 있다.

---

① ㉠, ㉡

② ㉠, ㉣

③ ㉡, ㉢

④ ㉡, ㉣

 ㉢ 연소 근로자(만 18세 미만자)에게 야간 근로, 연장 근로, 휴일 근로를 시킬 경우에는 연소 근로자 본인의 동의와 고용노동부장관의 인가를 받으면 된다. 부모의 동의를 얻을 필요는 없다.

㉣ 미성년자가 근로 계약을 체결하기 위해서는 부모 등의 동의가 필요하다. 그러나 친권자인 부모가 미성년자 본인을 대리하여 근로 계약을 맺을 수는 없다. 근로 계약은 사용자와 미성년자 본인이 직접 체결해야 한다.

Answer. 22.①

23 노동법령에 비추어 보아 A 부분에 기재할 수 있는 사항으로 적절한 것은?

① 을이 노동 조합에 가입할 경우 해고할 수 있다.

② 임금은 계약 기간 만료일에 을의 통장으로 입금한다.

③ 을이 무단 결근할 경우 매 회 임금의 1%를 공제한다.

④ 계약서의 근로 조건이 노동 법령보다 낮을 경우 법령을 적용한다.

> **NOTE** ① 을은 근로자이므로 노동 조합에 가입하지 않는 것을 계약 조건으로 하는 것은 황견 계약으로서 이러한 계약은 무효이다.
> ② 임금은 매월 1회 이상 현금으로 근로자 본인에게 직접 지급해야 한다. 계약 기간 만료일에 지급하는 것은 불법이다.
> ③ 사용자는 근로 계약 불이행(무단 결근 등)에 대한 위약금 또는 손해 배상액을 미리 정해 두어서는 안 된다.

24 다음은 사회보장기본법의 내용이다. 올바른 것을 고르시오.

㉠	사회보험	국민건강보험법, 산업재해보상보험법, 고용보험법, 국민연금법 등
㉡	공공부조	생활유지 능력이 없는 사람들의 최저생활을 보장하는 제도
㉢	사회서비스	국가가 기업에 위탁해서 복지시설 서비스를 운영하는 제도
㉣	복지제도	보건, 주거, 교육, 고용 분야의 각종 복지제도

① ㉠, ㉡, ㉢

② ㉡, ㉢, ㉣

③ ㉠, ㉢, ㉣

④ ㉠, ㉡, ㉣

> **NOTE** 사회서비스란 국가·지방자치단체 및 민간부문의 도움을 필요로 하는 모든 국민에게 인간다운 생활을 보장하고 다양한 지원을 통해 국민의 삶의 질이 향상되도록 지원하는 제도를 말한다.

25 다음 중 소비자보호에 대한 의무가 있는 기관은?

㉠ 정부	㉡ 지방자치단체
㉢ 기업	㉣ 한국소비자원

① ㉠

② ㉠, ㉡

③ ㉠, ㉡, ㉢

④ ㉠, ㉡, ㉢, ㉣

NOTE 기업도 소비자 보호에 다양한 의무를 갖고 있다.

26 다음은 어떤 법률의 일부 조항이다. 이와 관련된 옳은 설명을 〈보기〉에서 고른 것은?

제2조 '직장 내 성희롱'이란 사업주·상급자 또는 근로자가 직장 내의 지위를 이용하거나 업무와 관련하여 다른 근로자에게 성적 언동 등으로 성적 굴욕감 또는 혐오감을 느끼게 하거나 성적 언동 또는 그 밖의 요구 등에 따르지 아니하였다는 이유로 고용에서 불이익을 주는 것을 말한다.
제14조 사업주는 직장 내 성희롱 발생이 확인된 경우 지체없이 행위자에 대하여 징계나 그 밖에 이에 준하는 조치를 하여야 한다.

〈보기〉
㉠ 성희롱 피해를 입었거나 피해 발생을 주장하는 근로자에게 불리한 조치를 할 수 있다.
㉡ 제2조의 '성희롱'에 대한 해석은 유권 해석에 해당한다.
㉢ 남녀고용평등법의 규정으로 사법과 공법의 중간적인 법 영역에 속한다.
㉣ 여성 차별을 방지하고자 한 것으로 남성에 대한 성희롱은 성립하지 않는다.

① ㉠, ㉡

② ㉠, ㉢

③ ㉡, ㉢

④ ㉡, ㉣

NOTE 직장 내 성희롱을 규정하고 있는 법률은 남녀고용평등법(남녀고용평등과 일·가정 양립 지원에 관한 법률)이고, 이 법률은 사적 생활 관계에 국가가 개입하는 근거가 되는 사회법으로 사법과 공법의 중간적인 법 영역에 속한다. 제2조는 법조문에 의한 해석이므로 입법 해석으로 유권 해석에 해당한다.
㉠ 사업주는 직장 내 성희롱과 관련하여 피해를 입은 근로자 또는 성희롱 피해 발생을 주장하는 근로자에게 해고나 그 밖의 불리한 조치를 하여서는 아니 된다.
㉣ 남성에 대한 성희롱도 성립한다.

Answer. 25.④ 26.③

27 다음은 경제법에 관한 설명이다. 잘못된 것은?

① 독과점 규제 법률, 소비자보호법이 포함된 단일 형태의 법이다.

② 현대 사회에서는 소비자보호가 중요하게 부각되고 있다.

③ 소비자기본법에서는 8대 권리를 규정하고 있다.

④ 소비자 역시 다양한 의무를 지니고 있다.

> **NOTE** 경제법은 단일화된 법전이 없다.

28 다음은 '독점규제 및 공정거래에 관한 법률'에 관한 설명이다. 잘못된 것은?

① 국민경제의 균형발전과 소비자를 보호하는 기능 및 역할을 담당한다.

② 사업자의 시장 지배적인 지위 남용과 과도한 경제력 집중을 방지하기 위해 만들어졌다.

③ 담합행위 및 불공정거래행위 등을 규제한다.

④ 소비자피해보상규정 등을 함께 담고 있다.

> **NOTE** 소비자피해보상규정은 경제 주무부서의 고시이다.

29 다음은 국제법에 관한 설명이다. 틀린 것은?

① 국제사회의 기능과 조직, 구성 국가들의 상호관계를 규율하는 법이다.

② 통일된 입법기관이나 집행기관은 없지만 사법기관이 있다.

③ 법의 논리도 중요하지만 정치적 영향력과 힘의 논리가 지배한다.

④ 국내 사건처럼 일도양단식의 해결이 불가능한 경우가 많다.

> **NOTE** 국제사회에는 통일된 입법, 행정, 사법기관이 존재하지 않는다. 다만 국제사법재판소와 같은 국제기구에 의존하고 있을 뿐이다.

30 조약은 국내에서 어느 법규범과 동등한 효력을 부여받는가?

① 헌법　　　　　　　　　　　② 법률

③ 명령　　　　　　　　　　　④ 조례

NOTE 헌법에 정해진 절차에 따라 체결되고 공포된 조약과 일반적으로 승인된 국제법규는 국내의 법률과 같은 효력을 가지게 되며 헌법보다는 하위의 효력을 갖게 된다.

31 다음 중 국제법의 법원을 고르시오.

㉠ 조약	㉡ 국제 관습법
㉢ 일반적으로 승인된 조약	㉣ 법의 일반 원칙

① ㉠　　　　　　　　　　　② ㉠, ㉡

③ ㉠, ㉡, ㉢　　　　　　　　④ ㉠, ㉡, ㉢, ㉣

NOTE 국제법의 법원은 국제법이 효력을 갖게 되는 근원 또는 근거가 무엇인지를 밝히는 작업이다.
국제법의 법원에는 조약, 국제 관습법, 법의 일반 원칙, 국제 판례, 국제법의 학설 등이 있다.

32 다음은 국제법의 법원에 관한 설명이다. 잘못된 것은?

① 조약이란 국가 상호 간의 문서로 명시된 합의 또는 약정이다.

② 국제관습법은 성문법으로 제정되지는 않았지만 국제사회의 법규범으로 승인되고 준수되는 것을 말한다.

③ 우리나라가 직접 체결한 조약만을 국제법의 법원으로 본다.

④ 신의 성실의 원칙, 권리남용 금지의 원칙 등이 국제법의 법원으로 거론되고 있는 실정이다.

NOTE 우리나라가 직접 체결하지 않았더라도 국제사회에서 일반적으로 승인된 조약도 법원이 된다.

Answer. 30.② 31.④ 32.③

33 다음 밑줄 친 '이 법'에 대한 설명으로 옳은 것을 〈보기〉에서 모두 고르면?

> <u>이 법</u>은 사업자의 시장 지배적 지위의 남용과 과도한 경제력의 집중을 방지하고, 부당한 공동 행위 및 불공정 거래 행위를 규제하여 공정하고 자유로운 경쟁을 촉진함으로써 창의적 기업 활동을 조장하고 소비자를 보호함과 아울러 국민 경제의 균형 있는 발전을 도모함을 목적으로 한다.

〈보기〉
㉠ 경제법에 해당한다.   ㉡ 자유방임주의에 기초한다.
㉢ 독과점의 폐해를 막고자 한다.   ㉣ 사적인 생활 관계를 규율한다.

① ㉠, ㉢
② ㉡, ㉢
③ ㉠, ㉡, ㉣
④ ㉠, ㉢, ㉣

NOTE 제시문의 밑줄 친 '이 법'은 '독점규제 및 공정거래에 관한 법률'이다.
㉡ 자유방임주의의 폐단을 시정하기 위해 등장한 법이 경제법이다.
㉣ 사적인 생활 관계를 규율하는 법으로는 민법과 상법을 들 수 있다.

34 다음의 법률과 관련된 진술로 타당한 것은?

> 〈독점규제 및 공정거래에 관한 법률 제3조 제1항〉
> 공정거래위원회는 독과점적 시장 구조가 장기간 유지되고 있는 상품이나 용역의 공급 또는 수요 시장에 대하여 경쟁을 촉진하기 위한 시책을 수립·시행하여야 한다.

① 법의 성격상 공법에 속한다.
② 자유주의를 바탕으로 한다.
③ 근대 사법(私法)의 정신을 반영하고 있다.
④ 국가가 개인의 법률생활에 개입한 결과 출현하였다.

NOTE 제시된 법 조항은 사회법 중에서 경제법에 해당된다. 사회법은 공법과 사법의 중간적인 법 영역으로서, 국가가 개인의 법률생활에 개입한 결과 출현하였다.
④ 근대 사법(私法)의 정신은 자유 경쟁에 기초한 사적 자치의 원칙인데, 사회법은 이러한 영역에 국가가 개입한 결과 출현하였다.

Answer. 33.① 34.④

35 다음의 제도들이 공통적으로 추구하는 것으로 가장 적합한 것은?

> • 리콜제도 : 시중에 나온 제품에 안전상 결함이 있을 때, 이를 생산·판매한 회사가 제품 전체를 대상으로 시정하게 하는 제도
> • 제조물책임제도 : 제조물의 결함으로 인하여 생긴 손해에 대하여, 제조업자가 자신의 면책사유를 입증하지 못하는 한 책임을 지게 하는 제도
> • 약관규제제도 : 공정거래위원회가 불공정한 약관을 심사하여 고치도록 명령하는 제도
>
> * 약관이란 기업이 일방적으로 사전에 정한 표준화된 계약 조항을 가리키며, 사업자와 소비자 각자의 권리·의무 그리고 계약 위반 시의 손해배상 등이 담겨 있다.

① 광고효과를 높인다.　　　　　　　② 소비자를 보호한다.
③ 생산자를 보호한다.　　　　　　　④ 품질을 향상시킨다.

NOTE 주어진 제도는 모두 소비자를 보호하기 위한 제도이다.

36 다음 (가), (나)에 대한 설명으로 옳은 것은?

> (가) 이것은 외교관이나 정부의 위임을 받은 자가 문서로 서명하고, 국회의 동의를 거쳐 대통령이 비준을 하여 상호 교환함으로써 효력이 발생한다.
> (나) 이것은 국제사회의 관행에 의하여 발생한 국제사회 생활의 규범이 성문화되지 않고 국제사회에서 법으로 승인되고 준수되는 것이다.

① (가)와 (나)는 국제법의 법원(法源)으로서의 역할을 한다.
② (가)는 국가 간에만 효력이 있고 국내에서는 효력이 없다.
③ (나)는 체결 당사국에만 효력이 있다.
④ (나)는 국가 간 명시적 합의가 있어야 효력이 발생한다.

NOTE (가)는 조약, (나)는 국제관습법이다. 조약과 국제관습법은 대표적인 국제법에 해당한다.
② 조약은 국제법으로, 국제법은 국내 법률과 같은 효력을 갖는다.
③ 체결 당사국에만 효력이 있는 것은 조약이다.
④ 명시적 합의 이외에 묵시적 합의가 있어도 효력이 발생한다.

Answer. 35.② 36.①

37 다음 사례와 관련한 법적 판단으로 옳지 않은 것은?

> 멜라민은 유기화학물질로 플라스틱 원료의 생산에 사용되는데 A국에서는 최근 멜라민 오염 분유 파동과 관련해 여러 명이 숨지는 사고가 발생했다. 우리나라에서도 A국에서 수입한 유제품에서 멜라민이 검출되었고, 그로 인해 피해자들이 발생하였다. 이에 피해자들은 모임을 만들어 민원을 제기하고 있다.

① 피해자들은 불공정 거래 행위의 규제를 요구할 것이다.
② 피해자들은 권익 수호를 위해 단체를 조직하여 활동할 수 있는 권리를 행사하고 있다.
③ 피해자들은 물품의 사용으로 인해 입은 피해에 대해 공정한 절차에 따라 배상을 요구할 수 있다.
④ 피해자들은 한국소비자원뿐만 아니라 국가 및 지방 자치 단체에도 소비자 구제 요청을 할 수 있다.

> **NOTE** 제시된 자료는 소비자의 안전할 권리가 침해되고 있는 사례로 피해자들은 소비자 기본법상의 권리를 행사하고 있다.
> ① 공정거래를 요구하는 내용으로 제시된 사례와 관계없다.

38 다음은 어떤 법률의 일부 내용이다. 이 법에 대해 잘못 파악한 사람은?

> (제3조 제1항) 사업자 등은 소비자를 속이거나 소비자로 하여금 잘못 알게 할 우려가 있는 표시 · 광고 행위로서 공정한 거래 질서를 저해할 우려가 있는 다음 각호의 행위를 하거나 다른 사업자 등으로 하여금 이를 행하게 하여서는 아니된다.
> 1. 허위 · 과장의 표시 · 광고
> 2. 기만적인 표시 · 광고
> 3. 부당하게 비교하는 표시 · 광고
> 4. 비방적인 표시 · 광고
> (제17조) 제3조 제1항의 규정에 위반하여 부당한 표시 · 광고 행위를 하거나 다른 사업자 등으로 하여금 이를 행하게 한 사업자 등은 2년 이하의 징역 또는 1억 5천만 원 이하의 벌금에 처한다.

① 갑 : 소비자 보호를 목적으로 제정된 법이군.
② 을 : 공정한 거래 질서 확립에 도움이 되겠어.
③ 병 : 사용자의 부당 노동 행위를 규제하고 있어.
④ 정 : 사법과 공법의 중간 영역으로 분류되는 법이야.

> **NOTE** 제시된 법 조항은 표시 · 광고의 공정화에 관한 법률의 일부이다. 표시 · 광고의 공정화에 관한 법률은 상품 또는 용역에 관한 표시 · 광고에 있어서 소비자를 속이거나 소비자로 하여금 잘못 알게 하는 부당한 표시 · 광고를 방지하고 소비자에게 바르고 유용한 정보의 제공을 촉진함으로써 공정한 거래 질서를 확립하고 소비자를 보호함을 목적으로 한다.

Answer. 37.① 38.③

PART

07

기출복원문제

기출복원문제

※ 실제 수험생의 필기시험 후기를 바탕으로 복원한 문제입니다.

2021 국민연금공단

1 국민연금법에 따른 조기노령연금 수급이 가능한 연령은?

① 55세 이상

② 56세 이상

③ 57세 이상

④ 58세 이상

> **NOTE** 「국민연금법 제61조(노령연금 수급권자) 제2항」 … 가입기간이 10년 이상인 가입자 또는 가입자였던 자로서 55세 이상인 자가 대통령령으로 정하는 소득이 있는 업무에 종사하지 아니하는 경우 본인이 희망하면 제1항에도 불구하고 60세가 되기 전이라도 본인이 청구한 때부터 그가 생존하는 동안 일정한 금액의 연금(조기노령연금)을 받을 수 있다.

2021 국민연금공단

2 다음의 빈칸에 들어갈 알맞은 말을 순서대로 나열한 것을 고르시오.

> (가) 국회의 정기회는 법률이 정하는 바에 의하여 매년 ( )회 집회된다.
> (나) 국회의 임시회는 대통령 또는 국회재적의원 ( ) 이상의 요구에 의하여 집회된다.
> (다) 정기회의 회기는 ( )을, 임시회의 회기는 ( )을 초과할 수 없다.

① 2, 1/4, 100일, 45일

② 2, 1/3, 180일, 30일

③ 1, 1/4, 100일, 30일

④ 1, 1/3, 180일, 45일

> **NOTE** 「대한민국헌법 제47조」
> ㉠ 국회의 정기회는 법률이 정하는 바에 의하여 매년 1회 집회되며, 국회의 임시회는 대통령 또는 국회재적의원 4분의 1 이상의 요구에 의하여 집회된다.
> ㉡ 정기회의 회기는 100일을, 임시회의 회기는 30일을 초과할 수 없다.
> ㉢ 대통령이 임시회의 집회를 요구할 때에는 기간과 집회요구의 이유를 명시하여야 한다.

Answer. 1.① 2.③

2021 소상공인시장진흥공단

3 헌법에 명시된 국민의 근로권과 근로기준법에 대한 다음의 설명 중 옳지 않은 것은?

① 모든 국민은 근로의 권리를 가짐과 동시에 의무를 지고, 국가는 법률이 정하는 바에 의하여 최저임금제를 실시한다.

② 15세 미만은 근로자로 사용하지 못하지만, 예외적으로 고용노동부장관이 발급한 취직인허증을 지닌 사람은 근로자로 사용할 수 있다.

③ 임산부는 오후 10시부터 오전 6시까지의 근무가 불가하며, 산후 1년이 지나지 아니한 여성의 경우에도 그와 같다.

④ 친권자나 후견인은 미성년자의 근로계약을 대신할 수 없고, 또한 미성년자는 독자적으로 임금을 청구할 수 있다.

> **NOTE** 「근로기준법 제70조(야간근로와 휴일근로의 제한) 제2항」…사용자는 임산부와 18세 미만자를 오후 10시부터 오전 6시까지의 시간 및 휴일에 근로시키지 못한다. 다만, 다음 중 하나에 해당하는 경우로서 고용노동부장관의 인가를 받으면 그러하지 아니하다.
> ㉠ 18세 미만의 동의가 있는 경우
> ㉡ 산후 1년이 지나지 아니한 여성의 동의가 있는 경우
> ㉢ 임신 중의 여성이 명시적으로 청구하는 경우

2021 한국장학재단

4 우리나라 민법에는 법률행위의 대리에 관한 규정을 명시하고 있다. 이에 관한 다음의 설명 중 옳지 않은 것은?

① 대리인에 의한 법률행위의 효과는 행위자와 법적 책임자가 분리된다.

② 본인은 대리인이 제한능력자임을 이유로 하여 대리행위를 취소할 수 없다.

③ 법률행위 · 준법률행위 · 사실행위에는 대리가 허용되지만, 불법행위에는 대리가 성립할 수 없다.

④ 대리인은 행위능력은 없어도 되지만 의사능력은 필요하며, 의사무능력자가 행한 대리행위는 무효인 법률행위가 된다.

> **NOTE** 대리제도는 법률행위에 인정, 준법률법위에 준용되며, 사실행위에는 허용되지 않고, 불법행위에는 성립할 여지가 없다.

Answer. 3.③ 4.③

2021 한국수력원자력

5 다음의 빈칸에 들어갈 말을 알맞게 나열한 것을 고르시오.

> 현재 우리나라 대통령의 임기는 (㈎)년이고, 국회의원의 임기는 (㈏)년이다. 대통령의 경우 (㈐)를 채택하고 있어서 임기 후 자리에서 물러나야 하지만, 국회의원은 (㈑)이 가능하기 때문에 연속해서 국회의원 직을 맡을 수 있다.

	㈎	㈏	㈐	㈑
①	5	4	단임제	중임
②	4	5	중임제	연임
③	5	3	단임제	연임
④	5	4	중임제	중임

NOTE 대통령의 경우 5년 단임제를 채택하고 있고, 국회의원은 4년을 임기로 연임·중임이 가능하다.

2021 공무원연금공단

6 체포나 구속을 당하는 자에게 체포나 구속의 이유와 변호인의 조력을 받을 권리가 있음을 고지해야 한다는 절차상의 원칙을 이르는 말은?

① 금반언 원칙

② 현명주의 원칙

③ 미란다 원칙

④ 신의성실 원칙

NOTE ① 자신의 선행행위와 모순되는 후행행위는 허용되지 않는다는 원칙
② 대리인이 대리행위를 함에 있어서 본인을 위한 것을 표시하고 의사표시를 하여야 한다는 원칙
④ 사회의 모든 구성원들은 상대방의 신뢰를 헛되이 하지 않도록 권리의 행사와 의무이행에 신의를 좇아 성실하게 하여야 한다는 원칙

⚡Answer. 5.① 6.③

2021 서울특별시 농수산식품공사

7 민법에 명시된 다음의 각 용어에 대한 설명 중 옳지 않은 것은?

① 물권 – 물건에 대하여 성립되는 권리로, 그 종류로는 점유권·소유권·지상권·지역권·전세권·유치권·질권·저당권이 있다.

② 채권 – 자금 조달을 위해 발행하는 차용증서로, 변제·공탁·상계·경개·면제·혼동의 경우에 채권은 소멸된다.

③ 친족 – 배우자, 혈족 및 인척을 친족으로 하며, 혈족의 배우자·배우자의 혈족·혈족의 배우자의 혈족을 인척으로 한다.

④ 상속 – 사망으로 인하여 개시되며, 상속인이 상속을 포기하고자 하는 경우에는 3개월 이내에 가정법원에 포기의 신고를 하여야 한다.

 인척 : 혈족의 배우자, 배우자의 혈족, 배우자의 혈족의 배우자

2021 공무원연금공단

8 다음 〈보기〉 중 반의사불벌죄에 해당하는 것을 모두 고르면?

〈보기〉

㉠ 외국사절 폭행죄 ㉡ 외국국기 모독죄
㉢ 단순·존속 모욕죄 ㉣ 사자명예훼손죄
㉤ 출판물 등에 관한 명예훼손죄 ㉥ 친족 간 권리행사방해죄

① ㉠㉣㉥ ② ㉠㉡㉤
③ ㉡㉢㉥ ④ ㉢㉣㉤

 ㉣㉢㉥ 친고죄

※ 반의사불벌죄와 친고죄

반의사불벌죄	• 피해자가 가해자의 처벌을 원하지 않는다는 의사를 표할 경우 처벌할 수 없는 범죄 • 피해자의 의사표시 없이 공소 가능
친고죄	• 범죄 피해자 기타 법률이 정한 자의 고소가 있어야 공소를 제기할 수 있는 범죄 • 고소·고발이 있어야 공소 제기 가능

Answer. 7.③ 8.②

2021 한국에너지공단

9 다음은 국회에서 의결되어 정부에 이송된 법률안에 대한 대통령의 거부권 행사와 관련된 내용이다. 이 중 옳지 않은 것을 모두 고르면?

> ㉠ 대통령은 법률안의 일부에 대하여 또는 법률안을 수정하여 재의를 요구할 수 있다.
> ㉡ 국회에서 의결된 법률안은 정부에 이송되어 30일 이내에 대통령이 공포한다.
> ㉢ 법률안에 이의가 있을 경우 대통령은 공포하여야 하는 기간 내에 이의서를 붙여 국회로 환부할 수 있으나, 국회의 폐회중에는 불가하다.
> ㉣ 재의의 요구로 국회가 재의에 붙이고, 재적의원 과반수의 출석과 출석의원 2분의 1 이상이 전과 같은 의결을 하면 그 법률안은 법률로서 확정된다.

① ㉡㉢㉣   ② ㉠㉡㉣

③ ㉠㉢㉣   ④ ㉠㉡㉢㉣

> **NOTE** 대통령의 법률안거부권…3권 분립에 따라 행정부의 입법부 견제차원에서 헌법에 규정된 대통령의 고유 권한으로, 법률 성립을 결정적·잠정적으로 저지하는 권한을 말한다.
> ㉠ 대통령은 법률안의 일부에 대하여 또는 법률안을 수정하여 재의를 요구할 수 없다.
> ㉡ 국회에서 의결된 법률안은 정부에 이송되어 15일 이내에 대통령이 공포한다.
> ㉢ 법률안에 이의가 있을 경우 대통령은 제1항의 기간(15일) 내에 이의서를 붙여 국회로 환부할 수 있다. 국회의 폐회중에도 또한 같다.
> ㉣ 재의의 요구가 있을 때에는 국회는 재의에 붙이고, 재적의원 과반수의 출석과 출석의원 3분의 2 이상의 찬성으로 전과 같은 의결을 하면 그 법률안은 법률로서 확정된다.

2021 한국사학진흥재단

10 다음은 법원조직법 제45조(임기·연임·정년)에 따른 법원 구성인의 임기와 관련된 내용이다. 이 중 옳은 것은?

① 판사의 임기는 5년으로 하며, 연임할 수 있다.

② 대법원장의 임기는 6년으로 하며, 중임(重任)할 수 있다.

③ 대법관과 대법원장의 정년은 각각 70세, 판사의 정년은 65세로 한다.

④ 판사는 그 정년이 이른 해의 12월 31일에 당연히 퇴직한다.

> **NOTE** 「법원조직법 제45조(임기·연임·정년)」
> ㉠ 대법원장의 임기는 6년으로 하며, 중임(重任)할 수 없다.
> ㉡ 대법관의 임기는 6년으로 하며, 연임할 수 있다.
> ㉢ 판사의 임기는 10년으로 하며, 연임할 수 있다.
> ㉣ 대법원장과 대법관의 정년은 각각 70세, 판사의 정년은 65세로 한다.
> ㉤ 판사는 그 정년에 이른 날이 2월에서 7월 사이에 있는 경우에는 7월 31일에, 8월에서 다음 해 1월 사이에 있는 경우에는 1월 31일에 각각 당연히 퇴직한다.

✦ Answer. 9.④ 10.③

11 법률행위에는 그 행위가 무효가 되는 사유와 취소가 되는 사유가 존재한다. 아래 〈보기〉의 내용을 각각 무효사유와 취소사유에 맞게 구분한 것은?

〈보기〉

㉠ 불공정한 법률행위　　　　　　　　㉡ 행위무능력자의 법률행위

㉢ 통정 허위표시　　　　　　　　　　㉣ 의사무능력자의 행위

㉤ 착오에 의한 의사표시　　　　　　　㉥ 사회 질서 위반 행위

㉦ 강박에 의한 의사표시

　　　　무효　　　　　　　　　　　　　취소

① 　㉠㉡㉥　　　　　　　　　　㉢㉣㉤㉦

② 　㉡㉢㉣㉥　　　　　　　　　㉠㉤㉦

③ 　㉢㉤㉦　　　　　　　　　　㉠㉡㉣㉥

④ 　㉠㉢㉣㉥　　　　　　　　　㉡㉤㉦

구분	개념	해당사유
무효	법률행위의 효과가 처음부터 발생하지 않는 것, 법률행위는 성립했으나 그에 따른 효과가 생기지 않는 경우	• 선량한 풍속, 사회질서일반 • 불공정한 법률행위, 강행법규위반 • 통정 허위표시 • 의사 무능력자의 행위
취소	일단은 법률행위가 유효하게 성립하지만, 취소라는 의사표시를 통해 소급적으로 무효로 만드는 것	• 행위무능력자의 법률행위 • 착오에 의한 의사표시 • 사기·강박에 의한 의사표시

---

12 다음 중 사인(私人)의 공법행위에 해당하지 않는 것은?

① 혼인신고

② 정부와의 물자계약

③ 선거에서의 국민투표

④ 행정심판청구

NOTE 정부와의 물자계약은 사인과 국가 간의 사법상 계약에 해당한다.

Answer. 11.④ 12.②

2021 한국중부발전

13 상법에 따라 분류된 회사의 형태들 중 구성원이 회사 채권에 대해 무한책임만을 지는 형태의 회사는 다음 중 어느 것인가?

① 주식회사

② 합명회사

③ 유한회사

④ 합자회사

> **NOTE** 주식회사, 유한회사, 유한책임회사 : 유한책임
> 합자회사 : 무한/유한책임

2021 한국수자원공사

14 성견후견제도란 보호가 필요한 성년자를 대상으로 후견계약을 체결할 수 있는 제도이다. 다음 중 민법에 따른 성년후견개시의 심판을 청구 할 수 없는 사람은?

① 6촌 이내의 친족

② 미성년후견인

③ 한정후견감독인

④ 지방자치단체의 장

> **NOTE** 「민법 제9조(성년후견개시의 심판)」 … 가정법원은 질병, 장애, 노령, 그 밖의 사유로 인한 정신적 제약으로 사무를 처리할 능력이 지속적으로 결여된 사람에 대하여 본인, 배우자, 4촌 이내의 친족, 미성년후견인, 미성년후견감독인, 한정후견인, 한정후견감독인, 특정후견인, 특정후견감독인, 검사 또는 지방자치단체의 장의 청구에 의하여 성년후견개시의 심판을 한다.

2021 한국동서발전

15 권리자가 권리를 행사하지 아니하는 권리 불행사의 상태가 일정기간 계속된 경우에 그의 권리를 소멸시키는 제도인 소멸시효는 '권리 위에 잠자는 자는 보호하지 않는다.'는 법언에서 그 근거를 찾을 수 있다. 우리나라의 소멸시효 기간에 대한 다음의 설명 중 옳지 않은 것은?

① 소멸시효의 중단 방법에는 청구, 압류 · 가압류 · 가처분, 승인이 있다.

② 연예인의 임금 및 그에 공급한 물건의 대금채권의 소멸시효는 5년이다.

③ 시효의 중단은 당사자 및 그 승계인간에만 효력이 있다.

④ 의사, 간호사의 치료 · 근로에 관한 채권의 소멸시효는 3년이다.

> **NOTE** 「민법 제164조(1년의 단기소멸시효)」 … 노역인, 연예인의 임금 및 그에 공급한 물건의 대금채권의 경우 1년간 행사하지 아니하면 소멸시효가 완성한다.

Answer. 13.② 14.① 15.②

2021 소상공인시장진흥공단

16 우리나라 형법에는 범죄성립요건 중 하나인 위법성을 조각하는 사유를 규정하고 있다. 다음 중 형법에 명시되어 있는 위법성 조각사유가 아닌 것은?

① 정당방위

② 긴급피난

③ 자구행위

④ 과실상해

NOTE 형법에 명시된 위법성 조각사유 : 정당행위, 정당방위, 긴급피난, 자구행위, 피해자의 승낙

2021 서민금융진흥원

17 다음은 우리나라 민법에 명시되어 있는 점유취득시효에 관한 내용이다. 각각의 빈칸에 들어갈 알맞은 기간을 고르면?

• (㉠)년간 소유의 의사로 평온, 공연하게 부동산을 점유하는 자는 등기함으로써 그 소유권을 취득한다.
• 부동산의 소유자로 등기한 자가 (㉡)년간 소유의 의사로 평온, 공연하게 선의이며 과실없이 그 부동산을 점유한 때에는 소유권을 취득한다.

	㉠	㉡
①	7	3
②	10	5
③	15	8
④	20	10

NOTE 「민법 제245조(점유로 인한 부동산소유권의 취득기간)」
㉠ 20년간 소유의 의사로 평온, 공연하게 부동산을 점유하는 자는 등기함으로써 그 소유권을 취득한다.
㉡ 부동산의 소유자로 등기한 자가 10년간 소유의 의사로 평온, 공연하게 선의이며 과실없이 그 부동산을 점유한 때에는 소유권을 취득한다.

Answer. 16.④ 17.④

2021 근로복지공단

18 다음 제시문이 공통으로 설명하고 있는 개념은?

> • "법률 없으면 범죄 없고 형벌없다."
> • 마그나카르타(대헌장)
> • 개인의 자유와 권리를 보호하기 위한 국가권력의 자기제한

① 적법절차의 원리　　　　　② 죄형법정주의
③ 국가소추주의　　　　　　④ 일사부재리의 원칙

> **NOTE** 죄형법정주의: 사회적으로 비난받아 마땅한 행위를 저질렀다 하더라도 법률이 없으면 처벌할 수 없다. 즉, 어떤 행위가 범죄가 되는지, 그러한 범죄를 저지르면 어떤 처벌을 받는지가 미리 성문의 법률에 규정되어 있어야 한다는 원칙을 말한다.
> ① 국가의 작용은 절차상의 적법상을 갖추어야 할 뿐 아니라, 공권력 행사의 근거가 되는 법률의 실체적 내용도 정당성과 합리성을 갖추어야 함
> ③ 공소제기는 국가기관만 할 수 있음
> ④ 동일한 범죄로 인하여 거듭 처벌할 수 없음

2021 한국장학재단

19 다음의 각 설명에 해당하는 개념에 대한 설명으로 옳지 않은 것은?

> (가) 이미 유효한 계약의 효력을 일방의 의사표시에 의하여 소급적으로 소멸시키는 것
> (나) 당사자 일방의 의사표시로 계약의 효력을 장래에 소멸시키는 것

① (가) - 상대방에 대한 원상회복의 의무가 있다.
② (나) - 손해배상의 청구에 영향을 미치지 않는다.
③ (가)(나) - 의사표시는 철회하지 못한다.
④ (가) - 계속적 계약관계, (나) - 일시적 계약관계에서 인정된다.

> **NOTE** (가)는 해제, (나)는 해지에 대한 설명이다.
> 해제는 일시적 계약관계에서, 해지는 계속적 계약관계에서 인정된다.

Answer. 18.② 19.④

20 우리나라는 행정작용으로 인해 권리 침해를 받는 경우에 이를 구제하기 위한 여러 수단을 제공하고 있다.
다음 중 나머지 성격이 다른 하나는?

① 입법예고

② 행정쟁송

③ 행정심판

④ 손실보상

NOTE 행정구제의 유형
㉠ 사전적 구제 수단 : 청문, 민원처리, 청원, 입법예고
㉡ 사후적 구제 수단 : 행정상의 손해전보(손해배상, 손실보상), 행정쟁송(행정심판, 행정소송)

Answer. 20.①

당신의 꿈은 뭔가요?

MY BUCKET LIST !

꿈은 목표를 향해 가는 길에 필요한 휴식과 같아요.

여기에 당신의 소중한 위시리스트를 적어보세요. 하나하나 적다보면 어느새 기분도

좋아지고 다시 달리는 힘을 얻게 될 거예요.

- ☐ _____
- ☐ _____
- ☐ _____
- ☐ _____
- ☐ _____
- ☐ _____
- ☐ _____
- ☐ _____
- ☐ _____
- ☐ _____
- ☐ _____
- ☐ _____
- ☐ _____
- ☐ _____
- ☐ _____
- ☐ _____
- ☐ _____
- ☐ _____
- ☐ _____
- ☐ _____
- ☐ _____
- ☐ _____
- ☐ _____
- ☐ _____
- ☐ _____
- ☐ _____
- ☐ _____
- ☐ _____

- ☐ _____
- ☐ _____
- ☐ _____
- ☐ _____
- ☐ _____
- ☐ _____
- ☐ _____
- ☐ _____
- ☐ _____
- ☐ _____
- ☐ _____
- ☐ _____
- ☐ _____
- ☐ _____
- ☐ _____
- ☐ _____
- ☐ _____
- ☐ _____
- ☐ _____
- ☐ _____
- ☐ _____
- ☐ _____
- ☐ _____
- ☐ _____
- ☐ _____
- ☐ _____
- ☐ _____
- ☐ _____

창의적인 사람이 되기 위해서

정보가 넘치는 요즘, 모두들 창의적인 사람을 찾죠.
정보의 더미에서 평범한 것을 비범하게 만드는 마법의 손이 필요합니다.
어떻게 해야 마법의 손과 같은 '창의성'을 가질 수 있을까요. 여러분께만 알려 드릴게요!

01. 생각나는 모든 것을 적어 보세요.

아이디어는 단번에 솟아나는 것이 아니죠. 원하는 것이나, 새로 알게 된 레시피나, 뭐든 좋아요.
떠오르는 생각을 모두 적어 보세요.

02. '잘하고 싶어!'가 아니라 '잘하고 있다!'라고 생각하세요.

누구나 자신을 다그치곤 합니다. 잘해야 해. 잘하고 싶어.
그럴 때는 고개를 세 번 젓고 나서 외치세요. '나, 잘하고 있다!'

03. 새로운 것을 시도해 보세요.

신선한 아이디어는 새로운 곳에서 떠오르죠. 처음 가는 장소, 다양한 장르에 음악, 나와 다른 분야의 사람.
익숙하지 않은 신선한 것들을 찾아서 탐험해 보세요.

04. 남들에게 보여 주세요.

독특한 아이디어라도 혼자 가지고 있다면 키워 내기 어렵죠.
최대한 많은 사람들과 함께 정보를 나누며 아이디어를 발전시키세요.

05. 잠시만 쉬세요.

생각을 계속 하다보면 한쪽으로 치우치기 쉬워요. 25분 생각했다면 5분은 쉬어 주세요.
휴식도 창의성을 키워 주는 중요한 요소랍니다.